白夜の刑法

―ソビエト刑法とその周辺―

上田　寛
上野達彦

［共著］

成文堂

本書の原稿の整理から校正へと進んだ時期は初夏，ロシアの北部では白夜の季節であった。この頃にたとえばサンクト・ペテルブルグの街を訪れる者は，深夜，白々とした無人の通りや建物を前に，不思議な感覚に襲われることであろう。目前の，あたかも人々に見捨てられた廃墟のような街の光景。しかし実際には，その白い闇の奥で，人々が無理にでも目を閉じて横たわり，明日再び始まる諸活動のために力を蓄え，備えていることを私たちは知っている。

は し が き

　本書は私たちの著書『未完の刑法―ソビエト刑法とは何であったのか―』（成文堂 2008 年刊）の続編である。原理的な問題提起のみ先行し，結局は未完に終わった刑法としてのソビエト刑法をめぐる諸問題の検討は，今日なおその意義を失っていないばかりか，刑法を取り巻く近時の問題状況を逆に照射する可能性を持ちうるのではないか，との基本的な課題認識は，現時点でも私たちの共有するところである。

　前著のはしがきにおいて述べた，わが国の刑法学の現状と課題についての私たちの認識は，それから 9 年の歳月を経て，あらためてその正しさが確認されたように思われる。この間の事態の進行――議会での多数を背景に放漫とも思われる政権の独走，その立法意図に懸念を呼んだ「特定秘密保護法」の制定や根拠のない「国際テロ」の脅威を振りかざしての「共謀罪」規定導入の強行など，刑事法における各種の保障原則の投げ捨て――によって，刑事法の安定性と権威は大きく傷つけられ，またその他方で，一連の冤罪事件，法曹の一部さえ巻き込んだ裁判員裁判への批判や司法改革全体への懐疑の掻き立てなどによって，多くの市民における刑事司法制度への信頼自体も揺るがせられた。そして，事態のそのような進行を前に，刑法学は的確にそれらに対峙してこなかったばかりか，むしろ無原則的な妥協あるいは沈黙を続けてきたのではなかったか。

　もとより，本書は直接に現代日本の刑法理論の現状に分け入ることを目指すものではない。私たちはただ，ここにおける刑法ないし刑法学の本質に立ち戻っての原則的な論議の重要性を強調し，研究者であれ実務家であれ，刑法学の各領域において進められるべきその作業の一環を成すものとして，私たちに固有の課題であるソビエト刑法に関わる研究成果の一端を再度提示することとしたものである。その際，今回はとくに，ソビエト刑法それ自体の諸側面の検討に加えて，ソビエト刑法に先行した帝政ロシアの刑法思想に関わる検討ならびに 1990 年代に始まる刑法の非ソビエト化ないし「伝統」への

iv　　はしがき

回帰のプロセスを追う論考を加えることによって，本書は全体として社会体制の変動と刑法との交錯についての考察を大きなテーマとすることとなった。

　本書では，「目次」に掲げたとおり，まず，帝政ロシアの時代において刑法が担った多くの課題と当時の刑法学者の苦闘を追い，やがて訪れたロシア革命の過程で刑法学がこうむった変動と何人かの刑法学者の軌跡を取り上げ，考察を加えた。次いで，体制転換の結果として誕生したソビエト刑法については，今回は，相対的に少ないページ数しかあてていないが，前著において触れることのできなかったいくつかの論点を付け加えることができた。そして，本書の後半部を構成するのは，現在も進行中の刑法各領域での非ソビエト化の試みを検証する諸論考である。言うまでもなく，ソビエト刑法は，僅かに60-70年ほどの期間のみ，ロシアおよび連邦を構成したソビエト諸国に存在したに過ぎないのであるが，その刑事法規範においてのみならず，刑法理論（犯罪論と刑罰論）においても，刑事訴訟法理論および犯罪学においても，西欧（およびわが国）の刑法とは異なった多くの特徴を備えていた。それらのどの部分が，権威主義的な社会主義体制に伴う逸脱として排除すべきとされ，あるいは単なるロシア的な伝統による偏倚として容認されようとしているのか。また忘れてならないのは，この再検討の作業が，具体的にはロシアの政治状況に対する西欧諸国の圧倒的な影響の下で，曲折をたどりつつ推進されるしかなく，その過程は，ときにロシアの刑法学者と実務家に屈辱を味わわせ，それに反発しての大ロシア主義的な感情の噴出や，伝統的なロシア正教会の力の強まりなどにも影響された，複雑な軌跡を描くこととなっていることである。本書ではその経過を事実にそくして追い，検討を加えている。全体として，本書の各章に通底するテーマは社会体制の変動と刑法である。

　前著の刊行を喜んでいただいた中山研一先生は2011年7月にご逝去され，木田純一先生とともに彼岸の住人となられた。本書を取りまとめる過程で，私たちはあらためて先生方の懇切なご指導を思い返すとともに，先生方が抱かれたであろう思いに多少は近づき得たかとも感じた。今は本書の刊行を先生方にご報告し，私たちの感謝の気持ちとともに不肖のお詫びをお伝えした

いと思う。また，本書の出版に当たっての株式会社成文堂の好意あふれる対応については，あらためて感謝したい。40年に及んだ 故 土子三男氏（元編集部長・取締役）と上田との交誼を介しての同社とのご縁であるが，今回もさまざまなご支援をいただいた。阿部成一社長ならびに編集部の篠﨑雄彦氏に，心よりお礼を申し上げる。

　そして，この種の公刊物としては異例であるかも知れないが，今回も，私たちそれぞれの妻，大学教員であり刑事法研究者である私たちの日々の平板な執務を支え，また見果てぬ夢を追いかけるかのようなその研究活動を大らかに見守り，そしてこの数年は教職を辞めたにもかかわらずの各種用務での繁忙を気遣ってくれている，上田三砂子と上野順子への言葉に尽くせぬ感謝と連帯の想いをここに書きとめることを許していただきたい。

　2017年8月1日　　　　　　　　　　　　　上　田　　　寛
　　　　　　　　　　　　　　　　　　　　　上　野　達　彦

目　次

はしがき

I　帝政期のロシア刑法学

第1章　啓蒙主義刑法思想とロシア ……………………………………3
　　1　ベッカリーアとロシア　(3)
　　2　再び「ベッカリーアとロシア」について　(20)

第2章　帝政末期ロシアにおける刑事人類学派の軌跡 …………33
　　1　はじめに　(33)
　　2　ロシアにおける犯罪学研究の成立　(35)
　　3　ネクリュードフとドリーリ，そしてタルノフスカヤ　(39)
　　4　ロシア刑事人類学派の運命　(51)

第3章　国際刑事学協会(IKV)ロシア・グループの実像 …………57
　　1　はじめに　(57)
　　2　帝政末期ロシアにおける刑法および犯罪学研究　(60)
　　3　国際刑事学協会ロシア・グループの成立と活動　(64)
　　4　内部分裂，政治抑圧，終焉　(73)
　　5　ソビエト時代へと残したもの　(77)

第4章　タガンツエフの死刑廃止論
　　　　──1906年死刑廃止法案をめぐって──………………………81
　　1　はじめに　(81)
　　2　ニコライ・ステパノビッチ・タガンツエフ　(82)
　　3　死刑廃止法案について　(85)

viii　目　次

　　　4　おわりに　(90)

Ⅱ　「移行期」の苦痛

第5章　ある刑法学者の肖像
　　　　──ミロリューボフ教授とハルビン法学部──……………95
　　　1　はじめに　(95)
　　　2　カザン大学法学部　(97)
　　　3　白いシベリア──エカテリンブルグからウラジオストクまで──　(104)
　　　4　ハルビン法学部　(108)
　　　5　最後の輝きと異郷での死　(115)
　　　6　刑法学者の生と死──おわりに──　(122)

第6章　帝政ロシア時代の刑法学者・タガンツエフについて……127
　　　1　H. C. タガンツエフとは　(127)
　　　2　追　記　(133)

Ⅲ　ソビエト刑法の振幅

第7章　いわゆる「反革命犯罪」をめぐって ………………………147
　　　1　問題の意味　(147)
　　　2　ソビエト刑法における反革命犯罪　(149)
　　　3　省察と展望　(166)

第8章　ソビエトにおける集団犯罪………………………………171
　　　1　はじめに　(171)
　　　2　刑法史における集団犯罪　(172)
　　　3　集団犯罪の現代的諸問題　(179)
　　　4　おわりに　(184)

目　次　ix

第 9 章　「刑法典理論モデル」(総則)について
　　　　　──ソビエト刑法改正に関連して──……………………187
　　1　はじめに──「モデル」作成経過に関連して──　(187)
　　2　刑法の原理　(189)
　　3　犯罪規定　(193)
　　4　刑罰体系　(199)
　　5　おわりに　(209)

Ⅳ　非ソビエト化への模索あるいは伝統への回帰

第10章　ロシア刑法における犯罪体系について………………213
　　1　はじめに　(213)
　　2　ロシア刑法における犯罪体系　(214)
　　3　ロシア刑法における犯罪体系論の系譜　(218)
　　4　ロシア刑法における犯罪体系論をどう評価するか　(221)

第11章　ロシアにおける法人の刑事責任……………………………225
　　1　はじめに　(225)
　　2　ソビエト時代のロシアにおける法人の刑事責任　(226)
　　3　現代のロシアにおける法人の刑事責任　(228)
　　4　おわりに　(238)

第12章　ロシアにおける環境犯罪
　　　　　──序論的試み──………………………………………239
　　1　はじめに　(239)
　　2　旧ソ連邦およびロシア連邦における環境保護についての
　　　　刑事立法史　(240)
　　3　環境(エコロジー)犯罪概念とその類型　(250)
　　4　おわりに　(252)

x　目　次

第13章　「死刑モラトリアム」のゆくえ
——ロシアにおける死刑制度をめぐる論議の動向——……255
1　死刑問題についての現状　(255)
2　ロシアにおける死刑制度——歴史的素描——　(260)
3　廃止論と存置論，市民の法意識　(265)
4　重大な犯罪：殺人の動向　(269)
5　問題の展望　(272)

第14章　ロシアの司法改革と検事監督制度の動揺
——公判前手続における検察官の役割を契機として——……277
1　はじめに　(277)
2　問題の性格　(279)
3　ソビエト時代の公判前手続　(282)
4　検事監督制度　(286)
5　司法改革と検事監督制度の動揺　(289)
6　公判前手続における改革　(294)
7　検事監督制度の将来——おわりに——　(301)

第15章　ロシア刑事訴訟法における「当事者主義」原則……305
1　はじめに　(305)
2　ロシアにおける司法改革——新刑事訴訟法典の施行——　(307)
3　当事者主義　(311)
4　検事監督制度の抵抗　(315)
5　残された課題　(321)

第16章　犯罪被害者の人権………………………………325
1　はじめに　(325)
2　憲法上における犯罪被害者の人権　(325)
3　刑事訴訟法上における犯罪被害者の人権　(326)
4　犯罪被害の実態　(329)

目　次　xi

第17章　矯正労働法から刑事執行法へ……………………………… 331

1　はじめに　(331)

2　行刑法の任務の変遷──矯正・再教育法から執行法へ　(332)

3　1970年ロシア共和国矯正労働法典(現行法)の改正　(334)

4　新しい行刑法(刑事執行法)の編纂　(337)

5　「自由剥奪による刑罰を執行する施設および機関について」の
ロシア連邦法の採択　(343)

6　おわりに　(346)

あとがき………………………………………………………………… 351

I　帝政期のロシア刑法学

第1章　啓蒙主義刑法思想とロシア*

1　ベッカリーアとロシア

(1) はじめに

　「ベッカリーアの『犯罪と刑罰』は，フランスの居ならぶ啓蒙主義者―いわゆる『百科全書グループ』―に熱狂的反響を呼びおこした。彼らは，昊天に僥雨を受けたごとく，これを無条件に歓迎し，吸いとり紙が吸いこむように，これをみずからの血とし肉にしようとした[1]」。これは，風早八十二がベッカリーアの『犯罪と刑罰』がフランスの啓蒙主義者に与えた影響について述べた言葉である。18世紀後半において，ベッカリーアの思想が当時の世界を駆けめぐり，のちに近代刑法の礎となったことは，よく知られている。しかし，彼の思想がどのような地域や文書のなかに影響を与え，根づいていったかについてはまだ十分に解明されているとはいい難い。例えば，「アメリカの独立，フランス革命から200年が過ぎた。近代市民社会の幕開けを告げたこれらの事件と啓蒙思想との関わりの深さについては，だれもが知っている。しかし，イタリアの思想家の書いた1冊の刑法書がアメリカの独立に，またフランス革命に与えた影響の大きさを知っている人は案外と少ない」。「これ（ベッカリーアの『犯罪と刑罰』）が，出版と同時にヨーロッパを興奮の渦に巻

---

　* 本章1と2の内容は，ヨーロッパの啓蒙思想の流れの一つである，ベッカリーア思想の水脈がロシアと出合った結節点から始まる。それは，彼の『犯罪と刑罰』のロシア語への翻訳作業として現れた。その翻訳数は帝政時代に6本，ソビエト時代に2本あった。この翻訳にあたってはエカテリーナ二世からの支援もあった。なぜ女帝はこの翻訳を支援したのか，またロシアにとってこの啓蒙思想との出会いがどのような意味をもっていたか，さらにベッカリーア思想によるロシア文化の形成との関係はどうであったかなど課題がある。
　本章1は，法経論叢（三重大学）第12巻第1号（1995年）に初出された。また，本章2は，中山研一先生古稀祝賀論文集（第4巻）（1997年）に掲載された。（上野）
　1)　風早八十二「牧野法学への総批判（試論）.10」『法律時報』50巻11号60頁。

き込んだ。あっという間に版をかさね，フランス語，英語，ロシア語の各国の言葉に翻訳され，圧政に苦しむ人々の思想的支柱となっていった[2]」。

ところで，歴史研究のもつ意味を問う場合に，「時代の発展という問題状況に支えられることによって始めて歴史研究は全体性を，したがってまた科学性を獲得する可能性を保障されるもの[3]」である。このために，時代の流れのなかで刑法を理解するにあたっては，それぞれの時期の所与の社会・国家体制の特質，その生産手段，それを構成している階級，国家権力の性格に目を向けなければならないことはいうまでもない[4]。そしてこのことは，ベッカリーア思想の意義を述べるなかで，従来より指摘されていたことでもあった。すなわちそこでは，ベッカリーア思想のもつ，前近代社会の刑法および刑罰思想（制度）に対するその優位性が，生命の尊重，人道性と個人の復権に求められていたことは周知のことであった[5]。そのこと自体は，人類史という歴史の縦軸のなかでの優れた分析に値する。しかし，この思想のもつ世界史的な広がりの意味については，それぞれの地域間でその受容に異なりがあったことも否定できない。それは，それぞれの地域のレジームの成り立ち，その性格や強度における差異にもとづくものであるが，なによりも民衆の意識や変革を求める力の差によるところが大きいといえよう。

こうして，ベッカリーア思想の先駆性に多くの意義を見いだしながら，その思想がどのように伝播していったかについて，それぞれの地域へのその流れを追求することが求められよう。それが，たとえベッカリーア思想の継

---

2) 村井敏邦『刑法―現代の『犯罪と刑罰』』岩波書店（1990 年）6 頁。

3) 内田博文「戦後のわが国における近代刑法史研究」（一）『神戸学院法学』第 8 巻 4 号 66 頁。

4) このような歴史方法分析は，旧ソ連でも試みられていた。例えば，シュラポチニコフ『刑法の源』（1932 年）は，刑法の歴史研究の必要性を強調するなかで「刑法の歴史研究には，その歴史的に移行する性格の研究も，その階級的な性格の研究も必要である」（А・С・Шляпочников, Происхождение уголовного права 1932 г. с. 5）。と述べていた。

5) なお，足立昌勝『国家刑罰権力と近代刑法の原点』（白順社［1993 年］）のなかでも，近代刑法を分析する視角という観点から，「立法過程の分析」，「統治機構の分析」，「社会的・経済的背景の分析」，「思想的背景の分析」，「制定・施行以後の動き」があげられている（同書 13・14 頁参照）。これらの視角も，歴史研究をおこなうにあたって不可欠のものである。

例えば，風早八十二「ベッカリーアの刑罰制度批判の歴史的意義」同訳『犯罪と刑罰』刀江書院版（1929 年）所収，滝川幸辰「チェザーレ・ベッカリーアとトマソ・ナタレー刑法学の先駆者」「ベッカリーアの銅像」『刑法史の断面』大雅堂（1948 年）所収（なお，『滝川幸辰刑法著作集』第 1 巻にも収録）など。

受[6]であったとしても，また借用であったとしても…。ここに，まずベッカリーア思想の地域間同時代史とそれぞれの地域の特性のなかでの受容の形態や深化の程度についての研究が必要となる。それぞれの地域のなかでベッカリーアの思想がどのような役割を演じ，また根づいていったのかが検討されなければならい。そのような研究を通じて，ベッカリーア思想の世界史的意味がより明確になり，また近代刑法思想の系譜のグローバルな解明に寄与することになると思われる。

　本稿では，ベッカリーア思想の東方への流れ，特にロシアという地域においてこの思想がどのように伝播し，普及していったかについて，近年のソビエト・ロシアでの研究を紹介するなかでこの課題に一光をあててみたい[7]。なお，本稿では，叙述の便宜上，1987 年にモスクワで出版されたレシェトニコフ『ベッカリーア[8]』のなかの「第 3 章　ベッカリーアとロシア」の部分の要約という形式をとる。

(2)「ベッカリーアとロシア」

　「ベッカリーアとロシア」というテーマには，かなり多くの問題がを含まれている。

　『犯罪と刑罰』の著作のなかで，「モスクワの女帝」であったエリザヴェータの 20 年間（1741—1761 年）の統治下において死刑の適用がなかったことの論拠が示されている。まず，この刑罰処分が適用されなかった「有名な例」を引用することから始めよう。

　女帝エリザヴェータは，政変の結果自らが王位に就くにあたり，その全治世下においては 1 人の犯罪者も処刑しないことを誓ったかのような伝説があ

---

6)　この方向での最近の成果として，九州ベッカリーア研究会によるゲルハルト・ダイムリンク編・チェザーレ・ベッカリーア/ヨーロッパにおける近代刑事司法の始期・(1989 年)（一）「法政研究」第 58 巻 2 号（1992 年），（二）第 58 巻 3 号（1992 年），（3・完）第 59 巻 1 号（1992 年）所収。

7)　ソ連時代に，この思想がどのように理解されていたかなどについては，拙稿「風早刑法学における犯罪と刑罰」風早先生追悼論文集『啓蒙思想と刑事法』1995 年所収（勁草書房）参照
　　最近のわが国におけるベッカリーア研究のなかで，ロシアとベッカリーア思想との関連を扱ったものとして，上述の九州ベッカリーア研究会による成果のなかに収録されたロルフ・シュタインベルク「エカテリーナⅡ世統治期のロシアにおけるベッカリーア継受」（執筆は梅崎進哉）がある（「法政研究」第 58 巻 2 号所収）。

6　I　帝政期のロシア刑法学

る。この伝説は，おそらく，ベッカリーアの時代に広く流布され，彼の著作
に対する多くの注釈のなかで再現され，言及されつづけてきた。また近年で
は，1978 年に出版されたフランコ・ベントーリの著作のなかでも再現されて
いる。しかしロシアの刑法学者は，このような出来事の信憑性を極めて疑わ
しいものと見なしていた。例えば，よく知られたツアーの官吏（1864 年の「裁
判法典」の作成者の 1 人で，またベッカリーアの著作の翻訳者）ザリューノボは，

---

8)　Ф・М・РЕШТНИКОВ・БЕККАРИА・(1987) C. 128（C. 91-108）.
　　本書は，政治・法思想史シリーズとして企画されたなかの 1 冊である。著者は，法学博士・教
授の肩書をもったソビエト立法研究所の部長と紹介されている。著者の専門分野は，刑法・犯罪
学であり，以下のような著作が知られている。・現代アメリカ犯罪学・(1965 年)，・発展途上国の
犯罪学的諸問題・(1970 年)，・ブルジョア刑法—私的所有の保護の武器・(1982 年)，その他フラ
ンス，西ドイツなどの資本主義国の刑法理論史や立法に関する論文・翻訳がある。
　　本書の構成は，以下のとおりである。

　序　文
　第 1 章　生活と活動
　　　　一　ベッカリーアの時代と彼の人生のはじまり
　　　　二　『犯罪と刑罰』の創作史
　　　　三　それ以後の人生
　第 2 章　『犯罪と刑罰』
　　　　一　その内容
　　　　二　その運命，立法への影響と世論
　第 3 章　ベッカリーアとロシア
　結　論
　　　　注
　　　　付　録
　　　　索　引
　　　　文　献

　　なお，「ベッカリーアとロシア」という課題を研究する場合に，のちに見るように，まず「エカ
テリーナ二世の命令（ナカース）」とベッカリーア思想との関連をどのように見るかが重要であ
る。この課題については，旧ソ連時代においても，すでにいくつかの研究が行われていた。例え
ば，オシェロビッチ『ロシア刑法思想史概説』(18 世紀後半期-19 世紀前四半期) 1946 年（Б・С・
ОШЕРОВИЧ Очерки по истории русской уголовноправовой мысли, 1946）やシバリーナ「エ
カテリーナ二世の刑事立法」『ソ連邦司法人民委員部全連邦法律学研究所紀要』1 巻 1940 年（Т・
И・ШВОРИНА, Уголовное законодательство Екатерины II 1940）などがある。
　　ところで，エカテリーナ二世の「命令（ナカース）」の訳語について，わが国では，従来より「訓
令」の語が使われている。しかし，「訓令」は，わが国の法律用語としては，「上級官庁が，下級
官庁の権限の行使を指揮するために発する命令」（内閣法制局法令用語研究会編『法律用語辞典』
有斐閣）であって，ロシア語の наказ の訳語としては適さないと思われる。むしろこの語は，「国
の行政機関が制定する法形式の総称」（前掲辞典）である「命令」に近い（稲子恒夫『政治法律ロ
シア語辞典』ナウカ参照）。したがって，本稿では，「命令（ナカース）」の語を使用する。

歴史家の著作のなかにはそのことをよく確認していないものがあり，これに反して，1742年12月11日付のエリザヴェータの命令のなかに，収賄を行ったものは「裁判によって処刑される」という脅しが含まれていたことを認めていた。ロシアの刑法学者ピオントコフスキー（父）やゲルネットの死刑についての著作のなかでも，エリザヴェータの誓いには言及されていない。

　エリザヴェータの側から死刑に対する極めて否定的な態度は，明らかである。初め彼女はいくつかのカテゴリーの人に対し死刑に代えて別の刑罰を当てる多くの命令を公布し，次いで，1744年5月17日，すべての死刑判決の執行を指示する命令が停止され，「命令を受け取るまで体罰は行われない」。このときからすべての死刑判決は，女帝に上程された。彼女は，これを承認しなかった。1753年と54年には，死刑廃止や事前のむち打ち刑，鼻をそぐこと，顔に「泥棒」と焼き印することといった刑罰のカタログの廃止についての女帝の命令と議会の命令がそれぞれ公布された。こうして，20年間の女帝エリザヴェータの全治世下のなかで，死刑はロシアで実際に形式的に適用されなかった。もっともそこには，その偽装された変種—直接に「残虐なこと」を行うことを指示したむち打ち刑，また人を死ぬまで何度も打った苔刑（ちけい）が維持されていたが…。そして同じ時期のヨーロッパでも，このことは同様であった。そこでは，「教養の高い君主」の称号を自負した幾人かの統治者がいた。ロシアこそ，死刑廃止を呼びかけたベッカリーアが同意できた唯一の国家であったのである。

　ベッカリーアがその著『犯罪と刑罰』を書き，それが出版され，全ヨーロッパで名声を得た時期は，ロシアで女帝エカテリーナ二世の統治の最初の年と一致する。彼女は，1762年の政変の結果，権力を掌握した。1766—67年，すなわちエカテリーナ二世の政府がその指示によって，ベッカリーアと接触を求め，ロシアに彼を招待しようとしたとき，女帝みずから「新しい法典草案編纂委員会命令（ナカース）」を準備した。

　「命令（ナカース）」は，エカテリーナ二世によって委員会のために編成されたものであった。委員会には，政府機関の代表と町や村からの代議員—農奴を除く全てのクラスの代表者が含まれ，かなり幅広い範囲の問題（刑事責任，裁判などを含む）に関する新しい法典を準備する任務を負っていた。

8　I　帝政期のロシア刑法学

委員会の召集が 1766 年 12 月 14 日に宣言され，第 1 回の会議が 1767 年 7 月 30 日に開催された。しかし委員会は，1768 年 12 月 18 日にその活動を停止した。トルコとの戦争が始まったという口実であった。もっとも，本当の理由は，「自由を望んで」ほう起した農奴の反乱であったが…。

エカテリーナ二世の「命令（ナカース）」のなかには，西ヨーロッパの啓蒙主義者の著書からの多くの直接借用があった。女帝自身は，1767 年 10 月 17 日付のプロシア王フリードリィヒ二世への手紙のなかで，「命令（ナカース）」の大部分が「モンテスキューの「法の精神」から借用され，またベッカリーア侯爵の『犯罪と刑罰』の著書から借用されたことを伝えていた。こうした事情を隠くそうとする試みは無駄であった。その時期の教養ある人々は，モンテスキューの著作（それは 1748 年に出版された）を非常によく知っていたし，また多くの言語に翻訳されて出版されていた，ベッカリーアの著書もよく知っていた。

この「借用」問題は，すでにロシアの革命前の法学文献のなかで十分よく研究され，解明されている。ベーリコフの計算によれば，「命令（ナカース）」の全内容のなかで刑事立法に関しては 227 ヶ条（およそ 3 分の 1）が借用であり，そのなかの 201 ヶ条がベッカリーア（114）か，モンテスキュー（87）の著作からの借用であった。

ベッカリーアの著作からの逐語的な借用の大部分は，第 10 章「刑事裁判手続きについて」のなかに集中している。ここには，裁判手続きについてばかりでなく，刑法全体，犯罪と刑罰についての規定もある。これは，1879 年にペテルブルクで出版されたザリューノボの著作『エカテリーナ二世の命令（ナカース）第 10 章と現代ロシア法との比較における犯罪と刑罰についてのベッカリーア』によって明確に確信することができる。このなかには，ザリューノボ自身の翻訳したベッカリーアの著作テキストが「命令（ナカース）」第 10 章のテキストと平行して印刷されていた。この対照によって，第 10 章の重要な部分において女帝の固有の見解が述べられているということではなく，ただ単にベッカリーアの本の完全な行とパラグラフが翻訳されているということにいかなる疑問ももちえない。ベッカリーアの思想がどの程度，エカテリーナ二世の命令（ナカース）のなかに反映していたかという問題に対し，ザ

第1章　啓蒙主義刑法思想とロシア　　*9*

リューノボの著作について次のことを指摘した優れたロシアの刑法学者タガンツエフの助言に従うことは極めて有益であろうと思われる。

　　「『命令（ナカース）』に借用されたばかりでなく，この借用にあたってその編者に然るべき処置をとらなかったという批判的な分析は，はるかに利益があった」。

　「命令（ナカース）」の第10章には，ほとんど例外なしに，それぞれ刑法問題についてのベッカリーアの見解がはいっていた—いわば，刑罰は行ったことの重さに一致することが必要であるということについて，共犯者の責任について，完成犯罪と比較しての未遂に対する刑罰の軽減についてなど—，また証人の証言，証拠の評価，その他の訴訟問題に関する立場がかなり詳細に再現されていることを確認することができる。エカテリーナ二世は，「命令（ナカース）」のなかにいくつかの自分の見解をつけ加えていた。第222条と240条がそれとされる。そのテキストは，それぞれ次のように規定されている。「もっとも信頼できる犯罪抑制は，刑罰の厳格さではなく，人が法律を犯すと必ず処罰されることをまさに認識することである」。「処罰するよりも，犯罪を予防することの方がずっと良い」。

　「命令（ナカース）」のなかには，貴族も，平民も同等の刑罰を受けねばならないということ，すべての裁判を平等とすることが必要であるというベッカリーア思想は再現されなかった。さらに「命令（ナカース）」のなかには，犯罪原因の分析と結びついたベッカリーアの思想の言及もなかった（「強盗の問題」，所有権の合法さなど）。しかし，『犯罪と刑罰』の著者によって提起された多くのその他の問題（密告について，財産の没収，高官や裁判官の利得犯罪など）は，むしろ「命令（ナカース）」のなかにわざと入れられていたのであった。

　こうしてエカテリーナ二世は，ベッカリーアの仕事を極めて熟考し，また明確な目的意識を持って整備した。彼女の見解によれば，ロシアにおける絶対君主権力と農奴体制の強化の利益に反することすべてをそこから排除した。また「命令（ナカース）」のなかでは，ベッカリーア理論の直接の借用の多さにもかかわらず，その社会的，政治的本質が歪曲されていた。

　２人のロシアの作家がこの文書をその歴史的感覚のなかで非常に正しく評価したことを述べよう。プーシキンは，23歳で『18世紀のロシア史に関する

メモ』を書きはじめ，深い，同時にある「個人的な」批評を与えた。「この偽善的な命令（ナカース）を読み返しながら，公正ないきどうりを差し控えることはできない」。そしてまた，プーシキンは，ロシアの現実と，「命令（ナカース）」のなかで女帝が宣言したこと，ヴォルテールが「スカートと王冠のなかの偽善者の徳をほめちぎったこと（彼は本当のことを知らなかったし，知りえなかった）」は無理からぬことであったこととの間には明らかに一致がなかったことを考慮すべきであるとつけ加えた。

　レフ・トルストイも，「命令（ナカース）」の現実の方向を正しく見ていた。彼は，カザン大学法学部の学生であって，「命令（ナカース）」とモンテスキューの著作『法の精神』との比較研究をおこなった――これは，彼の最初の独自な仕事であり，日記風メモによってのみ保存されているが，極めて詳しいものである。19世紀のこの若者の判断は，次のように好奇心が強いものであった。「命令（ナカース）」のなかに「横暴の精神」が優位を占めていること，そこには「真実への愛よりも，より虚栄がある」こと，そして「命令（ナカース）」は「ロシアの利益よりも，エカテリーナのより大きな名誉」をもたらすものであったことが指摘されていた。

　この見方の正しさは，「命令（ナカース）」の運命によっても確認される。新しい法典の草案作成委員会が解散されたことによって，「命令（ナカース）」は，立法，とりわけ刑法領域に反映されなかった。さらに，ロシアのなかでは，それはほとんど国家的秘密扱いで，総数54部が高いレベルの政府機関のみに送られただけであり，従って最下級官吏のなかで誰もそれを読んでいなかった。

　これに反して，「外部の」利用のために，「命令（ナカース）」は，ロシア，フランス，ドイツ，ラテン語に翻訳されたテキストによって出版されていた。例えば，プロシア・科学アカデミーは，その外国会員としてエカテリーナを選出したし，国王のフレードリッヒ二世は，手紙を送っていた。その手紙のなかには，かつて人間の本当の庇護者としての立法者として評価された古代ギリシア人――リクルグやサロンと同列にエカテリーナを位置づけていたことが述べられていた。この手紙は，1767年11月17日付，すなわち委員会が解散される前に書かれており，従って，彼に発送した「命令（ナカース）」は，

まだ立法でなかったことが認められえよう。

ロシア刑事立法へのベッカリーア思想の影響は，事実上「命令（ナカース）」の編纂のときにも，そののちほぼ10年間においても現れなかったということを強調したい。エカテリーナ二世の活動を全体として好意をもって叙述し，ロシアを「啓蒙する」彼女の熱意の誠実さを信じた研究者は，「これは，理論と実践との決定的な不一致であり，一面から，モンテスキューとベッカリーアへの熱中，また他面から，さまざまなシェシコフスキーやその追随者に対する寛大さの間との許しべからざる混乱である」。周知のように，シェシコフスキーは，「秘密の事務室」を指導した。そこでは，エカテリーナ二世の承認のもと，反国家活動の疑いのかけられた者が残酷な拷問にかけられた。

ロシアのおける死刑に関しては，すでにエカテリーナ二世の統治下で再び死刑判決が執行され始めた。周知のように，特に厳しい処罰がプガチョフとその仲間に加えられた。1832年に，死刑は，ロシア帝国法律大全のなかで，刑事罰の一つとして最終的に定められた。もっともそれは一定の条件にあたってのみ処罰されたのであった。

ベッカリーアがかくも徹底して反対していた，証拠を得るための手段としての拷問と体罰（柄のついたむち，革やひもをよりあわせたむち，柳の枝によるむち，焼き印を押すこと）もまた廃止されなかった。これらが廃止されるためには数10年の歳月が必要となった。最初に被疑者への拷問が廃止され（1801年），次いで鼻孔をもぎ取ることが廃止され（1817年），さらに柄のついたむち刑が廃止され（1845年），最後に原則として体刑の廃止が宣言された（1863年）。しかし，この後も体刑はロシアのなかで維持され続けた。それは，農民，兵士，拘禁された者，流刑された者に適用することが許された。革やひもをよりあわせたむちでの100回叩きの刑と柳の枝によるむちでの6000回叩きの刑が最後の脅しとなったのであった。

司法改革の進行のなか，ベッカリーアの著作が出版されてちょうど100年ののちに，ロシアの1864年の裁判法典（ウスターフ）のなかで，刑事手続きの改革がかなり完全な形で実現され，封建司法や形式的証拠理論およびその他の過去の遺物から脱する呼びかけが曲がりなりにも実現された。また司法権力を立法および行政権力からの区分を求める原則的意味（これは，ベッカリー

12   I   帝政期のロシア刑法学

アが詳細に論じた）を持ちつつ，ロシアの立法においても時代の流れとともに実現された。しかしこれは，決してベッカリーアの本の直接の影響の結果生じたものではなかった。1860年代の司法改革が始まった1862年の裁判所構成についての基本命題のなかにおいて，その第1条のなかで「司法権力は，執行，行政および立法権力から区別される」という原則がはじめて宣言された。これは，荘重であったが，かなり形式的な宣言であった。というのは原則からの逸脱，とくに司法と行政権力の境界を定めることに関しての逸脱が，ロシアで1864年の裁判法典の採択ののちさらに数10年にわたって維持されていたのであった。

　いままで述べてきたことから考察すれば，ザリューノボの次のような主張は極めて疑わしいと思われる。

　　「（ベッカリーアの）書は，それが出版されて3年経って，ロシアの重要な立法の一つのなかに入れられ（妙であったとしても，これは教養ある法律家ザリューノボが『命令（ナカース）』について書いている），。本書は，100年のうちに，その血肉のなかにあとできずかぬように入り込んだ。これはイタリア語で書かれたどちらかと言えばロシアの本である。エカテリーナ二世はそれを養子にした」。

　これは，まるでベッカリーアの本がイタリア語で書かれたものではなかったかのような主張であり，全く根拠のないことである。それは，イタリアの土壌で生まれ，そのなかでイタリア啓蒙思想が現れ，いまにいたるまで，正当にイタリア人の国民的な誇りの対象となっている。これが「ロシア的」な著書であるという主張に関しては，これに同意できるが，それをまるでエカテリーナ二世が「養子にした」というのではなく，1世紀半もの間，ロシアにおいて刑法や訴訟法分野のなかでの進歩的変革の実現のための闘いが行われ，ベッカリーアの著書が絶えずこの闘いの武器となったということである。

　ザリューノボだけが，このような誇張した形で帝政ロシアの刑事立法の発展のなかでのベッカリーアの実際上の影響を特徴づけた者ではなかった。例えば，20世紀初頭の有名なロシアの刑法学者ゴーゲリ（刑法の社会学派の支持者）は，次のように書いていた。1764年に世に出たベッカリーアの著書は，「この次の時代のあらゆる人道的立法者を奮いたたせ，…ベッカリーアの多

くの思想が 1864 年のわが裁判法典のなかで実現された。そのロシア立法の偉大な記念碑として，わが裁判が文化国家の裁判機構のよりよい形態と同じ高さの位置におかれることになった」と。

　こうして，ベッカリーアの名は，好むと好まざるとにかかわらず，1864 年の裁判法典の擁護的評価のために利用された。しかし裁判法典は，そのような評価に反して，『犯罪と刑罰』のなかに宣言されている裁判と刑事立法の分野についての改革のプログラムをロシアで実現しようとしたことではなかった。まず，裁判法典は，実体刑法の問題にほとんど触れておらず，この分野におけるロシアの立法はロシア革命まで，ベッカリーアの著書のなかで批判にさらされた 18 世紀のヨーロッパにおける刑法の状態を想起させていた。1845 年の刑事罰および矯正法典（これは，当初 2224 ヶ条からなっていた）は，1917 年まで効力を維持していた。有名なロシアの刑法学者セルゲフスキーは，1911 年に次のように書いていた。

　　　「それ（1845 年の刑事罰および矯正法典）は，厳格な意味，すなわち目的がある，統
　　一的な法令の意味では法典と呼ぶことはできない。その内容について，法典は，過去
　　のさまざまな時代の個々の法規則（いくつかの補足や修正を含んだ）の特別に整理さ
　　れた大全であり，このような大全に固有である欠点，すなわち多くの条文の数，決疑
　　性および指導原則の統一さの欠如をもっていた」。

　われわれは，すでにロシアにおいては刑罰体系のなかでの中世司法の要素が完全に根絶されずに，1864 年の裁判法典ののちにも残っていたことについて述べた。裁判法典に導入されている刑事訴訟法の基本的な民主的制度が，1870—80 年代においてツアー権力によって公布されたかなり多くの法令のいわゆる反宗教改革の結果，それらは事実上削除された。こうして，ロシアのなかでベッカリーア思想の実現を探るための試みは，1864 年の裁判法典の採択とともに，その積極さを決して失わなかったが，これに反してその現実的な実現は，それに続く 10 年間にかなり困難なものとなっていった。

　ロシアにおけるベッカリーアの崇拝者のなかには，さまざまな政治的傾向の代表がいた。もちろん，われわれにとって最大の関心は，ベッカリーアの仕事が革命運動の最も先進的な思想家たちの見解や信念の形成にいかなる影

14　I　帝政期のロシア刑法学

響を与えたかにある。まずこのことについての検討からはじめよう。この点について，ミラノ図書館の古文書のなかから発見された二通の手紙が極めて興味深い。それらは，1771年3月12日と1773年5月2日の日付の入ったベッカリーアに宛てられたものであった。そしてこれらの手紙は，エカテリーナ二世治世下で重要な地位を占めており，パーニン兄弟が主導していたリベラルな貴族集団「立憲主義者」に所属していたロシアの貴族ナルシュキンの手になるものであった。ナルシュキンは，イタリアに旅行したときベッカリーアと知り合った。手紙には，著書についての心からの感嘆が感じられる。

　革命前のロシアの法律家が，ベッカリーアをどのように権威づけていたかを述べるために，1864年の「犯罪と刑罰」出版100周年記念祝賀に関する多くの意見のなかから，有名な刑法学者キスチャコフスキー教授の言葉を引用しよう。

　　　「ベッカリーアは，今なお刑法の優れた教師となっている。彼の著書が現れてから
　　　100年が経ったが，それはまるでいまの時代に書かれたかのように，新鮮で，オリジナ
　　　ルであり，真実味のあるものである。彼の著書は，まさに学術作品の一つであり，時
　　　の経過にもかかわらず，われわれにとってそのなかに述べられていることは真実その
　　　ものであって，いまだ価値を失っていない」。

　ベッカリーアの著作は，優れたロシアの革命思想家ラジーシェフにも影響を与えたと思われる。ラジーシェフの有名な「ペテルブルグからモスクワへの旅」（1790年）のなかにも，また法律問題に関するその著作のなかにも，直接そのことが言及されてはいないが，これに疑いを入れない多くの証人がいる。1764年（ベッカリーアの著作が出版された年）に，ラジーシェフが，レイプツスキー大学に入学したとき，その教授のなかにカールハメリードイツの有名なベッカリーア思想の伝導者である―がいた。さらに，ハメリの指導によって，ラジーシェフの学友ウシャコフが「刑罰権と死刑についての考察」を書き，そこで『犯罪と刑罰』の著作も引用された。ウシャコフは，ラジーシェフの単なる同窓生ではなく，最も親しい友でもあった。ベッカリーアの著書は，モンテスキュー，エルヴェシウス，マブリーなどの西欧の啓蒙思想

第1章　啓蒙主義刑法思想とロシア　　*15*

家の影響とともに，ウシャコフの思想の形成に影響を与えた。ウシャコフは，その著書のなかで彼らの見解を引用し，それらの著者たちと論争していたのであった。

　ベッカリーアの著書が，多くのデカブリストたちの視野におかれ，従って彼らの見解を形成するにあたって一定の役割を演じたというかなり信頼のおける証拠がある。ベッカリーアの著書が，いく人かのデカブリストの蔵書のなかにあったという事実である。例えば，ペステリ，パジィオやポーランドの革命家—デカブリスト，イタリア語をよく知っていたリュブリンスキーがこれを読んでいた。またデカブリスト・カマロフは，取調委員会の証拠資料のなかに，ペステリャの影響の下で彼とその仲間，同僚の将校がベッカリーアを含む啓蒙思想の本を読んでいたことを言明した。さらに，ベロコフが述べたように，ベッカリーア思想に対してデカブリストの関心が確認されることの一つとして，デカブリスト・シュテインゲリィやクユヘリベケルが参加して，1823—25 年に準備された「百科辞典」のなかにベッカリーアについての項目が含まれていた。しかしこの「百科辞典」は，印刷所で刷り上がったが，発行されなかった。その項目のなかでは，「皇帝 (ツエーザリ) ベッカリーアは…，犯罪と刑罰についての注目に値する作品によって評判となった。それは人類に最高の愛を感じさせるものとなった」と述べられていた。

　先進的なロシアの人々の，ベッカリーアと彼の著書に対する深い関心は，デカブリスト運動ののちにも衰えることはなかった。偉大なロシアの啓蒙家，作家—風刺作家であるサリティコフ—シェドリンは，ベッカリーアの作品に目を向けた。彼は，周知のように，ベルギーやフランスの社会学者サン・シモンやフーリエの弟子であった。シェドリンの死後，1889 年に彼の原稿のなかから「法の思想」と題されたメモが，またベッカリーアの伝記についての初期のスケッチも発見された—両方とも余白に「ヴァトカの知事」の書き込みがなされていた。従って，それらは，シェドリンが自分の初期の作品を公表するに前に，ヴァトカに赴き，そこで 1849—55 年を過ごし，その職務として，刑事事件の審理にも携わっていた時にあたる。この時，彼は，ときどき著者に反対しながら，『犯罪と刑罰』からの書き抜きを行っていた。

　「法の思想」のメモを見ると，シェドリンがベッカリーアの著作のテーマ

に近い問題—刑法の比較研究について，何らかの人民の性格や気質と立法との関係について，個々の犯罪の原因について，「刑罰処分に影響を与える原因」について，そして最後に犯罪の分類について—について書くことを集中していたことが分かる。シェドリンのこうしたメモが実現しないままであったことは悔やまれる。

　最後に，ベッカリーアの著書の露訳史に目を向けなければならない。『犯罪と刑罰』の著作は，さまざまな時期に6たびロシア語で出版された。最初は1803年であり，最後は1939年であった。こうして1世紀半弱にわたって，たびたびロシア語に翻訳され，それらは常に新しい翻訳であった。これは，わが国におけるベッカリーアの著作に対する継続した関心の現れであったといえる。同時にその翻訳は，ベッカリーアの思想の広がりに一定の役割を演じた。それは，すでに述べたように，「ロシアの書物」となっていた。

　出版されたもの以外に，印刷はされなかったが，比較的限られた範囲の者によって利用されていたいくつかの手書きの翻訳があった。それらのなかには，おそらく，時期としては最も初期のものであり，エカテリーナ二世の「命令（ナカース）」に関連して彼女のために作られた翻訳があった。元老院の全体会議のホールの銀の箱のなかに保管されていた「命令（ナカース）」のロシア語テキストの手書きには，エカテリーナ二世自筆の書き込みがあった。それは，第10章「刑事裁判手続きについて」の部分であって，この箇所は彼女の命令によってグリゴリエコジィーツキーが行ったベッカリーアの著作からの翻訳であった。

　18世紀末（日付を正確に定めることは，不可能である）に，ベッカリーアの著書のフランス語からの翻訳がなされた。これらは，出版を予定されたものではなかった。一つは，著名な政治家であり，貴族自由主義のイデオログであり，またラジーシェフの庇護者であったウロンツオーフの依頼によるものであった。二つは，独特な学識があるが，保守的な政治的思想（思うに，これは，「死刑についての考察」という論文のなかで明らかである）をもっていたシェルバートフ公の手になるものであった。

　デカブリストたちがベッカリーア思想に示した大きな関心の現れは，彼らのうちの何人かが『犯罪と刑罰』をロシア語に翻訳したことにも見られる。

ペートル，ボリーソフ—団結したスラヴ人団体の組織者であり，また指導者
の1人であって，のちに終身刑を宣告された—によっておこなわれたフラン
ス語からの翻訳が残っている。この翻訳は，いままで「ベッカリーアとロシ
ア」の問題を研究しているソビエトの研究者にも，イタリアの研究者にも目
にとめられてはいなかった。デカブリストたちの古文書のなかには，デカブ
リスト運動の壊滅ののちに取調を受けた579人のうちの誰かによって行われ
たベッカリーアの著作からの翻訳または抜き書きが保存されていたことは極
めてありうることである（どれほど知られているか分からないが，いままで研究
者の誰もこの方向に積極的な探索の手を向けていなかった）。

　ベッカリーアの著書の翻訳のなかには，印刷所で刷られ，かなり広く普及
されたものもあった。ロシア革命までに五つの翻訳—ヤジーコーフ，フル
ショーフ，サーボレフ，ザリューノボおよびベーリコフによるものがあり，
6番目の翻訳が1939年にイサーエフによって行われた。

　最初のものは，1803年にペテルブルグで「ベッカリーア。犯罪と刑罰につ
いての考察。フランス人モレリによってイタリア語から翻訳され，さらにこ
れをロシア人ヤジーコーフによって翻訳された。ディデロの注とモレリと作
者との往復書簡が添付されている」という名称で出版された本である。ヤ
ジーコーフは，幅広い教育を受けた人間であり，のちにモンテスキューやフ
オイエルバッハの著作を翻訳し，さらにロシア・アカデミーの常任書記とい
う極めて名誉あるポストに就いた人物である。イサーエフによれば，彼の翻
訳は，のちの翻訳よりも良く，ヤジーコーフ自身が「啓蒙期」の息子であっ
た以上に，著書の精神を反映していた。

　3年後にペテルブルグで，フルショーフの翻訳でベッカリーアの著作の出
版が公刊された。しかしこれは，広く普及をしなかった。19世紀末には，二
つの新しい翻訳—サーボレフとザリューノボの翻訳がほとんど同時に現れ
た。サーボレフの翻訳は，1878年にラドム（当時帝政ロシアの領内にあったボー
ランドの町）で刊行された。またザリューノボの翻訳は，1879年にペテルブ
ルグで出版された。ザリューノボは，元老院議員であった著名な官吏で，ま
た1861年の司法改革の主要メンバーの1人であり，さらにダンテの翻訳者
としても有名であった。もちろん，謙虚な法学修士サーボレフが，彼と競う

18 I 帝政期のロシア刑法学

ことは困難であった。へんぴな田舎で発行されたサーボレフの小冊子に対して，かなり有名な元老院議員ザリューノボのしっかりした仕事による，サンクトペテルブルグで印刷された優れた紙質と大きな体裁のものとを比較することはできないであろう。

　ザリューノボは，イタリア元老院のその当時の議長と相談して，モレリの編集を考慮にいれて作られたベッカリーアのイタリア語版―1862 年にフローレンスで有名な歴史家でベッカリーアの伝記学者であるカントによって出版された―「より良い」翻訳のために選んだ。

　ザリューノボは，非常に美しいロシア語を使い，外国語の使用をできるだけ控えていた。このことが時に無意味さをもたらしていた。ザリューノボは，その翻訳書のまえがきのなかで，「ロシアの作品のなかで，ときどき外国語がでてくることは多少とも意味あることである」が，「この権利を乱用すること」はできないと述べ，サーボレフの翻訳のなかでは，「全く必要なものではないばかりか，有害でさえもある」外国語の列挙が多数あげられていることを指摘していた。実際，サーボレフの翻訳は，言語の点から，あまり成功したものではなく，1879 年にザリューノボの怒りをかった多数の外国のことばが使用されていた。しかし，ザリューノボの言い分，つまり外国のことばをできるだけ使わないということも，珍しいことであった。その一例をあげよう。ザリューノボは，「圧制」という言葉を避けようとして，それを「わがまま」に代えている。その結果，第 4「法の解釈について」の最後の「圧制の精神」という用語は，「わがままの精神」として翻訳され，著書の重要な命題の一つの意味をすっかり歪めてしまったのであった。

　ロシア革命前に行われたベッカリーアの著作の最後の翻訳として，「ベッカリーア候。犯罪と刑罰。翻訳は，イタリア語からのものであり，小論を含むものである。刑法学および歴史のなかでのベッカリーアの意味」（ベーリコフ訳ハリコフ 1889 年）があった。この翻訳書のなかには，ベッカリーア思想の評価やその歴史的意味を含んでいる訳者ベーリコフの解説だけでなく，当時において入手できるほとんどすべての資料を使って書かれた詳細なビブリオグラフィが収録されていた。そのなかで，ベーリコフは，数 10 年にわたって，ベッカリーアの作品を研究したことが述べている。彼は，すでに若き法

律家であって，ベッカリーアに捧げた最初の発表を，ロシアの法律雑誌（「司法省雑誌」1863 年 7 号）上でおこなっていた。

　ベーリコフは，ベッカリーアの著作のフランス語版とドイツ語版を利用し，またヤジーコーフ，サーボレフおよびザリューノボのロシア語訳も利用した。ベーリコフは，その仕事の目的を述べながら，「昔の文体の凝り方を再現するというよりはむしろ，著者の言葉の意味と力を現代語に移し替える」ことに精を出していたことを強調した。イサーエフが正しく述べているように，ベーリコフは，ベッカリーアの著書を現代的で，充分にきちんとした言葉づかいで翻訳することに成功した。しかし彼は，この目的にかなり多くを浪費した。ベーリコフが「昔の文体の凝り方」と見なしたベッカリーアのいきいきとした言葉づかいは，上記の理由によっていとも簡単に軽視された。

　ロシア革命前の『犯罪と刑罰』の翻訳者の試みは，著名なソビエトの法律家，イサーエフ教授によって利用された。イサーエフの訳は，1766 年のイタリア語第 5 版からの新たな翻訳であった。この版は，イサエフが「定本」と認めたものであり，モレリの校訂ではなく，ベッカリーア自身のプランとその補足からなるものであった。イサエフは，モレリが講じたテキストのなかの配列に対して決定的な批判を行った。その批判は，ベッカリーアの意図を歪曲したこと，一般に通用している見解，特にザリューノボやベーリコフの熱狂的な評価に反して，その著書の内的な論理を侵害し，同時に著書の質を落としたことに向けられた。イサーエフは，刑法分野における優れた専門家であり，重大な理論問題についての著作の著者であり，わが国および外国の刑事立法史にすばらしく詳しい人である。彼には，1810 年のフランス刑法典をロシア語に翻訳したこと（1947 年），さらに 1930 年のイタリア刑法典（1941年）や 1937 年のスイス刑法典（1941 年）の翻訳がある。イサーエフの固有の仕事や翻訳には，優れた文体があり，彼はイタリア語，フランス語およびドイツ語にかなり堪能していたことをつけ加えておかなければならない。ところで，イサーエフの新しい翻訳は，ベッカリーアの著書の内容とその著者の伝記の深い研究の成果に基づいたものである。その翻訳は，2 世紀以上前に書かれた著書に使われている言語的手段の多様さや美を現代ソビエトの読者まで運ぶ能力によって，イタリアの啓蒙思想家の見解を正しく伝達したもの

といえる。

イサーエフの翻訳は,「犯罪と刑罰」のすべてのロシア語翻訳のなかでより優れたものであり,思うに,近い将来にその再版の要求が生れてこようし,これは決して余人をもって代えられる仕事ではないのである。

(3) おわりに

レシェトニコフによれば,エカテリーナ二世の「命令(ナカース)」のなかでのベッカリーア思想の影響は,さまざまな制約をともなったものであった。それは,ベッカリーア思想からの単なる借用でもあったし,あるいはその政治的―社会的本質を歪めての借用でもあった。また帝政下のロシアでは,エカテリーナ二世以後も各種の法制度のなかでのベッカリーア思想の反映も消極的であった。しかし,レシェトニコフが指摘しているように,ロシアでは,ベッカリーアの著作がかなり早い時期から翻訳され,読みつがれてきた。こうして,ベッカリーアの思想が現実のロシア社会において果たしてきた役割は,時代の流れのなかでさまざまな先進的,革命的な運動のなかで受容されてきたことを認めないわけにはいかないであろう。

最後に,レシェトニコフが予告したように,近年において,ベッカリーアの『犯罪と刑罰』のイサーエフ訳が,ロシア連邦検事総長編集の法律雑誌『合法性』の 1993 年 1 号から 6 号にかけて掲載されたことを付記しておきたい。

2　再び「ベッカリーアとロシア」について

(1) はじめに

周知のようにロシア史のなかで,かつてはツアーリを頂点とした専制君主制が,そして近年までは党の独裁による権力機構が強固に存在していた。もちろんそれぞれが基礎とした理念や擁護すべきものは極端に異なっていたとはいえ,権力の集中した政治体制であったことは事実であった。このようなロシア政治・法史のなかで権力と個人とのかかわりは,特に関心ある課題である。

ところで上記のことは,刑法の領域における近代思想との接触,すなわち

第 1 章　啓蒙主義刑法思想とロシア　*21*

社会契約説に基礎づけられ，自由で平等な個人の権利保護を目的とし，刑罰の人道化や寛大化を強調する近代刑法思想，特に啓蒙主義刑法思想とロシアがどのように出会い，これをどのように受容していったのかが当面の課題となる。ロシアと啓蒙主義思想との接触は，比較的早く，18 世紀後半のエカテリーナ二世の治世下であった。この間の事情について，ロシア史家鳥山成人教授は，『ロシア・東欧の国家と社会』のなかで次のように述べている。

　　「エカテリナは 1777 年 10 月 10 日のヴォルテール宛の手紙で，…次のようにいっている。『わが国の法体系は少しずつ整えられています。その基礎は法典のための訓令であります。私はこれを 10 年前にあなたにお送りしました。…』。ここでエカテリナが『法典のための訓令』といっているのは，いうまでもなく，彼女が自ら召集した新法典草案作成のためのいわゆる立法委員会に，その作業の指針として与えた 1767 年の有名な『訓令』のことであるが，これが，モンテスキューの『法の精神』をはじめ西欧の啓蒙思想家の諸著作を素材にした作品であって，多くの箇所が原典からのほとんどそのままの引用からなっていることはよく知られている。この『訓令』でエカテリナが強調した一つの点は，法治主義の原則とそれに伴う司法・裁判制度の根本的な改善の必要ということであり，この面では彼女は，イタリアの自由主義刑法学者ベッカリーアの『犯罪と刑罰』（1764 年）の考えを取入れる点が多かった[1]」。

　こうして「ベッカリーアとロシア」という課題は，エカテリーナ二世の「命令[2]」にはじまる。本稿では，ロシアという地域と特別な政治体制のなかでベッカリーア思想がどのように浸入し，受容されていったのかについて若干の検討を行う。

(2)「ベッカリーアとロシア」の意義

　ロシアとベッカリーアとの出会いは，ベッカリーア思想の出現の時から考慮して，かなり早い時期であった。というのは後述するように，エカテリーナ二世の「命令」のなかにベッカリーアの『犯罪と刑罰』（1764 年）からの借用が多く見られたからであった。この「命令」は，新しい法典を編纂するた

---

1)　鳥山成人『ロシア・東欧の国家と社会』（恒文社．1985 年）217-218 頁。
2)　エカテリーナ二世の〈наказ〉は，従来より「訓令」と訳されてきたが，本来「命令」の語が正しいと思われる（上野達彦「ベッカリーアとロシア」三重大学『法経論叢』12 巻 1 号（1995 年）5 頁を参照）。

22　I　帝政期のロシア刑法学

めに各層の代表からなる特別委員会（1767年）が設置されたときに，エカテ
リーナ二世から示されたものとされている。ベッカリーア思想の出現の時か
らわずか3年ほどでロシアという地域にこの思想が到達したことになる。こ
のことは，まず第1にエカテリーナ二世が当時の西欧文明，とりわけ啓蒙思
想に大きな関心を寄せていたこと，このために彼女がヴォルテールをはじめ
とする啓蒙思想家達と交流を結んでいたことにより西欧の情報がかなり伝達
されうる状況にあったこと[1]，第2にベッカリーア思想が相当な速さで当時
のヨーロッパ全体をかけめぐっていったこと[2]を意味する。

　上述のように，ロシアのなかにベッカリーア思想が出現したきっかけと
なったのは，エカテリーナ二世の「命令」であったが，この「命令」の評価
やその運命とともにロシアにおけるベッカリーア思想のその後の展開が
「ベッカリーアとロシア」の課題となる。近年，この課題について二つの論文
がロシア（ソビエト）で発表された。ひとつは，1987年に「政治法思想史シ
リーズ」のひとつとして刊行されたレシェートニコフ『ベッカリーア』のな
かの「第3章　ベッカリーアとロシア」である[3]。いまひとつは，ユマーシェ
フ「ベッカリーアとロシア」（『国家と法』1995年7号）[4]である。これらの論文
を手がかりにして，以下にこの課題を検討していきたい。

　まず，エカテリーナ二世は，みずからの「命令」のなかで何を，どのよう
に意図していたのであろうか。この「命令」は，のちに述べるように，法律
として成立しなかったし，ロシア国内では「国家の秘密とされていた。最下
級の官吏や『局外者』の誰もが，命令から書き抜くことばかりでなく，読む

---

　1)　エカテリーナ二世とヴォルテールなどの啓蒙思想家との交流は有名である。このことについ
　　ては，さしあたり鳥山成人『ロシア史』（修道社．1958年），小野理子『女帝のロシア』（岩波新書．
　　1994年），アンリ・トロワイヤ著工藤庸子訳『女帝エカテリーナ』（中央公論社．1980年）などを
　　参照。
　2)　例えば，村井教授は，「これ（ベッカリーアの『犯罪と刑罰』―上野）が，出版と同時にヨー
　　ロッパを興奮の渦に巻き込んだ。あっという間に版をかさね，フランス語，英語，ロシア語の各
　　国の言葉に翻訳され，圧政に苦しむ人々の思想的支柱となっていった」と述べている（村井敏邦
　　『刑法―現代の「犯罪と刑罰」岩波書店〔1990年〕6頁）。さらに風早八十二「牧野法学への総批
　　判（試論）．10」『法律時報』第50巻11号60頁などを参照。
　3)　Ф.М. РЕШЕТНИКОВ, БЕККАРИА. 1987―〈Г.Ⅲ. Беккариа и Россия〉стр. 91-108. この部
　　分の紹介については，上野達彦「ベッカリーアとロシア」三重大学『法経論叢』12巻1号（1995
　　年）1-22頁を参照。
　4)　Ю.М. ЮМАШЕВ, "Беккариа и Россия." 〈ГОСУ ДАРСТВО И ПРАВО.〉1995. 7. c. 135-144.

ことすら許されていなかった[5]」。しかし「命令」は，フランス語やドイツ語など多くの言語に翻訳され，「外国でのみ普及するためにこれらの政府に送られた[6]」。このことは，エカテリーナ二世が「命令」のなかで啓蒙思想，とりわけベッカリーア思想をどのように扱っていたかについての評価に関連する。この点についてソビエト時代の末期に書かれたレシェートニコフ論文では，次のように指摘した。「命令」のなかには専制君主の横暴に対する批判を含んだベッカリーアの見解も，貴族も，平民も同等の刑罰を受けねばならないということやすべての裁判を平等にすることが必要であるというベッカリーア思想は再現されていない。またベッカリーアが依拠したルソーの社会契約論については，国家基盤が損なわれるとみなし，これに激しく敵対した。さらに「命令」のなかには，犯罪原因の分析と結びついたベッカリーア思想も採り入れられていなかった。ところがベッカリーアによって提起されたいくつかの問題，たとえば密告について，財産の没収，高官や裁判官の利得犯罪などは「命令」のなかにわざと入れられたのであった。このようにして「エカテリーナ二世は，ベッカリーアの仕事をきわめて熟考し，明確な目的意識をもって整備した。彼女の見解によれば，ロシアにおける絶対君主権力と農奴体制の強化という利益に反することは禁止された。『命令』のなかには，ベッカリーアからの直接の借用の多さにもかかわらず，ベッカリーア思想の社会的，政治的本質が歪曲されていた。またルソーの革命的，民主主義的思想とベッカリーア理論との関係がことごとく隠されていた[7]」。

　このような評価に対して，ユマーシェフ論文では，「おそらくそのような批判をすべて正しいと評することはできないであろう」としたうえで，次のように述べられている。

　　「エカテリーナ二世は，国家の実力者であった。彼女は，専制君主として『命令』によって自らの権力を強化しようとした。『命令』は純粋に法律文書ではなく，もともとそれは啓蒙期の精神のなかで国家の法政策を実施することについての女帝の特別の指令であった。従って『命令』を全体的に評価すれば，これは法律文書ではないが，女

---

5)　Ю.М. ЮМАШЕВ, там же. с. 139.

6)　Ю.М. ЮМАШЕВ, там же.

7)　Ф.М. РЕШЕТНИКОВ, там же. с. 95.

24　I　帝政期のロシア刑法学

帝が設定した目的は達せられたといえる。『命令』は，ヨーロッパ文明によって作り上げられた高い人道的な響きをもった多くの新しい思想をロシア社会に受胎させた[8]」。

　このように両論文ともに，ベッカリーア思想の先駆性を強調することについては共通しているが，エカテリーナ二世の「命令」とベッカリーア思想との関連についての見方には隔たりがある。レシェートニコフ論文では，エカテリーナ二世がベッカリーア思想を政治的に利用することによって自らの政治的基盤を固めたと見なし，たぶんに「命令」のイデオロギー的性格を強調していた。これに対してユマーシェフ論文では，ロシア社会がエカテリーナ二世の「命令」によってヨーロッパ近代文明の洗礼を受けたことを強調し，「命令」のなかのベッカリーア思想が「命令」以後のロシアの法思想の発展にも大きな影響を与えたことを重視している。

　それでは，次にロシア社会がベッカリーア思想をどのように受容してきたかを見てみよう。両論文においては，エカテリーナ二世の「命令」以降，とりわけ 19 世紀全体にわたるロシア社会のなかで，ベッカリーア思想がその法思想や社会思想の発展のために大きな影響を与えたことを共に認めている。例えばレシェートニコフ論文では，「ロシアにおけるベッカリーアの崇拝者のなかには，さまざまな政治的傾向の代表がいた。もちろんわれわれにとっての最大の関心は，ベッカリーアの仕事が革命運動の最も先進的な思想家たちの見解や信念の形成にいかなる影響を与えたかにある[9]」と述べられている。こうした課題を設定したうえで，レシェートニコフは，18 世紀の 70 年代に形成されたロシアの知識人層に対しベッカリーア思想が広範に影響を与えたこと，さらにロシアの革命思想家ラディーシェフ，ウシャコーフ，デカブリストたちにもこの思想の影響が受けつがれてきたことを指摘している[10]。またユマーシェフ論文でも，「その思想（ベッカリーア思想―上野）は，ロシアの刑事法学を初期から徐々に『育成し』，立法のなかに本質的な民主主義的改革のための基盤を次第にととのえていった[11]」と評している。さらに

---

8)　Ю.М. ЮМАШЕВ, там же. с. 140.

9)　Ф.М. РЕШЕТНИКОВ, там же. с. 100.

10)　上野達彦「ベッカリーアとロシア」三重大学『法経論叢』12 巻 1 号（1995 年）15-17 頁を参照。

11)　Ю.М. ЮМАШЕВ, там же. с. 140.

第1章　啓蒙主義刑法思想とロシア　*25*

ユマーシェフは，ベッカリーア思想の信奉者として，レシェートニコフ論文であげられた人物以外に，エカテリーナ二世の治世期のロシア科学アカデミー会員デスニツキー[12]，19世紀ロシアの刑法学者ソールンツエフ[13]，アレクサンドル一世の治世期の政治家モルデビーノフ[14]，19世紀の司法改革の推進者ザルードニー[15]らをあげ，「命令」以降のロシア社会のなかにベッカリーア思想がどれほど多く浸透していったかを述べている[16]。

　両論文に共通している点は，「命令」以降のロシア社会のなかでベッカリーア思想が多くの思想家，法律家，革命運動家らに影響を与えたこと，ベッカリーアの『犯罪と刑罰』の翻訳[17]がたびたび試みられたことを指摘していることにある。しかしユマーシェフが述べているように，「モンテスキューやベッカリーアの思想は，18世紀のロシアの政治家や法律家に会得され，19世紀においても，とくにロシアの刑法理論の形成や法政策の実施にあたってその指導的性格を失っていなかった[18]」と見ることは性急に過ぎよう。あくまでベッカリーアらのヨーロッパ近代文明に接触しえたのは，ロシア社会のなかで一部分であったことに注意しなければならない。専制君主制が強固に維持され，たびたび民衆に対する弾圧の嵐が吹き荒れていた歴史的事実から見て，ロシア社会全体にこうした思想が浸透していたと考えることはできないであろう。この論拠として，例えばレシェートニコフが述べているように，

---

12)　ユマーシェフによれば，デスニツキーは，ベッカリーア理論の影響のもとでロシア語で体系的な講義「ロシア法」を教授した。その著書『ロシア帝国における立法，司法および処罰権力機関についての知識』『刑事事件に関する死刑の論拠についての話』のなかで，犯罪と刑罰の均衡，法の下でのすべての者の平等，刑罰の緩和，死刑の適用の制限，モラルと法の密接な関係などについてベッカリーアの見解に依拠した，とされている（Cм. Ю.М. ЮМАШЕВ, там же. c. 140.）。

13)　ソールンツエフは，ロシア固有の『刑法講義』の著者とされている（Cм. Ю.М. ЮМАШЕВ, там же. c. 141.）。その著書『ロシア刑法』は，1820年に刊行された。復刻版は，1907年に出版されている。

14)　ユマーシェフによれば，モルデビーノフは，ベッカリーア思想を法政策のレベルにおいて実現しようとした人物として評価されている。彼は，人道的な懲罰政策，そして死刑，拷問，虐待を廃止し，刑罰全体を緩和することを主張した（Cм. Ю.М. ЮМАШЕВ, там же. c. 141.）。

15)　ザルードニーは，『犯罪と刑罰』の翻訳者であり，熱狂的なベッカリーア主義者であった（Cм. Ю.М. ЮМАШЕВ, там же. c. 141-142.）。なお，上野達彦「ベッカリーアとロシア」三重大学『法経論叢』12巻1号（1995年）13頁を参照。

16)　Cм. Ю.М. ЮМАШЕВ, там же. c. 140-142.

17)　『犯罪と刑罰』の翻訳史については，上野達彦「ベッカリーアとロシア」三重大学『法経論叢』12巻1号（1995年）17-22頁を参照。

18)　Ю.М. ЮМАШЕВ, там же. c. 140.

「ロシア刑事立法へのベッカリーア思想の影響は，事実上『命令』による法典編纂のときにも，そののち10年間においても現れなかった」こと，「エカテリーナ二世の承認の下，反国家活動の疑いのかけられた者が残酷な拷問にかけられた」こと，そして「エカテリーナ二世の治世下で再び死刑が執行され始めた。周知のように，特に厳しい処罰がプガチョフとその仲間に加えられた[19]」ことなどをあげれば十分であろう。

(3) エカテリーナ二世の「命令」のなかのベッカリーア思想と現実

　上述したように，エカテリーナ二世の「命令」のなかに啓蒙思想家，とりわけベッカリーアとモンテスキューらからの借用が多くみられた。前節にあげたレシェートニコフ論文とユマーシェフ論文によれば，「命令」のおよそ3分の1にあたる227ヶ条が刑事法関係についてであった。そのうち114ヶ条がベッカリーアからのものであり，87ヶ条がモンテスキューからのものであった[1]。ベッカリーアの著作からから逐語的に借用されたものの多くは，第10章「刑事裁判の儀式について」に集中されていた。ここでは，エカテリーナ二世の「命令」はどのように構成されていたか，またベッカリーアの著作からどのように借用されていたかについて若干の検討をおこなう。

　まず，エカテリーナ二世の「命令」の構成をあげてみよう[2]。「命令」は，序文と22章655ヶ条からなる。以下に章の項目をかかげる。序文（1条—5条），第1章「ロシアについて」（6条．7条），第2章「ロシア国家の領土と専制権力について」（8条—16条），第3章「国家による決定の安全について」（17条—21条），第4章「法律の保管場所について」（22条—30条），第5章「国内に生活しているすべての者の地位について」（31条—39条），第6章「法律全

---

19)　Ф.М. РЕШЕТНИКОВ, там же. с. 96-97.

1)　См. Ф.М. РЕШЕТНИКОВ, там же. с. 93.
　　同じく Ю.М. ЮМАШЕВ, там же. с. 138.

2)　"Наказ императорскаго величества ЕКАТЕРИНЫ ВТОРЫЯ". 1809 г.
　　これは，かつて筆者がモスクワ滞在中にレーニン図書館（当時）で確認した文献である。「新法典草案作成委員会に付与された全ロシアの専制君主，エカテリーナ二世皇帝陛下の命令」とある。なお，鳥山教授は，『ロシア・東欧の国家と社会』のなかで，「Н.Д. Чечулин（ред.），Нак-аз императрицы ЕКАТЕРИНЫ II（СПб., 1907）が，この『訓令』の最も信頼できる版で，これには『訓令』の草案類も含まれている」（241頁注（8））とされている。この版について，筆者は未見である。

体について」（40 条—63 条），第 7 章「詳細に法律について」（64 条—79 条），第 8 章「刑罰について」（80 条—96 条），第 9 章「裁判全体の実施について」（97 条—141 条），第 10 章「刑事裁判の儀式について」（142 条—249 条），第 11 章「市民社会における手続きについて」（250 条—263 条），第 12 章「国内における人口の増加について」（264 条—292 条），第 13 章「手仕事と商業について」（293 条—346 条），第 14 章「教育について」（347 条—356 条），第 15 章「貴族について」（357 条—375 条），第 16 章「平均人について」（376 条—383 条），第 17 章「都市について」（384 条—403 条），第 18 章「相続について」（404 条—438 条），第 19 章「法律の作成と文体について」（439 条—462 条），第 20 章「説明を要する各種の条文」（463 条—522 条），終章（523 条—526 条），そして追加として第 21 章「別の警察とよばれる警察局について」（527 条—566 条），第 22 章「支出と収入と国家管理について」（567 条—655 条）。このように「命令」は，多面的な項目を含んでいた。

　「命令」のなかで，ベッカリーアの『犯罪と刑罰』から借用された部分は，第 10 章「刑事裁判の儀式について」に多くみられた[3]。一例をあげれば，以下のような条文であった。「法律は，人々が社会のなかに集まり，維持されるための手段である。社会は法律がなければ乱れるであろう」（145 条），「犯罪に対して刑罰を定めた法律を除き，誰にも属さない。刑罰法を与える権利は，立法者のみにある。…裁判官や政府は，それ自身社会の一員にすぎないのであって，社会の他のいかなる一員にも，法律に明確に定められていない刑罰を課すことは公平によりできない」（148 条）。これらは，社会契約論に基礎づけられた罪刑法定主義原理の源として，ベッカリーアの『犯罪と刑罰』の「3. 帰結」の記述に対応するものである[4]。

　次に，「命令」のなかで死刑がどのように規定されているかを見てみよう。ベッカリーアの死刑問題については，風早八十二が「刑法上の理論として，しかも実さいにおける必要性の検討から死刑の制度の批判をし，原則として死刑は不必要だと断定したのは，ベッカリーアを先駆者としなければならな

---

3)　См. Ф.М. РЕШЕТНИКОВ, там же. с. 93-94. 上野達彦「ベッカリーアとロシア」三重大学『法経論叢』12 巻 1 号（1995 年）8-9 頁を参照。

4)　『ベッカリーア』風早訳『犯罪と刑罰』（岩波文庫）28 頁を参照。

28　I　帝政期のロシア刑法学

い」[5]と述べているように，ベッカリーア思想の特徴のひとつである。

　シバリーナは，かつて「エカテリーナ二世の刑事立法」という論文のなか
で，この問題について次のように述べていた。「エカテリーナ二世は，命令の
なかで死刑について相反した提案をおこなっている。第79条（第7章『詳細
に法律について』）は，以下の通りである。『…死刑は，病んだ社会のある種の
薬である』。彼女は，財産犯罪の分野にだけ，死刑の必要性を否定した。命令
の第10章（『刑事裁判の儀式について』）のなかで，エカテリーナ二世は，死刑
についてのベッカリーアの見解を回想している。そしてその第209条のなか
で，彼女は以下の問題を提起した。『死刑は治安と良き秩序を維持するため
に社会にとって有益であろうか，または必要であろうか』。この提起した問
題について，彼女は，第74条（79条の誤りか—上野）のなかで自らが示した立
場を無視して，命令の第210条のなかで次のような解答を与えている。『死
刑をたびたび利用することが，決して人々をよくすることにはならないとい
うことは，経験が示している』と[6]。」。このように「命令」のなかで，死刑に
対するエカテリーナ二世の立場は複雑であった。シバリーナによれば，この
ことは「エカテリーナ二世は，いつも言葉と行動が一致していなかった」こ
とになる。その事例として次のように述べている。「1764年にかつての皇帝
イワンアントノビッチをシェリュッセルブルグ要塞から解放することを試み
たワシリーミロヴィチが処刑された。彼女の治世のなかで死刑は，かつて見
られなかった規模で公開，または非公開の形式で適用された。プガチョフの
蜂起やその他の農民の暴動に対する血の制裁を思い出させるに十分であ
る[7]」。

　この問題は，エカテリーナ二世の「命令」をどのように見るかとも関係し
ている。エカテリーナ二世は，「命令」のなかで「教養高い絶対主義」（シショ
フの言葉）思想をめざし，これに進歩的，人道的な色彩を加味することで当時
の西欧諸国との交流をはかろうとした。この意味において，エカテリーナ二

---

　5)　同書103頁。

　6)　Т.И. ШВОРИНА, Уголовное законодатель-ство ЕКАТЕРИНЫ II （ВСЕСОЮЗНЫЙ
　　　ИНСТИТУТ ЮРИДИЧЕСКИХ НАУК НКЮ СССР "УЧЕНЫЕ ЗАПИСКИ" вып. I. 1940
　　　г. с. 205.)

　7)　Т.И. ШВОРИНА, там же.

世は本質的に死刑に反対であったことが推測されよう。しかし，シショフが
述べるように，「命令の進歩的，人道的思想は，死刑についての立法とこの時
期におけるその適用の実務に影響を与えなかった[8]」。ロシアの現実がこれ
を許さなかったと考えられようが，これについてさらに詳細な検証が必要と
なろう。

(4) ソビエト刑法学におけるベッカリーア評価

　1917年のロシア革命によって発足したソビエト政権は，近代刑法学をブル
ジョアジーの利益を擁護するものとして否定し，新たに階級性を強調する
法ーソビエト刑法学を構築した。このようなソビエト時代においても，ベッ
カリーア思想は，後述するように1930年後半からのベッカリーア研究を頂
点にしてたびたび言及されてきた。中山教授は，「マルクス主義の観点から
は，ベッカリーアが犯罪を悪しき意思の結果ではなく，社会的条件の産物と
考えていたこととともに，私的所有の擁護者ではなく，『…かかる三重にも呪
うべき中世およびこの『神聖な私的所有』に対する呪われた『尊敬』』（レーニ
ン）をもたなかったという点が積極的に評価されているのが注目される[1]」と
述べられ，さらに「とくに，その唯物論的，決定論的な側面の強調が注目に
価する[2]」とも指摘されていた。この指摘は，ソビエト体制がベッカリーア
思想に何を求め，ベッカリーアをいかに利用しようとしたかに関連する。し
かしこうした評価が定着するのは，ソビエト体制の1930年代後半から40年
代にかけての時期である。すくなくとも，ソビエト体制の初期，すなわち
1920年代においては，ベッカリーアに対する評価が重要視されていたとは思
われない。これについてオシェロビッチは「ベッカリーアの刑法見解」のな
かで，次のように述べている。「われわれは，ベッカリーアについて，モノグ
ラフ的研究ばかりでなく，いくらかでも明快で，明確な小論文も有していな
い。刑法の教科書の著者たちは，ベッカリーアに全く触れていない（トライ
ニン）か，数行だけ触れていた（ネミロフスキー，ピオントコフスキーなど）か

　8）　О. Ф. ШИШОВ, Смертная казнь в истории России—"СМЕРТНАЯ КАЗНЬ：ЗА И
　　ПРОТИВ" 1989 г. с. 38.

　1）　中山研一『刑法総論』（1982年・成文堂）21頁。

　2）　同『ソビエト法概論・刑法』（1966年・有信堂）147頁。

30 Ⅰ　帝政期のロシア刑法学

であった[3)]」。

　ところが，1930 年代後半から 40 年代，とりわけベッカリーア生誕 200 周年を契機として，ベッカリーア研究が蓄積されるようになり，その評価もベッカリーア思想のもつ「歴史的意義」を強調し，その人権擁護の観点からの進歩性と「唯物論的，決定論的な側面」が高く評価された[4)]。例えば，ゲルツエンゾンは，『18—19 世紀の刑法理論史研究について』（1947 年）という小冊子のなかで，過去 10 年間のベッカリーア研究について，イサエフの「犯罪と刑罰」の新訳とその解説（1939 年），オシェロビッチの「ベッカリーアの刑法見解」，マニコフスキー「ベッカリーアと刑法学」をあげ，ベッカリーアを刑法学における進歩的—人道的な傾向の先駆者として位置づけた[5)]。ゲルツエンゾンは，ベッカリーア思想を「進歩的—人道的な傾向」として評価する場合に以下のようなことを指摘していた。まずベッカリーアが犯罪の社会的本質を解明しようとし，犯罪の原因を社会的環境や人間の社会—経済的生活条件のなかに見たことを前提にして，犯罪との闘争において合理的な立法，広範な大衆的啓蒙，教育の改善，個人の自由の創造とその保障が犯罪を予防するための手段として効果的であることである。そのうえでゲルツエンゾンが強調していることは，犯罪との闘争のなかで刑罰の残虐さを否定し，刑罰の不可避，その必然と迅速を確保するなかで人道性が担保されなければならないとのベッカリーアの主張である[6)]。ベッカリーアをこのように理解することが，当時のソビエト体制の理念に表面的に合致したといえよう[7)]。

---

3)　Б. ОШЕРОВИЧ, Уголовно-правовые воззрения Беккариа "Проблемы социалистического права" 1938. 3. с. 74.
　　例えば，ピオントコフスキーの刑法教科書では，ベッカリーアを唯物論者ではあるが，一貫性のない，中途半端な唯物論者として紹介している（См. А.А. ПИОНТКОВСКИЙ "СОВЕТСКОЕ УГОЛОВНОЕ ПРАВО. ОБЩАЯ ЧАСТЬ" (1929). 3 изд. с. 107.）。
　　なお，См. А.А. ПИОНТКОВСКИЙ "Марксизм и уголовное право" (1929) с. 8-12. 本書の邦訳として，中山研一・上田寛訳『マルクス主義と刑法』（1979 年・成文堂）8-13 頁を参照。
4)　上野達彦「風早刑法学における『犯罪と刑罰』」（風早八十二先生追悼論文集『啓蒙思想と刑事法』（1995 年・勁草書房）を参照。
5)　См. А. А. ГЕРЦЕНЗОН К ИЗУЧЕНИЮ ИСТОРИ И УГОЛОВНО—ПРАВОВЫХ ТЕОРИЙ ⅩⅢ-ⅩⅩ в-в. 1947 г. с. 16-18.
6)　См. там же. с. 15.

（5）おわりに

　本稿は，ロシア・ソビエトの刑法史のなかで「ベッカリーアとロシア」という課題のもつ意味についての素描的な俯瞰である。それは，エカテリーナ二世の「命令」からはじまりソビエト時代にわたる2世紀にもおよぶロシアの歴史のなかでの課題である。ここでは，ベッカリーア思想がロシアにどのように入り込み，その時の体制にどのように扱われていったかを中心にして簡単に論述したにとどまる。しかしベッカリーア思想は，こうした為政者よる借用や利用に本来の意味があるのではなく，人権とのかかわりのなかでいわば「民衆の抵抗の思想」としてその役割を論ずべきものである。ユマーシェフが「ベッカリーアの著作は，200年以上を経ても，21世紀のロシアの民主主義のために闘っている[1]」と述べているように，「ベッカリーアとロシア」をロシア刑法学史のなかでパースペクティブにとらえることが求められよう。「ベッカリーアとロシア」についてのより実証的な研究が今後の課題となろう。

　7）　この問題は，ベッカリーア研究に限ったことにだけではない。18世紀の啓蒙思想家，とりわけ刑法の分野におけるヨーロッパ近代初期の刑法学者―哲学者の研究全体についていえることであろう。この問題についての私見は，上野達彦「風早刑法学における『犯罪と刑罰』」（風早八十二先生追悼論文集『啓蒙思想と刑事法』（1995年・勁草書房）21頁を参照。

　1）　Ю.М. ЮМАШЕВ, "Беккариа и Россия."〈ГОСУДАРСТВО И ПРАВО.〉1995. 7. c. 144.

第2章　帝政末期ロシアにおける
刑事人類学派の軌跡*

1　はじめに

　1897 年の夏，かのチェザレ・ロンブローゾ（Lombroso, C. 1836-1909）はモスクワで開催された第 12 回世界医師大会への招待を受けてロシアを訪れた。ボリショイ劇場での大会の席上において報告に立った彼は，その作品の中で「初めて美学を科学的な知識と固く結びつけた」作家の一人としてレフ・トルストイの名を挙げて賞賛した上で，その後直接にトルストイの在所であるヤースナヤ・ポリャーナへと向かった。当時の新聞記事が伝えるように，この訪問においてトルストイはロンブローゾに，打ち解けることの難しい態度を崩さず，多くの点について議論することができないままに，ただ「著名な作家の農村生活を見て，芸術と生活のいくつかの事項について少し話ができた」ことに満足して，ロンブローゾはヤースナヤ・ポリャーナを立ち去った[1]。

　このエピソードは，トルストイとロンブローゾとの対座という意表をつく情景をわれわれに提供し，当時既に人類学的な犯罪学説によって世界的に注目を集めていたロンブローゾが，何を目的としてモスクワから南に 200 キロも離れた文豪トルストイの領地を訪問したのか，そこで何が話し合われたのかという疑問がわくばかりでなく，むしろそれ以前に，帝政末期のロシアにおいてロンブローゾの犯罪学理論がどのように紹介され，影響力を持っていたのか，また犯罪学全般の状況はどのようなものであったかという興味関心

---

*　本章は原題「ロシアにおける刑事人類学派の軌跡」として『浅田和茂先生古稀祝賀論文集』［下巻］（成文堂・2016 年刊）に所収のものである。浅田和茂さんとは，1968 年の秋，当時筆者の所属した京都大学法学部の中山研一先生のゼミに，既に大学院進学が決まっておられた浅田さんが顔を出された時から，すでに 50 年に近い歳月を経て今日なお先輩・同僚として厚誼をいただき，多くの局面において学問的な刺激をいただき続けている。そのことに感謝しつつ，古稀をお祝いする論文集に本稿を寄せた。（上田）

34 I　帝政期のロシア刑法学

を刺激せずにはおかない。筆者自身，以前モスクワ滞在中に目にしたタブロイド紙の記事の記憶をたよりとして，このテーマに直接関わった『トルストイとロンブローゾ』と題した短い文章を公表したことがある[2]が，その様な事実の詳細も背景事情も明らかにすることができないまま，今日までこの問題にこだわりを覚え続けてきた。だが，比較的近年に至って，新たに参照することを得たいくつかの資料，とりわけロシアの大学図書館や google，amazon などの企業が無料で，あるいはきわめて廉価でインターネット上に提供してくれている多数の文献を参照することができ，やっと，この長年抱えてきたテーマに向き合えることとなった[3]。

　率直に言って，ロシアにおける犯罪学研究の歴史にわが国の研究者が目を留めることなど，むしろ例外的であろう。しかし，1917 年のロシア革命後に西ヨーロッパの注目を集めたソビエト犯罪学の展開にしたところで，突如としてかの地に出現したものでなく，それに先行するいくつかの基盤の形成があったことは当然とされなくてはならない。そして，一度そこに足を踏み入れると同時に，そこには既に犯罪学の基本問題についての理論対抗が見られ，今日につながる多くの示唆が得られることに気づくのである。筆者はこれまで，主要には 1920 年代以降のソビエト犯罪学の基本問題を対象としてきたが，ここに遅ればせながらも帝政末期のロシアにおける犯罪学研究の一端に

---

1)　Из разговора с Ломброзо, -Русские ведомости, 1897, 18 августа, No 227.（цыт. по：http://www.bibliotekar.ru/lev-tolstoy/20.htm）　ロンブローゾは帰国後にドイツの "Das Freie Wort" 誌にトルストイ訪問記を書き，それがロシア語に翻訳されてジュネーヴで刊行されている。Ломброзо Ц., Мое посещение Толстого, Geneve, 1902. その中で彼はトルストイに「生来犯罪人」概念を納得させることができなかったことを認めているが，それは結局，「私も他のどの刑法理論家も，人間社会が犯罪者を処罰する権利を何に基づいて持っているのかをいまだ説明していない，というトルストイの驚くべき断定」に帰するらしい，と述べている。二人の出会いは概して不成功に終わったらしく，トルストイは 8 月 15 日の日記に簡単に「ロンブローゾがやってきた。視野の狭いナイーヴな爺さんだ。」と書きとめただけであった。この冷淡さの背景には，ロンブローゾは気づいていなかったようであるが，シオニズムの代表的な理論家であるマックス・ノルダウ（Max S. Nordau 1849–1923）がその代表的な著書である『退化論』の中でトルストイの名を挙げてその世界観を批判していたこと，そしてノルダウがロンブローゾの弟子の一人であることを，ともにトルストイがよく知っていたことがあったという，マツケヴィッチ教授の指摘も注目される。См. Мацкевич И.М., Мифы преступного мира, М. 2014, стр. 352.

2)　「トルストイとロンブローゾ」京都新聞 2001 年 4 月 17 日朝刊。

3)　インターネット上の文献資料を引用する場合には，当該のサイトを参照した日時を個々に示すことが広く認められた de facto standard であるが，本章においては，とくに断らない限り，引用のサイトには全て 2015 年 9 月—12 月に直接に確認していることから，個別の表示を省略した。

取りつくことによって,「犯罪学はどのような科学であり,どこに向かうのか」
という筆者の基本テーマに関する研究の一環としたい。

2 ロシアにおける犯罪学研究の成立

　帝政ロシアにおける犯罪学的な研究は,多くの社会科学分野がそうであっ
たように,19世紀の前半を通じたナポレオンのロシア侵攻,ロシア・トルコ
戦争,クリミア戦争などでその後進性を露呈したロシア国家の改革をめざす
全社会的な動き,農奴制の廃止,科学技術の導入による工業化,政治諸制度
の近代化,司法制度改革などの施策の推進といった状況を背景に,開始され,
活発化した。その中で,経験的な犯罪学研究の最初の試みとしては,1823年
のアカデミー会員ゲルマン（Герман, К.Ф. 1767-1838）の犯罪統計についての
研究[4]が挙げられることが普通である。ゲルマンは統計学者であったが,犯
罪学研究はその後むしろ刑法学の枠を広げる試みとして,19世紀後半,主と
してドゥホフスコイ（Духовской, М.В. 1849-1903）やフォイニツキー
（Фойницкий, И.Я. 1847-1913）といった刑法学者によってその展開が担われる
こととなった[5]。

　当時西ヨーロッパでは,統計に表れた犯罪現象の変動と社会経済的諸要素
との相関に注目するゲリー（Guerri, A.M. 1804-1866）やケトレ（Quetelet, L.A.J.
1796-1874）の流れを受けて,社会的な環境要因を重視しようとする犯罪学者
達と,ロンブローゾを起点として急激に流行を見た,犯罪者個人の生物学的
あるいは人類学な特徴に注目する犯罪学派との対立構造が形成され,とりわ
け19世紀末に近づくと,前者に属するタルド（Tarde, J.G. 1843-1904）やラカッ
サーニュ（Lacassagne, A. 1843-1924）とロンブローゾ派との華々しい論争が繰
り広げられ,大きな社会的関心を呼んでいた。それに並行してロシアでも,

---

4)　統計学から歴史学,経済学に至る広範囲の学識で知られたアカデミー会員ゲルマンは1823年
　　12月のアカデミーの会議において,「ロシアにおける1819年と1820年の自殺と殺人の数につい
　　ての研究」という報告を行った。そこでは,各地域ごとの自殺と殺人の数が比較され,それらと
　　その地域の社会的な諸条件（飲酒,経済状態,戦争など）との相関が検討されていた。Иванов Л.
　　О. и Ильина Л.В., Пути и судьбы отечественной криминологии, М., 1991, стр. 5. ゲルマンのこ
　　の論文は政治的に危険と見なされて公表を禁止され,9年後にフランス語で発表されている。
5)　Гилинский Я.И., Криминология, С.-Петербург, 2002, стр. 144.

36　I　帝政期のロシア刑法学

同様の対立構造が形作られることとなるのであるが，そこにおいて特徴的な
のは，ロシアではとくに，犯罪学派の間での対立が往々にして政治的なそれ
と直結することが珍しくなかった点である。

　刑法学からの接近の典型例はモスクワ大学法学部教授であったドゥホフス
コイの研究に見ることができる。彼の指摘するとおり，古典的な刑法理論に
よれば犯罪の唯一の原因は人間の自由な意思にある。しかし，そうであれば
なぜ，犯罪の各種の統計が示すように，毎年同じような数の犯罪が記録され
ることになるのか，と彼は問い，「犯罪は偶然の現象ではなく一つの自由な意
思の結果なのだが，それ以外に明らかに不変の原因に依存」しており，その
ような原因を明らかにできるのは，統計研究および「人間の身体，その生活
している諸条件」の研究，そして社会体制の研究を通じてである，と書く。
その上で，ロシアの各地方の犯罪数を比較し，犯罪率と死亡率の相関，犯罪
と教育との相関などについての統計研究を自ら行い，すでに 1872 年（ドゥホ
フスコイは未だ 23 歳のはずである）の著作で，「劣悪な政治体制，社会倫理の劣
悪な状態，社会経済の劣悪な状態および劣悪な教育」こそが犯罪の最も基本
的な原因であるとの確信に至っている[6]。その公表後間もなく，当時既に著
名であったペテルブルグ大学助教授フォイニツキーの論文「犯罪の分布に対
する時候の影響」および「刑法，その対象，その課題」が登場した。その中
でフォイニツキーは，「犯罪は，それが自然と社会の諸条件の産物だという限
りで，特定の人格の産物である」，と述べ，刑罰は言われるような犯罪予防の
手段という意味を持たないことが明らかだと結論する。犯罪との闘争を合理
的に進めるためには，刑罰ではなく，人々の生活条件と福祉が発展するよう
な施策こそが必要だ，としたのである[7]。

　彼らの主張が，これら論文の公表に前後しての彼らの西ヨーロッパ留学
（ドゥホフスコイはハイデルベルグ大学およびハレ大学で学び，フォイニツキーは
ベルリン大学，ライプチヒ大学などに滞在している）の間に触れた西ヨーロッパ

---

6)　Духовской М. В., Задача науки уголовного права, Ярославль, 1872. ヤロスラブリのデミー
　ドフ法律学校の助教授としての開講講演である。

7)　Фойницкий И.Я. На досуге. Сборник юридических статей и исследований. Том 1, С.-
　Петербург, 1898, стр. 370, 371//цыт. по：Иванов Л. О. и Ильина Л. В., Пути и судьбы
　отечественной криминологии, М., 1991, стр. 15.

の刑法学の動向に触発されてのものであることは確実であるように思われるが，<1> 犯罪統計は，犯罪の原因が犯罪者の人格にだけでなく，社会に根ざしていることを示している，<2> 刑法の古典学派のように，犯罪原因は個人の自由意思だというような立場にとどまることはできない，<3> 刑罰は犯罪との闘争における唯一の手段ではない，<4> そのような闘争の別の手段を探すべきであり，そのためにも真の犯罪原因を解明せねばならない，<5> 刑法学の枠を広げ，それが真の科学としての生きいきとした存在の基礎を獲得するようにせねばならない，といった内容は，ここにロシアにおける刑法の社会学派の成立したことを示すものである[8]。

このような新たな潮流の登場は，農奴制の桎梏から抜け出し近代化を進めようとする社会的雰囲気に適合するものであり，権威的で恣意的な刑事法制と司法の領域に社会問題を直視する風穴を開けるものとして，一般的には，広範な知識人や進歩的な思想家，政治家から歓迎されたと言えよう。しかし，もちろんここには，刑事責任の問題に収斂する周知の矛盾が内包されてもいることを見落としてはならない。当時このことを正面から指摘したのは，著名な刑法学者セルギエフスキー（Сергеевский, Н.Д. 1849-1908）である。彼の指摘するとおり，研究によって犯罪現象の背後に貧困や失業，浮浪などの社会矛盾が存することはおそらく明らかとなろうが，そのとき，具体的な犯罪者はむしろそのような社会矛盾の犠牲者として扱い，処罰などの対象ではないとすべきなのか，つまり，「刑法学の枠を広げ」ることは同時に刑法学の基礎を侵蝕することに他ならないのではないか。刑法学の課題は刑事裁判において指針を与え，個別的な犯罪者の行為を法律に一般化された類型へと当てはめ，適用される的確な制裁量を判定することにあるのに対して，社会学的な研究の目的は犯罪をその他多くの社会現象の中に位置づけ，その意義を明らかにすることにあるにすぎない。両者を安易に統合することはできないの

---

8) ただし，ドゥホフスコイ以前にも，例えば革命家・ナロードニキとしてひろく知られるトカチョーフ（Ткачёв, П.Н. 1844-1886）が社会矛盾を暴くための手段として犯罪統計を公表していたし，その後さらに，アヌーチン（Анучин, Е.Н. 1831-1905）やヴィリソン（Вильсон, И.И. 1836-1914）などの詳細な統計学的な犯罪現象の研究を無視することはできないが，彼らは研究をあくまでも統計学の枠内で行うことにこだわっており，そのためロシアにおける社会学派の成立はドゥホフスコイとフォイニツキーまで待つべきだ，とされる。Иванов Л.О. и Ильина Л.В., указ. соч., стр. 17.

38   I   帝政期のロシア刑法学

だ，というのである[9]。刑法学の立場からは当然の，この鋭い問題提起に対
して，しかし，ドゥホフスコイの側からの格別の反論はなく，公然の論争と
はならなかった。

ロシアの近代化はアレクサンドル二世による農奴解放令（1861 年）に始ま
るとされることが一般であるが，それ自体がクリミア戦争の敗北により広く
自覚されるに至ったロシアの後進性からの脱却という至上命題からの帰結で
あったと同時に，改革の衝撃もまた逆に改革の内容の期待外れへの憤激も，
国内の各層において大きかった。鉄道建設と軍需産業を中心とする国内での
工業生産の拡大は，農奴制の解体による農村社会の構造変化にともなう農民
層の都市への移動と労働者化をももたらし，フランスを中心とした西欧列強
からの資金導入による工業化の強行はロシアにおける資本主義経済の発展と
国民の激しい階層分化，都市問題の激化を，したがって左右の社会意識の対
立の尖鋭化をも招来した。市民的な自由権の拡大の構想も，近代的な法典編
纂や司法改革も，ときに国内の熱狂的な支持を集めつつ，帝室と大貴族の意
を受けた勢力の妨害によって竜頭蛇尾に終わることが繰り返されて，ロシア
社会は 20 世紀を迎えるのである。

そのような歴史的諸条件を背景に，この時期の犯罪学研究を概観する時，
それが近代化という共通の課題意識の下に，全社会的に推進された近代化と
合理主義に導かれた諸改革と社会政策の刑罰制度への波及に対応していたこ
とに気付かされる。伝統的な刑法の諸制度，とりわけ劣悪な条件の下での拘
禁刑や時に殉教者的な意識を伴う流刑といった旧来の刑罰の適用のみによっ
ては，深刻化する都市問題と犯罪の増加に対応できず，ここには別途の対応
が必要だとする認識が広がったことが知られるのである。政府機関も当初そ
のような動きに同調していたことは，犯罪学者のヨーロッパの新思潮の紹介
や斬新な改革構想の提案が，当時の『司法省雑誌』などを主要な公表の場と
していたことにうかがわれる。しかし，帝政末期に至って，犯罪闘争の課題

---

9)   См. Сергеевский, Н. Д., Преступление и наказание как предмет юридической науки,
«Юридический Вестник» 1879, No. 12, стр. 886 и сл. セルギエフスキーもまた，サンクトペテル
ブルグ大学法学部を卒業後デミードフ法律学校の助教授となり（この論文の執筆時は国外留学中
のはずである），その後サンクトペテルブルグ大学教授となったが，後期には枢密院委員，国家評
議会議員などの要職を務めたことで知られる。

の先鋭化とともに，その研究者の多くが急激な社会改革を主張し，反政府的な立場を明らかにすることによって，この分野における蜜月は終わりを見せることとなる。

だが，そのような結末へ一足飛びに移る前に，いま少し，上に述べたような犯罪学研究の端緒期に続く時期の，ロシアにおける犯罪学の実情をたどっておくこととしよう。

当時の刑法学者の多くがドイツやフランスなどの研究動向から強く影響されたのと同様に，犯罪学の場合も西ヨーロッパにおける犯罪学研究のロシアへの波及という側面が強いことは，上のドゥホフスコイやセルギエフスキーにおけるケトレやゲリーなどの影響からも読み取ることができるが，当時のヨーロッパにおいて一大勢力となっていたロンブローゾ以下のイタリア学派の研究も，多大の関心をもって紹介され，検討されたことは当然である。この，一定の理由のため従来ことさらに無視ないし軽視されることの多かった問題，ロアシアにおける人類学的な犯罪学研究の展開について，以下に検討してみたい。

3　ネクリュードフとドリーリ，そしてタルノフスカヤ

ロシアにおける犯罪人類学的な潮流に属する研究者としては，法律家としてはネクリュードフ（Н.А. Неклюдов），ドリーリ（Д.А. Дриль），リハチョーフ（А.П. Лихачев），そして医師としてはチシ（В.Ф. Чиж）およびタルノフスカヤ（П.Н. Тарновская）などが数え上げられることが普通である。

時間的な順序から言えば，ネクリュードフはむしろロンブローゾの先駆者である。ネクリュードフが犯罪性に対する「個人的要因」の決定的な影響を全面的に強調したのは1865年の著書においてであり，ロンブローゾの『犯罪人』の刊行された1876年に先行すること11年であった。しかし，彼にあっては犯罪者をその精神的・身体的特質において普通の人々と区別するわけでなく，世界共通に基本的な犯罪原因は年齢という要因にある，と主張する点において，一般に理解されている犯罪人類学派とは相当に異なっているといわなくてはならない[10]。

40　I　帝政期のロシア刑法学

　著書『刑事統計試論』の基本的な論点はその副題「さまざまな年齢の人の身体の犯罪との関係での生理学的な意義の統計的研究の試み」によく示されている。この研究でネクリュードフはフランス，イギリス，ベルギーなど多くの外国国家の，犯罪全体ならびに個別的な種類の犯罪と年齢との関係についての統計資料を利用して，ほとんど全ての国において年齢ごとの犯罪分布は同じであり，それはつまりは「年齢があれこれの犯罪者の数が直接に依存している恒常条件だから」である，と主張した。社会的・経済的な条件の意義を一切否定し，唯一意味があるのは年齢であり，それこそが，「肉体的な能力の発達や衰え，知的な能力の発達もしくは衰え，そして社会の成員としての特別の状態」の基礎である，と言うのである[11]。

　だが，年齢それ自体が人を，彼が地主であるとか，貧農であるとかあるいは商人とか職人であるとかの社会的な状態と無関係に，犯罪者に変えるなどということはありえない。ネクリュードフ自身もケトレの平均人概念を批判し，社会階層の存在を強調してもいた。19世紀の60年代のロシアには既にマルクス主義的な社会思想が相当に有力化しており，資本の集中肥大と勤労階級の窮乏化を論じ，その立場から犯罪原因についても説明する研究も公表され始めていたのである。著名なナロードニキのトカチョーフ[12]や法学者・作家であるフィリッポフ[13]などの，社会矛盾と貧困に最大の犯罪原因があると説く著作はロシア社会に広く普及していた。ブルジョア自由主義者であったネクリュードフが自分の論敵である彼らの主張を知らなかったはずはない。ここから出てくる結論としては，その頑なな自由主義的信条，後には明確な反動派としての政治的な立場が，ネクリュードフの思考を制約し，犯罪者の財産状況や社会的無権利状態にこだわることの危険性を感じ取り，それ

---

10)　Неклюдов Н. А., Уголовно-статистические этюды. Спб., 1865.（Овчинский В.С. により
《Библиотека криминолога》シリーズの 1 冊として 2009 年に復刊された版による。）ネクリュードフ（Неклюдов Н.А. 1840-1896）はペテルブルグ軍事法科大学教授。当初は社会改革を象徴する新しい司法制度と自由主義的イデーの熱烈な信奉者として知られていたが，当時悪名高かったメリニツキー事件に関する 1884 年の無罪判決を機に，陪審裁判と弁護士を「道徳法則と社会体制に反する」と批判し，司法改革反対派に転じた。См. Остроумов, указ. соч., стр. 158.

11)　Неклюдов Н. А., указ. соч.（изд. 2009 г.），стр. 36.

12)　Ткачев П.Н., Википедии（https://ru.wikipedia.org/wiki/Ткачёв,_Пётр_Никитич）.

13)　Филиппов М.А. См. http://www.fedordostoevsky.ru/around/Filippov_M_A/

第 2 章　帝政末期ロシアにおける刑事人類学派の軌跡　*41*

らに向き合うことを押しとどめた，と言えるかもしれない[14]。彼はあくまで
も，「年齢が一般的で恒常的な，諸国に共通の，犯罪の原因ないしは条件なの
であって，それぞれの国の犯罪の数はその法則に従うのである」，と言い切る。
したがって，その限りでは，具体的な社会的諸条件は無視され，犯罪者の個
人的な特質，とりわけその年齢に犯罪の根源があるということになり，犯罪
は人間存在に必然の随伴者として，社会体制には関係なく，つきまとうので
ある。

　しかし実際には，彼の著述は必ずしも一貫しておらず，随所に矛盾が見受
けられる。たとえば，フランスの 19 世紀中葉の犯罪統計をもとに，財産犯，
人身犯，政治犯といった種類ごとに犯罪者の年齢別の推移を見る中で，民衆
の経済状況もナポレオン三世の一貫しない政策も無視しつつも，ただ「犯罪
の外的な条件に作用する，国の刑事政策」が犯罪現象に影響を与えうること
は認める。つまり，刑罰による威嚇の効果は認めるのである。また，フラン
スの犯罪現象とその要因についての分析においてではあるが，貧困や労働不
能，浮浪児の救護の貧弱さなどについて述べ，19 世紀の 50 年代の統計では，
少年犯罪者の 7/10 が私生児であり，2/10 は乞食か売春婦の子であったとま
で書いている。「住むところも親の監督もなく，子供は浮浪児となる。暮ら
していく手段が無ければ，彼は乞食か泥棒になる。つまりは，浮浪と極貧こ
そがフランス帝国の二大厄災なのである[15]」。ここではネクリュードフはま
るで社会学派であるかのような顔を見せている。

　この研究以降，ネクリュードフは犯罪原因に関する問題に携わることを止
めたようであり，その後に刊行した刑法教科書などでは刑罰に関して，とく
に政治犯罪者に対する刑罰の強化，「街かどの裁判所」（陪審裁判所への皮肉）
の権限の大幅縮小などを主張していた[16]。

　だが，当時のロシアにおけるロンブローゾの信奉者として最も著名なのは
ドリーリ[17]である。その最初の著作の名称自体が，ロンブローゾの代表的著

---

14)　См. Остроумов, указ. соч., стр. 159 и сл.

15)　Неклюдов Н.А., указ. соч. (изд. 2009 г.), стр. 186.

16)　См. Остроумов, указ. соч., стр. 164-165, Чубинский М.П., Статьи и речи по вопросам
　　　уголовного права и процесса. том 1, С.-Петербург, 1912, стр. 70-71.

42　I　帝政期のロシア刑法学

作と同じ「犯罪人」と銘打たれていたことが，ドリーリ自身の当時の志向を
よく示していたが，彼を人類学派の主張へと近づけたのは，何よりも刑法に
おける古典学派の教義学的な性格であり，法律学的な図式を組み立てる一方
で，犯罪へと追い詰められた生きた人間を忘れている，ということへの不満
であったといわれる。ドリーリは，それら不幸な人間に関心を向け，彼らが
犯罪を犯した個人的な原因を探ろうとしたが，その際に重要なことは彼が，
そのような個人的特質は常に社会的な要因によって規定されると考えていた
ことである。犯罪の基本的な要因には常に二つのものがある——個人的なも
のと社会的なものであり，その後者が前者を決定づけるのである，と。生前
のみならずその死後も，ソビエト時代になっても，ドリーリをロンブローゾ
の同調者とする評価は続いてきたが，彼の著作を正確に読めば，またその活
動をたどり同時代人の証言などを読むならば，そのような評価は早計ではな
いかとの疑問も生じる。当時の犯罪学者中の自覚的な社会主義者の潮流に比
べれば，ドリーリはたしかに"ブルジョア自由主義者"ではあったが，しか
し彼の主張と活動は，帝政末期の激動の時代にあって高い理想と深い人間性
をそなえた犯罪学者がいかに生きたかという一つの典型を示すものでもあ
る[18]。

　とくに初期の著作においてドリーリは，犯罪の形成について個人的な要因
の大きな役割を強調している。「犯罪は個人の病的な不品行を土台に普通に
生じ，あるいは医学的な処置によってか，あるいは生活状態の好適な変化に
よってか，除去される。この病的に不品行な素質はさまざまな欠陥の相続に
よって伝えられるのである[19]」。このように書いたドリーリは，その2年後
にモスクワ大学に提出した学位論文でも，生物学的な犯罪原因を研究したド

---

17)　ドリーリ (1846-1910) はモスクワ大学出身。その死後，精神神経研究所犯罪学セクションの
　研究者たちによる追悼文集が刊行されている。Дмитрий Андреевич Дриль, как ученый и
　общественный деятель／Авт. кол.：М.М. Ковалевский, С.К. Гогель, М.П. Беклешов и др., С.-
　Петербург, 1911.

18)　См. Криминология／Под ред. В.Н. Кудрявцева, М., 2013, стр. 43-44. 前注掲出の追悼文集や後
　に触れるコーニやリュブリンスキーの回想などは，一様にドリーリの人間的な魅力と暖かさに触
　れた真情あふれる文章であり，読む者に強い印象を与えずにはおかない。

19)　Дриль Д., Преступный человек, «Юридический вестник», 1882, том 11, стр. 101（цыт. по：
　Остроумов, указ. соч., стр. 168.).

イツのガル（Franz Josef Gall 1758-1828）やフランスのブローカ（Pierre Paul Broca 1824-1880）の系譜を丁寧に検証した上で，その集約点としてのロンブローゾの生来犯罪人論について，「疑いもなく科学の名誉ある地位に属するもの」である，というのは「犯罪の問題を研究室の領分からから引き出し，観察と経験の領域へ移し，犯罪者を現代の自然科学の方法によって研究することを教えた」からであると称えていた。「そのおかげで，犯罪研究は強固な基盤の上に据えられ，心理学，精神医学さらに人類学に基づくことによってこの問題は，恣意的な理論研究の領域から抜け出し，正確な科学的方法を使用して解決可能な問題へと転化した」，と[20]。

　ところが，その後ドリーリはその人類学派的な主張を弱め，社会経済的な要因を重視する立場へと転換する。その背景となったのは，おそらくは次のような事情である。

　在学中に西欧の実証主義や社会学に惹かれ，大学卒業後に提出した学位論文「少年犯罪者」がその政治的内容に難色を示すモスクワ大学法学部に受理されなかったことが転機となる。この学位論文自体は後にハリコフ大学において受理され，高い評価を得て学位は授与されたが，しかし有力な大学での教員ポストは得られず，大学を離れることを余儀なくされたドリーリは税務監督官や司法省の法律顧問，教育・矯正施設庁の指導者などを歴任しつつ，ペテルブルグの貧困者の住居要求運動などさまざまな社会活動と執筆に携わることとなった。直接に親交のあったリュブリンスキーの回想でも，「ここで彼は，貧困な階級の生活条件，経済状態を間近で知ることとなり，自身の学説において社会的な犯罪要因の役割を格段に拡大することへと導かれた[21]」と的確に指摘されている。

　ドリーリは 1897 年以来の国際刑事学協会ロシア・グループの活動には創設者の一人として積極的に参加し，1900 年代初めにはペテルブルグ法律家協

---

20) Дриль Д., Малолетние преступники. Этюд по вопросу о человеческой преступности, ее факторах и средствах борьбы с ней, Москва, 1884, стр. 59.

21) Люблинский П.И., Памяти трех русских криминалистов, СПб. 1914, стр. 62.（http://books.e-heritage.ru/book/10080596）リュブリンスキー（1882-1938）はサンクト・ペテルブルグ大学法学部出身，最初ベストゥージェフ高等女子学校，次いでペテルブルグ大学の刑事手続法の教授を務め，ソビエト時代もレニングラード大学と改称した同大学で教鞭をとった。ロシア優生学協会のメンバーでもあった。

44 I 帝政期のロシア刑法学

会刑事法部会の副議長を勤めながら，さまざまな機会を捉えて「病気，障害と犯罪」，「殺人と殺人者」，「フランスにおけるニューカレドニア流刑」などのテーマで報告に立ち，執行猶予制度の導入を訴え，刑余者に対する労働の機会の提供を求め，また犯罪要因としてのアルコール中毒や住居問題の重要性を指摘した。とりわけ住居問題こそが根底に関わる問題だと指摘し，彼は貧困者とくに少年に対する住居問題での援助を広く世論に訴えた。のみならず，彼は私財をなげうって市の郊外に「港湾労働村」を開設し，いくつかの建物を建設して低廉な家賃での快適な生活の場を提供する試みまで行った。そこには図書館，医療サービス，利用しやすい飲食店も設けられており，問題解決の方向を実地に示唆するものとなっていたとされる[22]。そのような実務活動と並行して，ドリーリは浮浪児や非行少年の救済を目指して，1897年から99年にかけて，14歳までの少年には一切の刑罰を適用せず，教育的な矯正処分に替えること，そのために少年のための特別裁判所を設置することを求め，法律草案を公表している。また売春問題やアルコール中毒の問題にも取り組み，政府に対してさまざまな措置を要求したが，そのようなドリーリの活発な活動は，政府と公式の学会組織からの警戒感と反発を強め，彼は安心のならない「好ましからざる人物」の烙印を押されるにいたった。が，彼は自身のイニシアティヴにより1906年に組織された全ロシア人民大学協会の議長に選出され，その翌年からさまざまな教育施設で刑法の講義を行った。

　ドリーリの初期の研究は1881年から2年間の国外研究に基礎を置いており，フランスの精神医学者や人類学者，とりわけグラーツ大学のクラフト＝エビング教授[23]の下での研究が当時の彼を犯罪人類学派に属する研究者として世に知らしめたのであるが，その後も彼は頻繁に外国へと出かけ，当時西欧で盛んであった犯罪者の精神的・肉体的な特徴の研究に触れ，また国際的な学会その他に積極的に参加した。イタリア学派の主催する国際的な大会でも再々にわたり発言し，ガロファロらとの面識もあったことから，彼をロシ

---

22) Там же, стр. 65.
23) リヒャルト・フォン・クラフト＝エビング（Richard Freiherr von Krafft-Ebing, 1840-1902）はドイツ，オーストリアの精神医学者であり，同性愛や性倒錯の研究で知られる。

第2章　帝政末期ロシアにおける刑事人類学派の軌跡　*45*

アにおける代表的な犯罪人類学者であるとする評価が，国際的に，また革命後のソビエト・ロシアでも広がったが，それはこれまでに説明してきたとおり皮相な理解である。実際にも，犯罪人類学国際大会の第1回パリ大会（1889年）では，ドリーリはロンブローゾの犯罪類型論や峻厳な刑罰の要求に対して，仮釈放制度の意義を対置しつつ，反対論を述べたし，1892年のブリュッセル大会では，犯罪人類学派の主流に逆らって，矯正不能な犯罪者が存在するという思考を鋭く批判した。彼はあらゆる過酷な刑罰，死刑および身体刑には反対であり，フランスやロシアの流刑についても，その残酷な実態を描いて，批判的であった。彼の考えでは，監獄こそは「堕落の最高学府」であり，それは強制的な教育と治療の施設へと替えられるべきなのであった[24]。

　さらに，「そうではありません，刑罰でも警察の強制手段でも法秩序を打ち立てることはできませんし，そうであってはならないのです…　その基礎にあるべきなのは連帯の感情です。大切なのは，今こそ，人々の心からの同意のもとに，"生きよ，そして他の者たちをして生かしめよ"という原則による活動のプログラムがうち立てられることです」，という没政治的な理想主義[25]。当時の帝政ロシアの政治的条件の下では到底受け入れられず，失敗することが予め確定している，彼の精力的な活動とその提案の人道主義的内容に，ドリーリの理想主義的な人格を読み取ることは困難ではない。だが，理解に苦しむのは，そのようなドリーリがなぜ，犯罪者を凶暴な野獣であるかに見なすロンブローゾとその学派に接近したのかということである。この点については，オストロウーモフの指摘するとおり，次の二つの理由が推測される。まず第1に，あまりにも思弁主義的な古典派刑法学の理論に反発して，ドリーリが犯罪についての新しいアプローチを希求していたことであり，そして第2に，彼が若い時期に熱心に学んだ自然科学と医学においてその当時影響力のあった俗流唯物論の思想に惹きつけられたこと，である。ここから，ドリーリは犯罪原因に生物学的な要素を設定せざるをえない。だが同時に，それだけで済ませてしまうこともできない。彼の学位論文の中でも，そのこ

---

24)　См. Остроумов, Указ. соч., стр. 170.

25)　Цыт. по：Люблинский П.И., Указ. соч., стр. 83. これは『法律家』紙の1905年11月27日号に掲載された「現代ロシアの最重要問題」での発言であるが，引用されている "生きよ" の語句はデルジャービン（Г.Р. Державин 1743-1816）の有名な頌詩からの一節。

とは次のように述べられていた。

「経験は，もちろん，人は彼を犯罪へと向かわせる精神的・身体的な組織の特徴を祖
先から受け継ぎ得たのだ，ということを疑うことを許さない。だが，彼らが罪を犯す
としても，それは周囲の環境，あらゆる生活条件全般に依存しているであろう[26]」。

また，興味深いのは，ドリーリ自身は自分を人類学派にも社会学派にも結
びつけず，両派ともに結局は一面的だと批判的に見ていたことである。

「統計学者としてケトレが犯罪の問題をとくに社会現象の数的なデータに基づいて
研究し，それゆえに多少とも一面的であることは当然である。それに対してロンブ
ローゾが自身の精神科医としての専門の結果として，その主たる関心を犯罪者の精神
的・身体的な特徴の研究に振り向けていることも当然である。このきわめて自然な分
業が，しかしながら，科学の生体解剖のようなことになってはならない。研究者は必
要に応じて多少とも一面的だが，それとは反対に，科学は全面的でなければならな
い[27]。」

ドリーリの基本的な立場はここに集約的に示されている。

そしてロシアにおける刑事人類学派の代表的な理論家の中にあって，ひと
きわ異彩を放つのはタルノフスカヤ（Тарновская, Прасковья Николаевна
1848-1910）である。著名な医学者であるタルノフスキー（В.М. Тарновский
1837-1906）の妻である彼女自身も医学者であったが，長くロシア国民保健協
会の役員を務め，ロシア民衆の健康を改善する方策についての多くの講演を
行い，女性犯罪と売春問題に関する多くの著作を公表したことで知られる。

第4回刑事人類学世界大会（ジュネーヴ・1898年）でタルノフスカヤが行っ
た「女性犯罪について」の報告は，ロンブローゾが「模範的だ」と称賛する
ほどのものであった。報告において実際のところ彼女が目指したのは，女性
犯罪者や売春婦が一般の女性とは解剖学的に異なっていることを，師たるロ
ンブローゾに倣って，統計的に証明することであった。彼女はその研究目的
に沿って，140人以上の売春婦，220人以上の女性窃盗犯，そして160人以上
の女性殺人犯の統計的・解剖学的調査を行い，多くの相対平均的なデータ（平

---

26) Дриль Д. Малолетние преступники, М., 1884, стр. 67.

27) Дриль Д. Учение о преступности и мерах борьбы с нею. СПб., 1912, стр. 186.

第2章　帝政末期ロシアにおける刑事人類学派の軌跡　　*47*

均身長，体重，上下の顎，頭蓋骨，歯，頬，額の平均サイズなど）を明らかにし，
それらを調査によって得られた普通の女性の同種の身体計測データと比較し
ていた[28]。

　彼女の研究方向をよく示しているのは，上記の大会よりかなり前，1891年
12月に彼女がロシア保健協会の第1部会で行なった「刑事人類学派の新しい
研究について」と題した講演である。翌年に公刊された彼女の論文[29]から知
ることのできるその内容は，この時期にロンブローゾをはじめイタリアの人
類学派の研究者が公表した多数の資料を情熱的に紹介し，両国の地理的な離
隔，民族や気候などだけでなく様々な生活条件における差異にもかかわらず，
それらが示す結論が彼女自身の研究データ類と合致することから，女性犯罪
者ならびに売春婦に関する犯罪人類学的な研究の普遍的な正当性がここに裏
付けられている，と主張するものであった。その合致点は具体的には次の通
りである。

　1）私（タルノフスカヤ）の調査と同様，ロンブローゾらの結論によれば，
女性犯罪者の頭骨の大きさは普通の女性のそれに比べ小さい。とくに売春婦
の場合に顕著である。女性犯罪者・泥棒の頭周の平均は53.2 cmと報告され
ているが，これは売春婦についての私の調査結果53.16 cmに近い。またロ
ンブローゾらは，売春婦の身長・体重が普通の女性より少ないことを観察し
ている。

　2）彼らはまた，女性犯罪者ならびに売春婦の初潮年齢についても確認し
ている（女性犯罪者は普通の女性より遅く，売春婦は反対に早い）。

　3）女性犯罪者ならびに売春婦における生得の特質の数の調査について，
ロンブローゾらと私との間に多くの一致点がある。例えば，女性犯罪者の
35％における歯列の異常，異常な額の27％などである。

　4）ロンブローゾらと同様に私も，時として同じような生得の特質が個別
的には全く普通の人に見られることを認めるが，複数のそれら特質が一人の
人に表れることは一時的にのみであり，道徳面での偏りと併せ判断すること

---

28)　Остроумов, Указ. соч., стр. 176-177.

29)　Тарновская П. Н., Новые работы по криминальной антропологии (Доклад I секции
　　русского общества охранения народного здравия 27 декабря 1891 г.), СПб., 1892. (http://
　　velesova-sloboda.vho.org/antrop/tarnovskaja01.html)

48　I　帝政期のロシア刑法学

によって，彼を退化した類型に区分することは可能である。

　5）女性犯罪者ならびに売春婦より得られた言語学的なデータから，ロンブローゾらと同様に私も，犯罪活動や売春の始まりにおける病理学的およびアルコールに関わる遺伝の影響が極めて大きいことを認める。そして最後に，

　6）ロンブローゾらの，そして私の，成し遂げた最も大きな貢献は，退化した類型は，まだ普通の女性に近い女性犯罪者に比べると，習慣的な売春の方にはるかに強く表れているということを結論付けたことにある。

　タルノフスカヤはこのようなロンブローゾらの研究結果との符合に，自身のそれまでの犯罪人類学的研究の正当であったことを再確認し，女性犯罪者と売春婦は「人の特別の種」であり，それは統計学によって証明される，と断言したのである。さらに多くの研究が蓄積されるにしたがって，犯罪人類学的な研究の正しさと必要性が証明され，この科学が自然科学の領域において市民権を得るのみならず，法律学の分野でも実際の適用を見るようになるであろうと述べる。「望むべくは，近い将来において，刑法学と刑罰法典の基礎に犯罪人類学が据えられるべきである。その暁には，威嚇と報復の意識を惹起せざるをえない≪刑罰法典≫という呼び方自体，より人道的で犯罪者にとって公正な≪矯正法典≫に替えられるべきなのである。悪しき意思を処罰するのではなく，弱く病んだ者を矯正すること，これこそが人類の目指すべきものである」，と[30]。

　さらにタルノフスカヤは，その3年後に発表した論文において，イタリア学派が指摘した犯罪者における感受性の減退という現象について，彼女が1892年に実施した，女性犯罪者および売春婦について感覚器官の機能を調査する試みについて報告している。彼女はロシアの平均的な地域から，女性殺人犯50人，女性窃盗犯50人，売春婦50人および比較群として普通の女性50人（彼女らは全て農民，平均年齢23歳～34歳で，ごく少数の例外を除き文盲）を対象として，彼らの視覚，味覚，嗅覚，聴覚，痛覚，腱反射，そして身体的な退化徴候について，それぞれの測定方法を説明した上で，調査の結果得

_____

30)　Там же.

られた数値を一覧表で提示している[31]。そのような調査研究の結論として彼女が要約している諸点，1）視野は女性殺人犯において僅かに狭く，2）味覚は対象者4群とも一様に衰えており，ほとんど差がないが，3）嗅覚および聴覚は女性殺人犯と売春婦において低下しており，4）女性殺人犯は場所感覚も衰えている。意外なことに，5）痛覚は4群の女性に差はなく，6）早期からの飲酒によるアルコール濫用の影響か，売春婦の54％に腱反射の衰えが見られたが，7）女性犯罪者達における嗅覚や聴覚の，また一部は場所感覚の，鈍麻，そして味覚や痛覚の平常であることの原因は，我われにとってまったく不明のままである，には，医学者であるタルノフスカヤの自縄自縛状態での迷走が窺われる。このような方法で，生物学的な犯罪原因論の迷路から抜け出すことはおよそ困難であるということを，しかし彼女は見ようとしない。

　だが，論文の最後に，彼女は書く。「かくして，犯罪人類学の課題はますます広がり，犯罪者の全面的で詳細な研究のために，次のようなことが必要となる。1）彼の外的な器官の綿密な研究，2）彼の幼少時，教育，家族，病気など過去の事実，現在の職業，習慣，社会的な生活状態などについての詳細の認識，3）彼を犯罪へと押しやった原因を理解するため，彼の道徳的な全体像を認識すること，そして最後に，4）今日まで重大な空白となっているが，死後の，より詳細かつ精緻な神経中枢の研究，である[32]。」これはむしろ，犯罪人類学の科学としての断片性と限界性の自認であるようにさえ思われる文章である。

　それも，しかしどうやら一時的な混乱でしかなかったようである。その後彼女は，とくに1902年の大著『女性殺人者[33]』において，典型的なロンブローゾ流の研究手法に立ち戻っている。そこでは，160人の女性殺人犯と非犯罪者である農婦158人および知的な女性50人の身体的な特徴，感覚器官の機能，精神面での正常性などが詳細に調査され，多数の犯罪女性に身体的・精

---

31)　Тарновская П.Н. Об органах чувств у преступниц и проституток. СПб., 1894.（http://www.uhlib.ru/nauchnaja_literatura_prochee/_russkaja_rasovaja_teorija_do_1917_goda_tom_2/p27.php）

32)　Там же.

33)　Тарновская П. Женщины-убийцы, С-Пб., 1902.

神的な側面における正常な類型からの偏倚があると主張されている。たとえ
ば，女性殺人者の66％に頭部の萎縮があり，これは非犯罪者である農婦では
10％ほどに過ぎず，知的な女性では2％だけであるとか，とくに重視されて
いる口蓋の萎縮については，女性殺人者の28％に観察されるのに対して，非
犯罪者である農婦では11％，知的な女性では1％に見られるに過ぎない。つ
いでに売春婦216人についての後者の数字は38％にまで達する。それらの
結果，刑務所や売春窟の住人達はその民族の違いにも関わらず誰でもよく似
ている，などもっぱら統計的な手法による論証が試みられている[34]。

　結局，タルノフスカヤは1910年のその死去の日まで，犯罪人類学の立場を
崩さなかった。

　もう一人の，ロンブローゾの影響を強く受けた精神医学者として，チシ
（Чиж, Владимир Фёдорович 1855-1922（1924?））の名があげられることが多い
が，彼がとくに関心を持ち，研究の対象としたのは現実の犯罪者ではなく，
著名な作家たちの生涯やその文学作品であった。チシは優れた心理学および
精神医学の研究者であり，またペテルブルグ最大の聖パンテレイモン病院の
主任医師として働く一方，ペテルブルグ大学法学部の専任講師として法精神
病理学に関する講義を行なったことで知られるが，それと同時に，彼は19世
紀の半ばに西ヨーロッパで成立した「病跡学」（英 pathography）[35]の立場から
プーシキン，ゴーゴリ，ツルゲーネフ，そしてドストエフスキーといったロ
シアを代表する文学者の家系や日常生活に関する諸資料を分析し，彼らの精
神医学的な特徴を明らかにするとともに，彼らの生み出した文学作品の登場
人物達にその反映ないし痕跡を見ようとした。そのような方法は，明らかに，

---

34)　Там же, стр. 454-455.
35)　「病跡学とは，宮本忠雄氏によれば『精神的に傑出した歴史的人物の精神医学的伝記やその系
　統的研究をさす』，福島章氏によれば『簡単にいうと，精神医学や心理学の知識をつかって，天才
　の個性と創造性を研究しようというもの』です。病跡学という用語は，ドイツの精神科医メービ
　ウスが20世紀初頭に造語したパトグラフィー（Pathographie）の翻訳で，他に，病誌・病蹟など
　とも訳されますが，こうした研究領域は古代からの天才研究にその源流をみる向きもあります。
　加藤敏氏は『学際的領域に位置して，創造性と精神的逸脱の関係を探ろうとする病跡学の独自性
　は，精神医学が築き上げた疾病概念や病態把握，および癒しといった観点から，人間の創造性に
　光を当てるという問題枠に求められる』と述べています。」（日本病跡学会ホームページより引用。
　http://pathog.umin.jp/pathography/bing_ji_xuetoha.html）

第2章　帝政末期ロシアにおける刑事人類学派の軌跡　*51*

チシが 1884 年から翌年にかけて留学したライプツィヒやパリなどでその存在を知ったロンブローゾの『天才と狂気』（1863 年）に倣ったものであり，そのことからも彼をロシアにおける犯罪人類学の系譜に結び付けることには相応の理由があると言えようが，本稿は彼の業績の詳細を論じるに適切な場所ではないと考えられるため，以上の事実の紹介にとどめたい[36]。

4　ロシア刑事人類学派の運命

　現代ロシアの代表的な刑法学者であるナウーモフ教授は，「ロシアにおいてはロンブローゾの理論は実際のところ支持者を見出しえなかった」，と断定しつつ，しかし人類学派の研究はさまざまに今日の生物学的な犯罪学研究，とりわけ欧米の諸国での性染色体異常と犯罪との関連への注目などにつながっていると指摘している[37]。が，本稿において示したとおり，一時的な現象ではあれ，ロシアにおいても熱狂的なロンブローゾ崇拝の流行が見られたことは歴史的な事実である。前項においてその研究内容について検討したネクリュードフやドリーリ，タルノフスカヤなどだけでなく，著名な検察官であり，多数の刑法学および統計学関係の著作をもつリハチョーフ（Лихачев А.П.）や 20 世紀初めの司法大臣シェグロヴィトフ（Шегловитов И.Г.）はじめ，公的な場でロンブローゾの学説の断片を援用し，生来の犯罪者は矯正などできず，ただ重罰に処するのみだとする主張は随所に聞かれた。右派の新聞『ノーヴォエ・ヴレーミャ』紙上には彼らによる論文や記事がたびたび登場した[38]。

　では，なぜ 19 世紀末から 20 世紀の初頭にかけてのこの時期，ロシアにお

---

36)　チシの精神医学者としての活動，とりわけ病跡学の立場からの文学者たちとその作品の分析作業とその評価などについては，参照：久野康彦「19 世紀後半のロシアの精神医学とその発想――精神医学者ウラジーミル・チシ（1855-1922？）による文豪の生涯と作品の分析を手掛かりに――」越野剛・望月哲男編『19 世紀ロシア文学という現在』（北海道大学スラブ研究センター，2005）所収。

37)　Наумов А.В., Российское уголовное право：курс лекций, том 1, М. 2011, стр. 735-737. ついでながら，この箇所でナウーモフはかなり詳細に，1897 年のロンブローゾのトルストイ訪問について，トルストイの息子ミハイルの回想を引用しつつ，トルストイの冷笑的な対応を紹介している。

38)　Остроумов, Указ. соч., стр. 183 и сл.

52　I　帝政期のロシア刑法学

いてそのような現象が見られたのであろうか。

　西ヨーロッパにおける犯罪学研究の始まりが，市民革命期の社会的な激動を経た 19 世紀前半において，資本主義経済の発達に伴う都市問題，構造的な失業と貧困の拡大などを背景とした犯罪の増大に対する古典学派刑法学の無力さの露呈の一方で，生理学や細菌学，生物学，遺伝学の発達，ダーウィンに代表される進化論の有力化，そして経済学の発達など，人間と社会の科学的な認識の可能性が与えられたことによるものであることはよく知られている。1830—40 年代を中心としたケトレやゲリーの活躍に続いて，ロンブローゾらが登場するが，その先駆者であるガル（Gall, Franz-Joseph 1758-1828）の骨相学的犯罪学研究，あるいはダグデール（Dugdale, R.L. 1841-1883）による犯罪家系の研究，またラカッサーニュ（Lacassagne, A. 1848-1924），タルド（Tarde, J.G. 1848-1904），サレイユ（Salleiles, R. 1855-1912）など社会学派の活躍といった欧米の犯罪学研究の歴史を念頭に置けば，本稿に見たロシアの犯罪学のダイナミズムはほぼそれに重なり合うことが確認できるのである。農奴制の廃止過程に象徴されるロシアの国家と社会諸制度の後進性への自覚が，かえって西欧の政治思想や科学，社会学説への急速な接近をもたらしたと言うべきであろうか。ロシアの刑法思想と同様，犯罪学もまた西欧諸国のそれらとの連続性をもって展開していたのである。したがって，上の問いかけに対しては，犯罪学一般の歴史分析をもって答えなくてはならず，さしあって本稿の課題ではない。

　むしろここで検討すべきは，ロシアの犯罪学研究が西ヨーロッパから切り離され，特異なものとなっていった 1917 年のロシア革命後に，犯罪学研究をみまった諸条件についてである。

　革命の帰趨を争う国内戦の時期には，刑事立法自体が未定立の状況にあり，大学などにおける刑法・犯罪学に関連する研究も混乱状況にあったという他ないが，国内戦の終息と新経済政策（ネップ）の開始とともに，1920 年代を待ってソビエト国家における犯罪学研究の本格的な展開が見られることとなる。それは，帝政時代すでにその萌芽以上のものが用意されていたとはいえ，やはり，ロシア革命がもたらした精神と言語の解放，そして科学と国家との幸運な協働関係の所産であったと言えよう。しかし，この蜜月はやがて終わ

りを告げ，30年代に入ると一転して犯罪学研究はその存在自体すら許されぬものとなる。転機となったのは国立犯罪学研究所の活動とそれに対するソビエト政権の評価である。

1923年の春，モスクワ管理部（内務省のモスクワ総局）によって刑法学者，犯罪学者，心理学，人類学，統計学などの研究者を招集しての会議が開かれ，そこに提案されたモスクワの刑事施設に収容されている犯罪者の総合調査，その成果として翌年にゲルネットの編集の下に公刊された論文集『モスクワの犯罪世界[39]』，そして何よりも，この総合研究を契機として開設された国立犯罪学研究所の活動など，20年代前半期の犯罪学研究の躍動については，既に紹介し，検討を加えたところである[40]。そこでも指摘したとおり，この段階での犯罪学研究においてはドリーリやタルノフスカヤの研究は直接に引用され，もちろん厳しく批判する者も多かったが，一方の積極的な遺産として継承されていた。上記の論文集には，殺人者，強盗犯人，詐欺犯人，酒精密造者といった個別の犯罪者類型に注目して，その成育歴など社会的諸条件の影響とともに，親子・兄弟など肉親の犯罪歴から遺伝的な負因を推測し，また犯罪者の体形，気質，知能など生物学的要素についても検討したものが含まれており，直接にタルノフスカヤの研究を援用するものもあった。研究報告として並んでいるクラスヌーシキンの「現代の犯罪性精神病質およびそれとの闘争」や心理学者であるペトロヴァ（А.Е. Петрова）の24歳の女性による夫の陰茎切除の事例の研究などは，30年代以降のソビエト犯罪学においては到底取り上げられそうにないテーマであり，またゲルネットの「モスクワ市の拘禁施設における入れ墨」では直接にロンブローゾによるこの問題の重視に言及されていた。そして，この総合研究を契機として開始された「ソビエト犯罪学の研究所化の時代」。内務省に付属してモスクワに設置されていた国立犯罪学研究所とサラトフ，レニングラード，ロストフに置かれたその

---

39) 《Преступный мир Москвы》. Сборник статей под ред. М. Н. Гернета, М. 1924. なお，本書は1991年にリプリント版が刊行されている。編集者ゲルネット（Гернет, М.Н. 1874-1953）はモスクワ大学出身の刑法学者・犯罪学者であり，1902年からモスクワ大学で教鞭をとったが，1911年に教育大臣カッソーの大学への介入に抗議して辞職，その後はペテルブルグ精神神経研究所に刑法の教授として迎えられ，革命後はモスクワ大学法学部教授となる。『犯罪の社会的要因』（1905年）や『死刑』（1913年）などの著作，また多方面の社会活動において知られた。

40) 上田　寛・ソビエト犯罪学史研究（成文堂・1985年），とくに124頁以下を参照。

54 I 帝政期のロシア刑法学

支部を中心とする，各地の犯罪学研究機関では，犯罪の社会・経済的要因だけでなく，生物学的・心理学的な手法による犯罪者研究もまた行われていた。とりわけ，サラトフ支部が「刑事人類学研究室」と呼称された事実が象徴的であり，またロストフ支部でも，その研究活動は犯罪者の生物学的研究が中心であった（「それは，批判される如く，ロンブローゾ主義に近いものであった」，とゲルネットも述べている）。

　しかし，1929—30年頃を転換点として，事態は一変する。パシュカーニスやエストリン，ブラートフら，著名な「正統派」マルクス主義理論家達による当時の犯罪学研究への激しい批判が，一斉に始まるのである。批判では，ソビエト国家における犯罪現象の研究が，その量的な膨大さにもかかわらず，「科学的なソビエト刑法理論」から遊離し，方法論において深刻な誤りを内包している，と難じられた。一部の研究機関では犯罪者人格への異常な熱中が見られ，他方ではブルジョア社会学派の諸概念の借用が見られる，といった各研究施設の勝手な研究活動の他方において，今日必要とされている現実的課題に役立つような作業は全く行なわれていない，というのである。生物学的偏向，国費の浪費，不必要な課題の設定，必要な研究の欠落，などなど。これらの批判の眼目は，しかし，1929年3月の討論において司会者であるパシュカーニスが露骨に述べているとおり，国内の犯罪学研究施設の頂にある国立研究所のイデオロギー的な指導はコム・アカデミー[41]に属するのであり，そのヘゲモニーを承認せねばならないという点にこそあったが，しかし打撃は決定的であった。後にゲルネットが述壊しているように，これら，当初は「犯罪および犯罪者の研究の誤った方法にむけられた批判は，全く誤った，犯罪研究の停止が必要だとの結論へと導いた」のである[42]。

　だが，これらのことは既に筆者の指摘した経過であり，今さらに繰り返す必要はないであろう。ここで付け加えて述べておきたいことは，僅かなこと

41）　コム・アカデミーはマルクス主義理論の研究と宣伝のセンターとして1918年に全ロシア中央執行委員会により設置されたもので，当初正式には社会主義社会科学アカデミーと呼ばれ，総裁は歴史学者ポクロフスキーであったが，1924年以降は共産主義アカデミー（コム・アカデミーと略称される）と改称されていた。その著書『法の一般理論とマルクス主義』によって世界的な名声を有するパシュカーニスはその法部門の中心的なメンバーであった。

42）　Гернет М.Н., Избр. Произведения, стр. 613.

である。つまり，帝政ロシアの諸条件下に開始されていた犯罪人類学的な諸研究は，ロシア革命による社会状況の激変にもかかわらず，ソビエト・ロシアにおいてむしろ多様に開花していたのであり，それを終息へと至らしめたものは社会的な現実でも科学的な批判でもなく，まさに政治主義的なイデオロギー攻撃であったという事実であり，そしてまた，人類学的な犯罪学研究がその政治的誤謬のために否定されたとき，やがて犯罪学研究の全体も解消されたという歴史的な事実である[43]。

　たしかに，同様の運命は他の多くの科学領域をも見舞い，いわゆる「個人崇拝」の時代の病理として現象したのではあるが，犯罪学は犯罪学として，そのような抑圧を誘った固有の理由を探り，またそのような抑圧の及んだ範囲とその影響の深さとを解明しなくてはならない。当初，筆者は，帝政ロシアにおける研究の萌芽が，革命後に堰を切ったように開花し，多方面で多彩に展開されたロシアの犯罪学研究が，30年代に入るとともに，「理論」的にも物理的にも退けられ圧殺されていく，その過程を追うことで，犯罪学とソビエト権力，あるいは国家，党との緊張関係に迫れそうだとの見込みをつけて出発した。ところが，50年代半ばに一応の復活を見た「ソビエト犯罪学」において，そのような経過自体があたかも無かったことであるかに無視されていた（この点は，その後にソビエト体制の崩壊後も，その多くが引き継がれて今日に及んでいる）ことにも触発されて，この問題は当初考えていたような，一方的な批判と反論，圧力と抵抗といった，外的な諸要因との対抗作用を超え，ある場合にはそれぞれの内的な変容をも伴う，より内的・本質的なものであることに気付かされたのである。かの地における犯罪学研究の歴史体験の解明には，さらに深刻な論点が懸かっているのである，と[44]。

---

43)　世界的に見たときの犯罪人類学ないし生来犯罪人学説の衰退が誰の目にも明らかだという事実は，もちろん，このこととは別の背景から説明されることである。それは，おそらくは，刑法的諸制度によって既に犯罪者として認定された者の身体的・精神的特質を示す徴表をいくら集めても，それらが犯罪原因を説明することにはならないという，明らかな方法上の限界を別にして，第二次世界大戦に至る過程で露呈された人種主義的あるいは優生学的な政策の凄惨な結末が教えた積極的な人道主義，そして戦後世界の一般的な平等と民主主義の普及の下で，犯罪学もまた合理的な自制を学んだことによるところが大きいであろう。

44)　最初にこのテーマと向かい合った日から40年近い時日を経て，なおこの問題にこだわり続けていることに，あらためての感慨を覚えずにはいられない。まさしく，ヒポクラテスの言うとおり，"学問は長く，人生は短い"のだ。

ロシアにおける刑事人類学派の軌跡をたどることを通じて，ここに問い返されているのは，結局，犯罪現象の研究という形をとった科学と社会との関係，それが常にはらまざるをえない国家および政治イデオロギーとの緊張関係，それらを通じての相互の変容といった，より一般的な問題であることに気付かされるのである。

第3章 国際刑事学協会(IKV)ロシア・グループの実像*

1 はじめに

　新派刑法学の影響力の退潮もあってか，わが国においては国際刑事学協会（独 Internationale Kriminalistische Vereinigung, 略称 IKV）への関心自体さほど高いとは言えないが，19世紀末から20世紀初めにかけてのその華々しい活動が，当時のヨーロッパのみならず中南米諸国などを含めた世界各国の刑事立法と矯正実務に決定的な影響を及ぼしただけでなく，その熱烈な刑事政策の世界水準化への志向は二次の世界大戦を経た後に世界的な準則として確立を見た「被収容者処遇最低基準規則」の制定や国連犯罪防止会議の活動へと繋がっており，その歴史的意義は決して小さくない。

　この問題についての研究は，現代ロシアにおいても必ずしも多くない。より正確には，むしろ例外的な研究テーマである。一つには，ソビエト時代の刑法学において社会学派を中心とした新派刑法学に対する厳しい評価が固定されていたことから，あえてそれに関連する研究課題を設定しようとする研究者が少なかったことが遠因となっていよう。それはそれで後述するとおりイサーエフが1904年にドイツで発表した論文による「支配階級の利益の擁護者」としての社会学派という決めつけがロシア革命後も権威を持ち続けたことによるところが大きいのであろうが，現代ロシアにおいても状況は基本

＊　本章は当初，『刑事法と歴史的価値とその交錯：内田博文先生古稀祝賀論文集』（法律文化社2016年刊）に所収のものである。内田博文さんとは1968年の秋，当時筆者の所属した京都大学法学部の中山研一先生のゼミに，既に大学院進学が決まっておられた内田さんが浅田和茂さんと共に顔を出された時に初めてお会いし，以来半世紀に近い歳月を通じて，大学院の刑事法研究室や学会・研究会を通じて，近しい先輩として親しくご厚誼をいただき，今日までその問題意識においても研究方法においても，多大な学問的刺激を受け続けて来た。そのことに改めて感謝しつつ，古稀を祝賀する論文集に稿を寄せたものであるが，編集部から相当部分の切り詰めを要求され，それに従ったことから，本章では元の形を回復することに努めた。（上田）

58　I　帝政期のロシア刑法学

的に変わっていない。しかし事実を委細に見てみると，19 世紀後半から 20
世紀初頭にかけて，帝政ロシアの刑法学者の中に社会学的な立場を鮮明にす
る一連の研究者が存在し，彼らと西ヨーロッパの刑法学者との連絡，共同し
ての活動が展開されていたことが知られる。イタリア学派に属するフェリー
やガロファロの著作だけでなく，ドイツのリストやベルギーのプリンスなど，
社会学派の著作も多くがロシア語に翻訳され，それらを受け止め，正面から
議論する多数の刑法学者の存在とその研究の展開を確認することができるの
である[1]。

　本稿は 19 世紀末から 20 世紀初めにかけてのロシア刑法学の黄金期におけ
るその一側面を研究対象としている。この時期のロシアは，農奴制を廃止し
て近代化を図り，古典的な農業経済に鉄道と工業を結合して国力の増強を図
ることで，予想される帝政の終末を遅らせようとあがいていたのであるが，
わが国との関係でも 1904 年の日露戦争という手荒い接触を含めて，直接的
な交流の局面をも多く生み出し，経済的・文化的な相互関係も生じつつあっ
た。しかし，我われにおいて時として忘れそうになるのは，ロシアと西ヨー
ロッパの諸国との関係の深さである。

　ピョートル大帝（1672—1725）の事績にも明らかな，西ヨーロッパへの渇仰
は近代以降のロシアにおいても抗いがたい衝動として，とりわけ知識人・文
化人の階層の行動に影響しているかのようである。ここで取り扱う 19 世紀
末のロシアにおいても，多くの実業家や政治家だけでなく，芸術家，作家，
思想家，研究者，学生その他が，さまざまな理由と目的で国外に出て，西ヨー
ロッパの都市を訪問し，その社会意識と文化を吸収して，それをロシアに持
ち帰った。何よりもヨーロッパ鉄道網の発達が彼我の距離を縮めた。19 世

---

1)　ロシア国内においても，わが国を含め外国からも，帝政時代以降のロシア法に関する研究条
件は，近年大きく変化した。何よりも，ロシアの国立図書館や大学図書館がその所蔵する文献資
料のかなりをデジタル情報化してインターネット上に公開し，また google，amazon などの企業
が無料で，あるいはきわめて廉価に提供してくれている多数の文献を参照することができるよう
になっている。かつては必要な文献資料の無いことに嘆いたものであるが，現在は逆に，個人で
は処理しきれないほどのデジタル資料に呆然としている観さえある。なお，インターネット・ウ
エブ上の文献資料を引用する場合には，当該のサイトを参照した日時を個々に示すことが広く認
められた de facto standard であるが，本章においては，とくに断らない限り，引用のサイトには
全て 2015 年 10 月—2016 年 4 月に直接に確認していることから，個別の表示を省略した。

第3章 国際刑事学協会（IKV）ロシア・グループの実像　　*59*

紀末のロシアでは，パリとサンクト・ペテルブルクを結ぶ定期路線・北急行
（Nord Express—1896 年運行開始）の以前から，鉄道を用いれば容易にベルリ
ンやパリに移動することが可能であり，人々は頻繁に国境を越えて交流して
いた。我われの関心の領域でも，ロンブローゾもリストもサンクト・ペテル
ブルクやモスクワに現れていたし，フォイニツキーは再々にわたってベルリ
ンやリスボンで開かれる国際刑事学協会の中央委員会に出席している。そし
て，何よりも，ロシアの多くの刑法学者は主としてドイツの大学に学生・研
修員・共同研究者として滞在した経歴を持っていた。同様に，リストはロシ
ア刑法典草案の審議に参加しており，たとえば草案の総則についての彼の評
釈が 1883 年の『民法・刑法雑誌』に掲載されている。まとまった業績として
リストの犯罪学に関する著作『フランツ・フォン・リストの刑事政策の課題』
がロシアで 1895 年に出版され，1897 年にリストはペテルブルグ大学の栄誉
教授として選ばれ（この選任は 1914 年に，ロシアの対ドイツ宣戦布告を背景に，
教授たちの愛国主義行動の一環として取り消されることとなる），1902 年には国
際刑事学協会の大会がサンクト・ペテルブルクで開催され，多くの国々の研
究者とともにリストも来訪している。

　本稿では帝政末期のロシアにおける刑法・犯罪学研究の特異な一面，刑法
学者を中心に犯罪現象を研究しその克服に向けた取り組みに関わる研究者や
実務家の多数が，時には生物学的・人類学的な関心からの犯罪学研究者すら
をも含めて，一時期，国際刑事学協会への参加を選択し，そのロシア・グルー
プを形成して研究活動と対社会的な発言を行なった事実を紹介し，検討した
い[2]。それは，最近に筆者が発表した，同時期のロシア刑事人類学派の活動
の検討[3]から欠落していた問題側面を補おうとするものでもある。

---

2)　「国際刑事学協会」という訳語はわが国において定着したものと言えようが，その一方で，こ
こに含まれている「刑事学」という語がわが国においてかなり広い範囲で犯罪学（独 Krimino-
logie, 英 Criminology）を意味する術語として使用されていることから，一定の混乱を生じうる。
だが，以下の説明にも明らかなとおり，リストやプリンスらもフォイニツキーらロシアの研究者
も実務家も，協会が法律的および社会的な現象である犯罪を研究する刑法学者および社会学者，関
係する各領域の実務家らの総体を糾合する団体となることを必要と考えていた。したがって，こ
の協会は単に刑法学者の団体ではなく，また狭義の犯罪学者（当時はまだその分化も進んでいな
い）を集めるものでもない。本稿では，とりあえず，必要な場合には「刑事法学者」あるいは「ク
リミナリスト」という語を用いることとしたい。
3)　上田「ロシアにおける刑事人類学派の軌跡」（本書第 2 章）

2 帝政末期ロシアにおける刑法および犯罪学研究

ロシアにおける大学法学部として例外的に長い歴史を有するのはモスクワ大学法学部（1755 年創立）であるが，1804 年創立のカザン大学法学部，1819年創立のサンクト・ペテルブルグ大学法学部，1834 年設立のキエフ大学法学部など，19 世紀の前半に法学教育の体制が整えられ，多数の官僚や法曹だけでなく，政治家，文化人を輩出し始めた。その法学教育における刑法学の内容についても，すでに 19 世紀の初めには体系的な刑法理論がロシアに持ち込まれ，その教育と研究が大学法学部において行われ始めていたとされる。そして，農奴制の廃止に象徴されるロシア社会の近代化に並行して法学教育の普及が要請され，法律学の重要性が広く認識された 19 世紀の後半に至って，刑事法学もまた一大黄金期を迎える。

1860 年代以降，刑事法の領域で著名な大学教授として，キスチャコフスキー（А.Ф. Кистяковский 1833-1885），タガンツェフ（Таганцев Н.С. 1843-1923），セルギエフスキー（Сергеевский Н.Д. 1849-1908），ドゥホフスコイ（Духовской М.В. 1849-1903）らの名前が挙げられるが，彼らの活躍によってロシアの刑法学は一挙にその時期の世界最先端の理論平面にまで到達した[4]。彼らは例外なくドイツ，フランス，イタリアなどへの留学経験をもち，たとえばタガンツェフはペテルブルグ大学法学部においてベルナー（Berner A.F. 1818-1907）の教科書を下敷きにしたスパソヴィチ教授（Спасович, Владимир Данилович 1829-1906）の刑法講義を聴き，研修のために派遣されたドイツで直接にベルナーやミッテルマイヤー（Mittermaier C.J.A. 1787-1867）の講義や演習に参加してその直接の影響を受けている。当然に，彼らの刑法理論は基本的に古典学派の体系にしたがったものであった。

一方，刑法学における社会学的な視座と研究方法の展開は，旧来の刑法学の観念的・形而上学的な教義に対する反発から始まり，旧来の刑法理論学の

---

4) このような記述が独りよがりの思い込みでないことは，近年になって復刊されているタガンツェフの浩瀚な刑法教科書などを参照することで明らかとなろう。См. напр. Таганцев Н.С., Русское уголовное право. Лекции. Часть общая, том 1-2, СПб., 1902 (М., 1994).

第3章　国際刑事学協会（IKV）ロシア・グループの実像　*61*

枠を超えた，犯罪現象の科学的な認識とそれへの対応を目的とする科学，犯罪学の成立をもたらすこととなる。ロシアの場合，犯罪学研究は多くの社会科学分野がそうであったように，19世紀の前半を通じたナポレオンのロシア侵攻（1812年），クリミア戦争（1853—56年），ロシア・トルコ戦争（1877—78年）などでその後進性を露呈したロシア国家の改革をめざす全社会的な動き，農奴制の廃止，科学技術の導入による工業化，政治諸制度の近代化，司法制度改革などの施策の推進といった状況を背景に，開始され，活発化した。それはまさに，一足早く国民経済の工業化に着手し社会制度の近代化へと進みつつあった西ヨーロッパにおいて進行した，古典主義的な刑法理論による犯罪との対抗に限界を見取り，より合理的，効果的な対応を発見しようとする，この分野での動きに刺激され，それに追いつこうとする取り組みであった。

　当時西ヨーロッパでは，統計に表れた犯罪現象の変動と社会経済的諸要素との相関に注目するゲリー（Guerri, A.M. 1804-1866）やケトレ（Quetelet, L.A.J. 1796-1874）の流れを受けて，社会的な環境要因を重視しようとする犯罪学者達と，ロンブローゾを起点として急激に流行を見た，犯罪者個人の生物学的あるいは人類学的な特徴に注目する犯罪学派との対立構造が形成され，とりわけ19世紀末に近づくと，前者に属するタルド（Tarde, J.G. 1843-1904）やラカッサーニュ（Lacassagne, A. 1843-1924）とロンブローゾ派との華々しい論争が繰り広げられ，大きな社会的関心を呼んでいた。

　それに対応してロシアでも，同様の対立構造が形作られることとなる。ロシアにおける犯罪現象の経験的な研究の最初の試みとしては，1823年のアカデミー会員ゲルマン（Герман, К.Ф. 1767-1838）の犯罪統計についての研究[5]が挙げられることが普通である。ゲルマンは統計学者であったが，その後の犯罪学的研究はむしろ刑法学の枠を広げる試みとして，19世紀後半，主としてドゥホフスコイ（Духовской, М.В. 1849-1903）やフォイニツキー（Фойницкий,

---

　5)　統計学から歴史学，経済学に至る広範囲の学識で知られたアカデミー会員ゲルマンは1823年12月のアカデミーの会議において，「ロシアにおける1819年と1820年の自殺と殺人の数についての研究」という報告を行った。そこでは，各地域ごとの自殺と殺人の数が比較され，それらとその地域の社会的な諸条件（飲酒，経済状態，戦争など）との相関が検討されていた。Иванов Л. О. и Ильина Л.В., Пути и судьбы отечественной криминологии, М., 1991, стр. 5. ゲルマンのこの論文は政治的に危険と見なされて公表を禁止され，9年後にフランス語で発表されている。

И.Я. 1847-1913）といった刑法学者によってその展開が担われることとなった[6]。たとえば，モスクワ大学法学部教授であったドゥホフスコイは次のように言う。つまり，古典的な刑法理論によれば犯罪の唯一の原因は人間の自由な意思にある。しかし，そうであればなぜ，犯罪の各種の統計が示すように，毎年同じような数の犯罪が記録されることになるのか，と彼は問い，「犯罪は偶然の現象ではなく一つの自由な意思の結果なのだが，それ以外に明らかに不変の原因に依存」しており，そのような原因を明らかにできるのは，統計研究および「人間の身体，その生活している諸条件」の研究，そして社会体制の研究を通じてである，と書く。その上で，ロシアの各地方の犯罪数を比較し，犯罪率と死亡率の相関，犯罪と教育との相関などについての統計研究を自ら行い，すでに1872年（ドゥホフスコイは未だ23歳のはずである）の著作で，「劣悪な政治体制，社会倫理の劣悪な状態，社会経済の劣悪な状態および劣悪な教育」こそが犯罪の最も基本的な原因であるとの確信に至っている[7]。その公表後間もなく，当時既に刑事法学者として著名であったペテルブルグ大学助教授フォイニツキーの論文「犯罪の分布に対する時候の影響」および「刑法，その対象，その課題」が登場した。その中でフォイニツキーは，「犯罪は，それが自然と社会の諸条件の産物だという限りで，特定の人格の産物である」，と述べ，刑罰は言われるような犯罪予防の手段という意味を持たないことが明らかだと結論する[8]。犯罪との闘争を合理的に進めるためには，刑罰ではなく，人々の生活条件と福祉が発展するような施策こそが必要だ，としたのである。

　彼らの主張が，これら論文の公表に前後しての彼らの西ヨーロッパ留学（ドゥホフスコイはハイデルベルグ大学およびハレ大学で学び，フォイニツキーはベルリン大学，ライプチヒ大学などに滞在している）の間に触れた西ヨーロッパの刑法学の動向に触発されてのものであることは確実であるように思われる

---

6) Гилинский Я.И., Криминология, С.-Петербург, 2002, стр. 144.

7) Духовской М. В., Задача науки уголовного права, Ярославль, 1872. ヤロスラブリのデミードフ法律学校の助教授としての開講講演である。

8) Фойницкий И.Я. На досуге. Сборник юридических статей и исследований. Том 1, С.-Петербург, 1898, стр. 370, 371//цит. по：Иванов Л. О. и Ильина Л. В., Пути и судьбы отечественной криминологии, М., 1991, стр. 15.

が，要約すれば，<1> 犯罪統計は，犯罪の原因が犯罪者の人格にだけでなく，社会に根ざしていることを示している，<2> 刑法の古典学派のように，犯罪原因は個人の自由意思だというような立場にとどまることはできない，<3> 刑罰は犯罪との闘争における唯一の手段ではない，<4> そのような闘争の別の手段を探すべきであり，そのためにも真の犯罪原因を解明せねばならない，<5> 刑法学の枠を広げ，それが真の科学としての生きいきとした存在の基礎を獲得するようにせねばならない，といった内容は，ここにロシアにおける刑法の社会学派の成立したことを示すものである[9]。

このような新たな潮流の登場は，農奴制の桎梏から抜け出し近代化を進めようとする社会的雰囲気に適合するものであり，権威的で恣意的な刑事法制と司法の領域に社会問題を直視する風穴を開けるものとして，一般的には，広範な知識人や進歩的な思想家，政治家から歓迎されたと言えよう[10]。しかし，経済分野の近代化に向けてはまず鉄道建設と軍需産業を中心とする国内での工業生産の拡大に重点が置かれ，農奴制の解体による農村社会の構造変化にともなう農民層の都市への移動と労働者化をももたらし，フランスを中心とした西欧列強からの資金導入による工業化の強行はロシアにおける資本

---

9) Указ. соч., стр. 15.

10) См. Иванов Л.О. и Ильина Л.В., Пути и судьбы отечественной криминологии, М., 1991, стр. 16.

しかし，もちろんここには，刑事責任の問題に収斂する周知の矛盾が内包されいるが，そのことについても当時すでに気付かれていた。ロシアにおいて当時このことを正面から指摘したのは，著名な刑法学者セルギエフスキーである。彼の指摘するとおり，研究によって犯罪現象の背後に貧困や失業，浮浪などの社会矛盾が存することはおそらく明らかとなろうが，そのとき，具体的な犯罪者はむしろそのような社会矛盾の犠牲者として扱い，処罰などの対象ではないとすべきなのか，つまり，「刑法学の枠を広げ」ることは同時に刑法学の基礎を侵蝕することに他ならないのではないか。刑法学の課題は刑事裁判において指針を与え，個別的な犯罪者の行為を法律に一般化された類型へと当てはめ，適用される的確な制裁量を判定することにあるのに対して，社会学的な研究の目的は犯罪をその他多くの社会現象の中に位置づけ，その意義を明らかにすることにあるにすぎない。両者を安易に統合することはできないのだ，というのである。См. Сергеевский, Н. Д., Преступление и наказание как предмет юридической науки, «Юридический Вестник» 1879, No. 11, стр. 886 и сл. なお，セルギエフスキーもまた，サンクト・ペテルブルグ大学法学部を卒業後デミードフ法律学校の助教授となり（この論文の執筆時は国外留学中のはずである），その後サンクト・ペテルブルグ大学教授となったが，後期には枢密院委員，国家評議会議員などの要職を務めたことで知られる。刑法学の立場からは当然の，この鋭い問題提起に対して，しかし，ドゥホフスコイからの格別の反論はなく，公然の論争とはならなかったが，ここに示されているとおり，既にフェリーおよびリストによる新派刑法学の確立以前に，問題の基本的な枠組みは認識されていたのである。

64   I 帝政期のロシア刑法学

主義経済の発展と国民の激しい階層分化，都市問題の激化を，したがって左右の社会意識の対立の尖鋭化をも招来した。市民的な自由権の拡大の構想も，近代的な法典編纂や司法改革も，ときに国内の熱狂的な支持を集めつつ，帝室と大貴族の意を受けた勢力の妨害によって竜頭蛇尾に終わることが繰り返されて，ロシア社会は19世紀末にさしかかったのである。

　そのような歴史的諸条件を背景に，この時期の刑法・犯罪学研究を概観する時，それが近代化という共通の課題意識の下に，全社会的に推進された科学主義，合理主義に導かれた諸改革と社会政策の刑罰制度への波及に対応していたことに気付かされる。伝統的な刑法的諸制度，とりわけ劣悪な条件の下での拘禁刑や時に殉教者的な意識を伴う流刑といった旧来の刑罰の適用のみによっては，深刻化する都市問題と犯罪の増加に対応できず，ここには別途の対応が必要だとする認識が広がったことが知られるのである。政府中枢の人士や政府機関も当初そのような動きに同調していたことは，刑法学者・犯罪学者のヨーロッパの新思潮の紹介や斬新な改革構想の提案が，当時の『司法省雑誌』などを主要な公表の場としていたこと，また以下に紹介する国際刑事学協会の活動に司法大臣はじめ要職にある多くの人々が参加していたことからもうかがわれる。しかし，帝政末期に至って，犯罪闘争の課題の先鋭化とともに，その研究者の多くが急激な社会改革を主張し，反政府的な立場を明らかにすることによって，この分野における蜜月は終わりを見せることとなる。

3　国際刑事学協会ロシア・グループの成立と活動

　ドイツのリスト（Franz v. Liszt），ベルギーのプリンス（A. Prins）およびオランダのハメル（G. A. v. Hamel）によって1889年に国際刑事学協会（独 Internationale Kriminalistische Vereinigung, 略称 I.K.V.）が設立された[11]。これにともない，ロシアの刑法学者の間でもそのような動きに同調し，とりわけ隆盛にある人類学派への対抗としても，社会学派の結集が必要だとする声が高まった。

　フォイニツキーらの準備により作成され，1897年6月5日に教育大臣デ

リャノフ伯爵の承認を得た「ペテルブルグ帝国大学付設法律協会付属国際刑法協会ロシア・グループ」の規約では，グループの活動目的として「協会の検討する諸問題についての資料を収取し，学術的に検討された刑法規定を出版，公開講義，懇談会などにより普及させ，国際協会の大会に向けロシアからの報告を準備し，協会からグループの検討にゆだねられた問題およびグループ自身が提起する問題を解決すること」を挙げていた。また規約には，国際協会のロシア人メンバーとして刑法学者であるタガンツェフ，フォイニツキー，ピオントコフスキーらをはじめ，司法大臣ムラヴィエフ，刑事破棄院主任検察官スルチェフスキー，そしてドリーリなど21名を記載したリストが添えられていた[12]。

　1897年11月23日に帝国司法省の建物の一室で開催された国際刑事学協会ロシア・グループ（「ロシア支部」を名乗る場合もある）の結成会議では，冒頭に，発起人であり国際刑事学協会の中央委員会の代表であるフォイニツキーが演説し，この会議の目的を次のように説明した。「ロシアのクリミナリストは本日，法律的および社会学的な現象である犯罪の研究をその課題とする国際協会と組織的に一体となる。この協会は1888年に，諸国のクリミナリストに相互の意見交換と研究活動上の助力を提供する目的で結成された

---

11)　結成宣言によれば，この組織の運営方針は旧来の形而上学的な自由意思論にかわって，犯罪原因論に関する社会学的研究の必要性を強調し，また刑法のマグナカルタの機能だけでなくその社会的機能も重視することであった。1889年にブリュッセルで第1回会議を開いた後，1913年の第12回会議まで続いた活動は第一次世界大戦により中断され，その後新派刑法学の色彩が強くなる中で旧派に属する研究者が脱退する動きもあり，実質的にはドイツ部会として活動していた協会は1937年にナチス政権により解散させられた。フランス・ベルギー系の研究者は1924年創設の国際刑法学会（仏 Association Internationale de Droit Pénal）に吸収された。

12)　Международный союз криминалистов. Русская группа, С-Пб. 1902, стр. 3-5. この第一次規約では自身の名称を「国際刑法協会ロシア・グループ」としており，また11月23日の「結成会議」で冒頭に趣旨説明をしたフォイニツキーも，短い演説の中で数回，国際刑事学協会を「国際刑法協会」と呼び，明らかに両概念が区別することなく用いられている。あるいは意図的であったかもしれぬこのような混乱は，結成会議直後の委員会報告以降の文書には見られなくなるが，しかし明確に訂正ないし修正されたとの記録も見当たらない。
　名簿を見ると，メンバーには大学関係者が多いが，実務家もおり，ペテルブルグだけでなく，モスクワやオデッサ，ワルシャワなどからの参加者も，含まれている。なお，名前の出てくるピオントコフスキー（Пионтковский, Андрей Антонович 1862-1915）はソビエト時代の主導的な刑法学者ピオントコフスキーの父，当時はデミードフ貴族学校の教授，1899年にはカザン大学法学部教授となる。彼もまた，ドイツに留学中，マールブルグ大学においてリストの指導を受けたことがある。

66 I　帝政期のロシア刑法学

ものであるが，この一般的な目的とは別に，協会の結成には特別の目的もあった——つまり，ロンブローゾの学派によって作り出され，全刑法制度を根底から否定する学説に反撃を加えることである。協会は人類学的な視点を認めた上で，その極端な主張に反対し，社会学的な視点と法律的な視点をそれに付け加えることを要求したのである。」そして「協会は完全に自由な，一切の形式主義を排した，法学的・社会学的な現象であると理解された犯罪およびそれとの闘争手段，とりわけ刑罰に関する諸問題の，科学的な研究に関心を持つ人々の集まりであり」，それによってこれまでに推進されてきた研究活動に，ロシアの研究者はその研究範囲を広げることで貢献可能であるが，他方，ロシアは広範な研究成果と経験をそこから得ることができる。「国際協会ロシア・グループはあくまでもロシアの法律学ならびにロシアの生活の利益と必要を踏まえて創設されるのである[13]。」

　フォイニツキーのこのような開会演説に続いて，会議はタガンツェフを議長として議事に入り，グループのメンバーとして新たに29名の参加を国際協会の委員会に提案することを決め，また議長にフォイニツキー，副議長ムロムツェフを選んだほか，ドリーリを含む委員3人とその補佐3人を選出して，グループの組織体制を確認した[14]。

　最後に，グループが近い将来に取り組むべき研究課題を提示した方がよいのではないかとの意見に対して，フォイニツキーは以下について早急に研究されるべきであるとして列挙した。1）執行猶予の問題，2）刑期満了前の条件付き釈放，3）初犯者のための教育施設（Elmira system），4）受刑後も矯正されない者に対する保安処分，5）刑余者のための保証人制度，6）犯罪実行のおそれがある者に対する農民その他の社会組織の援助と監督の方法，の6点である。これを受けて，会議は格別の議論をすることなくフォイニツキーの提案を了承し，その具体的な取り扱いについては委員会にゆだねて，終了した。

---

13)　グループの会議や集会については，その都度に議事録（протокол）が作成されているが，この議事録および各大会での講演の内容などは司法省の発行する《Журнал Министерства юстиции》に掲載されることが通例であった。後にまとめられて何度か刊行されている。См., напр., Международный союз криминалистов. Русская группа, С-Пб. 1902. これらによってグループの活動経過はかなり詳細にたどることが可能になる。

第3章　国際刑事学協会（IKV）ロシア・グループの実像　　*67*

　間もなく開催された委員会では，会議において確認された6課題のうち，喫緊のものを1）執行猶予と2）仮釈放の二つに絞り，それぞれ4名のメンバーに報告の準備を依頼することとした。このうち執行猶予の問題についてはジジレンコ，ピオントコフスキー，ゴーゲリの3報告が委員会に提出され，委員会の手で印刷配布された[15]。それに対して，仮釈放制度についてはドゥホフスコイの報告だけが，予定よりかなり遅れて提出されたために，委員会はその配布を決めつつも[16]，グループの第1回大会では執行猶予の問題だけを中心的な論議対象とすることを決断して，その準備に入った。

　ロシア・グループに結集する刑法・犯罪学研究者には，その当初からきわめて多様な研究者や実務家が含まれており，その主張するところも必ずしも一致していなかった。にもかかわらず，会議においてフォイニツキーが提示した研究課題がさしたる異論もなく了承されていることは興味深い。そのことが示しているのは，犯罪の抑止と犯罪者の改善を目的とした司法制度・刑罰制度の合理化という，一般的に言って新派刑法学的な問題関心の，ロシア

14）　この会議においてグループのメンバーに加えられた29名の中には，教育大臣であるデリヤノフ，元老院議員コーニ，モスクワ大学教授ドゥホフスコイ，ペテルブルグ大学教授セルギエフスキー，同助教授ペトラジツキー（Петражицкий, Лев Иосифович 1867-1931），帝国法律学校教授ナボコフ（Набоков, Владимир Дмитриевич 1869-1922）らとともに，当時まだ博士候補生であったジジレンコの名前も見える。
　　ジジレンコ（Жижиленко, Александр Александрович 1873-1930以降）はペテルブルグ大学法学部卒業後に博士候補生となり，一時ドイツでフォン・リストに師事，帰国後にアレクサンドロフスク貴族学校，ペテルブルグ大学法学部等で刑法および犯罪学を教授，1917年の2月革命後に臨時政府の監獄総局長官を兼任したこともあったが，10月革命後もペテルブルグ（ペトログラード，レニングラード）大学で教鞭をとった。
　　副議長となったムロムツェフ（Муромцев, Сергей Андреевич 1850-1910）は元モスクワ大学法学部のローマ法担当教授，副学長も務めたが学生運動への手ぬるい対応をとがめられ解任された後，この当時はアレクサンドロフスク貴族学校の民法など担当の教授。立憲民主党の創立に参加し，1906年初めての国会議員選挙においてモスクワから選出され，短期間ではあるがその議長を務めた。
　　また，ドリーリ（Дриль, Дмитрий Андреевич 1846-1910）はモスクワ大学出身。名簿に記載のところでは，当時は司法省法律顧問であった。彼の経歴や研究内容などについては，参照：上田「ロシアにおける刑事人類学派の軌跡」（本書第2章）。

15）　Международный союз криминалистов. Русская группа, С-Пб. 1902, стр. 27-54. なお，報告者の一人であるゴーゲリ（Гогель, Сергей Константинович 1860-1933）は，この当時は司法省に勤務していたが，1904-11年はペテルブルグ大学助教授，それ以降，精神神経研究所所長，臨時政府の下での元老院議員，キエフ大学，セバストーポリ大学などを経て，1920年亡命。プラハ大学教授などを勤め，ベルリンに没した

16）　Там же, стр. 56-66.

68　Ⅰ　帝政期のロシア刑法学

刑法学界全体へ広がりであろう。事実，それら諸点はこの後のロシア・グルー
プの研究活動の主要な対象課題となっていく。

　国際刑事学協会ロシア・グループの第1回大会は1899年1月4日および5
日にペテルブルグで開催された[17]。そこでの中心的な議題として設定された
のは，司法制度としての執行猶予の妥当性とロシアへの導入の可能性という
問題であった。この，当時ヨーロッパの刑法学界において最大の関心を集め
ていたテーマに関わって，ロシアの研究者と実務家がどのような対応を見せ
たか，この大会における論議の内容はきわめて重要であり，当時の刑事社会
学派の内実をうかがい知る上でも格好の素材であることから，以下に多少詳
しく，基調報告とそれをめぐる討議の内容をフォローしておくこととした
い[18]。

　大会において執行猶予についての報告を最初に行なったのはピオントコフ
スキーであった。

　ピオントコフスキーはこの制度が，1887年に国際刑事学協会がその採用を
呼びかける以前には，北アメリカおよびオーストラリアにおいてのみ実施さ
れていたものであるが，それが近年，イギリス，ベルギー，フランス，ノル
ウエイ，ポルトガルなどで相次いで立法化され，オーストリアとドイツでも
その採用へと進みつつあることを紹介し，それにもかかわらずロシアの刑事立
法はこの制度に否定的であるとして，それは正しいか，と問いかける。この

---

17)　この種の大会は1875年モスクワで開催されたロシア法律家大会以来のものであり一大事件
　であったことから，司法省のホールで開かれた大会にはグループのメンバー以外にも，刑法学者，
　検察官，弁護士などが多く出席したと紹介されている。Тульская, С. А., Московское
　Юридическое Общество (1865-1899 гг.). Из истории развития права и правовой науки в
　России второй половины XIX века, М., 2011, стр. 81. が，大会冒頭でのフォイニツキーの報告で
　は，この時点でのグループのメンバーは71名，第1日の報告を聞いたのはそのうち31名であっ
　た（大会の報告書に名簿が付されている）。
18)　前提的な状況として，1889年8月に開かれた国際刑事学協会の第1回大会がその決議におい
　て，「協会は諸国の立法者に対して執行猶予の原理を，各国の条件に応じてその限界を設定し，ま
　たその当人の性格および道徳的な状態に配慮しつつ，取り入れるよう提案する」，と述べていた
　ことがあり，これがロシアの刑法学者・実務家に対し強い刺激となったことが指摘される。См.
　Тарасов А.Н. Условное осуждение по законодательству России, С-Пб., 2004, стр. 20. さらに，
　ペテルブルグで1900年に開催された国際刑務会議（Le Congrès pénitentiaire international）お
　よび1902年の国際法協会（Association de droit international）のそれぞれ大会でもテーマとして
　取り上げられたことも，問題を強く印象付けた。См. Таганцев Н.С. Русское уголовное право.
　Лекции. Часть общая. т. 2, С-Пб., 1902, стр. 1400.

制度は，知られているように，いわゆる「機会犯人」に対する刑罰制度であり，刑事責任に符合する刑期ということから生じる短期自由刑の多用を抑制するための手段であるが，すでにこの制度を導入している国々の報告では，再犯率の抑制において明確に示されるとおり，きわめて有効であることが実証されている。ロシアでの具体的なあり方としては，以前に故意犯罪を犯したことのない者を対象として，1年以下の拘禁刑の場合その執行を猶予し，保証人の監督の下に置くことを可能とする制度の構想を紹介した上で，結論的に彼は言う：執行猶予の適用にはいかなる阻害要因もなく，またその適用によっていかなる有害結果も生じない。むしろ逆に，わが国の生活の現状はこの制度の適用にとって好ましい条件をそなえている——執行猶予制度は我われにとって他人事ではない。その人道的な性格において平和愛好的なわが国民性に合致するものである，と。

　次いでチュトリューモフ[19]が演壇に立ち，ロシアにとって望ましい，そして実現可能な執行猶予制度について長大な報告を行なった。彼の指摘するところでは，この執行猶予制度は今や世界中を駆け巡り，年を追うごとに西ヨーロッパの国々に新たな発展をもたらしつつあるのに，ただロシアだけがこのような立法の動きの外に置かれているのである。彼は，諸外国において施行されている執行猶予制度のいくつかの型を紹介し，またロシアの刑事司法の状況を検討した上で，ロシア刑法においてはこれを，刑罰の執行を延期しうる裁判所の権限として構成し，訴訟法的な制度として取り入れることが望ましく，またそれは可能である，と結論付ける。その際，法律で厳格に規定すべきは，刑の執行を猶予する「試験期間」は一律に3年，裁判所は，前科のないことを条件として，監獄拘禁1年以下の短期自由刑の判決を下す場合に，ただし教育・矯正施設に収容される未成年者については除外して，また人身犯罪については被害者の了承することを条件として，また職業犯罪者や退廃

---

19)　チュトリューモフ（Тютрюмов, Игорь Матвеевич 1855-1943）はペテルブルグ大学出身の法律家で，この当時はクルスク管区裁判所副所長であった。後にペテルブルグ大学法学部助教授（民法講座），控訴院検事長，元老院議員などを勤めた後，革命後はエストニアに亡命，政治活動の傍らタルト大学教授として民法を講義した。

　　なお，ロシア刑法における執行猶予制度についての基本的な研究書であるタラーソフの上掲書（Тарасов А.Н. Указ. соч.）が，大会におけるチュトリューモフの報告のみならず，彼の存在それ自体をも完全に無視していることには困惑させられる。

して自由な状態では矯正の見込めない者を除外して，これを適用できるとすることである。試験期間中に犯罪を実行したときは刑罰の全部が執行に移されること，逆に問題なく試験期間を終えた者は予定された刑罰の執行を終えた者と見なされることが提唱されていた。

　この2報告に対する質疑と討論に，大会の第2日があてられた。討議に参加した者のうち11名が意見表明に立った[20]が，目立ったのは執行猶予制度のロシアへの導入に対する消極的な意見である。

　最初に発言したプルジェヴァリスキー（Пржевальский В.В.）に続いて，ボロヴィチノフ（Боровитинов, М.М.），エヴァングロフ（Евангулов, Г.Г.）が，またペトラジツキーやシチェグロヴィトフ（Щегловитов, И.Г.）も，さまざまな理由を上げつつ口をそろえて執行猶予制度の導入自体に疑問を表明した。たとえばペトラジツキーは執行猶予制度を「不処罰猶予制度」だと揶揄し，それが影響しうるのはごく一部の犯罪者だけであって，多くの犯罪者にメリットがあるというのは単なる推論に過ぎないと批判した。既に報告書によって意見表明をしていたゴーゲリは，討議において，ロシアに刑罰の執行を延期する法律を導入することが必要だとしても，それが適用されえない犯罪について明確に列挙しなければ，制度に対する社会的な信頼を得られないと述べ，さらに，裁判記録が整備されていないロシアの現状で，過去の犯罪歴を踏まえなくてはならない（さもなくば再犯者にもこの制度が適用されてしまう）この制度の実施には無理がある，とも指摘したし，さらにシチェグロヴィトフはより率直に，執行猶予制度の導入は刑事抑圧の軟弱化につながるために好ましくないとし，そもそもロシアのように検挙率が低いところではその効用を論じても非現実的だ，と指摘した。これらに対して，執行猶予制度の導入を求めるジジレンコやドリーリ，あるいはフォイニツキーたちの意見は，明らかに受け身的であった。

　大会は，それでも結局は，多数をもって執行猶予制度の早期の導入が必要であるとの決議を採択したのであるが，上のような多くの慎重論を抱えたグ

20）　総会第2日の出席者は23名と報告されており，発言者以外ではドゥホフスコイ，ムロムツェフ，チュトリューモフ，フークス（Фукс Э.Я. 1834-1909，裁判官，当時はペテルブルグ法律協会議長）などの名前が見える。

ループの決議であり、その影響力も最初から限られていたと言わなくてはならない[21]。第2日の討議には参加していなかったが、かのセルギエフスキーでさえ、「執行猶予は事実上、一定の期間、処罰されることなくある犯罪を行う可能性を与えることに帰する[22]」として反対していたことが、事態の困難さを示している[23]。

　ロシア・グループはこれ以降も、司法省の発行する雑誌あるいは単独の冊子などを通じて、条件的な刑期満了前釈放の制度の導入、機会犯人の概念とそれの処遇、保護引受人制度の具体化、年少者の貧困、孤児、浮浪児などの収容と保護の問題、さらには、犯罪行為に関与した精神障害者の収容条件などといった問題について、問題点を整理し、ロシアの立法と司法制度がいかなる対応を取るべきかについてのメンバーの報告書を継続して公表している。それらの多くは、問題の所在についてロシア・グループの委員会において議論となり、その意義が認められたものについて、委員会がメンバーのうちの適当な者に依頼して執筆されたものであったり、大会での討論のために報告の準備を依頼された者が執筆したものであったりした。

　グループの第2回大会は、1900年2月17—19日、1）特別の犯罪現象としての機会犯人およびそれとの闘争方法について、2）条件的な刑期満了前釈放の制度をロシアに導入することの望ましさと可能性について、3）子供の権利をより完全に守るために必要な現行のロシアの法律の改正について、を議題として、同じくサンクト・ペテルブルグにおいて開催された[24]。会場

21）　Указ. соч.：Международный союз криминалистов. Русская группа, стр. 136. 決議は、執行猶予制度の導入に反対があることを踏まえて、その適用の条件をいっそう明確に法律で定めることおよびこの制度を適用する単独判事の判決に対する裁判所の監督を保障すること、を付け加えていた。それでも、賛成16に対して反対3、決議を行うこと自体に反対が2、棄権1というような票数であった。

22）　Костина С.М., Роль Русской группы Международного союза криминалистов в истории становления института условного осуждения в дореволюционной России：http://www.moluch.ru/conf/law/archive/39/903/

23）　同じ時期に政府が設置した特別委員会（新刑法典の施行に伴う諸措置の検討のための特別委員会）においても執行猶予制度の導入が検討されており、とくに1903年12月の委員会では、司法大臣ムラヴィヨフが議長となり委員としてフォイニツキーも加わる中、激しい討議を経て刑法典への執行猶予制度の導入を議決している。が、翌年に委員会の作成した法律案はその後各段階で修正を加えられたり再審議が要求されたりしている間に、政治情勢の緊迫、第一次世界大戦への参戦、17年2月と10月との革命を経て、消滅してしまった。См. Тарасов А. Н. Указ. соч., стр. 35.

は今回も司法省の建物であった。各テーマについて報告を行ったのは，機会犯人についてブリッフェルト[25]，条件的な刑期満了前釈放についてドゥホフスコイ，そして立法による子供の保護についてはチュトリューモフであり，それぞれ報告をめぐって活発な論議が交わされた。

第3回大会は1901年4月4—7日にモスクワで開催された。モスクワ大学のホールで開催された大会初日には，司法大臣ムラヴィヨフ，モスクワ大学長チホミーロフ，モスクワ市長ゴーリツイン公爵などの列席の下，グループのメンバー89名が出席し，傍聴者は300名を超えた[26]。冒頭，挨拶に立ったフォイニツキーは多数の聴衆に向かって，多くの国々で犯罪問題の深刻化が見られ，それに対する単純に法律的な対応だけでは限界があることが認識されるに伴い，犯罪と犯罪者をとりまく多くの条件についての具体的な研究が求められるようになっていることを述べ，これに取り組む研究者の国際的な共同体として国際刑事学協会が組織され，ロシアでは1897年にそのロシア・グループが結成されたという経過を説明した。また，彼は現在の国際刑事学協会のメンバー822名中，ロシアはドイツの203名に次ぐ規模の組織に拡大していることも紹介し，翌年にサンクト・ペテルブルグで協会の国際大会が開催される予定であることを公表した。

この大会において行われた研究報告等は，1）社会活動家ルカヴィシニコフの生涯と活動（ナボコフ）および監獄医ガースの思い出（タラーソフ）についての2つの講演[27]，2）成人受刑者に対する強制教育の理念の適用について（ドリーリ），3）ロシアにおける保護引受人制度の発展の促進方法につい

---

24) 初日の会議は17日の夜8時20分開会，終了は夜中の午前0時10分，出席メンバー28名に加えて，救貧・養護施設関係者の代表4名，オブザーバー1名と記録されている。

25) ブリッフェルト（Вульферт, Антон Карлович 1843-1910?）は，モスクワ大学出身，裁判実務に携わった後にモスクワ大学法学部助教授などを経て，この当時は軍事法律アカデミー教授であった。

26) 大会においてゴーゲリの行なった会務報告によると，1901年1月1日現在のロシア・グループのメンバー数は121名に達していた。1900年12月の委員会報告書に名簿が添えられている。

27) ルカヴィシニコフ（Рукавишников, Николай Васильевич 1845-1875）はモスクワ大学物理・数学学部を卒業，家業である鉱山業に従事する傍ら社会活動に取り組み，モスクワの矯正児童施設の所長を務めた。またガース（Гааз, Фёдор Петрóвич 1780-1853）はイエナおよびゲッティンゲンの大学で医学を学んだ後，ロシア政府の招請によりモスクワへ。モスクワ刑務所の医長を勤めた。ドイツ名 Friedrich-Joseph Haass。

て（ゴーゲリ），4）刑事裁判についての心理学的研究（ウラジーミロフ[28]），5）条件的な刑期満了前釈放制度について（ピオントコフスキー），の4報告，そして6）当座の用に供するために少額の物品を公然と窃取する行為について（アストロフ[29]）および7）被拘禁者に対する道徳的な作用の条件について（フージェリ[30]）の講演，という内容であった。この大会の開催の形態を考慮しての構成であることがうかがわれるが，報告をめぐってメンバー間で激しく意見が交わされたのは3）と5）であり，それらこそがこの時期のロシア・グループの中心的な関心課題であったことが示されている。なお，大会の閉会に際して議長フォイニツキーが，委員会の判断である，以降の大会で取り上げられるべきテーマとして），1）執行猶予制度の詳細，2）被害者への補償，3）監獄職員の水準向上の方策，4）流刑の廃止により必要となる累犯者に対する方策，5）成人犯罪者に対するエルミラ制（Elmira system）の適用，を列挙していることも興味深い。

　翌1902年には，9月に国際大会がサンクト・ペテルブルグで開催されたこととの関係で開催されなかったが，ロシア・グループの大会はその後も1903年1月の第4回以降，継続して開催され，それぞれその時々の重要テーマに関する講演と研究報告が行われ，参加メンバー間で論議がなされた。その平穏な開会の継続が破綻するのは1905年のことである。

4　内部分裂，政治抑圧，終焉

　先に触れたいくつかのエピソードが伝えるとおり，この国際刑事学協会ロシア・グループの内実はきわめて多様な研究者・実務家の集合体であり，メ

---

28) ウラジーミロフ（Владимиров, Леонид Евстафьевич 1845-1917）はハリコフ大学法学部教授，刑事手続法が専門で著名事件において弁護士を務めたことで知られる。この大会での彼の報告は短いもので，一般的に心理学的な研究によって責任能力の存否や内容についてより多くのことを知りうる可能性がある，と述べたにとどまる。この報告に対しては，司法精神医学の専門家として知られるコヴァレフスキー（Ковалевский, Павел Иванович 1850-1931）などの補足的な発言があった。

29) アストロフ（Астров, Павел Иванович 1866-1919?）はモスクワ大学法学部出身，裁判官などを勤めた。

30) フージェリ（Фудель, Иосиф Иванович 1864-1918）は高名な聖職者で，モスクワのニコライ・チュドトボーレツ教会の長司祭である傍ら，ブトゥイルカ監獄において教戒師を務めていた。

74 Ⅰ　帝政期のロシア刑法学

ンバーに政治家や高級官僚も含まれていたことからも判断される通り，何らかの組織的統制機構などを持つものではなかった。内部での刑法学・犯罪学理論に関する論争はありふれたものであったが，帝政末期に至り，社会情勢の緊迫とともに，グループの中にも政治的，イデオロギー的な対立が目立つようになった。

　そしてついに1905年1月にキエフで開催されたグループの集会が大きな転換点となった。この集会では，参加者の多数派が法律的な扶助に関する特別決議において，ツアール政府に対して言論・出版の自由を求め，死刑の廃止，社会の全階層から選出された立法議会の召集などを要求するという事件が発生した。「今日のロシアの体制の基本的な構造である圧政と恣意という条件の下では，いかなる法律的扶助も存在しえず，それについて語ることもできない。」と決議は述べ，人身の自由と言論の自由の必要性をアピールしたのである。だがこの局面で，フォイニツキーがその保守主義者・帝政擁護者の本性を露わにし，議長として先の決議を採択することに反対し，大会が合法性の限度を超えたとしてその閉会を宣言し，少数派グループを引き連れて会場をあとにし，さらに，警察当局に要請して会場を閉鎖させた。当然のこと，大会参加者の間にフォイニツキーへの不信と怒りが広がり，キエフ集会に参加していたロシア・グループのメンバー115名中の74人が大手の法律雑誌にあてた公開状に名を連ねてフォイニツキーを非難した。「フォイニツキーの行動に強く憤慨する，我われ下記署名者は，以後彼が議長であると称することはできないと考えるだけでなく，自己の道徳的な尊厳と社会的な義務にかけて今後彼とは交際せず，またフォイニツキーが地方行政当局と一緒になって国際刑事学協会ロシア・グループのキエフ大会に加えた野蛮な暴力に対し抗議するものである」，と。彼が自分の信念に従って行動することは勝手だが，今後は国際刑事学協会ロシア・グループの議長であるとは認めない旨を宣言したのである[31]。

　この経過が示すのは，刑法学および犯罪学の領域でも，帝政の社会的な施

---

31)　Остроумов С.С., Левая группа русских криминалистов（из истории русского уголовного
　　права），«Правоведение» 1962, No. 4, стр. 147 и сл. その後同年4月に開かれた定例総会もフォイ
　　ニツキーを非難し，ロシア・グループからの脱退を求める決議を挙げたことから，それ以降フォ
　　イニツキーはグループの活動に参加しなかった（1913年の逝去まで）。

第 3 章　国際刑事学協会（IKV）ロシア・グループの実像　　75

策との関わりでの政治化が進み，左右の対立が尖鋭化していたことである。
首都サンクト・ペテルブルクで行われた労働者・市民による平和的な皇帝へ
の請願行進に対し，政府当局に動員された軍隊が発砲し，多数の死傷者が出
た「血の日曜日」事件が起きたのは，大会が 1 月 6 日に終わった直後，1 月 9
日のことである[32]。

　「血の日曜日」事件に続くロシア第一革命（「1905 年革命」）のプロセスと並
行して，社会意識の昂揚と政治対立の表面化は否応なく進行することとなり，
社会学的な犯罪学研究に関わる研究者・実務家の間でも，左右の対立は尖鋭
となり，勢いを増す左翼的・急進的なグループに対して，明確に帝政を支持
する反動的メンバーだけでなく，ナボコフやチュビンスキーなど旧来の自由
主義者たちもまた保守化し，反動的なブロックを形成することとなってい
く[33]。

　1909 年 1 月に開催された国際刑事学協会ロシア・グループの総会では，モ
スクワ大学助教授ポリャンスキーの「国家犯罪について」の報告が行われた
が，その中ではロシアではこの種類の犯罪がイギリス，フランス，ドイツな
どに比べ 10 倍も多いことが指摘され，それが民衆の政治的諸権利の制限か
ら生じていることから，それら権利の拡大と刑罰の緩和，また死刑制度の廃
止などが求められていた。また同じ総会ではゲルネットも「犯罪社会学の領
域での新しい研究について」の研究報告に立ち，「犯罪現象は現在の政治体制
の自然な産物」であると断定した。これに対してチュビンスキーやナボコフ
らの発言には，とめどもなく増大する犯罪現象（とりわけ「政治犯罪」の）へ
の不安が示されており，「社会を守るために」取締りと刑罰を強化することの
必要性を強調するものであった[34]。全般的な政治状況の緊迫はこの種の集会
すら公開では開催を禁じられるまでになっていたが，それとともに，グルー
プ内での左右の対立も徐々に緊迫の度を強めていることがうかがわれるので

---

32)　当時の社会状況などにつき，参照：高田和夫「1905 年革命」世界史体系・ロシア史 2，山川出
　　版社・1994 年，345 頁以下。
33)　チュビンスキー（Чубинский М.П. 1871-1943）やナボコフ（Набоков В.Д. 1869-1922）の演説
　　には，犯罪，とくに政治犯罪の一貫した増大に対する不安が示されており，「社会」防衛のための
　　抑圧の強化が主張されていた。См. Остроумов С. С., Преступность и ее причины в
　　дореволюционной России, М., 1980, стр. 197-198.

76　I　帝政期のロシア刑法学

ある。

　そして，1910 年 4 月にモスクワで開催されたロシア・グループの第 8 回総会については，事前にモスクワ市行政長官から，これを公開で開催することは許さず，新聞等への公表も公開とみなすと通告されていた。議長ナボコフらは総会組織委員会において対応を協議した結果，総会そのものを閉会とすることはせず，問題があるとされたもの以外の報告を聞き討論を行うこととした。行政長官から現下の「非常警戒状態」を理由に「公共の平穏と安全を脅かす可能性がある」として報告を禁じられたのは，とくにオルドゥインスキーの「軍事法廷における手続きについて」の報告であったが，これについては閉鎖的な会員のみの会で報告を聴くことで対応を図ろうとしたのである。しかし，結局は，総会の会場に警察官が現れ，モスクワ市行政長官の命令により閉会とされるに至った。総会の報告書には以上の経過を示す委員会の報告書とともに，このオルドゥインスキーの報告だけでなく，予定されていたジジレンコやポリャンスキーなどの報告もその原稿が掲載されている[35]。

　この会員総会以降，ロシア・グループの年次総会などが開かれた記録としては，1912 年の 3 月に第 9 回総会が開催されたことが知られるが，その報告書[36]を現時点では入手しえず，またそれに触れた研究も参照できないため，

---

34)　См. Остроумов, указ. соч., там же. 先のチュビンスキーやナボコフの主張とポリャンスキー（Полянский Н.Н. 1878-1961）やゲルネット（Гéрнет М.Н. 1874-1953）の主張の対極性は顕著である。後の歴史的な事実として，前 2 者とも 1917 年の革命後は国外に亡命することとなるのに対して，後 2 者が共にソビエト時代の代表的な刑事訴訟法学者，犯罪統計学者として活躍した点でも，この対立は象徴的である。なお，ロシア・グループの年次集会がこの時期以降，「大会」でなく「総会」と呼ばれていることの経過はさしあたって不明である。

35)　オルドゥインスキー（Ординский С.П.）については，グループの名簿にモスクワ在住の弁護士と記されているのみで，生没年等も不明。彼の報告 "Производство в военныхъ судах" など総会で実施予定であった報告についてはこの総会の報告書（Общее собрание Группы в Москве 21-23 апреля 1910 года-Рус. группа Междунар. союза криминалистовиналистов, С-Пб., 19011.）により参照可能である。なお，報告書に掲載されている名簿によると，総会の時点におけるロシア・グループの成員数は 316 名に達している。

36)　Протоколы 9-го собрания группы, 28-31 марта 1912 г., СПб., 1912. オストロウーモフによれば，この総会ではとくに「危険状態」論が議論となり，ロシアの刑事立法にこの観念を導入し，それを根拠として犯罪行為の予防のために「保安処分」を適用することを可能にしようとするナボコフ，チュビンスキー，ゴーゲリ，ゲッセン（Гессен, Иосиф Владимирович 1865-1943）などに対して，グループ内の左派を代表するポリャンスキー，トライニン，ゲルネットの，それは「刑法の基礎を破壊し，刑罰適用の領域に恣意を持ち込むことになる」との論陣が張られた，としている。См. Остроумов С.С., Указ. Статья в «Правоведение» 1962, No. 4, стр. 147 и сл.

第3章　国際刑事学協会（IKV）ロシア・グループの実像　　*77*

その詳細を確認することができない。その後の歴史的経過としては，第一次
世界大戦の開戦に伴って，西ヨーロッパにおける国際刑事学協会の分裂・解
消と軌を一にして，ロシアにおいてもそのロシア・グループは1914年をもっ
て存在を止める。ロシア・グループは，西ヨーロッパの新しい刑法思潮を紹
介し，ロシアの刑法学に社会的な現実への接近を促すという，その役割を終
えたのである。それ以降，刑法・犯罪学研究の政治的志向性はより明確にな
り，この時期に登場するチャルィホフ[37]やイサーエフ[38]をも含めて，若い世
代の研究者の旺盛な活動とともに，ロシアにおける社会学的な刑法・犯罪学
研究は全体として反政府的な性格を強めて行く。

　だが，その詳細な紹介と検討は本稿の枠を超えるものである

5　ソビエト時代へと残したもの

　国際刑事学協会の活動全体を評価するだけの準備はないが，既に見たロシ
ア・グループに関する限り，そこに結集した研究者・実務家の実体からも，
その研究活動の方向性からみても，彼らの研究方法は厳密に社会学的なもの
に限定されてはいなかった。もちろん，当時のロシアには犯罪生物学的な方
法を掲げる活発な動きがあったことから，それへの方的な対抗はロシア・
グループ結成の重要な目的であり，実際に結集したメンバーの傾向も明らか
に社会学的な方法を志向していたことは明らかである。だが，グループの研
究活動において実際に優位を占めたのはいわゆる「多元因子論」であった[39]。

---

37)　「この時期のロシア犯罪社会学の左派グループの中にひときわ目立つ論者はチャルィホフで
ある」（オストロウーモフ）。彼がモスクワ大学法学部の最終学年の学生でありながら公表した論
文（Чарыхов Х. М. Учение о факторах преступности. Социологическая школа в науке
уголовного права. М., 1910）は，その高い水準によって人々を驚愕させたといわれる。

38)　イサーエフ（Исаев, М.М. 1880-1950）はペテルブルグ大学法学部卒業後，学位論文の準備過
程でしばしばベルリンを訪れ，リストの研究室にも参加しており，1904年に«Die Neue Zeit»誌
に公表した論文「支配階級の利益の擁護者としての刑事社会学派」（Sursky, M., Die kriminal-
soziologische Schule als Kämpferin für die Interessen der herrschenden Klassen, «Die neue
Zeit: Wochenschrift der deutschen Sozialdemokratie», 22. 1903-1904, 2. Bd.(1904), Nr. 47, S. 641-
648）に対しては，それに反論するリストの手紙が残されている。このとき以降 M. Sursky の筆
名で多くの論説を公表し，西ヨーロッパにおいて著名であった。ソビエト時代には代表的な刑法
学者・矯正労働法学者の一人であり，ソ連邦最高裁判所判事も歴任した。Рашковская Ш. С.,
Михаил Михайлович Исаев, 1880-1950, «Правоведение», 1981 No. 1, стр. 80-85.

78 I 帝政期のロシア刑法学

たとえばフォイニツキーは，身体的，社会的および人格的という，3 つの犯罪要因を区分していたし，ピオントコフスキーは犯罪を，生理学的，社会的および個人的な多様な作用要因の複雑な結果であるとし，ジジレンコは犯罪要因を 1 ）自然環境，2 ）個人的な人格特性，および 3 ）社会環境的条件に区分していた。さらに，そもそもロシア・グループの指導的なメンバーであり，当初から委員会を構成していたドリーリ自身，ロシアにおけるロンブローゾ主義者の代表的存在と目されることが多いのである[40]。そのような多様な研究者・実務家を抱えた組織が，16 年余の期間にわたって存続し，活動を続けたことに，まずは注目したい。この時期，ロシア社会の急激な近代化に伴う変化への期待の昂まりと帝政の存続への危機感の増大とが交錯し，当初は多様な研究方法の展開を促進したのである。それが，やがては厳しい政治的な対抗の表出を覆いきれなくなって行く過程を，本稿はたどったことになる。

これ以降，第一次世界大戦最中の 1917 年，二段階の革命を経て成立したソビエト権力の下で，刑法・犯罪学研究は再出発することとなる。社会的な激動・混乱，さらには国内戦の継続という条件に伴う犯罪現象の爆発に，未経験な革命政府の諸機関がいかに対処するか，一般的な社会理論を携えたのみで困難な具体的課題に直面させられた革命の担い手たちが，犯罪と犯罪者をどう取り扱うかについての示唆を求める先は，結局，革命の側に残った刑法・犯罪学研究者でしかありえない。犯罪に対するソビエト権力の施策として最も早くに表れるのは 1918 年 2 月「分類委員会の組織に関する」訓令であるが，この訓令では自由剥奪諸施設（革命時の混乱にもかかわらず帝政時代の刑事施設は存続していた）に対して同委員会の設置を指示し，正しい受刑者の分類のために受刑者を研究することをこの委員会の任務に数え上げていたし，その後の一連の法令によっても，正しい個別化のためには受刑者の人格を研究する必要がある，とされていた。ゲルネット，タルノフスキーなどをはじめとするクリミナリスト達の新たな活動領域が開かれたのである。

ここに見られるように，革命による権力の掌握の直後から，市民の安全と

---

39) とくにその点を指摘するものとして，см. Гилинский Я.И., Криминология. Курс лекций, С.-Пб., 2002, стр. 146 и сл.

40) 実際にドリーリの研究がどのようなものであったかについては，参照：上田「ロシアにおける刑事人類学派の軌跡」（浅田和茂博士古稀祝賀論文集所収）。

第 3 章　国際刑事学協会（IKV）ロシア・グループの実像　　*79*

自由，財産を侵害する行為とどう闘い，その責任者をどう処分するかは，ソビエト政権の喫緊の課題であり，この領域における科学的な解明を期待して，関係する研究者・実務家を動員する決断はかなり早期に行われた。そして，1923 年の春，モスクワ管理部（内務省のモスクワ総局）によって刑法学者，犯罪学者，心理学，人類学，統計学などの研究者を招集しての会議が開かれ，モスクワの刑事施設に収容されている犯罪者の総合調査が提案された。この調査活動の直接の成果としては，翌年にゲルネットの編集の下で論文集『モスクワの犯罪世界』[41]が刊行されているが，それ以上に重要なのは，この総合研究を契機としてモスクワに開設された国立犯罪学研究所以降，20 年代前半期に系統的な犯罪学研究の体制が形作られたことである[42]。

　それに対して，刑法の領域では，かなり慎重な対応が見られた。その背景としては，ソビエト政権の担い手の多くにとって忌まわしい抑圧の記憶を伴う刑事立法と刑事裁判，監獄システムといったものの再登場へは意欲が向かわなかったばかりか，マルクスの著名な「法と国家の死滅」論との結節点をどう見出すかに苦しんだことがここには影響している。それでも，実務的な要請から 1919 年に司法人民委員部（司法省に当たる）によって，いわば刑法典総則にあたる「刑法の指導原理」が発表されているが，本格的な刑法典の編纂が始まったのは，1920 年の秋に至って国内戦の終結が成り，ソビエト経済の立て直しのため政策的に選択された，社会主義的諸原則からの一歩後退，個人所有と市場経済の広範囲での許容——1921 年春に開始された新経済政策（「ネップ」）の条件下においてである。ロシア共和国 1922 年刑法典の編纂が画期となって，それまでほとんど無視されていた伝統的な刑法学との関係が再開され，刑法学の教育と研究も再出発することとなる。大学における法学部の廃止と社会科学部への改組，また法学部の復活など，さまざまな混乱を経ながら細々と続けられていた，タガンツェフ，ジジレンコ，ポリャンス

---

41)　«Преступный мир Москвы». Сборник статей под ред. М.Н. Гернета, М. 1924. なお，本書は 1991 年にリプリント版が刊行されている。編集者ゲルネット（Гернет, М.Н. 1874-1953）はモスクワ大学出身の刑法学者・犯罪学者であり，1902 年からモスクワ大学で教鞭をとったが，1911 年に教育大臣カッソーの大学への介入に抗議して辞職，その後はペテルブルグ精神神経研究所に刑法の教授として迎えられ，革命後はモスクワ大学法学部教授となる。『犯罪の社会的要因』（1905 年）や『死刑』（1913 年）などの著作，また多方面の社会活動において知られた。

42)　上田　寛・ソビエト犯罪学史研究（成文堂・1985 年），とくに 124 頁以下を参照。

80 I 帝政期のロシア刑法学

キー，イサーエフらによる刑法学の教育と研究も再び活発化した。

知られるように，ソビエト時代には社会学派を含む新派刑法学との影響・継受関係は真っ向から否定され，その具体的な関係のありようについて辿るすべもなかった。1922年刑法典から1926年刑法典へと，わずか4年間での性急な刑法改正作業には，その内容において，どうしても新派刑法学の色濃い影響を想定せざるをえず，したがって当時のソビエト政権と刑法学界とにおける社会学派を含む新派刑法学との親近性を肯定せねばならないにもかかわらず，である[43]。ここには，おそらくは社会学派の研究方法が表面的・形式的な社会関係の理解に寄りかかっており，権力の問題を抜きにした機械的唯物論に基づくものだという方法論上の批判があり，またその果たした役割においても結局は真の犯罪原因である資本主義的経済体制を捉えきれず，支配階級を免罪しているとの，根源的な批判があるのであろう。正統派としての権威に基づくコム・アカデミーからの批判がそれを決定づけたのである[44]。

全体として，結局は未完に終わったソビエト刑法であるが，その生成と終焉との間に残された問題点はなお多く，ソビエト刑法とは何か，何であったのか，という問いかけに答えようとする検討作業は今しばらく続けざるをえないようである[45]。

---

43) 参照，上田　寛・ソビエト犯罪学史研究（成文堂・1985年）。
44) コム・アカデミーはマルクス主義理論の研究と宣伝のセンターとして1918年に全ロシア中央執行委員会により設置されたもので，当初正式には社会主義社会科学アカデミーと呼ばれ，総裁は歴史学者ポクロフスキーであったが，1924年以降は共産主義アカデミー（コム・アカデミーと略称される）と改称されていた。その著書『法の一般理論とマルクス主義』によって世界的な名声を有するパシュカーニスはその法部門の中心的なメンバーであった。
45) 興味深いエピソードがある。1927年，新生ソビエト・ロシアの刑法学者ピオントコフスキーがローマにフェリーを訪ねている。帰国後にピオントコフスキーは，新派刑法学はソビエト・ロシアの刑法学とはまったく異質であり，あたかも自身をソビエト刑法の父であるかに言うフェリーは妄言を吐いているに過ぎないと書いたのであるが，その論文の端々には，かつて帝政末期のロシアにおいて社会学派として名を馳せた刑法学者を父に持ち，まだ20代だったはずのこのモスクワ大学教授の，フェリーに対する敬意が垣間見えるような気がするのである。参照：ピオントコフスキー（中山・上田訳）・マルクス主義と刑法（成文堂・1979年），185頁以下。筆者（上田）が長らく疑問に思って来たのは，この2人がローマで実際には何を，何語で，語り合ったのだろうかということである。すでに70歳を越えていたフェリーは，自らの生み出した刑法における新思考の未来をいずれに見ていたのか——ファッショ党政権下のイタリアにか，それとも社会主義ソビエト・ロシアにか，と。

第4章　タガンツエフの死刑廃止論*
──1906年死刑廃止法案をめぐって──

1　はじめに

　ロシア社会は，従来より死刑問題に多くの関心を寄せてきた。例えば，ロシア文学のなかには，死刑という課題が多く扱われてきた。カシェーリは，『ロシアにおける刑罰史』（1995年）のなかで，「19世紀の文学には，死刑の多くの例がいたるところに見られていた[1]」と書いている。そのなかでも，レフ・トルストイは，死刑をテーマにして多くの小説や評論を残している。トルストイは，1908年5月に書かれた論文「黙ってはいられない」のなかで，ストルイピン改革政治による人民の大量処刑を激しく批判し，死刑に反対する立場を明らかにした[2]。

　トルストイと同時代を生きたロシアの刑法学者・タガンツエフは，ロシアの刑法学に「ヨーロッパへの窓」（トライニン）を開いた人物として知られている[3]。彼も，死刑廃止の立場に立ち，数多くの著書や論文を発表している。本稿では，20世紀初頭におけるロシアで審議された死刑廃止法案をめぐってのタガンツエフの立場を紹介し，若干の検討を行う。

　本稿は，長年にわたって死刑廃止についての理論的構築の先頭に立ってこられた，三原憲三先生の古稀をお祝いし，20世紀初頭のロシアにおける開明

＊　帝政末期ロシアの著名な刑法学者タガンツエフは，一貫して死刑の廃止を呼びかけた。本章で　紹介する声明は，国家評議会で審議されていた，死刑廃止法案を支持したものである。本章は，　三原憲三博士の古稀祝賀記念論文集に掲載された論文からの転載である（上野）。

1)　П. Кошель, История наказаний в россии. 1995. с. 86.

2)　Л.Н. Толстой. Не могу молчать. Собр. соч. Т. 16. 1964. с. 551-556

3)　А. Трайнин, Никлай Степанович Таганцев.
　　"ПРАВО И ЖИЗНИ" 1923. 5-6. с. 108.
　　トライニン（1883-1957年）については，拙書『犯罪構成要件と犯罪の確定』（敬文堂，1989年）36頁以下参照。

82　Ⅰ　帝政期のロシア刑法学

的な刑法学者タガンツエフの死刑廃止論の一端を紹介するものである。

2　ニコライ・ステパノビッチ・タガンツエフ[1]

　現代ロシアの刑法学者・ナウーモフは，その著『ロシア刑法・総論』（1997年）のなかで，タガンツエフを次のように紹介している。「タガンツエフ（1843年―1923年）は，わが国の偉大な刑法学者の1人であり，ヨーロッパ水準の学者であった。その創作活動は，わが国の法律学にだけでなく，ロシア文化史全体にぬきんでた現象であった[2]」。さらにソビエト・ロシア時代の代表的な刑法学者・ピオントコフスキーと並んで，タガンツエフを位置づけたうえで，次のように述べている。「2人の著者の仕事を特に強調したい。10月革命前（1917年10月まで）については，刑法に関するタガンツエフの有名な二巻からなる講義（ロシア刑法講義。総論。一巻と二巻。1902年）がある。これらは，1994年に復刊された[3]」。

　タガンツエフは，1843年3月3日（2月19日）にペンザで生まれた。彼は，9歳の夏（1852年8月16日）にペンザのギムナジウムに入学した。ギムナジウムでの勉学は順調で，絶えず高い評価を得ていた。1859年にギムナジウムを卒業した彼は，サンクト・ペテルブルグ大学法学部で法学教育を受けた。1862年に法学部を好成績で卒業し，この年の12月に博士候補試験をパスしたことによって，刑法講座に残るために推挙された。彼は，1年後，研究活動をさらに発展・継続させるためにドイツに留学した。ドイツでは，約1年余り，ハイデルブルグ大学で有名なドイツの学者―ミッテルマイヤーの指導を受けた。

　ドイツから帰国して，修士論文「犯罪の累犯について」を完成した。これは，1867年に見事に審査をパスした。彼は，1868年から帝国法律学校とサン

---

　1)　タガンツエフの評伝として，ザゴルドニコフ著『ニコライ・ステパノビッチ・タガンツエフ』（Н.И. Загородников. "Никлай Степанович Таганцев". 1994）がある。この評伝の紹介について，拙稿『刑法学と人間―ロシアの刑法学者・タガンツエフの生涯』（一）（二）（三）（三重大学社会科学学会『法経論集』第14巻1号（1996年7月），第15巻1号（1999年8月），同2号（1999年2月）がある。

　2)　А.В. Наумов, Российское уголовное право. Общая часть. 1997. c. 41.

　3)　Там же. c. 41-42.

第4章　タガンツエフの死刑廃止論　　*83*

クト・ペテルブルグ大学法学部で刑法講座を担当した。また 1870 年には博士論文「ロシア刑法における生命に対する犯罪について」を提出し，公開審査をパスした。この論文は，第 1 巻が同年に，第 2 巻がその翌年に公刊された。

　タガンツエフは，研究活動と平行して，立法編纂にも携わった。彼は，1881 年に，「新しい刑事法典草案準備委員会」に委員として参画した。刑事法典総則草案とその説明書，並びに各則草案の三部門についての完成したバリアントが，タガンツエフによって個人的に準備された。またタガンツエフは，裁判機関における実務活動にも関わった。彼は，1887 年に，元老院刑事破棄部議員に選出され，10 年間その議長職にあった。タガンツエフは，1906 年に，国家評議会員に選出された。

　タガンツエフは，数多くの研究成果を残したが，そのなかでも刑法総論についての二巻本が最も高い評価を得ている。それは，彼の長きにわたる研究活動の総括でもあった。このことは，モスクワ大学法学部がスペランスキー伯爵賞を彼に授与したということに現れた。タガンツエフは，1917 年 12 月に，ロシア科学アカデミーの名誉会員に選ばれた。

　タガンツエフの刑法理論は，「リベラルで，人道主義的な理論」として評価することができる。彼は，徹底した死刑反対論者であった[4]。前述のナウーモフは，タガンツエフの刑法理論の特徴を次のように述べている。「タガンツエフは，犯罪者と犯罪を研究するなかで法の社会学派の功績を認めつつも，具体的な有責ある行為に対してのみ責任を負うという立場に毅然として立ち，刑事責任の基礎に『人格の危険な状態』を認めることや刑事罰に代えて予防的な『保安処分』を適用することに徹底的に反対した。同時にタガンツ

---

　4)　プロポロフ（サンクト・ペテルブルグ大学法学部刑法講座教授）は，タガンツエフ著『死刑』を復刊させた巻頭のなかで，以下のように死刑に対するタガンツエフの立場を述べている。「タガンツエフは，死刑の徹底した反対者であった。すでに 1870 年に彼は，法案コンメンタールの形で出した博士論文の付録のなかで，死刑についての自らの態度を表明していた。死刑は，『宗教の原理にも，正当の感情にも矛盾し，刑罰に対して刑法理論が求めている要求を充たさない処分として，科学の声によって断固弾劾される。』1906 年 6 月 27 日，タガンツエフは，国家評議会で死刑廃止法案に賛成の意見を述べた。法律は採択されなかった。1913 年に彼が準備していた『死刑廃止法』が日の目を見た。彼は，後年もこの課題についての仕事を続けた。」
　　（Правоведение, 1993. 4. c. 64）

エフは，犯罪という概念を不道徳なものと同一視することによってこれを拡大することにも徹底して反対した。『犯罪は—彼は正しく主張した—，不道徳なものと同一ではあり得ないし，あってはならない。そのような同一化は，歴史の深い教訓が示しているように，裁判を誤った道に追い込むことになる。それは，国家の懲罰活動の部門に思想，確信，激情や悪徳の訴追を持ち込むことになる。現世の裁判が，良心という自らの特性を横取りすることを強いることになる。』(タガンツエフ著『ロシア刑法講義　総論』第 1 巻 1994 年 27 頁)[5]」。

　タガンツエフは，1917 年 10 月革命（ロシア革命）に遭遇したが，この事件をどのように評価していたのであろうか。ザゴロドニコフによる伝記『ニコライ・ステパノビッチ・タガンツエフ』によれば，当時のタガンツエフの心境はおおよそ次のようなものであった。「タガンツエフは，10 月革命を冷静に迎えた。タガンツエフは，この 10 月事件をロシアの多くの人民の運命にとって変革的なものとして受け入れなかった。彼は，将来への希望を国政のなかでの民主主義的な変更に求めていた。このため彼は，憲法制定会議に期待を寄せ，革命的な，暴力的方法に組みすることはなかった。こうして彼は，10 月革命を受け入れることはできなかった[6]。」。

　晩年のタガンツエフは，悲運であった。1921 年 7 月，反革命・サボタージュ取締非常委員会（チェ・カ）による子息とその妻の逮捕，処刑，自らも「反革命主義者の父」や「古いレジームの手先」のレッテルが貼られたことなどによって，多くの友人たちとも疎遠になった。タガンツエフは，1923 年 3 月 22 日，ペテルグラードの自宅で静かに 80 年の生涯を閉じた。

---

　5)　А.В. Наумов, Российское уголовное право. Общая часть. 1997. с. 42.
　　なお，ナウーモフが引用したタガンツエフ著『ロシア刑法講義　総論』(二巻)は，初版（Н.С. Таганцев, Русское уголовное право. Лекции Общая часть.）が 1902 年に刊行され，その後近年においてその抄訳版（二巻）が 1994 年に，完全な復刻版（二巻）が 2001 年に刊行された。本書の内容目次は，拙稿『刑法学と人間—ロシアの刑法学者・タガンツエフの生涯』(三)（三重大学社会科学学会『法経論叢』第 15 巻 2 号 (1998 年 2 月)
　6)　Н.И. Загородников. "Никлай Степанович Таганцев". с. 123.
　　拙稿『刑法学と人間—ロシアの刑法学者・タガンツエフの生涯』(三)（三重大学社会科学学会『法経論叢』第 15 巻 2 号 (1998 年 2 月) 74 頁。

第4章　タガンツエフの死刑廃止論　*85*

3　死刑廃止法案について

　1905年の革命後のロシアは，複雑な様相を呈していた。この時期には，皇帝政府側と国会側が激しく対峙した。皇帝政府による国会の数々の無力化の試みに対してカデット党を中心とする国会側による改革要求が対立した。前者の象徴が1906年4月23日に公布された国家基本法による皇帝の特権を維持することの明文化であり，後者の例が土地改革や人民の権利拡充などの要求であった。国会議員選挙は1906年3月から4月にかけて実施され，第1国会が1906年4月27日に召集された。こうした政治状況のなかで，1906年6月19日，第1国会において死刑廃止法案が審議された。法案の第1条には以下のように規定された。「死刑は廃止される。」さらに以下のように規定された。「現行法によって死刑が定められているあらゆる場合について，その次の重大な刑罰に代えられる」。国会は，「死刑は神の決定である」ことを認める精神の反動的部分からの死刑廃止に反対する決定的な発言にもかかわらず，死刑廃止法案を採択した。しかし，草案は国家評議会で承認されなかった。[1]」

　タガンツエフは，1906年6月27日，国家評議会で死刑廃止法案に賛成する立場から意見を述べた[2]。以下にその要旨を紹介する。

　　国家評議会議員諸君！私は，国家評議会で死刑廃止法案を擁護する者として発言するという重大な義務を負っていることを認識しています。私は，数年前，1902年と1903年に国家評議会議員に話すことを期待していました。その時，国家評議会は，新しい刑法典草案を審議していました。編纂委員会は，死刑問題を詳細に叙述し，18世

---

1)　О.Ф. Шишов, Смертная казнь в истории России. "Смертная казнь：ЗА И ПРОТИВ" 1989. с. 66.
　　シショフは，この「ロシア史における死刑」という論文のなかでさらに次のように書いている。「国会が死刑廃止法案を審議していた時に，リガの総督は警察署長パルジツキー殺害に問われた8名の受刑者を現行法違反によって処刑した。裁判外の制裁は，死刑廃止法案が国会で採択されない間，国会議員が受刑者の運命についての決定を受理しないという請願を行ったにもかかわらず行われた」（66頁）。
2)　このタガンツエフの演説は，論文集『死刑』（Смертная казнь. Сборник статей. 1913）に収録されている。近年，この論文集が『法律学』（Правоведение, 1994. 2. с. 67-71）誌上で復刊された。以下は，その要旨である。

86　I　帝政期のロシア刑法学

紀から始まった，死刑を制限する方向に向かったロシアが刑罰のそのような段階を排除することを受け入れることがなぜできたかについて自らの意見を提出しました。編纂委員会は，死刑の廃止が可能だと考えていました。しかし国家評議会は，編纂委員会の案に組みせず，死刑は刑法典に残りました。それ以来，ロシアでは何が起こったのでしょうか。ロシアに革命的な竜巻が通り過ぎ，この革命的な嵐はまだ終わっていません。全ロシアは，恐ろしい犯罪の統一された網におおわれています。殺人が地方や都会を血まみれにしています。私は刑法典を検討しながら，死刑の廃止をあきらめました。嵐のようないま，死刑の廃止と国家評議会におけるこの問題の審議にどのような理由がありうるのでしょうか。それにも関わらず私は，この問題を検討し，死刑を廃止するために十分な理由があることをあえて主張したいと思います。

　まず，私たちは立法権力の一つの機関，一つの中心である国会をすでに通過した法案をいま審議していることに言及しないわけにはいきません。国会は，死刑廃止ために国民の代表者による審議において 330 名の参加者が満場一致で賛成しました。従って，国家評議会は法案の審議を回避することはできません。

　この満場一致には，さまざまな意見の人，社会のさまざまな階層に属しているロシアのさまざまなはずれから来た人々によるものであることに注意を向けないわけにはいかないでしょう。彼らは，満場一致でこの問題に賛成したのです。皆さん，私たちは，この満場一致をよく考えなければなりません。ロシアの代表者たち，多くのロシアの人々の代表者たちが高い意識をもって死刑廃止が必要という態度をとったこと，またこれは私たちが 1903 年になしえなかったことの再検討のための十分な論拠であることに同意しないわけにはいかないでしょう。別の理由もあります。ロシアにおける死刑の問題のエネルギーと意味は，いま，当時とはまったく別にあります。1866 年から 1903 年まで，統計資料が示しているように，全ロシア帝国において，死刑の数は毎年，15 名を超えていませんでした。いまはどうでしょう。1906 年の 5 ヶ月間で，私がゲルネット[3]の著書から得た情報によれば，全ロシア帝国において 180 件の死刑判決が宣告され，90 人が処刑されています。私は，この数字は不完全であると思っています。なぜなら情報が，十分に明らかではないからです。例えば，この数字のなかには，裁判なくして行われた銃殺が含まれていません。この数字は，裁判による判決のみであります。

　私は，40 年にわたって刑法講座で死刑が理にかなったものでないばかりか，有害でもあるということを聴講していた若い学生諸君に語り，教え，吹き込んできました。なぜなら国家生活のなかには，理にかなっていないこと，有害であることや一定の条件にあたって間違っていることがあるからです。死刑がそのようなものであります。

---

3)　ゲルネット（1874 年-1953 年）は，帝政ロシア・ソビエト時代における犯罪学者・犯罪社会学者である。特に徹底した死刑廃止論者として知られている。死刑に関する著書として，『死刑』（1913 年），『革命，犯罪の増加と死刑』（1917 年）などがある。

第4章　タガンツエフの死刑廃止論　　*87*

　私は，確信をもっていまあなた方の前で死刑廃止法案を擁護します。

　　私は，死刑に反対する論拠を詳細に話すつもりはありません。この問題についての文献は極めて広大です。

　　われわれに送付された資料のなかに，編纂委員会[4]の説明が印刷されています。1881年に編纂委員会が死刑廃止問題について述べた論拠や理由を私たちは掌握しています。これについて私は，死刑の擁護に導いたいくつかの本質的な，最も重大な論拠にのみ言及することにします。死刑が国家懲罰の兵器庫のなかから除去され得ないことは，近年私たちに語られています。なぜなら国家は，街角や監視所で自らの義務を履行するにあたって，ロシアのすべての地方で致命傷を受けた有害な公僕の生命を擁護しなければならないからであります。このため死刑は，国家安寧の擁護のために必要とみなされています。私たちは，死刑が公務員を擁護するために無条件で必要であることについての論拠を解明するなかで，死刑擁護者のただ一つの根拠が隠されていることに気づかされます。懲罰処分の兵器庫から死刑を投げ出すことは，危険性が増し，安全が揺らぎ，大量犯罪にうち勝つことができないという論拠が述べられていました。評議会議員諸君は，もちろん，このような編纂委員会の説明について知っており，膨大な文献のなかから問題が導かれる例にも注意されていることでしょう。私は，あることを思い出します。編纂委員会が死刑の擁護についての理由を作成したあとで，ある国が死刑を完全に廃止しました。この国とは，1890年に死刑を廃止したイタリアでした。イタリアでは，毎年殺人は犠牲者数とのバランスにおいて常に膨大な数にのぼっています。どのようにして死刑廃止の結果が生まれたのでしょうか。1人の傑出した刑法学者—エンリコ・フェリーをあげることができます。彼の誠実な仕事ぶりは，この点で疑いのないものでした。ゲルネットの著書に寄せた覚え書きのなかで，フェリーは，オランダやベルギーと同様に，イタリアでは死刑廃止後殺人の数が増加しなかっただけでなく，次第に減少し続けていったことを指摘していました。私は，このような例を我が国の歴史のなかから得ることができると思います。私は，パーヴェルⅠ世時代では，1799年訓令のなかで，死刑が我が国の国家法によって廃止されたことを全国民に表明しました。1832年公布の法律大全—ニコライⅠ世統治下—について，死刑は，誤解していなければ，17条に三つの場合に定められています。第1項には反乱や反逆について死刑が定められていますが，それらが最高の裁判所で掌握されるという一つの条件，すなわち毎回特別な皇帝の命令によって定められるという条件でのみに行われています。第2項について検疫に関する犯罪についての刑罰として死刑が定められています。第3項について戦時に行われ，野戦の法律により処罰される犯罪について死刑が定められています。ただそれだけのことです。

---

4)　1903年ロシア刑法典とその編纂事業については，拙稿「19世紀末—20世紀初頭におけるロシア刑事立法—その状況と1903年刑法典編纂過程を中心にして—」（三重大学教育学部研究紀要第34巻（社会科学）1983年15-25頁）参照。

I 帝政期のロシア刑法学

　1845年法典によって死刑判決を行うことができる犯罪の数はいくらか増加しましたが，少なくとも裁判規約の決定を考慮して236条のなかに死刑適用の可能性が極めて制限されました。われわれは，こうして，殺人に対しても，加重された放火に対しても，その他の犯罪に対しても死刑を認めていませんでした。さらにわれわれは，わが牢獄，わが懲役，流刑や懲治中隊が整備されておらず，そこでは教育的な作用はなく，これに反して，直接に人を堕落させるような悪影響があったことをよく知っています。統計によって，ロシアにおける犯罪のパーセントと西ヨーロッパ国々―フランス，イギリス，ドイツ―における犯罪のパーセントは本質的に異なっていることが分かります。このため，犯罪の数の減少をめざすことについて死刑に期待をかけることはできません。犯罪の減少または増加は，いずれかの国家の社会生活のより重要な法則によって支配されます。おそらく，死刑に対する恐怖は，逮捕される意味をわずかしかもちません。私は，死刑についてのすべての研究に導かれているこの現象の心理学的説明をあえて簡明に言及することにします。斧が頭のうえにあるように，間近にあり，せまっているという死が不可避であるという恐怖は人間に影響を与えうるが，この恐怖について人間は何らかのなかに無条件にとどめることができるというようにいつも考えてはおらず，また考えることなどできません。確実な死がある戦いの時に，戦争の自己犠牲に誰も屈服することはないでしょう。

　いまわれわれに関心のあること，すなわち裁判によって適用される死刑に移るならば，私たちは犯罪者に逮捕される動機―死に対する恐怖―がより弱いものとなっていることに気づくでしょう。大多数の犯罪者は，犯罪がばれないであろうとか，または犯罪者を暴くために証拠が十分ではないであろうということ，死刑を宣告されないであろうし，また特赦のチャンスがあるであろうと考えています。行為を行った犯罪者に死刑を適用することがこの者に脅威を与えるかということについて，100人に1人のチャンスであるということをいうためには，実際に執行される判決の数と行われる殺人の数がどのようであるかを比較する必要があります。私は，死刑が非合目的な手段であるということ，このため国家機関のなかで有害なものであるということをいう論拠がここにあります。

　私は，死刑が非合目的で，不公平な刑罰であると繰り返して述べます。しかし死刑が必要ではない，それは法典から削除されるが，いますぐではない，すなわち大量虐殺や暴動が終わり，自由や平和の帝国（世界）が到来するまでの間，削除を見合わさなければならないということが非常に多く語られています。最近のロシアにおいて，世相戯評の格言のなかで「死刑は廃止されるでしょうが，人殺し諸君がまず人殺しをやめるべきでしょう」というフレーズが有力に使われています。このフレーズが死刑の擁護のための武器であるというよりはむしろ，これとは逆に死刑反対であることが分かります。社会―革命家または社会―民主主義者ではないが，穏健なブルジョアジーであるハイデルブルグ大学教授イエリネックはゲルネットの論集に掲載されたそ

の手紙のなかで，彼が現代ロシアをどのように見ていたかについて，次のような意見を述べています。「おそらくいかなる国家においても，ヒューマニテイの誓いは無遠慮に踏みにじられることはあるまい」。その通りです。実際に，比較されないことがどのように比較されるのでしょうか。犯罪を国家的行いと，また裁判の行いとのように比較するのでしょうか。誰がそれをするのでしょうか。犯罪者でしょうか，または国家でしょうか。まさにこれは子供の間の喧嘩の仲裁に似ています。そこでは父か母が彼らに誰が利口で，最初にやめたかを彼らに言います。しかし殺人と死刑を比較するならば，国家は犯罪者よりもすばやく死刑をやめなければならないことは疑いありません。

それぞれの殺人において，また死刑のそれぞれの執行において二つの事実があります。一つの側面からは，責任ある者または刑罰の適用者であり，苦しんでいる者です。殺人を取り上げてみましょう。殺人者が，爆弾を投げつけたり，ナイフで切断したり，ピストルを撃ったとき，何を体験するのでしょうか。内心の震えなしに，苦悩なく，良心の呵責なしに血塗られた事件に向かうためには，非常に鍛え抜かれた悪人でなければなりません。犯罪者は，裁判にかけられる可能性を考慮しないわけにはいきません。そしてすべてこの内心の闘いは，自らの犠牲を否定する時に殺人者の心理的な特徴を著しく変えます。厳しい法律の執行者は，まったく別の立場にあります。穏やかな良心をもって，もしかしたら穏やかな心臓をもって，彼は，裁判官としてもっている本務を認識しつつ，断固とした法律の命令を執行し，死刑判決に署名します。彼は，遂行した行いからの興奮や苦痛はなく，たぶん，その判決が生命の息づかいを奪い，神がそれぞれの人間に込めたものを奪うことを考えてはいません。彼は，判決に署名し，自らの家庭生活に，家族の下に，たぶん，喜びをもって静かに帰ります。彼は，本務と義務を執行しました。しかし彼は，法律の力であったとしても，近親者の生命を冷静に，穏やかに剥奪することには反対するでしょう。

ロシアの国民が，「背負い職人」と呼ばれている死刑執行人という職人の立場やその職業に対していかに忌避しているかも，十分に知られています。

殺人の犠牲者はどうでしょうか。もちろん，殺人についての犠牲者は，致命傷ではなかった場合，肉体的な病気がかなり長くかかった場合，苦しみます。しかし，殺害が一撃であった場合，即死であった場合には，苦しみは速くなくなります。罪を行った者の状況について，ある人は，準備され，死刑に静かに処せられることに冷静に向き合った者のことを語ります。しかしすべてがそうではありません。多くの刑事事件は，別のことを示しています。判決が下された時，特赦請願が採択されなかった時，もう何らの手段がなかった時，その人が日，時間，最後に分を数える時など，死刑に処せられる者の状況に思いをいたしてみましょう。

1903 年に新しい刑法典が皇帝によって裁可されました。それは国家犯罪について 1904 年 6 月 10 日に施行されました。これについて，皇帝陛下，皇后陛下または皇太

90　I　帝政期のロシア刑法学

子の生命を侵害するような最も重大な犯罪が行われた場合には，それでも，この法典第55条，57条および58条によって，14から21歳までの若年犯罪者，すなわち刑事未成年者に死刑を適用することはできません。70歳以上の者も，絞首台にのぼることはできません。女性に関しては，これらの条件を除き，法典第99条に規定された行為を行うということのみ，すなわち皇帝陛下の生命を侵害したという場合にのみ，絞首刑に処せられえます。いまわれわれは，21歳の若い女性がしばしば絞首刑に処せられたり，銃殺されたりすることを知っています。処刑された者が17歳の若者であったという新聞情報がありますが（私はこれを信じませんが），未成年者が処刑されたことは疑いありません。私たちは，それぞれの犯罪について公平な捜査をしなければならず，それなくしては巨大な悪であることは避けられないと考えています。なんとなれば事件を解決することを迅速に走るあまり，裁判の公平な決定のための手段がないからです。1人の兄弟に代わって，別の兄弟が処刑された場合もありました。私は，勇気を持って国家評議会に対して死刑廃止法案の採択を求めます。ここに私は，問題の細部に入ることを望んではいません。なんとなればいまわれわれには一般的な原則を解決することが重要だからです。私は，私の演説を終えるにあたって，次のようなことを述べることをお許し下さい。私と私の同志は，死刑廃止を求めつつも，死刑を課す行為が何らの刑罰なしに放置されたり，それに対して責任ある者が犯罪者でなくなるということを言っているわけではありません。殺人や重大な悪行は，死刑が廃止されてもそのまま残ります。それらに対しては懲役または流刑に処せられるでしょう。私は，悪行に対してロシアの民の血を刺激し，呼び起こし，ロシアの民が仮面をかぶった悪党に屈することはないと信じています。私は，ロシアの民のなかには，自らの敵に対して十字架に祈るという戒めを忘れないという近親者への愛の道徳的基礎が失われていないことを信じています。ロシアの民は，集団虐殺や破壊を招く者に対し追随しません。

　以上が，タガンツエフによる死刑廃止法案についての賛成意見の要旨である。その意見の基礎には，タガンツエフの自由主義的・人道主義的刑法観を見ることができる。また彼の見解は，今日の死刑廃止論のなかでその意義を失っておらず，現代に深く根付いていると思われる。

4　おわりに

　私は，タガンツエフの死刑廃止論にみる自由主義的・人道主義的刑法思想が形成された背景として，二つの基盤をあげてみたい。その一つが，若き時

期におけるドイツ留学によって養われた思想にあることは言うまでもない。いま一つは，文学者，音楽家や社会思想家など，いわゆる多様なロシア・インテリゲンチヤとの交流や自由談議を通して得たセンスにある。こうした二つの基盤が，タガンツエフの人格を形成するなかで融合したと考えられる。このことがタガンツエフ研究の課題となる。

Ⅱ 「移行期」の苦痛

第5章　ある刑法学者の肖像*
——ミロリューボフ教授とハルビン法学部——

1　はじめに

　日清戦争における敗北によって日本に対し遼東半島の割譲と莫大な賠償金支払いの義務を負った清国政府を,「三国干渉」を主導することによって救援したロシアは,清国との間に秘密条約 (1896 年) を結び,清国北東部,満州地域での鉄道敷設権を得ることに成功した。これによって,シベリア鉄道のイルクーツク,チタ以東の路線を,建設困難なアムール川沿いではなく,短絡線として満洲北部をほぼ一直線に横断してウラジオストクに至るルートで敷設することを可能としたのである。「中東鉄道」(あるいは「東清鉄道」,ロシア語略称 KBЖД) と呼ばれたこの鉄道敷設の事業の拠点がおかれたのがハルビンである。

　アムール川の支流である松花江 (スンガリ川) 南岸の小集落にすぎなかったハルビンは,1898 年に中東鉄道の建設が始まると急激に人口が増加し,商工業の発展を見るに至った。とりわけ鉄道建設に携わる技師,労働者などとその家族をはじめとするロシア人の流入が目立ち,第一次世界大戦開戦時までにロシア人人口は 4 万 3,500 人に達し,ハルビンの全人口の 60% 以上を占めていた。その後も,ロシア革命と内戦の混乱を避けてハルビンに流入するロシア人は増加を続け,1918 年にはハルビンの人口 15 万 7,379 人の内 6 万200 人がロシア人,国内戦における白軍派の敗北が決定的となった 1920 年にはロシア人人口は 13 万 1,073 人 (全人口の 46%) に達していた。人口における比重だけでなく,経済的にも文化的にもその影響力は圧倒的であり,中国

---

*　本章は書下ろしである。2016 年の春,中国文学を専攻する若い友人と共に初めてハルビンを訪問したが,その際に知ることとなった「ハルビン法学部」の存在とミロリューボフの名である。強く惹かれるものがあり,資料に当たるにともなって,このテーマの重要性をあらためて認識するに至った。(上田)

96   Ⅱ 「移行期」の苦痛

の地にありながらハルビンはあたかもロシアの都市そのものであった[1]。

　そしてここに，様々な歴史的条件の交錯の結果として，1920 年代初頭に独立の高等教育機関である「ハルビン法学部」が誕生し，当時の極東地域における有力な教育・研究機関として活動していた。本稿はそのハルビン法学部において刑法・刑事訴訟法を担当する教員であったミロリューボフ教授の足跡を追い，彼の刑法思想だけでなく，歴史の転換点に行き合わせてその激動に巻き込まれた刑法学者の生そのものを考察の対象とするものである。

　歴史的な記述に時折その名前が出るだけで，現在ではわが国でもロシア本国でも殆ど知られていないミロリューボフであるが，彼はカザン大学法学部出身の刑法学者で，同大学の助教授になった段階でロシア革命に遭遇，退却する白衛軍とともにシベリアを移動し，イルクーツク大学，ウラジオストクの極東大学などで短期間教鞭をとりながらも，結局は国境を越えハルビンへ脱出，ハルビン法学部の開設に働き，その学部長を 1920 年から 4 年間勤め，その辞任後に病に倒れ 1927 年 1 月に死亡している。肺結核であった。

　当初に目を引かれたのは，もちろん，ロシア国外に成立した単独の法学部とそこでの刑法教育，刑法学者という特異な現象そのものであったが，さらにはミロリューボフがカザン大学法学出身であり，その在籍した時期から推測して彼はピオントコフスキー教授の系譜に属す学者なのではないかということが筆者（上田）の関心を呼んだのである。ドイツにおいてフランツ・フォン・リストの指導を受けたことのあるピオントコフスキーは，当時のロシア刑法学において代表的な実証主義学派の論者であり，国際刑事学協会（IKV）ロシア・グループの活動において活発な論議を主導し光彩を放つ存在であったが，彼の革新的な刑法理論の流れを汲むはずのミロリューボフが，ロシア革命において帝政を擁護する反革命派・白衛軍と行動を共にしていることにいささかのこだわりを覚えたことが発端となった。さらに，資料をたどるにしたがって，ミロリューボフ教授の肖像には別の側面が浮かび上がってくる。カザン高等法院付き検察官，エカテリンブルグでの皇帝一家殺害事件にかか

---

1)　ハルビンについては，極東の中国領内に建設されたロシアの都市というその特殊な性格を，中東鉄道（東清鉄道）の建設を軸としながら，ロシアとその背後のフランス，中国，そして日本それぞれの政治的な思惑，世界経済の動向，民族問題等，大量の資料に基づき詳細に描き出したデイヴィッド・ウルフ著『ハルビン駅へ』（半谷史郎訳・講談社 2014 年刊）が参考になる。

わる調査委員会への参加，コルチャーク提督との関係，最後のゼムスキー・サボールの議長，正教ハルビン主教座の参事会員など。これらを一身に体現した刑法学者・ミロリューボフとは一体何者なのか，という問題である。このミロリューボフ教授の実像を可能な限り明らかにしたいというのが，本稿のさしあたっての意図である。

2　カザン大学法学部

　ニカンドル・イヴァノヴィッチ・ミロリューボフ（Никандр Иванович Миролюбов）は 1870 年 10 月 17 日，カザン県テチューシスキー（Тетюшский）郡バイテリャコヴォ（Байтеряково）村の聖職者の家庭に生まれた。11 人兄弟の一人として最初はカザンの教会学校で学び，ついで神学校，さらに神学アカデミーへと進み，1895 年，神学博士候補の称号を授与された。だが，神学アカデミーを修了した後に方向転換を図り，教育大臣の許可を得てミロリューボフは 25 歳でカザン大学歴史学部へ入学したが，その直後に法学部へと転学部した。偶然のことながら，ロシア革命の指導者であるレーニンも同じ 1870 年に生まれ，1887 年にカザン大学法学部へ入学しているが，その 8 年後のことである[2]。

　カザン大学は帝政ロシアにおいてモスクワ大学（1775 年創立）に次いで古く，アレクサンドル 1 世により 1804 年に創設された大学であり，ボルガ川中流域やウラル地方における研究・教育の中心となっており，帝政時代には歴史・言語学，物理学，医学，法学の 4 学部を備えていた。

　このカザン大学法学部においてミロリューボフがどのような刑法学の教育を受けたのかを示す資料は参照しえないが，彼の在学時にカザン大学法学部で刑法関連科目の講義を行っていたのはヴィノグラヅキー（Виноградский，

---

2)　レーニン（Влалимир Ильич Ульянов, 1870-1924）はカザン大学入学直後から学生運動に参加し，早くも入学の年の 12 月に暴動行為により警察に拘束され，大学から処分を受け退学したため，カザン大学法学部の講義をほとんど受講していない。一時期弁護士業に従事したこともある彼の法学的素養は，主要には独学で，あるいは後のサンクト・ペテルブルグ大学法学部の聴講生として，得られたものである。参照，ステールニク（稲子訳）・法律家としてのレーニン（日本評論社・1970 年）。

98　Ⅱ　「移行期」の苦痛

Н.Н. 1841-1899）およびグレゴロヴィッチ（Грегорович, Ф.В. 1848-?）であり，ミロリューボフもまた両教授の講義を聴いたものと推測される[3]。

　ミロリューボフは 1899 年にカザン大学法学部を首席の成績で卒業した後，当初司法省に勤務する進路を選んだが，引き止められて 1900 年 1 月 1 日から 2 年間，教授資格を目指して刑法・刑事訴訟法講座に残ることとなり，この期間をさらに 1 年延長して，1903 年末に彼は刑法学の博士（マギストル магистр）の学位を取得し，試験講義（「監獄における保護人制度について」および「不定期刑判決について」）を経て，1904 年 1 月，刑法・刑事訴訟法講座の講師（приват-доцент）に選任された。この，刑事法分野の研究者・教育者を目指しての修業時代のミロリューボフに対しては，彼が学部を卒業したその年にカザン大学法学部に着任したピオントコフスキー教授[4]の直接の指導があったことが推測される。刑法制度としての執行猶予・仮釈放のロシア刑法への導入を象徴的なテーマとする実証主義学派の刑法理論の展開に邁進するピオントコフスキーの旺盛な研究活動を間近にして，ミロリューボフもそれに沿って研究者・教育者としての道を歩み始めたものと考えられる。そのことをよく示すのは，上記の試験講義のテーマ設定である。

　この時期に彼が公表した研究業績として記録されているのは，以下のものである。

1. 「1899 年の法律に従って郷裁判所により宣告された刑罰について」の報告（カザン法律家協会報告集編，1899 年）
2. 「特別の法的制度としての復権」（司法省雑誌，1902 年，個別の出版編も

---

3)　大学創立 100 周年を記念して 1904 年に刊行された『カザン帝国大学教員録』第 2 巻（Биографический словарь профессоров и преподавателей Императорского Казанского университета. Часть вторая.）の記載により確認。

4)　ピオントコフスキー（Андрей Антонович Пионтковский 1862-1915）はノヴォロシースキー大学法学部を卒業，ドイツのマールブルグ大学でリストの指導を受け，帰国後デミードフ法律学校の教授となっていたが，1899 年にカザン大学法学部教授に任命された。1901 年には刑事法講座の主任教授，1914 年 3 月からは同法学部長を務めた。当時のロシア刑法学界における実証主義学派の代表的な存在であった。ソビエト時代の指導的な刑法学者であるピオントコフスキーの父にあたる。ミロリューボフとの密接な関係は，1915 年 12 月に死去したピオントコフスキーへの追悼文を彼が書き，単行書として出版されていることからもうかがわれる（後述）。当時の実証主義学派の動向を含めロシア刑法学の状況全般につき，参照，前掲注 2：「国際刑事学協会（IKV）ロシア・グループの実像」。

あり）

3.「監獄における保護人制度」（司法省雑誌，1904 年，個別の出版編もあり）

4.「不定期刑」（司法省雑誌，1904 年，個別の出版編もあり）

5. ネミロフスキー氏の博士論文「論告に対する判決の関係」（1906 年）についての批評（カザン大学学術紀要，1907—08 年度）

6.「ピオントコフスキー教授追想」（個別の出版，1915 年）

以上は彼が後に，在職中であったハルビン法学部の紀要（1925 年第 1 号）における教員紹介に自ら挙げたものであるが，率直に言って，学術的な業績としては量的に少ない。あるいは，彼の主たる関心と活動領域は検事としての実務などにあった，ということであろうか[5]。

ここに挙げられている業績のうち，1904 年に『司法省雑誌』に公表とされている 2 つの論文がそれぞれ上記の試験講義の内容に対応するものと考えられるが，いずれも当時のロシアにおいて広く関心の対象であった刑罰制度の改革問題を取り扱い，それを西ヨーロッパで隆盛となっていた実証主義学派の立場から論じたものである。

それらのうち論文「監獄における保護人制度」（実際には『司法省雑誌』1905 年第 2 号に掲載）が注目される。ここで「保護人制度（патронат）」とは，刑の執行を終えて監獄から釈放された者を一時的に保護し，居住場所の提供や就業の援助をする人あるいは団体を指し，今日の用語では更生保護に相当する。この論文においてミロリューボフは，当時の実証主義学派の代表的な論者であるプリンスの，「もし犯罪というものが，夜の泥沼の鬼火のように，偶然に出現したものであるなら，司法はやみくもな対応しかできないだろう。だが，幸いなことにそうではない。我われは暗闇の中に追いやられているわけでは

---

5) この時期にミロリューボフが関与した刑事事件として，1904 年に起きたボゴロジツキー修道院から盗まれたカザンの聖母のイコン（Казанская икона Божией Матери）をめぐる裁判が挙げられている。ロシア正教史上著名な大事件であるが，ニキーチンスカヤによれば，国内外の世論の関心を集めたこの裁判での功績により，ミロリューボフはニコライ 2 世から勲章を授けられたとのことである。Указ. соч. Никитинской Е. в «Сибирский форум», сентябрь 2015（http://sibforum.sfu-kras.ru/node/729）なお，インターネット・ウエブ上の文献資料を引用する場合には，当該のサイトを参照した日時を個々に示すことが広く認められた de facto standard であるが，本稿においては，とくに断らない限り，引用のサイトには全て 2016 年 8 月以降に直接に確認していることから，個別の表示を省略した。

100　Ⅱ　「移行期」の苦痛

なく，犯罪現象に対策を講じてそれに成功する大きなチャンスを持っている
のだ[6]。」との言葉を引きつつ，犯罪現象が犯罪者の生物学的あるいは社会的
な諸要因の総体によって引き起こされる複雑な社会現象である以上，刑罰制
度もそれに対応しなくてはならないとする。刑罰を執行して，それですべて
が終わったとするのではなく，犯罪の根となっている諸要因に作用するよう
な諸施策を行うことで，社会は犯罪から守られるのである。現行の刑罰シス
テムは根底から変革されなくてはならない。とくに，いったん罪を犯した者
を永遠に正常な社会生活から追放してしまう，厳重な拘禁と社会からの隔離
という実務をやめることが必要なのである。そこにおいて重要な意義を持つ
のが更生保護の制度だ，というのがミロリューボフの認識である。

　論文では，フランス，ドイツ，ベルギーなどヨーロッパ諸国におけるこの
制度の成立と現状が述べられ，イギリスやアメリカでの具体的な成果の紹介
などがなされた上で，ロシアの状況が未だ初歩的な段階にあるとされている。
それによると，19世紀前半にペテルブルグやモスクワで監獄後援協会が作ら
れ，それが設けた監獄からの出所者に対する一時的な保護施設が先鞭をつけ，
1866年に「若年犯罪者のための矯正保護院に関する」法律が制定されたこと
や1872年のペテルブルグ監獄から出所した女子のための更生保護施設の開
設によって，この種施設の整備が進んだが，その運営を支える団体である更
生保護協会の設立状況で見ると，現時点（1905年）で7つしかない。（ペテル
ブルグ，モスクワ，オデッサ，プスコフ，キシニョフ，ペルミおよびヤロスラブリ
であるが，そのうちモスクワ，オデッサおよびプスコフのそれは特に未成年の出所
者の保護のためのものである。）ミロリューボフは，ロシアの現状を改善し，更
生保護を充実させる必要があるとして，それをいかに組織すべきかについて
一連の原則を説明している。その基本は，就労の支援を中心に被釈放者を正
常な社会生活へ復帰させるという更生保護の課題を首尾よく果たすために，
更生保護協会は民間の，あるいは半官半民の組織であるべきで，そこには社
会の各層の代表が加わるべきだ，と主張している。そして，その更生保護協
会の活動としての援助は，未成年出所者に対しては必ず，成人に対しては求

───────────
　6）『司法省雑誌』1905年2月号に翻訳掲載されたA. プリンス（1845-1919）の論文「犯罪とその
　　抑止」からの引用である。

めに応じて，提供されるべきだ，などの点である。

　彼が繰り返し指摘しているのは，この制度が未発達であるのはロシアの文化的な立ち遅れ，犯罪に対しては刑罰しかなく，それで十分だという伝統的な考えへの固執によるものだということである。だが，事実が教えているように，犯罪現象と闘う上で刑罰はその手段の一つにすぎない。より良い方法，犯罪者を処罰するよりも，犯罪を予防する方法を見つける努力がなされるべきなのであり，それらの基礎には人間の誠実さと尊厳に対する正面からの信頼が置かれなくてはならない，というのである[7]。

　この論文に先立って，1902年に発表されていた論文「特別の法制度としての復権」も，学術的な観点から注目される業績である。ここで「復権」とは，有罪判決に伴って被告人に生じた権利の停止や自由の制限といった効果を将来に向けて解除し，名誉の回復を図る措置を意味し，たとえば恩赦の決定により行われる。ミロリューボフの論文は『司法省雑誌』の1902年3号と4号に連載され[8]，その後に単行書としても公刊されているが，その本格的な検討はこの問題に関してロシア刑事法学上初めて公表された研究成果であり，近年の研究者の論文にも引用される水準にある[9]。

　論文では，まず刑罰は犯罪との闘争の手段の一つにすぎず，また最良の手段でもない，とすることから書き起こされている。犯罪の予防のためには，教育と経済状態の改善，政治的な平等などが必要であり，再犯の予防のためには執行猶予や仮釈放，あるいは更生保護といった制度が重要な役割を果たすが，ここで取り上げる「復権」もそのような制度の一つである，として，以下では，まず1）この問題にかかわるロシアの権利剥奪制度について概観し，次いで2）復権制度の歴史と3）今日の西欧諸国における問題状況を検討した上で，最後に4）ロシアの刑法典および刑事手続き法典の草案におけるこの制度の位置付けについて述べられている。

---

7)　Миролюбов Н.И. Тюремный патронат, «Журнал Министерства Юстиции», 1905, No. 2, стр. 81-106.

8)　Миролюбов Н. И., Реабилитация как специальный правовой институт, «Журнал Министерства Юстиции», 1902, No. 3, стр. 68-92/No. 4, стр. 101-141.

9)　См. напр. Владимирова В. В., Компенсация морального вреда-мера реабилитации потерпевшего в российском уголовном процессе, М., 2007

102　II　「移行期」の苦痛

　法的な意味での「復権（Реабилитация）」の概念は，ミロリューボフの述べる通り，中世フランスの法学者 Fabricius-Bleynianus が，受刑者に対してその以前の全ての権利を回復することで赦免する古くからの制度の意義を説明するために用いたものであるが，ミロリューボフが参照している文献が指し示す通り，主要にはフランスにおいて第3共和政（1870年—1940年）下の19世紀末につくられた Réhabilitation 制度が念頭に置かれている。フランス刑法におけるこの制度は，確定した有罪判決の効力を将来的に消滅させるもので，前科簿からの抹消や，確定した有罪判決に伴う権利制限の消滅などを内容とするものである[10]。彼によれば，復権制度を君主や最高権力機関による恩赦的なものとして持つイギリス，オランダ，ドイツ，オーストリア，ハンガリー，スペイン，ルーマニアなどと異なり，特別の法的な制度として持つのは，フランス以外に，デンマーク，ノルウエイ，イタリア，ベルギーおよびスイスのいくつかの州である。彼は多くの文献資料を基に，各国の制度の特徴について詳細な検討を行っているが，刑事施設からの出所者の安定した社会生活への回帰，したがって再犯の防止のためには，復権制度が法的な制度として存在することが重要であるとしている。

　当然ながらロシアも，恩恵的な恩赦の一形態としてではなく，特別の法的制度としての復権をこそ目指すべきなのである。ミロリューボフはロシアでも，すでに1897年6月2日の少年および未成年者の犯罪に関する法律によって，刑罰法典に，14歳から17歳の未成年者が有罪判決により剝奪された諸権利は，刑事施設から釈放後5年間経過することにより回復が措置される旨の規定が置かれている（139条3）ことを指摘し，この，未だ例外的な優遇措置とされている制度を，一般的な犯罪者へ広げていくべきだと論じている。そのために必要な，刑法典および刑事手続き法典の改正についても具体的な提案をも行ない，最後に，「かくして，この制度をわが国の将来の刑法典に導

───────────

10)　フランスの刑法における Réhabilitation 制度は現在も存続している。現行刑法であれば, 133-13 条, 133-16 条に定められており, 10 年未満の拘禁刑の場合, 10 年が経過すると自動的に, 1 年未満の拘禁刑の場合は 5 年が経過すると自動的に, 復権が認められる。それぞれの場合, 法定期間に達していなくとも裁判所に復権を申し立てることができる。10 年以上の拘禁刑の場合は, 裁判所に復権を申し立て, 裁判所が認めると復権が実現する。これらは一般に刑務所出所者の社会復帰に必要な制度であると考えられ, 積極的に評価されている。（本注は大阪市立大学・恒光徹教授の教示による。）

第5章 ある刑法学者の肖像　　*103*

入することこそは，疑いもなく，わが国の刑事立法の発展の道へと一歩を進めることになるであろう」，と論文は結ばれている。

　以上のような，その当時のミロリューボフの論文にうかがわれるのは，西ヨーロッパ諸国とアメリカで進んでいる行刑改革とその推進を支えている実証主義学派へのあからさまな共感である。高名なピオントコフスキーと並んでカザン大学法学部の教員に加えられたミロリューボフの昂揚した気分が伝わってくる。彼は最初の 1904-05 学年度には，選択履修科目として「監獄学」および「刑法各論」，実務科目として「新刑法典各則」を担当している[11]。

　その後彼は 1917 年まで講師の地位にあり，1918 年に同じ学科の助教授（доцент）に選任された。おそらくはこの期間にドイツあるいはフランスなどに留学したはずであるが，それについては資料によって確認することができない[12]。

　この時期の業績リストの最後に挙げられているのは，1915 年 12 月に死去したピオントコフスキー教授に捧げられた追悼の書である。本書でミロリューボフは，ピオントコフスキーの来歴を簡単に記述した後で，彼の実証主義学派刑法学の内容を丹念に紹介し，その普及のために彼がいかに精力的に活動したかを詳細に記述している。自身との関わりについてはきわめて簡単に，「亡き教授の指導の下で刑法の諸問題を研究した者として私は，感謝の念と共に，研究において彼の指摘した諸点の適切さと正しさを確認するものである」，と述べるに過ぎない。そして最後に，「私は，彼の名がロシアの刑法学の歴史と高等教育の歴史において，この科学の領域における新しい積極

---

11)　上掲の『教員録』によるが，ミロリューボフらその刊行時に在職した教員は自身の経歴について自ら記載している旨注記されている。ついでながら，それによると彼は 1899 年 10 月以来法学部図書室の室長補佐を務めているとのこと。Указ. соч., стр. 51.
　　なお，当時のロシア刑法学界において有力な学術団体として華々しく活動していた国際刑事学協会（IKV）ロシア・グループの活動に彼が関わらなかった理由も不明である。グループの 1910 年の総会の報告書（Общее собрание Группы в Москве 21-23 апреля 1910 года-Рус. группа Междунар. союза криминалистов, С-Пб., 19011.）に掲載されている 316 名に及ぶメンバーの名簿に彼の名前はない。

12)　カザン県検察庁（現在はタタルスタン共和国検察庁）史に関するサイトの記事によれば，カザン高等法院検事たるミロリューボフは 1903 年に「教育上の目的で」外国に出かけたとのことであるが，期間や滞在先は示されていない。(http://prokrt.ru/main/istoriya/stanovlenie_organov_prokuratury_v_kazanskoj_gubernii/)

的な潮流の先駆的な代表者として，この理論の抜きんでた教育者として，そしてまた人間味あふれた働き手として，それにふさわしい地位を占めるものと確信する」，と結んでいる[13]。

3 白いシベリア
―――エカテリンブルグからウラジオストクまで―――

本人の提出したところに従って記述されたハルビン法学部紀要に示される年譜でも，また各種の人名辞典などの記述でも，カザン大学助教授であったミロリューボフは1918年にイルクーツク大学の特別教授（экстраординарный профессор）[14]に招聘され，赴任したと記録されているだけである。しかし，事柄はさほど簡単ではなく，以下に見る通り，相当に込み入った経過のうちに生じた「移籍」であったことが窺われる。

ミロリューボフは1917年2月の第一次ロシア革命（「二月革命」）の後に臨時政府によって，大学の教員のままで，改めてカザン高等法院の検事に任ぜられた。だが，その8ヶ月後に十月革命が勃発し，急進的なボリシュヴィキ派が国家権力を掌握したことによって，世界史上初めての社会主義政権が登場したこと，そして首都とヨーロッパ・ロシアの都市を中心とするボリシェヴィキ政権に対立する政治勢力の武装と欧米および日本の軍事干渉とが引き起こした2年半に及ぶ国内戦というロシアの混乱を背景として，彼の運命も大きな坩堝に投じられることとなる。

モスクワの東800kmのボルガ河畔に位置するカザンは，歴史的に帝政ロシアの重要な政治＝文化的中心の一つであり，豊かな商工業都市でありつつ，地理的には西シベリアへの入り口であり，住民の民族構成から見てもタタール人の街であるなど，きわめて複雑な性格を内包する都市であるが，当時のカザンの社会状況，目まぐるしく変転した政治勢力の交代について，その全

---

13) Миролюбов, Н.И., Памяти Андрея Антоновича Пионтковского, профессора Казанского университета, Казань 1916, стр. 26. 彼の年譜ではこの書は1915年の刊としているが，1916年の誤りである。

14) この当時の学制では，相対的に若く博士号取得から間のない教授で，正教授（ординарный профессор）より俸給が少なく，通常は講座の主任とならない教授を指していた。

第5章　ある刑法学者の肖像　*105*

てをここで十分に説明することはできない。ここで扱うのはただ，ミロ
リューボフの周辺についてのみである。

　ミロリューボフは，その出自と経歴から，当然に帝政とロシア正教に対す
る尊重の心情を抱いていたものと想定されるが，そのために，1918年5月に
起きたチェコ軍団[15]の反乱を契機としてロシアに内戦が勃発した時も，そし
て同年8月にチェコ軍団と白衛軍部隊がボリシェヴィキの部隊を駆逐してカ
ザンを占領した際にも，むしろ共感をもって事態を迎えたのではないかと推
測されるのである。この時期も彼は大学の教職と共に検事の地位にとどまり
活動を続けた。だが，事態は急変する。圧倒的な赤軍部隊の反撃により，早
くも9月10日にはチェコ軍団と白衛軍は東方に向け退却を始めるが，ミロ
リューボフもそれに従ってカザンを去り，これ以降再び帰ることはなかった。
彼はシベリアの反ボリシェヴィキ政権の，とりわけコルチャーク提督[16]の軍
事独裁政権であるオムスク政府（「全ロシア臨時政府」）の下で検察官としての
活動を続け，とくに知られているところでは，1918年7月の皇帝ニコライ2
世一家の殺害について調査を行い，同年12月12日付で司法大臣スタルィン
ケヴィッチ（Старынкевич, С.С. 1874-1933）に対し報告書[17]を提出しているが，

---

15)　第一次世界大戦中にロシア帝国がオーストリア・ハンガリー帝国軍のチェコ人およびスロバ
　　キア人捕虜から編成した軍団級部隊である。軍団は当初東部戦線に送られるはずであったが，ロ
　　シア革命後，ボリシェヴィキ政府がドイツおよびオーストリア・ハンガリー帝国との間で講和条
　　約を結んだため，ウラジオストク経由で西ヨーロッパへ帰り，西部戦線に加わり，またチェコス
　　ロバキアの独立を実現しようとした。よく訓練され装備もよい3万5千の部隊はきわめて強力
　　な戦闘能力を持っていた。ロシア国内情勢の混乱により移動が遅滞し，各地の政権との関係も紛
　　糾する中，これを保護し救出するとの口実の下に，フランス，アメリカ，日本などはシベリアを
　　中心に軍部隊を派遣し，内戦に干渉した。
16)　コルチャーク（Александр Васильевич Колчак, 1873-1920）は1917年二月革命当時のロシ
　　ア帝国黒海艦隊司令長官，海軍中将。臨時政府に対しては恭順の意を表明していたが，十月革命
　　直後反ボリシェヴィキの立場を鮮明にし，英国の援助で1918年11月シベリアのオムスクに反革
　　命政権を樹立し，一時はボルガ川付近まで勢力を伸ばしたがイルクーツクで捕らえられ，1920年
　　2月に銃殺された。
17)　報告書でミロリューボフは，一連の関係者の証言や物的証拠から，皇帝一家は1918年7月17
　　日の深夜に，彼らが拘禁されていたエカテリンブルグのイパチエフ館（дом Ипатьева）の地下室
　　で，同館の警備隊長ユロフスキー（Я.М. Юровский）の率いる一隊により銃殺され，遺体は貨物
　　自動車によって森に運ばれ，沼地に投棄されたものと確認している。Из рапорта прокурора
　　Казанской　Судебной　Палаты　Миролюбова　министру　юстиции　Старынкевичу о ходе
　　предварительного следствия по делу об убийстве Николая Ⅱ и его семьи, «Сборник
　　документов, относящихся к убийству Императора Николая Ⅱ и его семьи» (http://rus-sky.
　　com/history/library/docs.htm)

106　II　「移行期」の苦痛

この報告書を基に捜査検事ソコロフを責任者とする調査委員会が翌 1919 年
2 月に設けられることとなったのである[18]。ミロリューボフはこの委員会を
監督する検事であった。

　だが，カザンを去ったのはミロリューボフだけではなかった。

　1918 年 9 月 9 日から 10 日にかけて，市の北方から迫る赤衛軍の圧迫をう
けたコムーチ政府[19]の崩壊に伴って，退却するチェコ軍団と白衛軍に随行し
てカザン市の人口の半数におよぶ市民が，大混乱のうちに南方のボルガ河港
ライシェヴォへ，さらに東方のウファを目指して，避難した。街道に延々と
連なる馬車や荷車，徒歩の市民の列の中には，カザン大学の教職員，学生の
かなりとその家族が含まれていた。大学関係者の脱出は，直後の 11 日に，進
駐してきた赤衛軍司令部によってカザン大学の学長事務取扱ゴリトガンメル
教授（Д. А. Гольдгаммер 1860-1922，著名な物理学者）が逮捕され，大学の評議
会メンバーや学生同盟の幹部が取り調べを受けたことによって，加速された。
資料によれば，この時期にカザン大学の教員 100 名，法学部では 10 名が大学
を去ったとされ，その名前が記録されているが，そこにミロリューボフも含
まれている。

　この 1918 年の "カザン大学教員のシベリアへの落下傘降下" によって，そ
の副次効果として，ウファ，トムスク，オムスクなどをはじめとする各地の
高等教育の組織化がこれ以降急激に進んだ。とりわけイルクーツクでは，地
元の期待を担って 1918 年初めにイルクーツク大学が歴史＝言語学部と法学

---

18)　ソコロフ（Соколов Н. А. 1880-1924）はハリコフ大学法学部出身の法律家。ペンザ管区裁判
　　所の捜査検事であったが 1917 年の十月革命の勃発に際して政権への協力を拒否し，辞職してシ
　　ベリアの白衛軍政権に走り，1918 年初めにオムスク管区裁判所の重大事件捜査検事となってい
　　た。1919 年 2 月，コルチャーク提督の命により皇帝一家殺害事件の全面的な調査を行う委員会
　　の責任者となり，精力的な調査を続けたが，1919 年 7 月には皇帝一家の終焉の地であるエカテ
　　リンブルグが赤衛軍により占領されるなど，情勢の変転により調査は難航した。最終的には 1920
　　年ハルビンで調査活動を終了し，資料は協力者を得てフランスに送られ，追いかけて亡命したソ
　　コロフ自身の編集により大部の報告書が 1924 年フランス語で公刊された。
19)　1918 年 1 月にペトログラードで開会された憲法制定会議がボリシェヴィキ政府によって解散
　　させられた後，社会革命党（エスエル）派議員の一部がサマラに参集し，その地域を占領したチェ
　　コ軍団の支援を受けて，ヴォリスキー（В.К. Вольский, 1877-1937）を委員長とした 5 人の議員に
　　よる「憲法制定会議議員委員会（コムーチ）」の政府の樹立を宣言した。当初コムーチは憲法制定
　　会議が召集されるまでの臨時政権と自称し，その支配もサマラ県の域内に限られていたが，後に
　　は全ロシアのソヴェト政権に反対する勢力の占領地域にその権勢を及ぼそうと努力した。

第5章　ある刑法学者の肖像　*107*

部の2学部で開学した際には，カザン大学法学部の助教授であったイヴァノフ（Б.П. Иванов）が学長となり，教員の多くが元カザン大学教員であった[20]（イルクーツク大学はその後，シベリア臨時政府によって同年10月に"東シベリア大学(Восточно-Сибирский университет)"に改組された）。まさにそのイルクーツク大学に，ミロリューボフは特別教授として着任したのである。

　なお，この間もミロリューボフは検事の仕事を継続しており，たとえばコルチャーク提督の命令により拘束された憲法制定会議派の訴追に加わり，自身のカザン大学での教え子であった議員ニコラエフ（С. Н. Николаев 1880-1976）を含む彼らの釈放に成功した[21]ことなどが知られている。

　だがそのイルクーツクもミロリューボフにとっては安住できる場所ではなかった。コルチャーク提督の下のオムスク政権（「全ロシア臨時政府」）は東進する赤衛軍の圧迫を受けて徐々に弱体化し，1919年11月にオムスクを脱出，イルクーツクへと移ったが，既に12月には，社会革命党（エスエル）やメンシェヴィキ，ゼムストヴォ（地方自治組織），市議会など数十の政党団体代表者によって結成された「政治センター(Политический центр)」が反コルチャークの方針を掲げて蜂起し，コルチャーク政府は崩壊した。コルチャーク自身も逮捕され，その後身柄をボリシェヴィキ側に引き渡され，軍事革命委員会による裁判を経て1920年初めに処刑された。そのような経過を背景に，コルチャークと様々な関係のあったミロリューボフにとって，イルクーツク大学に居場所を見出すことは困難であったし，さりとて1920年4月に出たボリシェヴィキ政府教育人民委員部のカザン帰還への"青信号"を安易に信頼することもできなかった[22]。多くのオムスク政府関係者ならびに白衛軍残党

20）　この間の変動の詳細については，См. Малышева С. «Великий исход» казанских университариев в сентябре 1918 г., «Эхо веков», Казань, 2003, No. 1/2.（http://www.archive.gov.tatarstan.ru/magazine/go/anonymous/main/?path=mg:/numbers/2003_1_2/02/02_5/）。

21）　Звягин С. П., Малышева С. Ю., Профессор Н. И. Миролюбов：Штрихи Биографии, «История белой сибири», Кемерово 2001, стр. 226.

22）　カザンを脱出した教員の全てが新しい教育・研究の場と生計の資を得ることに成功したわけでなく，困窮に耐えかねてカザンに帰ることを希望する者も多かったが，脱出者に対するボリシェヴィキ政権側の態度は厳しく，現地での帰還に向けた交渉は難航した。その経過などにつき，см. Хабибрахманова О. А., Побег в Сибирь：казанские университарии 1920-х годов.（реакция власти на попытки вернуться）,（http://www.rusnauka.com/16_ADEN_2011/Istoria/1_88787.doc.htm）。

108 II 「移行期」の苦痛

と共に，ウラジオストク[23]へ，さらにはハルビンへと向かう他に選択肢はな
かったであろう。

4　ハルビン法学部

　ハルビンにおけるロシア人人口の増大は，ロシア人子弟の教育の需要を生
み，すでに 1898 年には最初のロシア人学校が作られたが，年を追ってその規
模は拡大し，1917 年のロシア革命の時期には中東鉄道附属地に 3,036 名の生
徒と 75 名の教員を擁する 22 の初等学校を数えるまでになっていた[24]。それ
に引き続いて初等教育課程の卒業生を受け入れる中等教育機関の整備も徐々
に進むとなると，当然にこの地での高等教育をどうするかということがハル
ビン社会の重要な問題として浮上する。この問題は，1917 年のロシア革命と
その後の国内戦によってハルビンがロシア本国から切り離された孤島状態と
なり，この地で中等教育を終えた若者がロシア本国で高等教育を受ける機会
が失われた以上，ハルビンが独自に高等教育機関を設置する他はない，とい
う形で社会問題化された。

　高等教育機関設置に向けて 1918 年 6 月に結成された「高等教育機関設立
委員会」の活動は，中東鉄道株式会社（その管理局）をはじめとするハルビン
の経済界の支援とシベリアの白軍政権の崩壊に伴う多数の反ボリシェヴィキ
知識人のハルビン流入とによって，1920 年 2 月末，私立の高等教育機関であ
る「高等経済法科学校」の開設へと結実した。そしてさらに，それが 1922 年
7 月に「ハルビン法学部」へと改組されるのであるが，このプロセスについて
は，すでに中嶋毅教授による詳細な紹介が行われている[25]。そこでも指摘さ

---

23)　ウラジオストクには，1899 年の創立になる東洋学院（Восточный институт）を基礎として一
　連の私的な高等教育組織が出来ており，その中に 1 年制の法学部も存在した。1919 年の秋にウ
　ラジオストクに現れたミロリューボフも一時その法学部で教鞭をとったとされるが，詳細な情報
　はない。См. Малявина Л.С., Роль ученых Урала и«белой»сибири в развитии высшей школы и
　науки Дальнего востока России (1918-1922 гг.), «Вестник Томского государственного
　университета. История», 2010 No.3, стр. 66. それらは 1920 年 4 月に沿海州臨時政府
　（Временное правительство Приморской областной земской управы）の決定で創設された国
　立極東大学に統合された。

24)　これらの数字については，内山ヴァルーエフ紀子「哈爾濱のロシア人学校──初等・中等教育
　編」，『セーヴェル』（ハルビン・ウラジオストクを語る会編）第 9 号（1999 年）による。

れている通り，「高等経済法科学校」はその卒業生が大学卒業資格を得るために必要とされた，帝政ロシアでは国家試験とされていた大学卒業試験を実施する試験委員会を独自には組織できず，結局は当時極東共和国の国立大学であったウラジオストクの極東大学での受験を請願せねばならなかったこと，この請願を審議した極東大学当局が調査の上でハルビンの高等経済法科学校における教育がロシア帝国大学令（1884年）の条件を満たすと認めたことが重要である。この，極東大学による認証をよりどころとして，高等経済法科学校は1922年7月4日ハルビン法学部（Юридический факультет в г. Харбине）へと名称を変更した[26]。

ミロリューボフらは1920年にハルビンにたどり着き，上のような動きに積極的に参加することとなる。当初高等教育機関設立を働きかけていたウストリャーロフ（Николай Васильевич Устрялов, 1890-1937）やギンス（Георгий Константинович Гинс, 1887-1971）など，未だ若く大学での教育経験の乏しい教員たちに比べて，専門学位と大学での教育資格・経験を持っていた彼らは，ハルビンで始まっていた高等教育機関の開設に欠かせない人材として，歓迎された。ミロリューボフは到着早々，1920年の末に高等経済法科学校の長となり，そしてそれが改組された法学部でも引き続き学部長であり続けた。

1918年秋にカザンを離れてから2年間，白衛軍部隊と共にシベリアの日々を過ごし，たどり着いた反ボリシェヴィキの最後の牙城ウラジオストクでもかなえることのできなかった，落ち着いた刑法・刑事訴訟法の教育と研究の場を，ミロリューボフは最終的にハルビン法学部において見つけたかに思われた。たしかに，この法学部の土台は脆弱であり，その学部長としての苦闘は想像するに余りあるが，それでもハルビンには平穏なロシア人社会があり，高等教育機関として法学部は日を追って充実を見せていた。とくに，ウラジ

---

25) 中嶋毅「ハルビン法科大学小史（1920-1937年）―中国在住ロシア人の知的空間」上・下，『思想』第952号，第953号（2003年8月，9月）残念ながら，そこではミロリューボフに関しては極めて簡単にしか触れられていない。

26) この名称は極東大学がハルビンに設置した法学部とでもいうようなこの学部の性格を示すものであろうが，当時は白軍派政権あるいは緩衝国である極東共和国の支配下にあったウラジオストクが，その後ボリシェヴィキの支配するところとなり，極東大学もソビエト政権の統治下に入った（1922年11月）ことで，同大学との関係も遮断され，ハルビン法学部は孤立した学部として残された。

110   Ⅱ 「移行期」の苦痛

オストクが完全にボリシェヴィキの政権の支配するところとなり，そこを舞台としての帝政復活に向けた政治活動も終結した1922年以降は，研究と教育に専念する生活が待っていたはずであった。だが，彼に残されていた時間は少なかった。

　ハルビン時代のミロリューボフの研究論文などについては，先に触れたハルビン法学部紀要の記事によれば，次のような公表業績があるとされている[27]。

　　7.「革命と犯罪」，新聞『光明［Свет］』1920年に連載

　　8.「法治国家における個人と自由」，新聞『我らが日［Наш день］』，1921年

　　9.「裁判所の正しい制度の問題に寄せて」，新聞『大学記念日［Татьянин День］』，1923年

　　10.「裁判所の独立の問題に寄せて」，新聞『法律家の日』第1号，1923年

　　11.「目撃証言の信憑性の問題に寄せて」，新聞『法律家の日』第1号，1924年

　　12.「国家の内政に対する他国の不干渉のフィクション」，新聞『大学記念日［Татьянин День］』，1924年

　　13.「政治的な結社と政党」，新聞『法律家の日』第1号，1924年

　　14.「死刑の問題について」，新聞『ロシアの声』，1923年

　　15.「中華民国の新しい刑法典」，ハルビン法学部紀要，1925年

　　16.いくつかの教育的な論文

　また，この記事には含まれていないが，翌1926年に論文，

　　17.「中国の違警罪法典（全体的な特色）」，ハルビン法学部紀要
が公表されている。

　この時期に彼が果たしていた様々な役割——その政治的・財政的な基盤の脆弱な私立学校であるハルビン法学部の学部長として，その維持発展に力を

---

27)　Список профессоров, преподавателей и лекторов Юридического Факультета в г. Харбине (1 марта 1920–1 марта 1925 г.), «Известия юридического факультета» No. 1, 1925, стр. 235-236.

第5章　ある刑法学者の肖像　　*111*

尽くす一方で，ハルビン在留の「ロシア人避難民協会」の議長として，日常的に相当の労力を割かざるを得なかったであろうこと，また，後述するような，ウラジオストクを舞台としての帝政ロシア復活に向けた最後のあがきとでも言うような，ゼムスキー・サボールに関わる活動や，ロシア正教会のハルビン主教座の組織問題にかかわっての活動など，ミロリューボフの周辺の慌ただしさは，研究と執筆の作業にはおよそふさわしくないものだったと想像される。

　上掲の諸論文の内，新聞各紙に公表されたものについては，おそらくは比較的に短い論評風のものであったと推測されるが，さしあたってその原典を参照しえないため，その内容などにつき評価することはできない。それに引き換え，ハルビン法学部紀要に公表された2編の論文（15および17）については，ロシアの《"法学"電子図書館》の提供する資料のカタログに含まれており，これを参照することが可能である。この，ミロリューボフの最後の2編の論文が共に中国法に関するものであったという事実は，彼がハルビンのロシア人社会にあって刑事法を含む法学研究の将来的な課題をどこに見ていたかを示唆する点で，意義深いものがある。

　1925年の論文「中華民国の新しい刑法典[28]」は，『法学部紀要』第1巻に掲載されたものであるが，ここでは中華民国元年（1912年）3月10日の袁世凱大統領の布告により施行された「中華民国暫行新刑法典[29]」を検討の対象として，中国刑法の特色を明らかにする試みが行われている。

　冒頭ミロリューボフは，「中国刑法典を知り，その研究を行うことは，今日われわれロシア人にとって理論の観点からだけでなく，実務的にも，必要で重要な事柄である。なぜなら，われわれ中国に住むロシア人は治外法権の廃

---

28) Миролюбов Н. И. Новое уголовное уложение Китайской республики. Общая характеристика, «Известия Юридического факультета», Харбин, 1925. Том I.

29) 中華民国暫行新刑法典は，清朝末期に日本から招聘した岡田朝太郎博士の指導の下に編纂された『大清律例草案』を原型として，それを革命により成立した共和制国家に適合させる部分修正を加えて，大統領令により施行させたものである。1928年の「中華民国刑法」の公布・施行まで16年間にわたり効力を有した。なお，ミロリューボフが利用したのは1915年にハルビンで発行されたボリシャコフによるこの法典のロシア語訳および1921年にその新版としてウスペンスキーとポリカルポフが訳出しハルビンで刊行した『中華民国新刑法典』（Новое уголовное уложение Китайской республики. Перевод с китайского/Успенский К.В., Поликарпов С.И., Харбин, 1921.）である。

止によって中国の法律，とりわけても刑罰法規の効力下に置かれているからである。だが，理論的な視点からはこの法典を，つい最近まで古めかしい，純粋に民族的な法律に従って生きていた，最も古い国家の一つの法典として，研究することが重要なのである。つい最近までの全時代を他の国々から隔離されていて，最近にそれらの国々の影響を受けるに至った国家の法典として。そして最後に，それを，あらゆる国民の刑事立法はその切実な利益，その政治的・倫理的および経済的な理念を反映するものであり，何よりもまず，また主要には，当該国家の政治体制こそがその刑事立法に反映される，という命題を証明するものとして，研究することが重要である。」とその基本的な問題意識を説明している。

　その上で，新刑法典の内容の検討に入っているが，まず総則においては，他の国々の現代的な刑法典が必ずそなえている，重要ないくつかの規定が欠けていることを指摘している。たとえば，そこには罪刑法定原則についての第 10 条はあるものの，責任能力と有責性に関する原則的な規定が存在せず，個別に「12 歳未満の者」および「知的に正常でない者」の行為は処罰しないとする条項がおかれているだけである。そのため，たとえば肉体的精神的に発達不良の者の犯罪行為，産褥など病気の状態で犯罪を実行した者，ヒステリーなど神経病状態，高齢，酩酊，一時的な錯乱状態，催眠状態などで犯罪を行った者についての不処罰に困難を生じる。知的に正常でない者の不処罰を規定する新刑法典第 12 条はその後段で，「泥酔状態で実行された行為およびその知的な不正常性が一時的にのみ生じた者の行為」を除外してはいるが，明らかに，それでは十分ではなく，理論的な検討に耐えない，と批判するのである。さらに，ここでは「処罰しない」との用語が用いられているが，それが犯罪であるのか否かを明らかにしていない，とも。

　正当防衛と緊急避難についての規定は，ほぼ西ヨーロッパおよびロシアの刑法典と同一の内容であるが，とくに，故意と過失の規定については不備が目立つ，とされる。故意，過失に関する定義規定が置かれず，錯誤についても，過失行為と偶然的な事故との限界も，刑法理論と実務とに委ねられているのであろうが，中国の立法者のそのような判断は理にかなったものとは思われない，と。

第5章 ある刑法学者の肖像 *113*

　犯罪の予備，未遂および既遂の区別については，法典は未遂について規定
しているだけで，それら各段階の限界を明確にしていない。そのために，こ
の刑法の適用に際しては恣意的な運用が懸念される。他方，共犯については
ほぼ他国の刑法典と同じように規定されており，正犯，教唆犯および幇助犯
が区別されている他に，首謀者および共犯の共犯についても規定が存在する。
しかし，不可解なのは「過失による共犯」について規定することである，と
いうのは，ミロリューボフの考えでは，共犯は故意行為によってのみ可能な
はずであるから。続けてさらに，再犯，犯罪の競合，刑罰の種類，情状酌量，
刑の加重減軽，刑の執行猶予，仮釈放，恩赦，時効など，刑法総論の各論点
にわたって詳細な検討が加えられている。

　一方，新刑法典の各則については，そこに最近のヨーロッパ諸国の刑法典
と同じように，国家法益に対する犯罪，社会的法益に対する犯罪，そして個
人の人身と財産に対する侵害を内容とする市民の個人的法益に対する犯罪が
配されていることを指摘した上で，ミロリューボフはその特徴的な規定とし
て，「国家の国際的地位に損害をもたらす罪」(各則第4章)，「職務犯罪」(同第
6章)，「選挙の妨害」(同第8章)，「良心の自由の侵害および故人への冒涜的な
態度」(同20章)，「アヘンの吸飲に関連する犯罪」(同第21章)，「賭博罪」(同
第22章)，「姦通および重婚」(同第23章)，「生命に対する罪」(同第26章)，
「無援の者の遺棄」(同第28章)，「社会的平穏，人の信用，名声および個人的
な秘密に対する犯罪」(同第31章) などについて，それぞれの特徴的な規定を
取り上げ，中国の歴史的・文化的な伝統と現在の社会状況とに関わらせて，
その内容を検討している。また，中国での商工業の発展にもかかわらず，法
典が詐欺破産や高利貸しについて規定せず，個人に雇われている労働者の利
益を守る規定がないことなどについては，とくに指摘している。

　新刑法典の検討を踏まえて，ミロリューボフはそれが，西ヨーロッパの諸
法典の影響下に編纂されながらも，なおそれらと同じ水準には達していない
と評価し，その背景に，中国の刑法学が伝統と現状の圧力——とくにそれは，
刑罰の峻厳さに示されている——を受けて，諸外国では妥当している基本原
則の受け入れに成功していないことがある，と述べている。それでも，過去
に比べると刑罰は緩和され，刑事実証学派の教義にしたがって新しい刑法制

度である執行猶予と仮釈放も採用されはしているのであるが。そして何より
も，中国の立法者自身がその不十分さを自覚しており，そのためにそれを「暫
行新刑法典」と呼んでいることを指摘しなくてはならない。中国の刑法学が
今後さらに発展して，今次の法典が含んでいる欠陥が将来において是正され
ることを期待したいし，そのために高等教育機関であるハルビン法学部も寄
与したい，として検討を結ぶのである。

　論文の興味深い内容についてここで詳細に紹介できないのは極めて残念で
あるが，以上の断片からだけでも，ミロリューボフが刑法学者として，内外
の立法事情にも通じた優れた理論家であったことをうかがい知ることができ
よう。

　翌年のハルビン法学部紀要第 3 巻に発表されたミロリューボフの論文「中
国の違警罪法典（全体的な特色)[30]」は，先の新刑法典とともに施行されてい
る，中華民国の新しい，独特の内容を持つ違警罪法典について詳細に検討し
たものである。

　簡単にその内容を見ておくと，最初に彼が指摘するのは，この法典が僅か
に 53 ヶ条という短さのために，他国の法典，例えばロシアの法典（1864 年の
「治安判事により科せられる刑罰に関する法典」）に存在する一連の違警罪規定
を欠いており，またその技術的な観点からも，いくつかの総括的な概念なし
にカズイスティックに解決されている点が目立つことである。

　具体的には，まず第 1 章に収められた 31 ヶ条の総則規定を概観すると，12
歳以下の年少者の不処罰，正当防衛および緊急避難として行われた違警罪行
為の不処罰（なお，過剰防衛の場合は処罰が減軽される），未遂行為の不処罰，違
警罪行為により処罰された後 6 ヶ月以内に繰り返された行為は 1 段階，2 回
目は 2 段階，加重して処罰されること，主犯と教唆犯は同一処罰，従犯なら
びに従犯の教唆犯の減軽処罰などが規定されている。違警罪行為に対する刑

30）Миролюбов Н. И. Китайский кодекс полицейских правонарушений (Общая
характеристика), «Известия Юридического факультета», Харбин, 1926. Том Ⅲ. ここでミロ
リューボフが紹介している法典は「中華民国違警罰法」（1915 年 11 月 7 日・法律第 9 号）である。
1912 年の中華民国成立以降しばらくは，日本の違警罪法制（旧刑法第 4 編）の影響が強いと言わ
れていた大清違警律（1908 年）が用いられていたが，この「違警罰法」はそれを基本的に踏襲し
たものとされている（坂口一成（大阪大学法学研究科・准教授）の教示による）。

罰は，人に対して科せられる 15 日までの拘留，罰金，警告と，企業などに対して科せられる没収，事業活動の一時停止，事業活動の禁止，に区分され，このうち罰金と拘留は相互に代替しうる。また公訴時効と刑罰の時効（共に 6ヶ月）についての規定も存在する。これら総則規定を検討して，ミロリューボフはそこに責任形式について触れた規定がなく，したがって，過失による違警罪行為が処罰されるのかどうかも明確でない，と批判している。

　各則としては，第2章が社会的平穏の侵害を規定し，以下，第3章：社会秩序違反，第4章：官庁または公共の業務への加害，第5章：誣告，偽証もしくは証言回避，第6章：地域の社会関係への加害，第7章：国の風習や慣行を制限する警察の決定の侵犯，第8章：民衆の健康の保護に向けた警察の決定の侵犯，第9章：人身もしくは物品に関わる警察の決定の侵犯，という構成になっている。

　検討の最後にミロリューボフは，「将来の刑事立法の改正に際して，中国刑法典と共に，中国の警察法違反法典もまた改正され，西欧の諸法典に沿って是正されるであろうことを期待したい」，と結んでいる。

　ミロリューボフの最後の2本の論文が中国刑法に関するものであったことは，暗示的である。しかし，それが刑事法研究者としての以後の活動を中国刑法の研究に収斂させていく決意を示すものであったかどうか。今となってはそれを確認する術はなさそうである。

5　最後の輝きと異郷での死

　ミロリューボフの帝政支持者としての最後の公的な活動として知られるのは，1922年7月23日にウラジオストクで開催されたゼムスキー・サボールにおいて，彼がその議長を務めたことである。

　この“ゼムスキー・サボール”とは，本来，16世紀半ばから17世紀にかけてロシアで開かれていた封建的身分制議会の名称であるが，イワン雷帝により召集されたロシア全国の有力者の会議（1559年）を起源とし，国政の大問題や法制度の基本などを論議した。ロシアの帝政を確立・強化する上で重要な役割を果たしたこともあるが，貴族および有産市民層の要求によりツァー

116   Ⅱ 「移行期」の苦痛

リの権力を制約する基本法典（会議法典 1649 年）の制定を決めたこともある。
が，ロマノフ朝の権力の確立に伴いその権威は減殺され，ツアーリの諮問機
関化し，結局はピョートル大帝による絶対的帝政の確立により，1684 年の会
議を最後に消滅していたものである。

1922 年のロシア極東部でこの古めかしい会議体の招集が試みられたのは，
かつてロシア全土が混乱の状況にあった時代に，このゼムスキー・サボール
において新たな皇帝（“ツアーリ”）を選出した歴史の記憶によって，ロシアの
帝政の復活を実現させようとの意図によるものである。この会議は，極東に
追い詰められた白衛軍の最後の企図として記録されることとなった。

ロシアの内戦の終わりに近い極東地域の情勢は，日本とアメリカの干渉軍
の動向もあって，極めて不安定な状態であったが，ゼムスキー・サボール開
催の背景となったのは，一旦はウラジオストクを含む東シベリア全域に及ん
だ極東共和国[31]の支配を覆すクーデターによって，1921 年 5 月末に樹立され
た沿アムール臨時政府（Приамурское Временное правительство）の存在であ
る。コルチャーク軍の残党を主体とするこの政府の部隊は翌 1922 年初めに
かけて赤軍部隊に攻勢をかけ，一時はハバロフスクを占領したこともあった
が，極東共和国の軍により反撃され撤退，徐々にその勢力を弱めていた。だ
が，ゼムスキー・サボールの開催された 1922 年夏の時点では，ウラジオスト
クはなお反ボリシェヴィキの牙城として持ちこたえるかの幻影の中にあった
のである。

ゼムスキー・サボールは，帝政の復活と新しい権力機関の樹立を目的とし
て，沿アムール臨時政府および陸軍中将ディーチェリフス（Дитерихс,
Михаил Константинович 1874-1937）の呼びかけにより 1922 年 7 月 23 日に開
催された。会議は冒頭，ロシア正教会のモスクワ総主教ティーホンを名誉議
長として選出し，執行議長としてはハルビン法学部教授ミロリューボフが指
名された。

31）　ロシア革命後の国内戦争末期に，オムスクより敗走する反革命のコルチャーク軍を追撃して
きた赤軍部隊と，日本のシベリア派遣軍との直接的な軍事衝突を避けるため，バイカル湖以東の
地域につくられた緩衝国家。社会革命党などの協力も得たが，実質的にはボリシェヴィキの影響
下にあった。1920 年 4 月 6 日～1922 年 11 月 15 日の間存在した。参照，堀江則雄・極東共和国
の夢（未来社 1999 年）。

8月10日まで続いたこの会議では，帝政復活を実現すべく，ロマノフ家の皇族で第一次世界大戦中ロシア軍総司令官だったニコライ・ニコラエヴィチ大公（Николай Николаевич, 1856-1929）を新ツァーリとして擁立することが決められ，新しい政府の樹立までの臨時の首班にはディーチェリフス将軍を選出する決議がなされた。閉会に際してのミロリューボフの挨拶は，この会議の選択したものは神の意思に沿ったものだと述べ，「あなた方の政府の前途は困難な，しかし栄誉あるものとなる。困難なのはロシアが，ロシアの民衆の敵によって投げ込まれたどん底の日々にあるからだが，だが私は，ゼムスキー・サボール全体と共に，われわれ自身の活動によって，ロシアのよき人々の助けを得て，ロシアの民衆をこのどん底から引き上げることが出来ると，確信している。すでに5年にわたってわが祖国は，ロシアの理想を塵芥にまみれさせた残忍な狂信者の圧制に苦しめられている。世界大戦に疲弊したロシアの民衆は，虚言の影響下に，自身の指導者たちを理解することができず，指導者であるかに装う人々の側についてしまった。これこそ羊の皮を被った狼であり，そして5年が過ぎて，ロシアの民衆は"地上の楽園"と呼ばれるものの結果を身に味わうことによって，どのような真実の道が彼らを導き，そこを支配している無政府状態を我われから遠ざけ，根底から一掃するべきなのかを知った。粗野な革命的"良心"ではなく，法と秩序こそが最も重視されなくてはならない。あなた方が，すなわちロシアの人々を導く領袖たる方がたが，ロシアの民衆に正しい道を指し示し，かれらがロシアの大地の真の強固な主人となり，ロシアをその強国として蘇らせることを願う。あなた方の道は困難で苦しみに満ちたものとなるだろうが，しかし最後には栄光が待っている。あなた方に神の祝福があらんことを。勇敢な領袖ミハイル・コンスタンティノヴィッチ［ディーチェリフス］，万歳！　偉大なロシアの民衆，万歳！　あなた方に神のご加護のあらんことを！」と結んだ[32]。出席した代議員達は興奮して立ちあがり，会場は歓声にどよめいた。代議員達はイコンを掲げた聖職者を先頭に，ディーチェリフスおよびミロリューボフを含め，市の中心部を行進し，街路の両側に群がる市民の静かな声援を受け

---

32)　Цыт. по «Земская Рать-Приамурский Земский Край». (http://zem-rat.narod.ru/gl8.html)

118 Ⅱ 「移行期」の苦痛

た[33]。

しかしこの昂揚した状態は2ヶ月しか続かなかった。会議が決定したミロリューボフら3名を西ヨーロッパへ，ウスリー・コサック部隊の頭目サヴィツキー（Савицкий, Юрий Александрович）らを日本へ，それぞれ外交代表として派遣する案件も実現されないまま，同年10月25日の最後の日本軍部隊の撤収に引き続いた極東共和国軍のウラジオストク進駐，極東全域の制圧によって，一切の目論見は潰えた。

この時期ミロリューボフが関わったもう一つの事件は，ロシア正教会ハルビン主教座の位置づけを巡る紛争であった。

まず背景事情として確認しておかなくてはならないのは，極東地域にける正教会の位置である。19世紀末から20世紀初頭にかけては，ロシアの正教会にとっても激動の時代であった。かつて，ピョートル大帝の正教会に対する国家的統制をめざす政策の下で，全ロシアの正教会の頂点に立つモスクワ総主教座が1721年に廃止され，全正教会は国家組織である聖務会院の下に置かれていた。全ロシアの聖職者たちの2世紀にわたる努力が実りモスクワ総主教庁の復活によって教会の独立性が復活されたのは，まさに1917年の2月革命の直後であったが，しかしそれに安堵する暇もなく，正教会は反宗教政策を掲げるボリシェヴィキ政権の成立とそれに続く国内戦の継続という動乱に巻き込まれていく。その中で，ハルビンの中東鉄道管理局の申請により，1922年6月の総主教庁の在外教会管理局の布告に従って臨時の独立教区としてハルビンが認められ，その長として"ハルビンおよび満州大主教"メフォディー（Архиепископ Мефодий 1856-1931）が着任した。教区には30万人の正教徒が居住している，とされていた。

しかしこの独立教区の設置については，当初から，教区民の一部を奪われることをおそれるウラジオストクの主教ミハイル（Владивостокский епископ Михаил）および満州地域の正教徒は本来的に中国の正教組織である北京教区に属すべきだとする北京大主教インノケンティー（Архиепископ Пекинский Иннокентий）からの抵抗を受け，また教区設立の手続きやメフォ

---

33) См. Сергей Фомин, Перед явлением и после.（http://www.pravaya.ru/faith/12/11539）

ディー大主教の適任性に対する信徒からの批判などが表明され，容易には決着がつかなかった[34]。ミロリューボフは教区の信徒を代表する参事会メンバーとして，教区の安定に腐心したことが窺われるが，それは容易なことではなかった。さらに，参事会が大主教メフォディーによる教区財政の乱脈や権限乱用を批判すると，1923 年 10 月，メフォディーは突然に参事会を解散させてしまうという挙に出た。この時以来，ミロリューボフは在外宗務会議（Заграничный Архиерейский Синод）やモスクワの総主教チーホン（Патриарх Тихон）にメフォディーの振る舞いが正教会の諸規範に反し不当であると訴える電報を送り，一旦はそれが功を奏して参事会をもとのままのメンバーで復活させることにも成功したのであったが，結局は他の教区の主教たちをも巻き込んだ老獪なメフォディー大主教の運動によって，ミロリューボフは1924 年 10 月巧妙に参事会から締め出されてしまった[35]。ミロリューボフは後に，この時の紛糾が「教会の規律を低下させ，分離派（アドヴェンティストやバプティストその他の）の動きを助長する」結果をもたらしてしまったと書いているが，やはり大きな背景としては，極東に強まるソビエト政権の影響力の下で，不安定な亡命状態にあったハルビンの宗教世界の孤立と動揺とを想定すべきであろう。そのような特異な状況の下では，カザン神学アカデミーを修了した神学博士候補であるミロリューボフであっても，できることは限られていた。

　ソビエト政府の圧力は中東鉄道との関係でも強まった。ソビエト政府は1921 年からの「新経済政策」の推進により政治的な安定を確保し，徐々にシベリア各地方でも施策を充実させていたが，その一環として中東鉄道の経営にも本格的に乗り出し，北京政府や奉天軍閥に経営への参入を粘り強く求め，

34）　以上については，см. Баконина С.Н., Церковная Жизнь Русской Эмиграции На Дальнем Востоке в 1920-1931 гг. На Материалах Харбинской Епархии.（http://www.kniga.com/books/preview_txt.asp?sku=ebooks344261）

35）　См. Баконина С.Н., Харбинская Епархия в период распространения советского влияния в Китае（1923-1924 гг.），«Вестник православного Свято-Тихоновского гуманитарного университета. Серия 2：История. История Русской Православной Церкви», No. 29/2008, стр. 96-104；Её же, История Харбинской епархии в трудах современников（1920-1940-е гг.），«Наука и школа», вып. 4/2012, стр. 186. これらの文献でも指摘されているが，ハルビンの正教会のこの時期の悶着については，アメリカのスタンフォード大学に付置されたフーバー研究所に所蔵されているミロリューボフの手稿に詳しいとされているが，現時点では参照していない。

120　Ⅱ　「移行期」の苦痛

1924年5月に締結された中ソ両国の国交回復協定の中で東清鉄道の利権を確保した（北京協定）。また同協定とは別に，東三省の軍閥・張作霖政権とも奉ソ協定を結んだ。これらによって，中東鉄道の管理権がソビエト政府に移ったことに伴い，ハルビン法学部の事実上の設置者である中東鉄道管理局からの，学部長はソビエト国籍を持つ者でなければならないという要求に従って，ミロリューボフは後任をリャザノフスキー教授（Валентин Александрович Рязановский, 1884-1968）に託して退任した[36]。

学部長辞任後も，ミロリューボフは法学部において積極的な教育を継続し，たとえば1924/25学年度には刑法，刑事手続法，中国刑法および刑事手続法，カノン法の講義を行っている。また，先に見たとおり，一連の研究をも行っている。この時期のミロリューボフについて，曽孫にあたるエレーナ・ニキーチンスカヤの記事では次のように語られている。

　　　曽祖父はハルビンでよく知られ，尊敬されていた。大学で働きつつ，彼はロシア人避難民協会の議長であり，ロシア学生同盟の名誉会員でもあった。ここで彼は，中国法についてのいくつかの論文を公表し，その方面での研究をさらに続けるつもりであった。1921年に家族——クラウディア・ミハイロヴナと娘たち，エヴゲニヤ，ニーナ（私の祖母），そしてエレーナがハルビンにやって来た。娘たちは14歳から17歳であったが，長男のアナトリーはその頃パリに居た。家族が再び揃い，生活は続き，目の前には多くの仕事が待っていると思われた，まさにその時に不幸が襲いかかった。ミロリューボフが結核に罹ったのである。当時はこの病気に対する治療法はなく，暖かい気候と良い食事，そして日光とで治そうと努めることが普通だったが，厳しい冬の寒さの満州ではクリミアのようなわけにはいかない。二年間の闘病の後に，曽祖父は1927年1月27日にハルビンで，まだ57歳の若さで死去した。彼を葬送するために，学生，教師，知人あるいはあまり親しくない人まで，膨大な数の人々が参集した。何人かの手で彼の棺はモジャゴウ地区の教会へと運ばれて行った——[37]

---

36)　この時の中東鉄道管理局との妥協について，ハルビン法学部のギンス教授は，「学術的な観点からは十分に受け入れ可能な合意だった」としている。学部長の件以外に，合意では，亡命者である教授達はいかなる反ソビエト的な政治活動にも加わらぬこと，学部は経済学および東洋学部門を開設すること，そして中東鉄道職員の子弟に便益を供与することが求められていた。Г［инс］Г., Юридический факультет в г. Харбине 1920-1930, «Известия Юридического факультета», Харбин, 1931. Том Ⅸ, стр. 310.

37)　Указ. соч. Никитинской Е. в «Сибирский форум», сентябрь 2015（http://sibforum.sfu-kras.ru/node/729）

第5章　ある刑法学者の肖像　*121*

　ミロリューボフの死から1ヶ月余りたった1927年3月1日，法学部では彼を偲ぶ集いが開催され，カムコフ助教授[38]が追悼の言葉を述べた。「刑法の教授として，亡きニカンドル・イヴァノヴィッチは，法学部の発足この方ただ一人の，法律家にとって極めて重要なこの科目の指導者でありました。本質において信仰に厚く，生きいきとした社会活動に関わり，ハルビン市の精神的な，社会的・政治的な生活に積極的に参加しました。」ミロリューボフ教授は，同僚たちの言葉によれば，心の底から善良な，この上なく愛情と尊敬に満ちた人間であった[39]。

　ミロリューボフの死後，妻と4人の子供がハルビンでどのように暮らしていたのかを知る手立てはない。彼らは1935年，中東鉄道の満州国への売却によるハルビン在住ロシア人のソ連邦への引揚げにともない，その最後の引揚者の一員としてロシアへと帰る。だが，息子アナトリーは内務人民委員部により逮捕され，その後消息不明と伝えられる[40]。

　ただし，アナトリーについては，1932年にハルビン法学部を卒業し，「最も優秀な，大いに期待できる」卒業生として，教員となるべく学部に残されたとの証言もある[41]。詳しい経過を明らかにする資料に接することができないが，いずれにせよ後に述べる中東鉄道の満州国への売却とそれに引き続いたハルビン法学部の閉校といった経過を見ると，アナトリーもまた家族と共に1935年にソビエト・ロシアへ帰還したと考えるべきであろう。

　ハルビン法学部のその後について簡単に見ておくと，1924年の北京協定により中東鉄道の権益を引き継いだソビエト政府の支援によって，財政的な充

---

38)　カムコフ (Александр Александрович Камков) は1868年生まれ，カザン大学法学部を1889年に卒業後，陸軍に入り，アレクサンドロフスク軍法アカデミーを1896年に卒業。法務将校，最終的には陸軍中将。カザン大学において博士 (магистр) 試験に合格した経歴を持ち，専門は刑法および刑事手続法。白衛軍を退役後1921-1923年国立極東大学助教授。1926年にハルビン法学部助教授となった。

39)　«Известия Юридического факультета», Том Ⅳ, Харбин, 1927. стр. 348. ここでは，ミロリューボフの死去した日は1927年2月25日だとされている。また，別途参照した白衛軍関係者の名簿 (http://xn--90adhkb6ag0f.xn--p1ai/arhiv/uchastniki-grazhdanskoj-vojny/uchastniki-belogo-dvizheniya-v-rossii/uchastniki-belogo-dvizheniya-v-rossii-mi-mn.html) にあるМиролюбов の記事でも同様である。

40)　Указ. соч. Никитинской Е.

41)　Звягин С.П., Малышева С.Ю., Указ. соч., стр. 228.

122 Ⅱ 「移行期」の苦痛

実は進んだものの，教員および学生の中でソビエト国籍を取得した人々と無国籍のままの人々との間に軋轢が生じ，さらに中国側の要請により受け入れた中国人学生への教育の拡大により，法学部は徐々に収拾のつかない混乱の中に迷い込んで行った。そして，法学部は1929年に中国東北部の実質的な権力者である奉天軍閥の管理下に置かれることとなり，中東鉄道からの財政支援を失うに至ったことから，極めてきびしい条件の下に細々と活動を続けたものの，結局は満州国の成立（1932年）後に行われたソビエト政府による中東鉄道の満州国への売却により決定的なダメージを受けた。1935年3月に売却に関する文書に調印がなされ，これを機に鉄道関係者をはじめ大量のロシア人のソビエトへの帰国が始まり，ハルビンのロシア人人口は急激に減少していったが，その中でもかろうじて継続されていた法学部の教育内容について満州国文教部は否定的な評価を加え，最終的には1937年7月に閉校の措置をとった。ここにハルビン法学部は17年に及んだ存在の歴史を閉じたのである[42]。

6 　刑法学者の生と死——おわりに——

本稿を含め，19世紀末から20世紀初めにかけてのロシア刑法学に関連する筆者の研究については，単に歴史研究ということ以上の切実な関心事項がかかわっている。

その刑法学徒としての研究活動の出発点において，佐伯千仞先生の「期待可能性論における国家標準説」や中山研一先生の「実質的責任関係論」に強く刺激され，筆者の関心は刑法理論の背後に控える国家論や犯罪と刑罰の本質の問題へと向かったが，それは尊敬する先生方の研究が，権力あるいは国家が犯罪者に対して何を期待し，何を求め，何を処罰するのかを，突き詰めて解明しようとするところに出たものと理解し，自分なりにそれらを研究し

---

42) 中嶋毅，前掲注22），『思想』第953号154頁以下参照。一部の教員は1937年4月に発足したロシア人難民ビューロー付属高等商業学院の教員となった。ハルビン法学部の最後の公開教授会は1937年11月29日に開催され，12月11日にはハルビンの"モデルン"ホテルで学部の閉鎖の式典とパーティーが催された。Стародубцев Г., Русское юридическое образование в Харбине，（http://ricolor.org/rz/kitai/rossia/15/）

たいと考えたためである。この問題に取り組む中で，関心は自ずと刑法の階級性の問題へと進み，その具体的な研究対象として社会主義体制下にあるソビエト刑法の実体をどう捉えるかという点へと，関心は収斂していった。最初に取り組んだのはロシア共和国 1922 年刑法典の編纂過程の諸問題であったが，それはロシア革命の現実の経過の中で「法と国家の死滅」幻想により正当化されていた刑法典を含む刑罰法規の不存在という状況からの脱却を，ソビエト政権の生存のために採用された，妥協的な「新経済政策」の必要により正当化する論理を下敷きに検討したものであった。そのような前提条件からは当然であるが，その検討作業においては革命前の帝政ロシア時代の刑法理論についても，刑法学研究者についても，正面から取り上げることをしてこなかった。しかし，今日の時点から振り返って，そのような方法は明らかに一面的であり，とうてい正当化されぬものであろう。

　たしかに，部分的には帝政期のロシア刑法学についても，個々の刑法学者のソビエト政権との対応という限りでは，筆者も当初から視野に置いてはいた。「1918 年から 21 年にかけてアカデミックな刑法学は沈黙していた。一部の刑法学者は白衛軍に身を投じ（チュビンスキーはスコロパドスキーの，ナボコフはデニキンの閣僚となった），著名なゴーゲリ，クジミン＝カラヴァーエフ，チマーシェフ等は亡命した。他のロシア刑法学者達はロシアに残りはしたが，積極的にソビエト建設に参加したのはごく一部だけであった。さらに，これらの学者達にも旧来の諸観念の影響は強く，ソビエト刑法を理解するのに，伝統的旧派と結びつけようとする者（ジジレンコ，モクリンスキー，ネミロフスキー）と刑事社会学派に結びつけようと試みる者（リュブリンスキー，ポズヌイシェフ，ポリャンスキー，ゲルネット）の両者があったが，彼らの実際的活動は個々の刑事立法についての相談活動程度にとどまった[43]。」など。しかし，筆者がロシア刑法学の豊饒さに気付き，そこに多少とも分け入って具体的に検討したいと考え，それに着手したのはよほど後になってからである。が，その一隅に分け入って改めて気付かされたのは，その検討範囲の広がりと深さであり，個人的な作業の到底及ぶところではないということである。

---

43)　上田・ソビエト犯罪学史研究，25-26 頁

しかも，わが国の刑法学研究は圧倒的にドイツおよびアメリカの刑法理論に向けられており，ロシア刑法学など全くの視野の外にしかなかったことから，研究のすべては手探りの個人作業によってしか着手しえなかった（より正確には，畏友・上野達彦三重大学名誉教授の作業と並行して，である）。かろうじてその一端にかじりついての検討の，乏しい成果として現在までに筆者が行いえたのは，19世紀後半以降のロシア刑法学の動向についての断片的な報告[44]のみである。

　しかし，この端緒的な作業によっても，あらためて，ソビエト刑法学をロシア革命以前の刑法学との連続性においてか，あるいは一時的な断絶としてか，いずれにしても全体としてのロシア刑法学の一部分，未だその完成した形態を見せることなく終わった刑法と位置づけ，理解する可能性が見いだされてきたように思われる。その全体像を浮かび上がらせる作業の一部として，本章では，ソビエト刑法（学）の出発時においてそれに対峙した——そして政治的には敗北した——ロシア人刑法学者の軌跡を追ったものである。

　ミロリューボフの刑法学者としてたどった経路は，当時の法学者の一部にとって典型的な，歴史的に廃れ行くものへの執着を特徴とする，個人的には破滅への道であったかもしれない。歴史的な必然は，しかし，その過程でなされた人間の個々の営為のすべてを無視することを命じるわけではなく，諸個人の判断と行為を無意味だとして排除するものではない。激動する政治過程に巻き込まれた者は，所詮は限られた情報と自己の知見，良心に従って行動する以外にない。平時であれば，静かな研究活動と若い世代の教育とに精力を投じ，見るべき成果を挙げたであろう才能を，動乱の中に自身と家族の生活を維持することに追われ，また自身の政治的信念に忠実であろうとした行動に費やした刑法学者の足跡を見るとき，当時とは全く異なる環境の下に居る我々にしても，粛然たらざるをえない。

　先に犯罪人類学派に続いて社会学派の活動の実態を追い，今回はさらに反ボリシェヴィキ活動に身を投じた刑法学者の足跡をたどるといった，「ソビ

---

44) 「ロシアにおける刑事人類学派の軌跡」，浅田和茂先生古稀祝賀論文集（成文堂 2016 年）所収〔本書第 2 章〕，「国際刑事学協会（IKV）ロシア・グループの実像」，内田博文先生古稀祝賀論文集（法律文化社 2016 年）所収〔本書第 3 章〕

エト刑法」前史に分け入る作業を続ける中で，幾度となく手を止めて考え込まされたのは，そこで争われた立法や理論の交錯に関わってではなく，それらを担った人々の姿と想いが彷彿とし，世紀末から革命へと移るロシア社会の激動の中で彼らに襲った運命が，それへの共感と同情その他とともに押し寄せてきたからであろう。多くの刑法学者，犯罪学者，実務家について，それぞれの生涯の概略をインターネット情報を繋ぎ合わせて辿らずにはおられない。白黒の粒子の荒い写真。多くの学者が，地方のギムナジウムを卒業してペテルブルグ大学あるいはモスクワ大学などに入り，それを卒業すると学位を目指して大学に残るよう勧められ，西ヨーロッパへ留学し，多くは20代で教員あるいは実務家としての活躍が知られ，司法省あるいは臨時政府のさまざまな役職に就き，あるいは大学で教鞭をとり，目覚ましい活動を繰り広げつつ，やがては1917年以降の革命の激動に巻き込まれ，一部に例外はありつつも，その多くが内戦の国内を転々としたあげくに国外に亡命，異郷（ソビエト・ロシアもまた彼らにとっては異郷に他ならない）で不本意な教職を続けるか，それもなくいずこかへ消えていくか――没年不明の学者の年譜には，胸が詰まる。単なる歴史上の出来事として，刑法学史の片隅に書き留めるだけで，鎮魂の思いは彼らに届くのであろうか。

　筆者自身の作業にも終着点はまだ見えず，こだわりはまだ終わりそうにない。

第6章 帝政期ロシア時代の刑法学者・タガンツエフについて*

1　H. C. タガンツエフとは

(1) はじめに

　私は，数年前から帝政期ロシアの刑法学者・タガンツエフに関心を寄せ，いくつかの紹介論文を書き，わが国に紹介した[1]。周知のように，長年，ドイツの刑法学界では，古典学派と近代学派が対立してきた。このような学派の争いは国を超えて至るところに拡散し，日本の近代刑法学の発展にも大きな影響を与えてきた[2]。ロシアにおいてもそのような学派の争いは，例外ではなかった。本章が対象とするロシア刑法学における古典学派の頂点には，タガンツエフがいた[3]。

　私はタンツエフ刑法学を日本に紹介し，比較刑法学的に検証することによって日本刑法学との相似性を断面的に解明することが課題である。なお，本章は，今後の研究を視野に入れた論稿である。

---

*本章では，人間タガンツエフに焦点を当てその人物像を浮かび上がらせる。タガンツエフの刑法理論には，古典学派の学風が感じられるものの，古典学派の主張そのものではない。さらに刑法の厳格化を備え，死刑の廃止を求めた人道主義的側面も数多くみられる（上野）。

1)　タガンツエフの紹介については，いくつかの拙稿がある。まず彼の伝記として，ザゴルドニコフ著『ニコライ　ステパノビッチ　タガンツエフ』(1994 年) がある。その翻訳に拙稿「刑法学と人間」三重大『法経論叢』第 14 巻 1 号 1996 年，『同 (2)』第 15 巻 1 号 1997 年，『同 (3)』第 15 巻 2 号 1998 年がある。その他，刑法総論教科書 I，II（2001 年）がある。
　　なお，近年，前記刑法総論教科書の復刻版・要約版が相次いで出版されている（いずれも露語）。

2)　日本では，学派の新旧の争いは，大塚仁著『刑法における新・旧両派の理論』(1957 年) に詳しい。

3)　タガンツエフをロシア刑法学における古典学派の代表者とみてよいかについては，現時点では留保しておきたい。『帝政ロシア時代の刑法学者・タガンツエフについて』『放送大学研究年報第 34・35 号』(2016 年)

128 Ⅱ 「移行期」の苦痛

(2) ロシア刑法理論の概観―ナウーモフ『ロシア刑法・総論』(1997 年　露語―「第1章 刑法の概念，体系および任務，刑法学」の「3 刑法学」から引用，41―42 頁)

　まず，帝政時代のロシアの刑法学界の状況について，ヨーロッパの刑法学界の概史をたどるなかに絡めながら述べてみたい。そのなかで，ヨーロッパの諸国刑法学史の一般化されている人物や事項などについては，その都度，引用はしないこととする。現代ロシアの著名な刑法学者であるナウーモフによれば，タガンツエフの評価は高い。そのことは，以下の短い文面のなかで次のように述べられている。

　　「二人の著者(タガンツエフとピオントコフスキー―上野)の仕事を特に強調したい。10 月革命前（1917 年 10 月まで）については，刑法に関するタガンツエフの有名な 2巻からなる講義（ロシア刑法・総論・1 と 2 巻。1902 年）がある。これらは，1994 年に復刊された。」

　また，ナウーモフは，タガンツエフについて次のように述べている。以下の記述は，ナウーモフの『ロシア刑法・総論 А.В. Наумов 'Росейское уголовное право' 1997.』（1997 年　露語）41―42 頁）からの引用である。

　　「タガンツエフ（1843―1923）
　　優れた刑法学者。ヨーロッパ水準の学者。その創作活動は，わが国の法律学にだけでなく，ロシア文化史全体のなかでぬきんでいた。タガンツエフは法学教育を，サンクト・ペテルブルグ大学で受けた。法学部を卒業したことによって，刑法講座に残ることを推挙された。1 年後，研究活動に従事し，さらに研究を続けるためにドイツに留学した。ドイツでは，約 2 年間，有名なドイツの法学者―ミッテルマイヤーの指導の下にあった。
　　ドイツから帰国して，学士論文「犯罪の競合について」を完成させた。これは，1867年にうまく審査をパスした。1867/68 学年に帝国法律学校とサンクト・ペテルブルグ大学法学部で刑法講座を担当した。1870 年に博士論文「ロシア刑法における生命に対する犯罪について」を提出し，審査をうまくパスした。タガンツエフは，研究活動と平行して，立法編纂にも携わった。1881 年に，彼は，「新しい刑事法典草案準備委員会」に参加した。刑事法典総則草案とその説明書，並びに各則草案の 3 部門の完成したバリアントが，タガンツエフによって個人的に準備された。この時に学者（タガンツエフ）は，裁判機関における実務活動にも関わった。1887 年に彼は，元老院刑事破

棄部議員に選出され，10年間その議長職にあった。1906年にタガンツエフは，国家議員に選出された。タガンツエフの数多くの学術的な仕事のなかで，刑法総論についてのその2巻本が特別の位置を占めている。それは，彼の20年間の専門活動の総括でもあり得た。この仕事は，高く評価された。そのことは，特に，モスクワ大学法学部がスペランスキー伯爵賞を彼に授与したということに現れた。1917年12月にタガンツエフは，ロシア科学アカデミーの名誉会員に選ばれた。

　タガンツエフの刑法理論は，リベラルで，人道主義的な理論として評価することができる。彼は，死刑の徹底した反対者であった。彼は，犯罪者と犯罪を研究するなかで法の社会学派の功績を認めつつも，具体的な有責ある行為に対してのみ責任を負うという立場に毅然として立ち，刑事責任の基礎に「人格の危険な状態」を認めることや刑事罰に代えて予防的な「保安処分」を適用することに徹底的に反対した。同時にタガンツエフは，犯罪という概念を不道徳なものと同一視することによってこれを拡大することに徹底して反対した。タガンツエフは次のように述べている。

　「犯罪は，不道徳なものと同一ではあり得ないし，あってはならない。そのような同一化は，歴史の深い教訓が示しているように，裁判を誤った道に追い込むことになる。それは，国家の懲罰活動の領域に思想，確信，激情や悪徳の訴追を持ち込むことになる。現世の裁判が，良心という自らの特性を横取りすることを強いることになる。」(タガンツエフ，『ロシア刑法講義　総論』第1巻1994年27頁)。

　タガンツエフは，政治の分野では，憲法制定会議に関連した国政において民主主義的変更に期待を寄せ，革命的な暴力的方法に組みすることなく，これ故に10月革命を受け入れることはできなかった。」

(3) タガンツエフの『刑法総論』に対する歴史的意義

　近年，タガンツエフの著作として出版された『刑法総論Ⅰ・Ⅱ』(1902年)がある。それは，1640頁にも及ぶ大書である。本書の内容の詳細な検討はのちに譲るが，教科書としての完成度も高い。前に述べたように，この『刑法総論Ⅰ・Ⅱ』に対し，復刻版と要約版の2種類がある。さらにタガンツエフの生涯について書かれたザゴロドニコフによる「ニコライ　ステパノビッチ　タガンツエフ』がある。これほどの扱いは破格のものである。では，いま，なぜタガンツエフなのか，タガンツエフとは一体なにものなのかなど，その解明には興味はつきないが，この課題の検討は，別の機会にゆだねたいと思う。ここでは，まず，ソビエト時代の刑法学の理解について述べておきたい。周知のように，近代刑法学は古典学派と近代学派の争いのなかから生まれて

130 Ⅱ 「移行期」の苦痛

きたといっても過言ではない。このような争いはロシアにおいても例外ではなかった。しかしそれは，1917年のロシア革命までであり，理念の異なるソビエト・ロシアでは到底受け入れられることはなかった。ソビエト・ロシアでは，このような古典学派対近代学派の争いの展開はもはや進まなかった。そうしたなかで，ロシア革命以後の新しい法としての社会主義法の模索が始まった。その模索の先にある新しいタイプの法が展望された。「犯罪のない社会の建設」とは，刑法の役割を抑制し，例えば市民のコンプライアンス（compliance）や倫理観を高めるための理念の構築とその社会的実験に着手した社会を建設することであった。しかし，それは，完成することなく，未完に終わった[1]。この間の事情について，ソビエト・ロシアの著名な刑法学者，ピオントコフスキーは次のように述べた。

> 「古典学派の主張は，主に18世紀末から19世紀のドイツにおいて展開されていたが，その主張の源泉は，カント・フィヒテなどの著作のなかに見られる。このことは，当時のドイツにおいて発達しつつあるブルジョアジーの側からの旧い封建秩序に対抗するための法と国家の問題，さらにこれらの利益を擁護する刑法の問題と関連していた[2]。」

ピオントコフスキーは，ブルジョア階級と労働者・農民階級との対抗関係のなかで刑法の果たす役割を見いだそうとしたのであった。

(4) 比較刑法学研究の可能性

日本における近代刑法の歴史が，それほど長くはない。それも，明治維新以降に先行したヨーロッパの法文化（フランス，そしてドイツ）からの模倣から出発した。そのこと事態がとくに問題はない。どこの国でも，法の継承は

---

1) 「未完の」というときに，二つの意味がある。一つは研究対象が消失したことによっていままでの研究の成果をまとめて世に問いたいと思ったこと，二つはその記録を残しておきたいと思ったことである。『未完の刑法』（2008年）と名付けた前書と『白夜の刑法』（2017年）と名付けた本書には，このような意味をもたせている。なお，前書と本書は，上田　寛立命館大学教授と私との合作である。前書は，われわれが，理想の法（刑法）を目指して20代から現在までのおよそ40年間に2人がそれぞれ書きためてきた論文を整理し，まとめたものである。それにしても，日本で刊行された刑法教科書の数は多いが，そこでのソビエトやロシア，東欧に関する記述が全くないことは，犯罪と刑罰のグローバルな研究が求められても，対応できないのではなかろうか。

2) 上野達彦『刑法（講義案Ⅰ）』（1991年・敬文堂14頁）

模倣から始まったことといっても過言ではない。いまや，グローバル化の時代であるといわれ，いままで得難かった情報がパソコンやスマートホンなどの情報機器によって，瞬時に入手が可能になっている。また，地球規模の課題にそれぞれの対処が異なってはならないと考える人，あるいは一国の利益のみに拘泥しては地球の価値は守れない，という意見もある。とりわけ，テロ行為，情報を使った犯罪，環境破壊（エコサイト），大量虐殺（ジェノサイド）などにどのように解決をはかるかはそれぞれの国の法律に委ねられている。このことは日本でも例外はない。

それにもかかわらず，わが国では，日本刑法の母法であるドイツ刑法研究の議論が中心である。学会の議論の場における質疑の途上でドイツ刑法の条文が飛び交う様は，やはり異様である。ドイツ刑法は日本刑法にとって，あくまで外国の刑法であり，これをベースにして細かい規範主義的な議論をすることはできるだけ避けていかなければならない[1]。

グローバル化が進む現代社会において，外国との交流はますます盛んになっていくであろう。このためにも，学術的，実務的な刑事法分野において，比較法的に研究すべき課題の範囲も広がっていくであろう。この課題について整理するうえで，参考になる論文がある。著者は，ソビエト・ロシア時代の刑法学者，ケリーナ博士（1928 年 12 月 19 日—2013 年 6 月 21 日）である。論文名および出典は，「社会主義刑法の比較研究の方法論的諸問題」『比較法学の諸問題』（1978 年　露語），拙訳「比較犯罪学・比較刑法[2]」所収である。

最後にケリーナ博士が，比較法学の対象について次のように述べている。「ソビエトの刑法学者は，比較法学を，研究の個々の特別な方法の一つと理解している。その方法によって，法のそれぞれの部門，刑法の諸制度，個々の刑法規範と理論が比較される[3]。」多くの刑法文献のなかには，研究の比較方

---

1)　宮沢浩一「比較研究のための基礎作業」『刑事法学の諸相（上）』（1981 年）
　　末道康之『フランス刑法の現状と欧州刑法の展望』2015 年などが参考になるであろう。
　　前記末道氏は次のように述べている。「わが国の刑法理論学は，ドイツ刑法理論の影響を強く受けながら発展し，ドイツ刑法理論を研究することがわが国の刑法理論の進展を支えてきたこともまた紛れもない事実であるが，ドイツの議論をわが国に持ち込み，借り物の理論で観念的に説明を加えるという方法論がとられてきた傾向にあった……」
2)　『法経論叢』（三重大）第 4 巻第 1 号（1986 年）107 頁以下
3)　「法経論叢」（三重大）第 4 巻第 1 号（1986 年）116 頁以下

法だけが比較刑法の対象と見なしている刑法学者がいるが，この方法は倫理学，社会学，歴史学などの隣接諸科学の方法と並んで用いられている。また，こうした比較法学の研究の目的には，国内法を完成させるためにも，その組み合わせが無条件に必要となっている。

(5) まとめに

1991年のソ連崩壊よる体制転換以後，政権を掌握したエリツイン，プーチンらによる国づくりが始まった。しかし，それはどのような社会かを明確に示さず，70年続いたソ連時代の成果を否定する方向でもあった。

それにもかかわらず，立憲主義にもとづく法治主義の立場を崩すことなく，また国際的にはナショナリズムをスローガンにした前政権とは違う強権政治が行われてきた。これが体制転換後のロシアの状況であり，課題でもある。

タガンツエフは，ロシア刑事法分野において，帝政時代のロシア刑法学の骨格を構築し，「ロシア刑法学の父」とも，「またはヨーロッパへの窓を開けた人」とも，呼称された。こうしたプロセスを経て，現代ロシアでは，タガンツエフの再評価が進んでいる。中山研一教授は，かつてタガンツエフについて次のように述べていた。「タガンツエフの基本的著作『ロシア刑法』(第二版1902年) は，刑法総則のすべての制度や概念の特殊研究的な叙述であり，百科全書的な性格をもっている。タガンツエフは古典派に属するといわれているが，しかし彼の見解は刑法理論の一連の基本的問題について，古典派の見解を離れ，さらにこれをこえている。たとえば，彼はカントやヘーゲルの刑罰論を批判し，刑罰を犯罪に対する応報ないし論理的帰結と見ることに反対し次のように述べている。『国家の懲罰活動は，論理的帰結や懲罰の女神の自己満足的なあらわれではなくして，個人および社会の発展をあらゆる方法で促進するという，一般的な国家の課題の実現に向けられた合目的的な活動である。』彼は，政治犯罪に対する極端な抑圧の強化を内容とする1903年のツアー刑法典の起草者の一人であり，政治的見解としては君主主義者，しかしそれにもかかわらず，彼は死刑の反対論者であった。」(中山研一著『ソビエト法概論　刑法』(55—56頁))

このようにタガンツエフは，その人物像とともに，学説の論理的繋がりに

もこだわらず，かなり自由な発想の持ち主であったのではないだろうか。しかし，このようなタガンツエフの立場が彼の刑法学説にどのように影響し形成されたかについて今後の課題である。それはまた，革命政権との距離をどのようにとってきたかの課題でもある。革命政権がいわば思想信条の異なる人物に対して寛容であったとすれば，それはどのように理解すれば良いのであろうか。タガンツエフ研究についての興味はつかない。

2　追　記

(1) はじめに

　私は，帝政ロシア期の刑法学者・タガンツエフに関心を寄せ，いくつかの紹介論文を書き，わが国に紹介した[1]。舞台は 19 世紀のヨーロッパで人道主義，自由主義を基礎とした啓蒙思想が普及していた。そこではまだ神や教会の権威にささえられていた中世の刑法や刑事裁判の残酷さと専断に対して人々は激しい怒りを現し，人間を対象とした合理的なものを追求することに目を向け始めた。このような状況を背景にして，近代刑法学は封建制度下の刑法制度を否定することから出発した。そして近代市民社会は発展を遂げるなかで，犯罪と刑罰についての基本的な考え方（刑法理論）をめぐって変化していったのであった。

　ドイツの刑法学界では，古典学派（旧派）と近代学派（新派）が対立してきた。このような学派の争いは国を超えていたところに拡散し，日本の近代

---

1)　タガンツエフの紹介については，いくつかの拙稿がある。まず彼の伝記として，ザゴルドニコフ著『ニコライ　ステパノビッチ　タガンツエフ』（1994 年）がある。その翻訳に拙稿「刑法学と人間」三重大『法経論叢』第 14 巻 1 号 1996 年，『同 (2)』第 15 巻 1 号 1997 年，『同 (3)』第 15 巻 2 号 1998 年がある。その他，刑法教科書 I，II（2001 年）がある。なお，近年，前記刑法教科書の復刻版が相次いで出版されている（いずれも露語）。
　タガンツエフの著作は多数あるが，本書では，まず以下の教科書『刑法講義総論』の概略紹介である。
　Таганцев Н.С. Уголовное право（Общая часть）. Часть I II. По изданию 1902 года.（『刑法講義総論』教科書）
　Таганцев Н.С. Уголовное право（Общая часть）. Часть I II. По изданию 1902 года.（『刑法講義総論』教科書の復刻版）
　Таганцев Н.С. Уголовное право（Общая часть）. Часть I II. По изданию 2001 года.（『刑法講義総論』教科書の復刻大版）

刑法学の発展にも大きな影響を与えてきた[2]。ロシアにおいてもそのような学派の争いは，例外ではなかった。本稿が対象とするロシア刑法学における古典学派の頂点には，タガンツエフがいた，と言われる[3]。

　ところで前にも述べたように，近代刑法の重要な原理のひとつに，罪刑法定主義原理がある。罪刑法定主義とは，国民（実質的には議会）との合意によって成立した法律のみが犯罪と刑罰を規定することができるという刑法上の立法原理である。今日，この原理は，法治国家における必要な法制度を導きだす理念として理解されてきた。一方で，この原理は，単に刑法の範囲にとどまらず，国民に立法への参加を促し，人権思想や民主主義とも絡みながら発展してきた。このため，多くの国がこの原理を採用するということによって，民主主義国家の証とされてきた。しかしながら，このような研究とそれへの実証的成果がソ連邦やその後継たるロシア連邦の国家組成にもまだ見通すことができていない。

　もう一方で，他国の法を自国の法として主体的に受け入れることを意味する「法の継受」という言葉がある。人類史のなかで法は，それぞれの社会の発展形式に応じて受け継がれてきた。また日本における法の継受の例示として，明治期の始めに制定された，刑法や民法などがよく知られている。ところが，「法の継受」は継受された国の文化や社会的基盤と合わず，失敗例に終わることも多かった。明治期の初頭，フランスの刑法や民法などが「法の継受」の失敗例である[4]。

　本稿で対象とする国は，帝政期後半のロシアである。当時のロシアは，ユーラシア大陸の東からシベリアを経て，極東へと及ぶ広大な地域である。しか

---

2)　日本では，新旧学派の争いは，大塚仁著『刑法における新・旧両派の理論』1955 年を参照。近年出版された名和鐵郎『現代刑法の理論と課題』（2015 年・成文堂）参照。

3)　タガンツエフをロシア刑法学における古典学派の代表者とみてよいかについては，現時点では留保しておきたい。
　1948 年版のソ連時代の『刑法総論』教科書は，司法省　全ソ法律学研究所からの出版であり，執筆者も当時の第一線級の刑法学者たちである。このなかでタガンツエフの立ち位置は，「古典学派」とされている。

4)　「法の継受」までではないが，諸外国の立法状況を知る上で有効であり，重要なことは比較刑法学の構築である。わが国では，この立場が弱かった。例えば，明治期以降で，外国の刑事事情の知悉のための作業は個人レベルにとどまっている。しかし外国刑法のなかでも，ドイツ刑法は別格である。

し，当時のロシアは，ヨーロッパの後進国であった。また，この国の民，とくに労働者，農民は，強力な帝政と農奴制によって，過酷な状況下におかれていた。

　もっとも，帝政期ロシアにおける法の継受には，二面性（表裏）の関係があった。これは，表面的には民主的な装いを身につけ，粉飾され，帝政期の民主的制度が形式的に維持され，これを強化されるために西側ヨーロッパの法思想や法理論なども取り込まれた。

　これに対して，裏面では，強圧的で，過酷な帝政運営が労働者や農民などにむけられた。こうして，法が帝国を補強する手段として利用されたのであった。

(2) タガンツエフ『刑法総論』の全体構成

　現代ロシアにおいて，タガンツエフの著作として出版された『刑法総論ⅠⅡ』の大型版は，2001年に刊行され，小型版は，1994年に刊行された。その著書はいずれも二分冊である。この復刻された大型版と小型版には，それぞれ解説者の解説が掲載されている。大型版はナウーモフ（ロシア連邦科学アカデミー国家と法研究所教授），小型版にはザゴルドニコフ（タガンツエフの伝記の著者）である。またこの『刑法総論』は，大部である。大型版Ⅰのページ数が798頁であり，大型版Ⅱのそれは686頁である。小型版Ⅰのページ数が380頁であり，小型版Ⅱのそれは393頁である。さらに原書Ⅰのページ数は815頁であり，ⅠⅡをあわせて1460頁である。いずれも大部な書物である。基本的には，復刻された大型版を使いながら，タガンツエフの人となり，考え方，信条や思想などを検討する。まずタガンツエフの著作全体の構成を知るために，復刻された大型版・小型版の目次を紹介するとともに，それぞれの書物の特徴にも触れてみたい。

　なお，私は，以前にタガンツエフの大型版の目次について紹介したことがある（『刑法学と人間 (3)』（三重大学法経論叢 15 巻 2 号 1998 年 2 月参照））。ここでは，本章の最後の文末に大型版Ⅱの構成を紹介する。

　次に，タガンツエフの生涯について書かれた，ザゴロドニコフによる著作『ニコライ　ステパノビッチ　タガンツエフ』である。一人の人物に対し，こ

れほどの扱いは現代ロシアでは破格のものである。では，いま，なぜタガン
ツエフなのか，タガンツエフ刑法理論とは一体どのような刑法学なのかなど，
その解明に興味はつきない。

　ここでは，まず，ソビエト時代における刑法学の理解について述べておき
たい。周知のように，近代刑法学は古典学派とのドイツを主戦場としたおよ
そ100年にわたる学派の争いのなかから生まれてきたといっても過言ではな
い。このような学派の争いはロシアにおいても例外ではなかった。しかしそ
れは，1917年のロシア革命までであり，理念の異なる新しいソビエト・ロシ
アには到底受け入れられることはなかった。ソビエト・ロシア時代では，こ
のような古典学派対近代学派の争いの展開はもはや進まなかった。そこでロシ
ア革命以後，刑法における古典学派も，近代学派も所詮ブルジョア法であり，
新しい法として労働者や農民階級の法としての社会主義刑法の模索が始まっ
た。そして，その模索の先にある新しいタイプの刑法が展望された。「犯罪
のない社会の建設」とは，刑法の役割を抑制し，例えば市民のコンプライア
ンス（compliance）や倫理観を高めるための理念の構築とその社会的実験に着
手した社会の建設であった。しかし，それは，70年のソビエト国家といえど
も，完成することなく，未完に終わった[1]。刑法学分野では，この先頭に立っ
た人物の一人としてピオントコフスキー（子）がいた[2]。彼は，ブルジョア法
の根底を支えている，カント，フイヒテ，ヘーゲルらの哲学を批判した，論
文や著書を多数刊行している。この間の事情について，ピオントコフスキー
（子）は次のように述べていた。「古典学派の主張は，主に18世紀末から19
世紀のドイツにおいて展開されていたが，その主張の源泉は，カント・フィ
ヒテなどの著作のなかに見られる。このことは，当時のドイツにおいて発達
しつつあるブルジョアジーの側からの旧い封建秩序に対抗するための法と国
家の問題，さらにこれらの利益を擁護する刑法の問題と関連していた[3]」。ピ
オントコフスキー（子）は，このように述べ，ブルジョア階級と労働者・農民

---

1) 私たちは，ソビエト刑法とは何であったのかを探求するために，上田寛・上野達彦共著『未完
の刑法』（2008年　成文堂）を刊行した。
2) ロシア刑法学上，ピオントコフスキーとして名をのこした2人の人物がいた。両者は親子で
ある。この2人については，拙書『ペレストロイカと死刑論争』（三一書房　1993年刊）161頁以
下「刑法学者の父と子─ピオントコフスキー父子の生涯」に詳しい。

第6章　帝政期ロシア時代の刑法学者・タガンツエフについて　　*137*

階級との対抗関係のなかで刑法の果たす役割を見いだそうとしたのであった。

　私は，刑法研究者が常に，このような歴史研究を客観的に事実として直視しながら，時代の社会的要請が何であるかを見いだすことがもとめられている，と思う。ピオントコフスキー（子）は弁証法的方法論に依拠しながら，その社会的要請を探索する鍵を，歴史的時代区分のなかから探り出すことを試みてきたのであった。

(3)　タガンツエフ刑法学と比較刑法学研究の意義

　日本における近代刑法の歴史は，その始まりが明治維新以降のことである。その歴史は，明治維新以降に先行したヨーロッパの法文化（フランス，そしてドイツ）からの模倣から出発した[1]。そのこと事態がとくに問題はない。どこの国でも，法の継承は模倣から始まったことといっても過言ではない。いまや，グローバル化の時代であるといわれ，いままで得難かった情報がパソコンやスマートホンなどの情報機器によって，瞬時に入手が可能になった。また，地球規模の課題にそれぞれの対処が異なってはならないと考える人，あるいは一国の利益のみに拘泥しては地球の価値は守れない，という意見もある。とりわけ，テロ行為，情報を使った犯罪，環境破壊（エコサイド），大量虐殺（ジェノサイド）などにどのように解決をはかるかはそれぞれの国の法律に委ねられている。わが国でも例外はない。

　それにもかかわらず，わが国では，日本刑法の母法であるドイツ刑法研究の議論が中心である。学会の議論の場における質疑の途上でドイツ刑法の条文が飛び交う様は，やはり異様である。ドイツ刑法は日本刑法にとって，あくまで外国の刑法であり，これをベースにして細かい規範主義的な議論をすることはできるだけ避けていかなければならない。

　このようにグローバル化が進む現代社会において，外国との交流はますます盛んになっていくであろう。このためにも，学術的，実務的な刑事法分野

---

　3)　ピオントコフスキー（子）『カント・フオイエルバッハ・フイヒテの刑法理論・序文』(1940年・露語) А.А Пионтковский Уголовно-Правовые Вззреня Канта, А. Фейерваха, п фцхте, 1940, Ученые Труды "ВЫпуск 1"

　1)　それでも隣国のロシアへの関心はあったと思われる。明治期の初め，司法省蔵版『アニシモーフ著魯西亜刑法上下』（明治15年）が出版されていた。

138　Ⅱ　「移行期」の苦痛

において，比較法的に研究すべき課題の範囲も広がっていくであろう。この課題について整理するうえで，参考になる論文がある。著者は，ソビエト・ロシア時代の刑法学者，ケリーナ教授（1928―2013 年）である。論文名および出典は，「社会主義刑法の比較研究の方法論的諸問題」『比較法学の諸問題』（露語 1978 年）所収である[2]。

　以下は，この論文の一部分（前掲）を要約したものである。

> 　「比較法学の対象となるのは，ソビエトの刑法学者は，比較法学を，研究の個々の特別な方法の一つと理解している。その方法によって，法のそれぞれの部門，刑法の諸制度，個々の刑法規範と理論が比較される。多くの刑法文献のなかには，研究の比較方法だけが比較刑法の対象と見なしている刑法学者がいるが，この方法は倫理学，社会学，歴史学などの隣接諸科学の方法と並んで用いられている。また，こうした比較法学の研究の目的には，国内法を完成させるためにも，その組み合わせが無条件に必要となってくる[3]。」

　ケリーナ教授はこのように述べ，刑法における比較法学の重要性を説いたのであった。

(4)　タガンツエフの活動と刑法学の業績

　タガンツエフは，サンクト・ペテルブルグ大学で法学教育を受けた。同大学を卒業後，刑法講座に残り，刑法学研究者として業績をあげた。その間，2 年間にも及ぶドイツ留学のなかでドイツの著名な刑事法学者，ミッテルマイヤーの指導を受けた。帰国後，1870 年に提出された博士論文のタイトルは，「ロシア刑法における生命に対する犯罪について」であった。タガンツエフの創作活動は，ロシアの法律学にだけでなく，ロシア文化史全体にも影響を及ぼした現象であった。タガンツエフは，研究活動と平行して，立法編纂にも携わった。1881 年には，「新しい刑事法典草案準備委員会」に参画した。刑事法典総則草案とその説明書，並びに各則草案の 3 部門の完成したバリアントが，タガンツエフによって個人的に準備された。さらにタガンツエフは，裁判機関における実務活動にも関わった。1887 年に彼は，元老院刑事破棄部

---

　2)　拙訳「比較犯罪学・比較刑法」（「三重大学法経論叢」第 4 巻 1 号所収）
　3)　前掲書 116 頁以下。

第6章　帝政期ロシア時代の刑法学者・タガンツエフについて　*139*

判事に選出され，10 年間その議長職にあった。1906 年にタガンツエフは，国
会議員にも選出された。タガンツエフの数多くの学術的な仕事のなかで，圧
巻は刑法総論についての I と II 巻であった。それは，彼の 20 年間の専門活
動の総括でもあり得た。この仕事は，高く評価された。そのことは，特に，
モスクワ大学法学部がスペランスキー伯爵賞を彼に授与したということに現
れた。そして 1917 年 12 月にタガンツエフは，ロシア科学アカデミーの名誉
会員に選ばれた。

　タガンツエフは，ロシア刑事法分野において，帝政時代のロシア刑法学の
骨格を構築した[1]。

(5) タガンツエフの刑法学〜次に向って

　上に見たように，タガンツエフの刑法理論を，多くのロシアの刑法学者は，
リベラルで人道主義的な理論として評価することができると評価していた。
彼は，死刑の徹底した反対者であった。また彼が犯罪者と犯罪を研究するな
かで社会学派の功績を認めつつも，具体的な有責ある行為に対してのみ責任
を負うという立場に毅然と立ち，刑事責任の基礎に「人格の危険な状態」を
認めることや刑事罰に代えて予防的な保安処分を適用することに徹底的に反
対した。同時にタガンツエフは，犯罪という概念を不道徳なものと同一視す
ることによってこれを拡大することにも強く反対した。「犯罪は，不道徳な
ものとドイツではありえないし，あってはならない。そのような同一化は歴
史の深い教訓が示しているように，裁判を誤った道に追い込むことになる。」
それは，国家の懲罰活動の領域に思想，確信，激情や悪徳の訴追を持ち込む
ことになる。現世の裁判が良心という自らの特性を横取りすることを強いる
ことになる」（タガンツエフ『総論』1994 年 27 頁）。タガンツエフは，政治の分

---

1)　現在，タガンツエフについての評価に対して異論はない。ソビエト時代には，ブルジョア法
　学者の枠内とはいえ，彼についての評価は高かった。彼が最も大事にした価値は人のいのちであ
　る。それは，『刑法総論講義』において次のような書き出しで始まっている。「『序論　刑法，その
　内容と構想』すべての国民のいのちへの侵害は，常に，いたるところで行為によって行われるこ
　とが証明される。それはさまざまな理由で人に対しむけられる。行為は，いたるところで，さま
　ざまな理由によって行われる。それは禁制品とみなされるものばかりではなく，犯罪とみなされ
　る行為を行う人に対し，またそれを教えた者に対してむけられる。その行為は，法秩序の求めや
　それを維持している権力の命令に毅然と服従しないことである。」(19頁)

野では，憲法制定会議に関連した国政において民主主義的変更に期待を寄せ，革命的な暴力的方法に組することなく，10月革命を受け入れることはできなかった。こうした評価は一般的であろうと思われるが，今後の課題である。

　また，タガンツエフ理論が古典学派であろうか，あるいは近代（実証）学派に属するであろうか，という根本的な課題も同様である。

　前にも述べたように，多くの刑法学者は，彼が古典学派にあって，そのような枠を超えていた人物であったと評している。こうしたタガンツエフに対する評価は，好意的なものであった。

　（本章は，放送大学研究年報第33号に投稿した「帝政期ロシア時代の刑法学者・タガンツエフについて」の続編であり，その発展形式である。記述において，前稿と重複する部分も少なからず存在する。しかし，本章では，新しいテーマの発掘への挑戦でもある。─上野）。

タガンツエフ著『ロシア刑法Ⅱ』目次項目
総論
第4章　刑罰
1　国家の懲罰活動
　　191．国家の懲罰活動を研究するにあたって生じる諸問題
　Ⅰ　懲罰活動の境界
　　192．刑罰を犯罪行為のその他の結果から区別すること
　　193．犯罪行為の予防策とこれを阻止する方策
　　194．犯罪行為の訴訟法的結果
　　195．犯罪行為を引き起こした，損失や損害に対する報償
　　196．訴訟費用
　Ⅱ　懲罰権の主体
　　197．懲罰権の主体の概念のなかでの歴史的変化
　　198．わが法における懲罰権の主体
　Ⅲ　懲罰法の基礎
　　199．国家が処罰するという権利を否定する理論
　　200．個人の資質から処罰する権利を得る理論
　　201．社会生活の条件のなかから処罰する権利を得る理論
　　202．懲罰権力の法的基礎
　Ⅳ　懲罰活動の内容と目的
　　203．報復理論

204. 過度期理論
205. 有益理論
206. 国家の懲罰活動の目的と内容
V　懲罰権の客体
207. 懲罰権の客体としての犯罪行為
208. 懲罰権としての犯罪の個々の状況
209. 義務として，また国家権利としての刑罰の適用
Ⅵ　刑罰の一般的特質
210. 個々の刑罰の特性
211. 刑罰のその他の特質
2　ロシアの懲罰体系
212. 刑罰の段階
213. 刑罰法典前の刑罰段階
214. 刑罰法典の刑罰段階
215. 主刑：刑罰法典前のロシアの死刑
216. 現行法における死刑
217. 自由剝奪：刑罰法典前のロシアにおける移住地への強制移住と追放
218. 現行法における強制移住と追放
219. 矯正の部屋
220. 強いレベルの拘禁
221. 刑務所への拘禁
222. 拘禁の部屋
223. 拘禁の部屋で管理
224. 現金による罰金
225. 付加刑：Ⅰ権利の剝奪と制限
226. Ⅱ居住場所の制限
227. Ⅲ財産の没収と犯罪活動の結果の根絶
228. Ⅳその他の付加刑
229. 代えられる刑罰：矯正保護施設
230. その他の代替刑
231. 特殊な刑罰：
　　　　軍事法に関する刑罰体系
　　　　郷裁判所で決定される刑罰
232. 刑法典に規定されていない懲罰
　　　身体刑
3　懲罰処分の評価

Ⅰ　死刑
　233.　立法と実務における死刑とその死滅
　234.　死刑の「是」と「否」の論拠
Ⅱ　傷害刑
　235.　傷害刑の死滅
　236.　傷害刑の「是」と「否」の論拠
Ⅲ　自由の制限とその剥奪
　237.　政治的監視
　238.　国家からの追放
　239.　未開拓地ではない土地への追放
　240.　未開拓地への追放　追放の歴史
　241.　刑罰としての追放の評価
　242.　過去の拘禁
　243.　刑罰としての拘禁の評価
　244.　受刑者の配分措置
　245.　拘禁期間
　246.　期限前仮釈放
　247.　刑務作業
　248.　受刑者の報酬費の手続き
　249.　拘禁管理
　250.　釈放された受刑者に対する監督
　251.　特別な拘禁　年少者のための施設
Ⅳ　名誉および権利の剥奪
　252.　さらし刑
　253.　公民権剥奪
　254.　刑罰としての剥奪の評価
Ⅴ　財産刑
　255.　没収
　256.　罰金
　257.　その他の徴収を罰金による代替
4　刑の適用
Ⅰ　責任基礎としての犯罪行為
　258.　量刑に際し，裁判所の権利の限度
　259.　責任措置の基礎としての犯罪行為
　260.　複雑化した犯罪行為
　261.　いくつかの法が合併した単一の行為

観念的競合

II 責任措置に影響を与えた事情
262. 処罰に影響を与えた特別および一般事情
263. わが法について責任を減軽するか，強化する事情
264. 犯罪行為の競合
265. 責任の競合の影響
266. 競合規則の適用の訴訟手続き
267. 罪の言い渡しののち，服役までに新しい行為を引き起こした場合
268. 累犯
269. わが法の累犯の決定
270. 過去の前科の証明手段
271. 責任に影響を与える事情の重なり
272. 一つの刑罰を他の刑罰に移す手続き

III 裁判所が量定した刑罰の変更
273. 刑罰の代替
274. 刑の加算
275. 刑の期限前の停止および期限後の延長
判定されない判決
276. 権利の回復
277. 刑の執行の延長
278. 執行猶予

IV 処罰を免れる事情
279. 処罰を排除する事情の法律的意味
280. 罰金の支払いと褒章の任意の支払い
281. 被害者との調停
282. 被告の死亡
283. 時効，刑事時効の基礎
284. 有効期間を定めない行為
285. 時効期間とその停止手続き
286. 刑事訴追の提起時効を停止する条件
287. 判決の決定を免れる時効
288. 被疑者が刑の適用を免れる時効
289. 時効の経過を定める条件
290. 時効の訴訟法的意味
291. 特赦とその種類
292. わが法における特赦の決定

Ⅲ　ソビエト刑法の振幅

第7章　いわゆる「反革命犯罪」をめぐって*

1　問題の意味

　国家権力の奪取に向けられた全社会的な行為とその結果としての革命は，すぐれて政治的な概念であって，これを法的に構成することは困難であり，むしろその本質に反することとなろう。しかし，革命によって成立した新たな政治権力が，自己の転覆と旧体制の復活を目指す行為に刑罰をもって対応する例は，フランス革命以来広く知られている。というよりは，既に安定した政治権力であれ未だ不安定な政治状況にあるそれであれ，自己の権力を脅かす行為に対しては内乱罪その他の犯罪として臨み，その行為者を処罰することが一般的であるといえよう。刑法的諸制度は本質的に現存の政治体制，権力構造を擁護することを使命としているのであり，そこに刑法の階級的性格が露わとなる。

　であれば，ソビエト政権が自己の達成物である社会主義国家を防衛しようとして，刑法典に国家犯罪の一つとして「反革命罪」を処罰する規定を置き，それにより有罪とされた者を厳罰に処したこと自体は，格別に論議を呼ぶことではなかったはずである。にもかかわらず，問題を異様に緊迫した性格のものへと押しやった理由は以下の2点にあるように思われる。

　まず第1には，伝統的な刑法的思考を形式的ブルジョア民主主義の反映であると批判して，実質的・階級的本質をこそ宣言すべきだとして，ソビエト刑法が反革命犯罪という概念を正面から刑法典に採用したことである。

＊　本章は当初，『刑事法学の新展開―夏目文雄先生古稀記念論文集―』（中部日本教育文化会 2000年刊）に所収されたものである。宮内裕，木田純一，中山研一，井上祐司といった各先生方とともに，ソビエト刑法を含め社会主義諸国の刑法に多くの関心を払ってこられた夏目文雄先生の古稀をお祝いするこの企画に参加する機会を得たことて，ソビエト刑法における反革命犯罪という，かなりに重苦しいテーマに向きあう契機とできたことに感謝したい。（上田）

148 Ⅲ ソビエト刑法の振幅

　近代刑法の誕生を告げたフランス革命期の刑法典は「反革命罪」を知らない。革命により共和国を樹立した第3身分にとっては，彼らの権力を覆して王制を復活させようとする者は，抽象的な「法」に背反する者であり，──当時のヨーロッパの政治地図も背景におくとき──まさに祖国に反逆する者，「売国奴」ないし「非・愛国主義者」として処罰することで足りた，ということであろう。革命を封建的な社会階層に対する新興の中産階級の勝利として，後者による政治権力の奪取としてではなく，人一般の勝利と自然権の確立として捉える市民革命のイデーの下では，それこそが当然の対応でもある。またドイツ刑法学における政治犯罪の研究が活況を呈したワイマール期においても，検討の中心は「確信犯論」であり，責任主義の限界であって，そこにおける刑法理論家の意識はより抽象的であり，当時のソビエト・ロシアの刑法学の関心とは限りなく遠かった。そこでは，むしろ，ソビエト刑法の対応には批判的な空気が強かったのである。若いソビエト刑法学が西ヨーロッパの刑法理論との緊張した対抗関係の中でしか自身を展開しえなかったこと，その担い手達の革命の主体との一体性の誇示の姿勢，そして旧いヨーロッパからする「野蛮な弾圧・反対派に対する報復としての粛清裁判」への批判という図式にあっては，象徴的な問題として「反革命罪」への関心が大きくならざるをえなかったのである。

　そして第2に，刑法的な制度として採用された「反革命罪」が，それが本来想定されていたはずの範囲を超えて濫用され，社会主義の本質にかかわる問題へと発展したことである。後に見るような，狂気としか思われぬ同胞，同志，仕事仲間，隣人の大量殺害が引き起こした精神的なパニックは，ソビエト社会ではインテリゲンツィアへの一般的な不信をばらまきつつ広範な市民の漠然とした恐怖の中に沈潜して行ったが，西側社会にあっては，反ソビエト宣伝の好材料としての過大視とソビエト政権への不信，好意的な沈黙ないし正当化の中で緊張の度を強め，結局は「反革命罪」とその実務にかかわる問題を反ソと親ソ，「自由主義」と社会主義，民主主義とファシズム，といった政治的な対抗関係の分水嶺へと転化せしめたのである。

　かくして，問題は一直線にソビエト刑法における反革命罪の実態へと至る。──それはいかなる歴史的経過をたどって登場し，刑法的制度としてい

かに構成され，そしていかに運用されたのか。

　1991年の夏，あの奇妙なクーデター事件の直前にモスクワの街頭で入手した1冊の本がある。『名誉回復 30—50年代の政治裁判』[1]と題するこの本は，ゴルバチョフのイニシァティヴの下にソ連邦共産党中央委員会政治局が設置した「30—40年代および50年代初期に存在した抑圧に関する資料の補充調査委員会」（ソロメンツェフ委員会）の報告書を編集したものであった。読み進めつつ，そこに再録された一連の政治裁判の記録の荒唐さにあらためてショックを受け，また被告人たちの言葉が真実のみが持ちうる響きで語りかけてくることに，圧倒されざるをえなかった。その頃から次々と公表され始めた旧KGB文書などの新資料の奔流が描いてみせたものの多くは，かつてソビエト刑法史あるいは犯罪現象を検討した際には見えなかった光景である——　無能であるがゆえに見えなかったものも，見ることを欲しなかったために見えなかったものも，そこにはある。しかし，ソビエト刑法の残したものを明らかにしようとするわれわれの作業にとって，たとえそれがすでに時宜を失した，また苦痛なそれであっても，この問題を検討することを回避して済ますことはできないことが明らかである。

2　ソビエト刑法における反革命犯罪

(1) 法的な枠組み

　権力掌握の直後から，ボリシェヴィキを中心とする革命政府は一連の布告をもって旧官僚や企業主のサボタージュを犯罪であると宣言し，また出版物による反革命宣伝・煽動や反革命的目的をもってする住民の結集を刑罰によって威嚇し，また各種商品の買占めや販売価格の吊り上げを重大な犯罪であるとして取り締まり，そして直接に，各地で発生する反革命的な反乱の鎮圧に軍部隊と勤労者とを動員した。激動する政治状況の中で矢継ぎ早にとられたそれら措置に際して，ソビエト政権の目的と活動に反対する者は常に「反革命」と呼ばれ，その行為は「反革命犯罪」と規定されたが，そこに厳密な

---

1)　Реабилитация. Политические процессы 30-50-х годов, М., 1991.

150　Ⅲ　ソビエト刑法の振幅

法的規定は存在しなかった。

　それらしきものとして初めて定式化がなされたのは，19 年 11 月 20 日の革命軍事法廷規程（СУ РСФСР, 1919, No. 58, ст. 549）においてであるが，そこで反革命犯罪として数え上げられた行為は次のようなものであった。

　　a）ソビエト社会主義体制を転覆することを目的とした陰謀および暴動
　　b）ソビエト共和国に対する反逆
　　c）スパイ行為
　　d）労農政府およびその設置した権力機関に対する暴動
　　e）共和国の法律またはソビエト権力の決定もしくは命令の要請を実施
　　　することへの反抗
　　f）上記の犯罪行為を群集もしくは軍部隊に実行させることを目的とした煽動および挑発行為
　　g）秘密の情報および文書の暴露
　　h）ソビエト権力，赤軍部隊および敵側についての虚偽の情報やうわさの流布
　　i）秘密の計画あるいはその他秘密の文書を盗み，あるいは破棄すること
　　j）鉄道線路，橋梁その他の施設，電信電話線，国有財産の倉庫を故意に破壊もしくは加害すること

　これらは，しかし，未だ体系的でなく，それぞれの概念にも不明確なものが含まれていた。何よりも問題は，当時の緊迫した政治状況に条件づけられて，これら犯罪との闘争はむしろ軍事的な性格のそれと位置付けられ，一般の刑事司法とは区別された，全ロシア非常委員会［ВЧК］—革命法廷という「革命の擁護者」たる闘争部隊の手で推進されたことである。そのために，かえって反革命犯罪の概念は不明確なままに置かれたとも言えよう。

　1922 年，革命後初めて編纂された刑法典は「労働者・農民国家および革命的法秩序をその侵犯者および社会的危険分子から防衛し，また革命的法意識の堅固な基礎を確立することを目的として」（施行に関する全ロシア中央執行

第7章　いわゆる「反革命犯罪」をめぐって　*151*

委員会決定）制定されたのであるが，その各則第1章を「国家犯罪」とし，その中に「反革命犯罪」と「行政秩序に対する犯罪」とに関する規定を置いていた。

　刑法典第57条に与えられた反革命犯罪の定義は，当初からきわめて広範なものであった。

> 「労働者・農民ソビエトおよびロシア共和国憲法を基礎として存立する労農政府の権力の転覆，破壊または弱体化に向けられたすべての行為ならびに国際ブルジョアジーの資本主義に取って代わりつつある共産主義的所有制度の同権を認めず干渉または封鎖，スパイ，新聞に対する財政援助などの手段によりその転覆を志向する部分の援助を目的とした行為は，反革命的であると見なされる。」

　以下，58条から73条まで，武装反乱，外国との通謀，反革命組織への参加，妨害行為および職務サボタージュ，スパイ行為，反革命的な煽動文書の頒布，さらには旧体制下での反革命的な職務への従事といった犯罪類型が列挙されている。

　ところが，このような反革命犯罪の把握は，新経済政策の展開にともない，翌23年には大幅に改正される。新たな57条は次のような第2文を加え，それによって，いまや反革命犯罪は公然たる敵対行動だけでなく，その目的を隠して行われる加害行為，プロレタリア革命の政治経済的な獲得物を傷つけると知って行われるすべての行為を含みうることとなったのである。

> 「同じくまた，直接に上記の目的の達成に向けられておらずとも，行為がその中にプロレタリア革命の政治的または経済的な基本的獲得物に対する企図を含むことが実行者に知られている行為は，反革命的であると見なされる。」

　反革命犯罪の概念のこのような「厳密化」によって，国内戦の時代とは異なる条件の下での反革命犯罪，とりわけ「労働者階級の独裁に対する階級敵の新たな敵対形態である経済的反革命」との闘争に役立った，とピオントコフスキーは書いている[2]。

　22年刑法典により定式化された反革命犯罪の理解は，ソ連邦の形成により各共和国が独自の刑法典を作る際にも，連邦を通じて共通のものとして受け

---

2)　Курс советского уголовного права, т. Ⅳ, М. 1970, стр. 70-71.

継がれ, 50 年代末まで存続した。具体的には, 1927 年 2 月の連邦法である「国家犯罪規程」が反革命犯罪の定義規定を持ち, それを各共和国刑法典がそのまま採用することとされたのである。ロシア共和国の 26 年刑法典の場合は第 58 条がそれにあたっていた。

> 「労働者・農民ソビエト権力およびソ連邦憲法および連邦構成共和国の憲法に基づき選出されたソ連邦, 連邦構成共和国および自治共和国の政府の転覆, 破壊またはソ連邦の対外的な安全およびプロレタリア革命の経済的, 政治的または民族的な基本的獲得物の弱体化に向けられたすべての行為は, 反革命的であると見なされる。
> 　全勤労者の利益の国際的な連帯のために, これら行為はそれが, ソ連邦を構成していなくともあらゆる勤労者国家に向けられた場合も, 反革命的であると見なされる。」

　これ以降, 30 年代から 40 年代にかけて数次の改正を重ねつつ, 国家犯罪規程と 20 年代刑法典はソ連邦における犯罪処理に効力を維持し続け, 「反革命犯罪」に対する苛烈な抑圧の基礎として機能し続けたのである。

　1950 年代末以降の非スターリン化の過程において推進された「社会主義的合法性の復活・強化」路線は, 当然, かつての刑事抑圧の濫用をもたらした諸条件の克服を重大な課題として提起し, 刑事立法の全面的な再編が進められる。反革命犯罪についても, 1958 年 12 月にソ連邦最高会議が「国家犯罪に対する刑事責任に関する法律」を採択したことによって, 状況は根底から変わった。この法律, それに基づいた 1958 年のソ連邦の刑事立法の基礎, そしてその後に相次いで成立した各共和国の刑法典は反革命犯罪の概念を放棄し, いわば国家犯罪を脱階級化したのである。

　しかし, 新刑法典に規定された「とくに危険な国家犯罪」(ロシア共和国 1960 年刑法典 64 条〜73 条) や 1966 年に拡充された「行政秩序違反罪」(同刑法典 190 条の 1〜3) は, いわゆる反体制派知識人に対しても適用され, 結局は刑事抑圧の政治的な運用という点においてスターリン時代と連続する状況を導いたと批判され, 最終的にはエリツィン時代になった 1989 年の 9 月に刑法典から 70 条 (反ソ的な宣伝・煽動) と 190 条の 1 (ソビエト国家・社会体制を誹謗する虚構を故意に流布すること) が削除された時まで, 問題は残りつづけたのである。

(2) 軍事的・行政的な対応

反革命犯罪に関する法規定の整備は，しかし，問題のいわば形式的な側面に過ぎない。国内戦の時代の非法律的な実力による処理方法はネップへの移行後も残り続け，反革命犯罪を他の一般的な刑事犯罪とはその階級的な性格において類型的に異なるものとして，手続き上も区別して扱うことが続いたのである。

既に 1922 年刑法典の公布の 2ヶ月後には，全ロシア中央執行委員会により行政的な追放に関する布告（СУ РСФСР, 1922, No. 51, ст. 646）が公布され，反革命的な運動に関与した者を 3 年以内の期間，国外もしくは任意の地域に行政的な手続きで追放することを認めた。この処分を適用するために内務人民委員部[内務省]に特別会議が設けられた。さらに同年 10 月の布告によって，この特別会議には反ソ的な政党の活動家や危険な一般刑法犯罪により 2 度以上有罪判決を受けたことのある者を追放し，追放先の矯正労働ラーゲリに収容する権限が与えられた（СУ РСФСР, 1922, No. 65, ст. 844）。

このような対応が広くとられた背景には，革命とそれに続いた国内戦の日々はなお記憶に新しく，ソビエト政権の新経済政策への後退に力を得た旧勢力のさまざまな策動に，政権の側が神経質になっていたという事実が指摘される。「誰が誰を」という問題は未だ決着を見ていなかったのである[3]，と。

上述の布告が，匪賊行為や武装しての財産犯罪に対して，これを裁判抜きで現場で銃殺に処する権限を国家政治警察（ГПУ）に認めていた事などからも，それは理解できよう。

しかし，この時期に組織化された行政的な措置としての追放とラーゲリ収容は，その後，ソ連邦の結成にともない他の連邦構成共和国にも広がり，新経済政策の成功により国内経済の回復と政権の安定度の向上が確認された後も，一貫して残り続けたのである。

国内戦は終わり，新経済政策の下で国民経済の復興をめざすという課題の前では，本来，これまでのような行政的手法は取りえないはずであった。第 9 回全ロシア・ソビエト大会は 10 月革命の成果を内外の敵から護る闘争での

---

3) Герцензон А., Из истории советского общесоюзного законодательства, «Сов. Законность», 1967, No. 6, стр. 22.

154　Ⅲ　ソビエト刑法の振幅

全ロシア非常委員会（ВЧК）の偉大な貢献を称えた上で，今後はその権限を縮小し，革命的合法性の原則を強化せねばならないとした。これをうけて，22年2月の全ロシア執行委員会布告は閣僚会議に直属する万能の非常委員会（ЧК）を廃止し，内務人民委員部に属する国家政治警察ГПУを設置した（СУ РСФСР, 1922, No. 16, ст. 160）。国家政治警察に改組されたこの機関には，公然たる反革命行動の鎮圧，反革命犯罪，スパイ行為，匪賊行為との闘争，国境警備，密輸取り締まり，鉄道および水上交通の保護，その他個別に政府機関から委任された革命的秩序の防衛，といった使命が課せられていた。同年末のソ連邦結成にともない，ロシア，ウクライナ，ベラルシア，その他の自治共和国等のГПУも統合され，さらにザカフカース連邦のЧКもここに加わって，統合国家政治警察（ОГПУ）が組織された。連邦の中央執行委員会幹部会が制定したその規程にも同様の使命が明らかにされていた（Вестник ЦИК, СНК и СТО СССР, 1923, No. 8, ст. 225）。ОГПУ議長にはВЧКの創設以来の議長ジェルジンスキーが就任した。この組織はその後，1954年にКГБ（国家保安委員会）へと改組されるまで，全能の執行機関として機能し続けたのである。

　ここに，「反革命犯罪」に関する2元的な構造が定着することとなった。本来，反革命「犯罪」は刑法上の概念であり，他の犯罪と同じく成文の刑法典に根拠を持ち，違法有責な行為についてその責任者を処罰することが許容されるものであったはずである。自己の階級的な存在性格を正面から宣言するソビエト刑法にしてはじめて，そのような対応が可能になったのだ，と誇示されたことが確認されなくてはならない。ところが，革命の利益の迅速な防衛を理由として，ここに軍事的・行政的な権力の行動基準がその正当性を主張し，法的な制度枠組みに並行するようになる。当初それは単なる捜査機関であると説明されたのであるが，やがて行政的な追放やラーゲリ収容，ついには銃殺までをも，刑事裁判抜きに行政的な手続で適用するに至るのである。

(3)　「転換」

　しかし，「反革命犯罪」のありようを大きく変えるにいたったのは，20年代の終わりからのソビエト国家に進行した政治的，社会・経済的変化それ自体

であり，その振幅の大きさである。その中で，刑法典その他の刑事諸立法の改正論議が起こり，刑事政策の全システムを根底から変革しようとする作業が繰りひろげられ，そして行政的手段による「反革命犯罪との闘争」は激化した。

1927年の末にソビエト国家の工業および農業生産高は戦前の水準を回復し，第15回党大会（27年12月2—19日）は第1次5ヶ年計画作成の指令を発したが，1929—31年はこの5ヶ年計画の実施の初期に相当する。国民経済の社会主義的改造をめざしての社会主義的工業化の展開と農村の全面的集団化の推進は，多ウクラード体制を前提としたネップ期とは異なる一時期（「再建期」）として，ソビエト権力の施策や立法に構造的変化を要請することとなった。そして，そのような大状況の中において，ここで論じられる問題に一個の方向付けを与えたものは，そのような「転換」（1929年は「大転換の年」と呼ばれている）のあり方であった。

第1次5ヶ年計画の採択による急速度の社会主義工業の建設と農業の全面的集団化・階級としてのクラーク（富農層）の一掃という政策は，ネップによる後退の際にも予測されていた発展コースの一段階ではあるが，その実施には多大の困難を伴った。5ヶ年計画の予定する高度の発展テンポは農民と労働者大衆の肩に重荷を負わせることによってのみ達成可能なものであり，農業の集団化とクラークの一掃は農民大衆の動揺とクラーク側からの必死の抵抗を呼び起こすものであった。富農は集団化に反対して，煽動，家畜の毒殺，さらには共産党員やコルホーズ指導者の暗殺など，全力を挙げて抵抗した。これに対しソビエト権力は，富農の収奪禁止を解除し，農民大衆による富農の完全な収奪を認めた。このような農村の状況は必然的に生ずる一定程度の「いき過ぎ」をも含め，きわめて切迫した危険を生ぜしめた。また都市においても，ネップによるソビエト政権の漸次的変質への期待を裏切られたブルジョア的分子の公然・非公然の反抗をまねいた。すでに1928年にモスクワで，石炭産業で働く技師達を被告人とする「シャフトゥイ事件」の裁判がかのヴィシンスキーを裁判長として進められたが，1930年から31年にかけて，工業部門の上層技術者を中心とする「産業党」，農業人民委員部内に中心を持った「勤労農民党」，国家計画委員会，最高国民経済会議，旧営銀行，その

他の機関で活動していたメンシェヴィキ組織「ロシア社会民主労働党全国
ビューロー」という，三つの大規模な反革命組織が摘発され，それらの成員
に対する公開裁判は全国的な憤激を呼び起した。これらの状況は相互に関連
しつつ，ソビエト権力の置かれた状況の困難さを労働者・農民に認識させつ
つ，また社会主義建設の方法に反映して，そのプロセスを「第2の10月」，
「新たな革命」，とも言うべき，きわめて攻撃的なものとするものであっ
た。──そのように説明され，それに立脚して多くのことが論じられてきた。

　それらは今日，新たな歴史資料によって再検証することが求められている。
その作業によって，おそらくは，ここに説明された原因と結果との因果関係
はむしろ逆であったと証明される可能性が大きいであろう。しかし，それも
また91年以降の「非ソビエト化」の推進者による説明であってみれば，全面
的にそれに依拠することに躊躇をおぼえるのも事実である。

　ともあれ，今しばらくはそこに事実として現象したものを追うこととしよ
う。

　事態は異様な緊張をはらみつつ，悲劇の幕開けへと急ぎ足に近づきつつ
あった。

(4) 大粛清へ

　「転換」を経た1930年代のソビエト社会──スターリソの個人崇拝を昂進
させ，社会の各分野での大量の犠牲者を生んだ「粛清」をもたらしたこの時
代の犯罪と刑罰の諸問題を検討の対象とすることは，事実，重苦しい作業で
あり，それ自体複雑で多側面的な周辺諸領域における研究作業を要求するも
のであろう。ここでは，しかし，われわれの課題を検討するに必要な範囲で
の，当時のソビエト社会の特徴の簡単な素描にとどめよう。

　1929年に開始された第1次5ヶ年計画は4年3ヶ月で超過達成され，ソビ
エト経済は決定的な変容を遂げた。工業生産は第1次世界大戦前の3倍，国
民経済生産の70％に達し，ソビエト国家は工業国へと変化した。また，農業
においては個人農に替ってコルホーズとソフホーズが主導的な地位を占める
ようになり，多くの問題をはらみつつも全面的集団化の推進を通じて階級と
しての富農層は一掃されるに至った。ソビエト国家においては「社会主義の

基礎が築かれた」，と言われた。

　そしてこの基礎の上に，1933年から第2次5ヶ年計画が開始され，ソ連邦における社会主義的改造の完成が目ざされた。工業化と農村の集団化のなお一層の発異・強化と並んで，そこに課題とされたのは国内において階級的敵対分子を完全に一掃し，また勤労大衆の意識における革命を遂行することであった。第17回党協議会（1932年1月—2月）において「第2次5ヶ年計画」の要綱は決定されたのであるが，そこにおいて報告者モロトフは，第2次5ヶ年計画の某本的政治課題を「資本主義約諸エレメントと階級一般の終局的一掃，階級的差異と搾取を生み出す原因の完全な除去，経済と人々の意識における資本主義の残津の克服，国の全ての勤労住民の無階級社会主義社会の意識的で積極的な建設者への転化」であるとし，ソビエト社会の発膜への楽観的気分を煽りたてた。

　しかし，このような明るい予測と並んで別の側面，困難な諸点の指摘もまたなされていた。それは一般的には「個々の時点，地域，分野での階級闘争の激化」と言われるものであったが，特殊的には農業問題における困難な局面であった。1933年1月7日のスターリン報告「第1次5ヶ年計画の総括」は，集団化について5ヶ年計画を3倍の超過遂行で達成し，ソビエト権力を農村における強固な経済的基礎の上に置くことに成功した，と誇ったが，同11日報告「農村における活動について」では，穀物調達について事態は困難なものであり，コルホーズ建設が必ずしも目標にかなった内容を持つものとなっていないことを認めている。

　資料によれば，この報告の当時における農業の状況は，農業総牛産高が計画とは逆に第1次5ヶ年計画の全期間にわたって低下しつづけ，1932年には1928年の86％であり，特に家畜の生産においてその低下が激しかった，と特徴付けられる。工業の領域でも，計画目標は多くの場合達成されず，ただ達成されたように偽られただけであった。他方，労働者人口は計画の3倍以上に増大し，都市人口の度を過ぎた増加は多くの不均衡を生み出した。特に，前述のように1930—32年に穀物生産は低下し続けていたにもかかわらず，集中的穀物配給を受ける人員はこの間に殆ど2倍に増大した。ここから，都市による農村の過大な「収奪」が強行され，1932—34年の不作と相まって農

村の飢饉を深刻なものとしたのである。このことはまた他方で，都市に集中した非熟練労働者等の不満をつのらせ，犯罪（特に財産犯と無頼行為）をも含む社会逸脱行為を多く生み出す土壌となった。

　都市部の労働者の生活水準を低下させ，農村への工業製品の供給に失敗した原因は，明らかにスターリンの指導下にあった共産党の政策判断の誤りにあったが，ここに生じた広範な不満の噴出に対処しようと採られた措置は，一つには，第1次5ヶ年計画の成果の過大な評価・宣伝と革命的意識の鼓吹によって第2次5ヶ年計画の達成へと勤労大衆を動員するということであった。先に述べたスターリンの報告，またモロトフの言葉にこのことが端的に示されている。これらが意識的になされたものであったか否かは明らかでないが，その法学分野に与えた影響は重大なものであった。全面的集団化地域における村ソビエト廃止論や代議員グループを直接に権力機関たらしめようとの主張，あるいは近い将来に貨幣経済は死滅し，直接的生産物交換に移行しようといった予測など，国家と法の死滅はかなりに近いとの展望が流行した。例えば，当時パシュカーニスなども，第2次5ヶ年計画の終期には農民と労働者が二個の階級として対立することはなくなろう，との楽観的予測を語っていたのである（だが，それらは国家の位置付けなどの点において，革命の初期の認識とも，20年代末のそれとも異なる，複雑な性格を有していた。そして，このような気分は短期間しか続かず，1934年——第17回党大会——を境に急速に消滅ししてしまう）。

　そしてもう一つの，陰湿な手法は身代わりの「黒い山羊」を探し出すことであった。30年代初めの一連の政治裁判がすでにそうであったように，旧体制の下で教育を受けた技術インテリゲンツィアや人文・社会科学の領域の文化人達はソビエト経済の基本構造を破壊し，共産党と政府に対する労働者農民の信頼を覆そうと，陰謀の網の目を張りめぐらせているとして告発された。アカデミーの学者の中にも，軍の将校の中にも，古参の共産党員の間にさえ，息をひそめて機会を狙っている凶悪な破壊分子が隠れており，たとえば重工業の一定部門において生産計画が達成されなかったのは彼らの妨害活動によるものだ，というのである。新聞はこぞって「国際ブルジョアジーと結託した反対派」の策動について書きたて，それへの報復を叫んだ。イタリア，ド

イツなどでのファシズムの台頭により戦争の危機が近づいており，その矛先がソビエト国家に向けられているという意識が，多くの人々の視野を狭め，判断と行動を単純で性急なものへと押しやった。

法的な領域においても，この時期には刑事抑圧の峻厳化の進行が確認される。とくに注目されるのは，1932 年の「社会主義財産保護法」の制定および 34 年の「国家犯罪規程」への補充であり，更にまた 34 年の連邦内務人民委員都の設置および「刑訴特例法」の制定である。

「社会主義財産保護法」（「8 月 7 日法」）は社会主義的公共財産の侵害に厳刑（最高刑は銃殺および全財産没収）をもって臨むことを宣言したが，僅かに 3 項目の一般的規定を置いたにすぎず，侵害されたものの規模，犯人の特質，その他具体的場合を個別化する一切の考慮を欠いていた。クルイレンコは 34 年の第 1 回全連邦司法・検察活動者会議において，この法律の適用は大規模な窃盗または悪質なそれに限られるとしたが，その保障はどこにも存在しなかったのであり，しかもその後の改正でこの法律の適用対象は，農業労働者のサボタージュ，播種面積の減少，トラクターの毀損等にまで拡大されるに至った。

一方，34 年 6 月 8 日のソ連邦中央執行委員会決定「国家犯罪（反革命犯罪および連邦にとってとくに危険な行政秩序に対する犯罪）規程への祖国叛逆に関する諸条項の補充について」は，「祖国叛逆」の構成要件を定式化したが，それはきわめて重大な問題点を有する決定であった。とくに，決定の第 1 条の 3 の第 2 項は，軍人による未遂・既遂の叛逆罪についてその事実を知らずとも，共に生活しているかその扶養下にあるかの，叛逆者の家族の成人である全員を処罰（5 年間のシベリア辺境への流刑）していたが，これは全くの連座制に他ならない。それと共に，この決定およびそれにより修正された各共和国の刑事立法において「社会防衛処分」に替って「刑罰」の概念が復活したことも，重要な原則的意義を有していた。

これらの刑罰法規に示される刑罰の加重と抑圧の一般的傾向は，手続面においても露骨に表出する。「ソ連邦内務人民委員部付属特別会議に関する」ソ連邦中央執行委員会および人民委員会議決定（1934 年 2 月 5 日）は，社会的に危険と認められた者を 5 年以下の流刑，放逐，矯正労働ラーゲリ収容に処

160　Ⅲ　ソビエト刑法の振幅

する権利を内務人民委員部に与え，その運用のために「特別会議」を設置することを規定した。これは行政手続により事実上の刑罰を科することを意味している。更にまた，同年 12 月 1 日にレニングラードでキーロフが暗殺されるや直ちに，スターリンの提案により刑訴特例法が起案され，即日採択されて公布された。

　　「連邦構成諸共和国現行刑事訴訟法典への修正導入に関する中央執行委員会決定」

　　　ソ連邦中央執行委員会は以下の通り決定する。
　　　ソビエト権力の活動家に対するテロル組織およびテロル行為に関する事件の審理および審査につき以下の修正を連邦構成諸共和国現行刑事訴訟法典に導入する。
　　　一、これら事件に関する予審は 10 日を越えぬ期間内に終了する。
　　　二、訴追決定〔起訴状〕は裁判所における事件の審理の一昼夜前に被告人に交付する。
　　　三、事件は当事者の参加なしに審理される。
　　　四、判決の上訴ならびに恩赦請願の提出は許可しない。
　　　五、最高刑罰処分〔銃殺〕の判決は判決言渡し後遅滞なく執行される。

　　　　　　　　　　　　　　ソ連邦中央執行委一員会議長エム・カリーニン
　　　　　　　　　　　　　　ソ連邦中火執行委員会書記ア・エヌキーゼ
　　　　　　　　　　　　　　モスクワ・クレムリ 1934 年 21 月 1 日

　平時の環境においてはきわめて異常であるかに思われるこの法律（「12 月 1 日法」）は，しかし，第 1 項を除けば，実際にテロル事件について活用され，刑事裁判における合法性の破壊にすさまじい効果を発揮したのである。
　さらに，1937 年 9 月 14 日，連邦中央執行委員会は「12 月 1 日法」の簡略手続を事実上すべての反革命犯罪に拡大し，その結果，異常な短時間のうちに捜査の実を上げるための拷問や時代の空気を感じ取っての類推――後者は当時の刑法により適法であった――による法適用が，刑事司法の領域に広く蔓延することとなった[4]。
　結局，ここで検討している反革命犯罪への対応を大きな梃子として，ソビエト刑法はきわめて危機的な状況に立ち至っていたと言うべきであろう。20

---

　4)　См. Лунеев В.В., Преступность XX века, М., 1997, стр. 174-5.

年代以来の，行政的・軍事的な反革命犯罪との闘争の枠組みがますます肥大化し，強力なものへと増殖していく一方で，まがりなりにも合法性原理に基づく保障的機能を柱としてきた刑事司法のシステムは破壊され，第2義的な役割を押しつけられた。とくに問題は，1920年代末から30年はじめにかけての農村の集団化に伴う「上からの革命」期，30年代の一連の政治裁判や知識層に対する大粛清の時期に，集団化に抵抗する農民や政治的反対派を「人民の敵」として断罪する際に，当初の想定を大きく外れて刑法典の反革命犯罪に関する諸条項がその根拠とされたことである。また一般刑事犯罪に関する領域でも，犯罪性原因の解明への実証的研究と行刑改革への熱意が稀薄になっていく中で，一般予防的重罰主義と厳格な責任追求を特徴とする刑事立法が次々と発せられ，刑事訴訟における被疑者・被告人の諸権利の剥奪のプロセスが進行していたのである。

　1937年までに，あらゆる好ましからざる人物を排除し，たとえいかに小さなそれであっても権力にと有害と思われる行為や事件を反革命犯罪とし，容赦ない鎮圧の対象とするだけの，法的な舞台装置は整っていたのである——[5]。

　そして，この法的な枠組みが，ソビエト国家が置かれた政治状況に対応しての伸縮を見せながら，50年代の終わりまで持続し，1960年前後の刑事立法の再編過程で「反革命罪」が廃止され，「国家犯罪」に衣替えするまで続いたのである。

(5) 統計資料の検討

　ソビエト時代の犯罪現象の実像を明らかにする犯罪統計については，20年代末に始まる総体としての犯罪学研究の解体のプロセスでソ連邦中央統計局の犯罪統計部門の閉鎖が進められた結果として，30年代初めから，深い霧の中に閉ざされた状態が続いた。そして，1970年代になってやっと，毎年の犯罪統計が曲がりなりにも公表されるようになりはしたものの，その後のソ連邦の解体もあって，ソビエト時代の犯罪現象の全体像については明らかにされ

---

5)　Там же.

162 Ⅲ ソビエト刑法の振幅

表 1 ソ連邦における反革命犯罪 (1918-1958)

年　度	刑事責任を問われた者		有罪者		
	総　数	内，勾留された者	総　数	内，自由剝奪	内，死刑
1918	58,762	58,762	20,689	14,504	6,185
1919	69,238	69,238	25,478	22,022	3,456
1920	65,751	65,751	16,064	—	16,068
1921	96,584	96,584	35,829	21,724	9,701
1922	62,887	62,887	6,003	2,656	1,962
1923	104,520	104,520	4,794	2,336	414
1924	92,849	92,849	12,425	415	2,550
1925	72,658	72,658	16,481	6,851	2,433
1926	69,479	69,479	17,804	7,547	990
1927	84,615	84,615	26,036	12,266	2,363
1928	98,283	98,283	33,757	16,211	869
1929	219,862	162,726	56,220	28,460	2,109
1930	378,539	331,544	208,069	114,443	20,201
1931	479,065	363,945	33,539	14,915	1,481
1932	499,249	410,433	141,919	73,946	2,728
1933	634,429	505,259	239,664	138,903	2,154
1934	336,003	205,173	78,999	59,451	2,056
1935	293,681	193,083	267,076	185,846	1,229
1936	175,759	131,168	114,383	86,976	1,118
1937	945,268	936,750	790,665	412,392	353,074
1938	641,762	638,509	554,258	205,509	328,618
1939	47,422	44,731	66,627	56,809	2,601
1940	137,019	132,958	75,126	68,316	1,863
1941	209,015	209,015	111,384	87,598	23,726
1942	197,329	191,045	119,445	78,463	20193/26510
1943	143578/263837	141253/261513	96,809	78,315	3877/12569
1944	104,271	103,532	82,425	75,417	3,110
1945	121,674	121,122	91,526	86,861	2,308
1946	91,385	91,008	105,251	100,282	2,273
1947	77,212	76,803	73,714	71,400	898
1948	74,619	74,273	72,017	70,993	—
1949	73,359	73,103	74,778	63,980	—
1950	59,790	59,630	60,908	53,197	468
1951	47,735	47,621	55,738	50,061	1,602
1952	18,143	17,747	30,307	27,157	1,611
1953	12,675	12,448	12,807	11,998	300
1954	1,616	1,495	3,077	2,779	79
1955	1,455	1,369	1,739	1,218	40
1956	1,130	1,026	1,010	781	31
1957	3,536	3,318	2,879	2,488	50
1958	2,498	2,325	2,233	1,857	83

Сост. по "Лунеев В.В., Преступность ХХ века", стр. 180.
ВЧК，ОГПУ，НКВД，КГВ 等の記録により作成されたものであるが，いくつかの年度には複数の数値
が存在する。

第7章　いわゆる「反革命犯罪」をめぐって　*163*

ることなく今日に至っている。

　この，永らく光の当てられなかった領域に分け入り，精力的にソビエト時代の犯罪現象を対象とする研究を発表してきたのが，科学アカデミーの国家と法研究所に属するルネーエフ教授である。

　教授がこの間の研究を総合する形で1997年に公刊した『20世紀の犯罪』は，単にソビエト連邦あるいはロシアの犯罪についてだけでなく，世界的な犯罪現象の分析を行う大著であり，犯罪学にとっての貴重な貢献と評価されよう。が，ここでは何よりも，教授のこの研究によって体系的に明かされたソビエト時代の犯罪現象の実態が注目される。雄弁に語りかける統計数値を前に，われわれの再検討を迫られている問題の重さに圧倒されざるをえないのである。

　ルネーエフ教授は「政治犯罪」あるいは「反革命犯罪」を一般の刑法犯罪から区別して検討している。それはもちろん，これら犯罪はソビエト権力の本質にかかわる重要かつ深刻な問題と捉えられているからであるが，以下では，近年の旧国家保安委員会の記録の公開などを踏まえて教授の明らかにするそれら犯罪の実態について見て行くこととしよう。

　革命後の内戦と「赤色テロル」の時期にあっては，反革命犯罪を理由としてその責任者の身柄を拘束し，彼を処罰することは，先に述べたように，むしろ軍事的な行動であったといえよう。しかし，内戦が終わり，新経済政策とともに刑法典が登場して以降は，言葉の本来の意味での「反革命犯罪」が登場する。

　もちろん，「反革命犯罪」によって有罪とされた者の中に真の犯罪者が居なかったわけではないが，その数はさして多くない——いくつかの根拠から，全犯罪者に占めるその割合は，1918〜28年には平均10〜15％，29〜38年には大体1〜2％，そして戦中戦後には5〜10％でしかない，とルネーエフ教授は言う。それ以外の，したがって大部分の「反革命犯罪」は作りごとであり，不当な処罰であって，それは体制の側からの市民に対する抑圧であり，言葉の真の意味における「権力の犯罪」であった，と[6]。

---

　6)　Лунеев В.В., Преступность XX века, стр. 179.

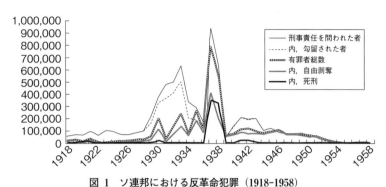

図1 ソ連邦における反革命犯罪（1918-1958）
Земсков В.Н., "Кулацкая ссылка" в 30-е годы, «Соц.Исследования», 1991, No. 10, стр. 3.

　1920年代半ばには落ち着きを見せていた「反革命犯罪」の動態が急変するのは，第15回大会後に開始された農業の集団化政策とともにである。1929年から33年にかけて，暴力的な集団化が進められ，それに引き続くトロツキー派および「右翼偏向グループ」との闘争があり，工業分野での旧インテリゲンツィアへの攻撃があり，それらは「反革命犯罪」の激増となって統計に反映された。この時期に弾圧の対象となった者の中でとくに多かったのはクラーク（富農）層に属する人々であり，その大部分は，しかし，この表には示されていない。クラークは三つのグループに分けられた。第1は反革命的な活動分子であり，それらは「トロイカ[7]」による抹殺の対象となった。第2は豊かなクラークおよび第1グループのクラークの家族であり，彼らは財産没収の上で遠隔の地へと移住させられた。そして第3は，残りのクラークおよびクラークに同調する中農以下の農民であり，彼らは共和国あるいは地方，州の中で移住することを命じられた。
　これらのうち最大のものは第2グループであり，たとえば1930—31年だけでその数は180万人を超えたが，彼らの多くが移住先で餓えや寒さ，病気のために死んだとされる。

---

7)　1934年2月5日のソ連邦中央執行委員会および人民委員会議決定によって内務人民委員部に認められた，社会的に危険と認められた者を5年以下の流刑，放逐，矯正労働ラーゲリ収容に処する権限を遂行するために，内務人民委員部に設けられた「特別会議」を指す。多くが3人の委員による決定であったため。

第7章　いわゆる「反革命犯罪」をめぐって　*165*

表 2　1937 年の刑種ごとの反革命犯罪有罪者数

刑　種	有罪者					
	総　数	その内				
		軍事部	軍事法廷	特別部	特別会議	"トロイカ"
銃　殺	353,074	13,896	1,701	1,297	—	250,322
矯正労働ラーゲリでの銃殺	194	11	67	111	—	—
矯正労働ラーゲリ 25 年	192	9	28	149	—	—
矯正労働ラーゲリ 20 年	337	59	89	183	—	—
矯正労働ラーゲリ 15 年	1,825	229	144	1,437	—	—
矯正労働ラーゲリ 10 年	379,039	1,992	4,438	15,602	7,952	333,715
矯正労働ラーゲリ 5 年	31,706	64	3,294	15,275	6,767	3,340
矯正労働ラーゲリ 3 年	16,018	6	1,876	8,560	1,592	473
国外追放	645	—	—		260	379
流刑および追放	1,366	2	7	198	1,080	40
その他の刑罰	6,269	1	785	2,248	260	256
無罪釈放	5,948	10	684	2,058	247	316
合　計	796,613	16,279	13,113	47,118	18,158	588,462

Сост. по "Лунеев В.В., Преступность XX века", стр. 182.

　そして 1937—38 年の大粛清である。先のクラークへの抑圧が，あらゆる
疑問にもかかわらず，「労農国家に残る最後の資本主義的分子の解体」と強弁
されうると仮定したとして，この党と国家の基幹部分を構成する人々を中心
とする犠牲をどう捉えればよいのであろうか。たとえば，34 年の第 17 回党
大会の代議員 1,966 名中の 1,108 名，大会により選出された中央委員と同候
補 139 名中の 110 名が，その後に「人民の敵」として逮捕され，そのかなり
が銃殺されたという事実だけでも，事態の異常さを知るには十分であるかも
しれない。しかし，それにまさるとも劣らぬ粛清の嵐が，各レヴェルの国家
機間の働き手に，社会団体の幹部に，赤軍の幹部指揮官に，コミンテルンを
通じてソ連邦以外の共産党の幹部に，各領域の研究者・教員に，文学者・芸
術家，知識人に，そしてさらに，ごく普通の都市市民と農民にも，襲いかかっ
たのである。1937 年の 35 万 3,074 人，38 年の 32 万 8,618 人という信じら
れぬ規模の銃殺数を前に，刑法学者は暗然と立ちつくす他の術を知らない。

166　Ⅲ　ソビエト刑法の振幅

　数え切れぬ犠牲者の連綿たるリストの一部を，メドヴェーデフ『共産主義とは何か』（石堂訳。三一書房 1973 年）の各章に見ることができる。

　嵐は 1938 年 11 月に突如として止む。同月 17 日に，ソ連邦共産党中央委員会およびソ連邦人民委員会議の「逮捕および検事の監督と審理の遂行に関する」秘密決定が採択され，その後まもなく内務人民委員である Н・И・エジョフが解任され，次いで逮捕され銃殺された。スターリンを殺害し，国家権力を簒奪しようとしたというのが彼の罪状であった。だが実際には，このような転換がもたらされたのは，37―38 年の大粛清の規模が過大であり，国内の経済，軍事力，政治情勢，そして一般的な気分にさえ響き始めたことに，スターリンらが気づいたためである，とメドヴェーデフは指摘している。

　彼の後任には Л・П・ベリヤが就いた。

　1939 年には「反革命犯罪」により刑事責任に問われた者の数は前 2 年に比べ 20 分の 1 にまで激減する。だが，翌 40 年には再び増加し，対独戦中には 7 万 5,000 から 11 万 9,000 といった数の有罪者と年度によっては 2 万を超える銃殺刑の適用があったことを知らされるのである[8]。

3　省察と展望

　東西の冷戦状態は過去のものとなった。そこから，政治犯罪の重要性も過去に属すると即断することは，しかし，できない。かつての政治的イデオロギーに基づく正邪の判定あるいは異論者の処罰は，今日，宗教や民族をメルクマールとする逸脱者の狩り出しと排除に姿を変えたが，同じく国家による強制手段を背後に推し進められている。30 年代後半のソビエト・ロシアを中心とする「粛清」を検討するということは，したがって，形を変えて今日なお繰り返されるそれらに向きあうということでもある。

---

　8)　戦後の反革命犯罪については，統計上は年次を追って事件数も有罪者数も減少し，最後の 58 年を迎えることになる。しかし実際には，1946-47 年に最後の大量弾圧の波が，祖国への帰還者を対象として荒れ狂ったことが知られている。対独戦の過程で被占領地域に置き去りにされた市民，ドイツに強制連行された市民，捕虜となって抑留されていた兵士などを中心に，多数の人々が遠隔の地域への強制移住その他の行政処分を受け，その数は 200 万人を超えたとされる。しかし，その正確な統計資料はない。См. Шевяков А.А., «Тайны» последней репатриации, «Соц. Исследования», 1993, No. 8, с. 10.

第7章　いわゆる「反革命犯罪」をめぐって　*167*

　もちろん，それらを，われわれの見たソビエト時代における反革命犯罪の
取り扱いと同様に，本質的には「行政的な措置」による反対派の処分であっ
て，刑法の問題とは無関係，とすることは容易である。そこにあったのは恣
意的な「処置」ではあっても，責任非難に基づく「処罰」ではなかった，と。
　しかし，そのように言われる時，その背後には無意識の自己弁護が隠され
ていることに気付くことは困難ではない。「犯罪」を犯した者に対する「刑罰」
として不当な抑圧措置がとられている時に，それらは刑法あるいは法の問題
ではないとするのであれば，逆に何が刑法の問題なのかを問われるだけであ
る。刑法学の課題は，与えられた刑法規範を解釈運用するだけでなく，刑事
立法の必要性・妥当性，犯罪構成要件の明確性，違法性・有責性の実質，刑
罰の正当化根拠，等々の解明にも及ぶことを今更説明する必要はない。もし，
憲法以下の法体系と司法制度を持つ国家において，刑法が為政者により与え
られた対象だけを自己の守備範囲と限定し，自らの活動によって「法治国家」
の外観作りに寄与するのみとしたら，それは刑法学の自殺に他ならないので
はないか。刑法を無視あるいは悪用しての犯罪の認定と刑罰の適用がなされ
るときには，刑法はそのような行為をこそ犯罪として告発せねばならない。
政治犯罪は，ここにおいて，国家の名による行為について論じられるべきテー
マとなる。
　刑法学の無力と責任という，二つながらに重い問題について，あらためて
の考察をわれわれは要求されているのであろう。
　それでも，ここに残る問題は，1937年と1938年を頂点とする政治的な抑
圧の大波は，当時ソビエト国家を取り囲んでいた特殊な政治的緊張の所産で
あって，過剰反応ではあっても，一概に非難できない，とする理解への対応
である。
　1930年代のソビエト・ロシア。そこには，たしかに当時の時代背景からも
たらされる緊張がたちこめており，西側の国境の向こうから押し寄せつつ
あったファシズムの脅威が人々の平衡感覚を狂わせた。今日の時点から審判
者然と，それらは過剰な反応であり，有害な結果を招いたと片付けてしまう
ことは，尊大な怠慢に他ならない。革命後の国際的な包囲の記憶はなお残り，
さなきだに排外主義的になっている気分が立ち込める中で，偉大な領袖と無

謬の党に導かれた労働者と農民の国に損害を与え，その権威と国防力を傷つけるいかなる行為も許されるはずはない。当時の多くのソビエト市民がそのように信じ，あるいは信じさせられていたであろう。党と国家の側への結束が要求され，社会生活の多くの領域での逸脱と規律違反が「裏切り」あるいは「利敵行為」と非難される基礎が存在したのである。それらに対しては，刑法に基づく司法手続よりは，むしろ軍事的な直接鎮圧が妥当であると受けとられたということも，おそらくは事実であったであろう。

　さらにまた，本稿で見た理不尽で狂暴な抑圧について，スターリンの専横ないし狂気だけにその責任を押し付けることは明らかに誤っていよう。たとえば，レーニンはチェ・カー（ЧК）を創設し，反革命勢力に対し行政的な抑圧手段をとることに逡巡するなと説いたし，穀物生産を独占する富農層への軍隊的な包囲と突撃を最初に主張したのはトロツキーとジノヴィエフであった。刑法分野で著名なクルイレンコにしても，「産業党事件」はじめ一連の政治事件の裁判において苛烈な（そして幾分かは滑稽な）検事の役割を演じたことが知られている。そして，それら「大物」の周囲に，時流に乗り利用した無数の中人物・小人物が存在したのである。――愛国的もしくは階級的な熱意に駆られ，反社会的な行動をとる者を告発する市民がおり，追い詰められた市民の自己保身の心理を利用しての密告が奨励され，また逆に政治的な敵対者，あるいはたんに気に入らぬ隣人を告発する行為の流行さえ見られたのである。

　このように考えてくるとき最後に行きつくのは，結局，あらゆるレヴェルでの批判と対抗のメカニズムの重要性である。「全能の権力は最悪の権力」であり，「あらゆる権力は必ず腐敗する」ことを前提に，その批判の自由と担い手の交代可能性がいつにも確保されていなくてはならない。この，きわめて単純な原理の確認に，かくも多くの人々の犠牲が払われる必要があったという事実の重さに，われわれは打ちのめされざるをえない。

　「銃殺」，「ラーゲリ収容」，「追放」――それらは単なる言葉ではなく，感情と肉体，生活，そして家族を持った１人ひとりを襲った運命であったことが，脳裏を去らない。狂人の妄想としか思われぬ反革命犯罪事件が作り上げられ，その責任者として誠実で有能な多くの人々が理不尽にも家族と職場から

引き離され，自由を奪われ，また銃殺されたのである。何が起こったのかを理解することもできぬままに壁の前に立たされ，貨物列車車両に詰め込まれ，あるいは厳寒の地での強制労働に駆りたてられた彼らの胸中に去来したのは，いかなる想いだったであろうか，と。

第8章　ソビエトにおける集団犯罪*

1　はじめに

　転換期にある旧ソ連・ロシアにおいて，その社会的混乱と秩序の弛緩が犯罪の激増状況を生みだしている。すでにソ連邦時代の犯罪状況については，ペレストロイカ政策によって，長い間秘密とされてた犯罪統計が公表され，この社会的否定現象の事実が明らかにされた[1]。こうした犯罪現象の質と量に関する情報が明らかになったことや市場経済に移行するための経済的混乱によって，新しい型の犯罪—組織犯罪や職業犯罪などの存在も顕在化されている。ソビエト国家に代わる新しい国家がこうした新たに出現した犯罪を含む各種の犯罪現象に対していかなる刑事政策を講じていくかが，今後の新生ロシア刑法の課題となる。本稿では，上記のような展望をもちながらも，まずソビエト刑法史のなかで犯罪の集団[2]がどのような形式で規定され，これが集団による犯罪との闘争にいかなる寄与を果たし得たかについて，また学説についての若干の検討を行うことから始め，現代的課題としての組織犯罪に関する問題状況を整理してみたい。

---

*　本章は，ソビエト時代の組織的集団犯罪をめぐる，その歴史と学説を整理したうえで，集団犯罪の本質やその定義を解明する。これは，ロシア社会におけるこの種の組織的集団犯罪の多発傾向への対策を狙った新しい犯罪類型の新設規定でもある。また，この課題は，人権との絡みのある「わが国の共謀罪」論議に関連する。本章（第8章）は福田平／大塚仁博士古稀祝賀『刑事法学の総合的検討』（1993年）からの転載である。（上野）

1)　上野「ソビエトの犯罪統計」法律のひろば1990年7号，同「続ソビエトの犯罪統計」法律のひろば1991年6号，同「ソ連における犯罪現況と死刑論（1）法経論集（愛大）第127号（1991年）を参照。

2)　通常，集団犯罪は，「偶然的な集合体による集団犯罪としての群衆犯罪と，その組織化の程度については強弱はあるが，ともかく組織化された犯罪団体（例えば，暴力団，ヤクザ仲間，非行少年グループ等）による集団犯罪とに大別」される（福田＝大塚・刑法総論Ⅰ〔1979年〕359頁）。

2　刑法史における集団犯罪

(1) 刑事立法史における集団犯罪規定

　ソビエト革命政権初期における旧政権の側からの抵抗は，その基本的形式として，反革命的陰謀や暴動の組織，武装された集団によってなされていた。こうした組織への参加者に対して，革命政権は，厳しく対処した。例えば，1917 年 11 月 26 日付人民委員会議の全住民へのメッセージ「カレディン，コルニコフ，ドゥトフの反革命的反乱との闘争について」のなかでは，反乱の主謀者および参加者に対してだけでなく，これらの者への交渉，援助などの行為にも刑事責任が科せられ，厳しい処分が宣言された。また 1918 年 7 月 30 日付人民委員会議決定「警報について」では，反革命的目的を持った手段による警報，警笛，急使派遣その他により住民を召集した者，その共犯者などに対して刑事責任が問われた。さらに投機や賄賂犯罪についても，その共犯者に対する刑事責任が問われ，処分がなされていた。例えば，1918 年 7 月 22 日付人民委員会議布告「投機について」，1918 年 5 月 8 日付人民委員会議布告「贈収賄行為について」などである。こうして，これらの布告および決定などのなかでは，特に共犯形式にかかわらず，すべての共犯者に対する刑事責任は原則的に同一に扱われていた。

　1919 年「ロシア共和国刑法指導原理」の共犯規定は，正犯，教唆者，幇助者を区別し，「刑罰の範囲は関与の程度によらず，正犯およびそのおこなった行為の危険性の程度によって決定される」(21 条) ことを規定した。しかし，この規定には，従犯減軽規定がないこと，幇助概念に犯人や犯跡の隠匿，犯罪の黙過や不申告が入れられ，「共犯の著しい拡張に法的根拠を提供している[1]」こと，正犯およびそのおこなった行為の危険性の程度により共犯者を決める点での主観主義的傾向の強さなど問題が指摘されている。

　1922 年「ロシア共和国刑法典」は，共犯者の個々の種類 (共同正犯，教唆犯，従犯) の定義を与え (16 条)，これらの者の責任の条件と基礎を規定した (15

---

1)　夏目文雄「社会主義刑法における共犯立法」愛知大学国際問題研究所紀要 47 号 19 頁，なお，中山研一『ソビエト法概論—刑法』(1966 年) 69-70 参照。

条）。この刑法典では，19年の「指導原理」と比較して，従犯規定のなかから，黙過と不申告を排除したこと，犯罪に関与した者に対する刑罰について「犯罪の関与の程度」を新たに加えた。また刑法典は，「刑罰処分の定義」にあたり，犯罪が集団（徒党，シャイカ）によってなされたか，または一人によってなされたかを区別しなければならないことを規定していた（25条「Ж」項）。ここに実行者としてすべてに関与している者の組織的集団による犯罪が指摘された。

22年刑法典の「各則」には，「国家犯罪について」の章のなかで，組織活動（反革命的目的をもっての武装蜂起の組織，武装部隊または徒党のソビエト領土侵入を企図することなど―58条）やあらゆる種類の反革命的組織への関与（あらゆる反革命的組織への参加に対する責任―60～63条，破壊的妨害活動の組織者と関与者―65条，テロ行為やスパイ行為への参加に対する責任―66条，上記の反革命犯罪の隠匿および幇助―67条）について規定された。また反革命的煽動やプロパガンタおよび反革命的性質の煽動文書を頒布する目的で製造，保管および頒布することに対する責任についての規定（69条・70条・72条）もあった。

さらに「行政秩序に対する犯罪について」の章では，以下の行為についての組織者の責任が規定された。すなわち多衆騒擾の参加者に対する責任（75条・77条），徒党の組織者および参加者に対する責任（76条），税金および現物税の納付ならびに賦役の履行の大衆的拒否の組織者に対する責任（78条）など。

1924年の「ソ連および連邦構成共和国刑事立法の基本原理」では，共犯は極めて簡単に規定されていたが，26年の「ロシア共和国刑法」は，共犯者の定義をはじめ，22年「ロシア共和国刑法典」の規定を本質的に踏襲した。この刑法典の「各則」にも，「反革命犯罪」の章には，犯罪団体の組織者，参加者に対する責任，「行政秩序に対する犯罪」の章には，協力者としておこなった幾人かの者が共同しておこなった犯罪に対する責任などが規定された。集団犯罪類型としては，22年の刑法典の規定と大きく異なるところはない。

なお，ソ連邦最高会議幹部会は，1947年6月4日付「国家および公共財産の不法領得に対する刑事責任について」ウカースを公布し，国家財産，コルホーズなどの公共財産の不法領得が組織的集団（シャイカ）によってなされ

た場合に，刑罰を加重することを定めた。

　ところで，近年のソビエト刑法には，数人の者によって実行される共犯に関する規定（1958年「ソ連および連邦構成共和国刑事立法の基礎」17条，60年「ロシア共和国刑法典」17条など）が初めて総則のなかに現れた組織者をはじめとして，その他の共犯者の定義とともに規定されている外に，人の集団による犯罪行為の形式が数多く規定されている。例えば，総則部分では，責任を加重する事情の一つとして，「組織的集団によって犯罪をおこなうこと」（「ソ連および連邦構成共和国刑事立法の基礎」34条2号，ロシア共和国刑法典39条2号）が規定されている。また各則においては，以下のように各種の犯罪類型のなかに犯罪構成要素として規定されている。第一に，犯罪の実行が「集団の者の事前の共謀によって」なされるとの規定は，まずロシア共和国刑法典の『社会主義的所有に対する罪』の章のなかで，「窃盗により実行された国家的または社会的財産の不法領得」（89条2項），「掠奪により実行された国家的または社会的財産の不法領得」（90条2項），「国家的または社会的財産の取得を目的とした強盗」（91条2項），「横領または濫費により，もしくは職務上の地位の濫用により実行された国家的または社会的財産の不法領得」（92条2項），「詐欺により実行された国家的または社会的財産の不法領得」（93条2項），次いで『市民の個人的所有に対する罪』の章のなかでは，「窃盗」（144条2項），「掠奪」（145条2項），「強盗」（146条2項），さらに『経済犯罪』の章における「買手および注文者の欺罔」（156条2項），『公共の安全，公共の秩序および住民の健康に対する罪』の章における「火器，弾薬または爆発物の不法領得」（218条1第2項），「麻酔剤の不法な製造，購買，保管，運搬または販売」（224条2項），「麻酔剤の不法領得」（224条1第2項）などにおいて規定されている。第二に，「集団の者」であることが犯罪の加重事情になっている規定として，「強姦」（117条3項），軍事犯罪における「不服従」（238条B号），「上官に対する反抗または上官に対する職務上の義務違反」（240条B号）に規定されている。

(2) 共犯形式に関する学説

　ソビエト刑法理論における共犯形式についての諸学説を以下に概説す

る[2]。ソビエト刑法理論では，共犯の分類の問題に多くの関心が示されている。しかし，この問題についての見解の統一はない。まず，トライニンは，最初，共犯を三つの形式に分けていた。すなわち，事前の合意なしの（単純な共犯），事前の合意を伴う，そして特殊な共犯（犯罪組級と犯罪団体）である（トライニン・共犯論〔1941 年〕79 頁）。その後，1947 年 6 月 4 日付ソ連邦最高会議幹部会令（ウカース）「国家および社会的財産の不法領得に対する刑事責任について」と「市民の個人的所有の保護の強化について」が公布されてから，トライニンは，共犯形式の分類に第四の形式―組織集団を追加した（トライニン「共犯論のいくつかの諸問題」『社会主義的合法性』誌 1957 年第 2 号 25 頁）。こうした分類に基づいて，トライニンは，「共犯の主観的拘束の性格と程度」（トライニン『共犯論』前掲 79 頁）を定め，これらをそれぞれの共犯形式の種々の社会的危険性を定める場合に考慮することと考えた。

　グリシャ-エフとクリ-ゲルの見解もトライニンの見解に近い。彼らの見解によれば，「共犯を形式で分類することは，犯罪者の組織性の程度を示し，共同犯罪活動の個々の場合の危険性を全体としてつり合わせるということをその目的とする。」（グリシャ-エフ＝クリ-ゲル『ソビエト刑法における共犯』П. Ц. Грпшаев, Г. А. крцгер, "Соучастие тпо уадовному Праву, 1959 г[2]（1959 年）53 頁）そのような分類の実質的基準（基礎）として，彼らは，「共犯者の行為の合意性の程度」とこれを条件づける「犯罪集団の組織性の程度」を考えている（グリシャ-エフ＝クリ-ゲル・前掲書 51 頁）。またグリシャ-エフとクリ-ゲルは，トライニンと同様に，四つの共犯形式を挙げた。すなわち，事前の謀議なしの共犯，事前の謀議を伴った共犯，組織集団および特殊な共犯―犯罪組織（グリシャ-エフ＝クリ-ゲル・前掲書 63 頁参照）である。これ以外に，彼らは，この「共犯者の犯罪活動の性格」という区分に基づいて，種類別に共犯を分けた。この基準により，グリシャ-エフ＝クリ-ゲルは，共犯のすべての場合を，二つの種類，すなわち，単純な共犯（共同実行者）と複雑な共犯（役割分担を伴った共犯）に分けている（グリシャ-エフ＝クリ-ゲル・前掲書 53 頁参照）。

　こうした共犯形式の分類に関する見解に対して，以下のような批判がなさ

---

2)　以下の記述は，その大部分を〈Уголовное право украинской сср на совремнном этапе〉1985 г. c. 264-267 に拠った。

176 Ⅲ ソビエト刑法の振幅

れ，区分の意味の不十分さが指摘される。すなわち上記の分類は，理論的プランにおいて根拠が不十分である。そして，現代犯罪活動のバリアントのこのようなグループ化は有り得るけれども，少なくとも，区分された形式の唯一つの分類の成分ではありえない。周知のように，あらゆる区分も同様に，分類の必要な条件の一は，区分がおこなわれる基礎の本質と統一である。まさに，すべての区分したグループにとってのこの一つの基礎も，提案された分類のなかには存在しない。この分類のなかにある共犯の第一および第二の形式のために，区分の一般的基礎が，合意の時（事前の合意なしに，また事前の合意を伴って）にあった場合に，また第三および第四の形式は，その他のメルクマール—共犯者の共同組織性，これらの者の間の客観的関係の不変性の程度により区分される。上記の分類のなかには，区分の成分が相互に除かれるようなその他の規則も，入れられていない。実際に，トライニンやクリーゲルのところでは，共犯は，組織集団や犯罪団体の形式において，変種である事前の合意を伴った共犯とともに，一つのクラスの概念として一列に並んでいる。

これに対し，ピオントコフスキーは，共犯形式について，まず二つに区分する。すなわち，(1) 事前の合意なしの共犯と (2) 事前の合意を伴った共犯である。さらに，後者については，(a) 事前の合意を伴った単純な共犯，(b) 組織集団，(c) 犯罪組織または徒党に小区分される。共犯のこれらの形式は，ピオントコフスキーによれば，「狭義の共犯ばかりでなく，共犯関係にもありうる（例えば，武装した徒党の各構成員は，犯罪の共同実行のなかで，その実行者として同様の関与を受け入れる）。」（ピオントコフスキー『犯罪論』〔1960年〕563頁）

共犯をこのように細分化する試みは，カバレフもおこなっている。カバレフによれば，共犯は「内的および外的側面をもっている」ことを強調しつつ，「共犯の基礎を構成しているこれらの種々の側面に基づいて」（カバレフ『共犯』第2巻〔1962年〕199-200頁）分類をおこなった。カバレフは，共犯の種類については，「犯罪の関与者の間の内部的な関係に基礎づけられた分類」をおこない，形式については，「個々の共犯者の犯罪活動の様々な性格の考慮から」（カバレフ・前掲書199-200頁）生じた分類をおこなった。カバレフは，この基準

第8章 ソビエトにおける集団犯罪 *177*

から出発しつつ，二種類の共犯，すなわち事前の合意なしの共犯と事前の合意を伴った共犯を区別した。さらにカバレフは，この二種類をさらに二種類，すなわち事前の合意を伴った単純な共犯と犯罪組織の性格を帯びた事前の合意を伴った共犯に小区分した。こうしたカバレフの見解は，犯罪集団をその分類のなかに含めていない点において，ピオントコフスキーの見解と異なっている。こうして，カバレフによれば，共犯の形式は，「犯罪活動の二つの種々の性格，(a) 共同正犯と (b) 狭義の共犯を考慮に入れなければならない。」（カバレフ・前掲書 200 頁）

　刑法の文献のなかには，共犯を形式で区分するその他の基準も考えられている。スミルノフは，「犯罪の実現についての人の間の主観的関係の性格によって」三つの共犯形式を区分する。すなわち単純な共犯（または共同正犯），一面的な主観的関係のある共犯と一面からは，犯罪の実行者，他面からは，犯罪の共犯者間の犯罪の実現についての相互の合意のある共犯である（スミルノフ『ソビエト刑法における隠匿の概念』〔1957 年〕8 頁）。マラホフは，共犯を形式で区分することの基礎に，法律に示された共犯者の活動をおき，この共犯形式に応じて，共同正犯，教唆および幇助を考慮にいれている（マラホフ『ソビエト刑法における共犯論のいくつかの諸問題』〔1957 年〕154 頁）。シャルガロフスキーは，共犯制度の枠外に共同実行を出し，共犯の形式は共同正犯，単純な共犯および犯罪組織と考えた（シャルガロフスキー『共犯の一般理論のいくつかの諸問題』法律学 1960 年 1 号 94 頁）。プロホロフは，「共犯の内容は 2 人以上の者の社会的に危険な活動であり，共犯形式は活動形式のみとされ，共犯を形式で分界する基準は，共犯者の共同行為の性格の類型的差異にある」（プロホロフ『共犯』ソビエト刑法講座第 1 巻〔1968 年〕600 頁）と考えた。こうしてプロホロフは，三つの共犯形式を区分する。すなわち，共同実行，狭義の共犯および犯罪組織である。

　共犯についてのこのような類似の区分は，シュネイデルも提案した。しかし，「共犯形式の分類の意味と根拠」は，シュネイデルによれば，「共犯者の相互関係の構造と犯罪実現における関与の程度と性格を考慮した彼らの責任の条件，規律および範囲によって定められる。」（シュネイデル『ソビエト刑法』〔1962 年〕24 頁）

178　Ⅲ　ソビエト刑法の振幅

　ドゥルマーノフは,「二つの基本的な共犯形式」に区分することを考えた。すなわち,共同実行者と狭義の共犯である。彼は,共同実行において,組織的集団と犯罪団体を区分した（ドゥルマーノフ『ソビエト刑法』〔1962年〕204頁）。

　ガリアクバロフは,共犯の独特な分類を考えている。彼によれば,「共犯を形式で分界することは,客観的,主観的メルクマールの何らかの類的競合によって,共犯でおこなった犯罪行為を実現せねばならない。」（ガリアクバロフ『集団犯罪』〔1973年〕45頁）共犯は,ガリアクバロフによれば,「客観的,主観的指標の結合」によって,「三つの形式に分けられる。(1) 複雑な（狭義の）,(2) 集団犯罪（別の用語では,共同実行者,共同正犯）, (3) 特別の種類―刑法典各則に規定された必要共犯である。」（ガリアクバロフ・前掲書45頁）

　プールチャクは,共犯の種類を区別せずに,三つの共犯形式,すなわち共同実行,狭義の共犯および刑法典各則に規定された特別の共犯を示した（プールチャク『ソビエト刑法における共犯論』〔1969年〕66頁）。

　テリノフは,共犯形式の分類のなかで,「共犯の極めて雑多な現れを体系化することの困難さと刑法において,社会現象の内容と形式の相互関係についてのマルクス-レーニン主義哲学の命題の幾分不充分な利用」との食い違いの存在を説明しつつ,「共犯者の相互関係手段」を基準とし,「共犯の四つの形式,すなわち共同実行者,種々の役割の実行を伴った共犯,犯罪集団および犯罪組織」を区分した（テリノフ『共犯に対する責任』〔1974年〕111-12頁）。別の著書のなかで,テリノフは,共犯形式の問題を以下のように公式化した。「共犯形式―これは,責任ある者の相互関係の手段に関して定めた外的側面である。」（テリノフ『共犯に対して誰が答えるか』〔1981年〕3頁）

　こうした諸見解を列挙することによって,ソビエト刑法理論のなかでの共犯形式に関する区分には,いくつかの相違の存在することが明らかになった。

(3) 集団犯罪の本質とその定義

　一般に人間の集団は,その社会活動の過程のなかで人間に寄与する物質的存在や思想,文化などの精神的価値と並んで社会のなかで人間を取り巻いている存在である。この集団のなかで,個々人は,その帰属している社会集団

のために何らかの行為をおこなうことによって，また集団のなかの人々の交通を通して組織化の過程を進めていくのである。さらに，ソビエトの社会学の文献においては，社会化とは，社会的価値へ個人を同化させることによって，個人的価値と社会的価値との間の矛盾を克服する過程と考えられている[3]。

したがって，「ある人間が，自己を否定的に現し，社会的に危険な行為をおこない，人間の一定の集団がこれに無関心であるばかりか，積極的にこの者を助ける場合には，この者はこの集団に帰属し，集団そのものは犯罪的なものであると結論することができる[4]。」ここに，犯罪的性格を帯びた集団として，刑法学的および犯罪学的対象としての犯罪集団が位置づけられる。

ところで，上記したように共犯の形式と種類に関しては，ソビエトの学説間に一致はないが，何らかの集団はその参加者の利益と傾向が犯罪目的の達成に向けられる以上，「犯罪の各々参加者が，故意に，他人と一致して，共同して，充分にまたは部分的に犯罪のすべての参加者のための統一的に実現する犯罪は，集団犯罪とされる[5]」と集団犯罪を定義することでは，おおむね一致していると言えるであろう。

3　集団犯罪の現代的諸問題

1987年3月に，モスクワにおいて，犯罪の原因およびその予防措置検討に関する全連邦研究所と刑法の諸課題に関する調整ビューローの合同学術会議が開催され，ソ連および連邦構成共和国刑事立法の新しい基礎とロシア共和国の刑法典の準備の諸問題が審議された。カルペーツは，この会議の基調報告のなかで，組織犯罪，すなわち犯罪を職業とする者の集団の存在を公に認め，このような犯罪との闘争の必要性を指摘した。会議の議事録によれば，以下のような内容となっている。すなわち現在，組織犯罪や職業犯罪，多くのその他の否定的な要素の問題が存在すること，このことは特にウズベキス

---

3) См. Н.Г. Угрехелидзе, Криминологическая характерстика соучастия в преступлеики 1975 г. с. 24.

4) Н.Г. Угрехелидзе, Там же., с. 25.

5) Р.Р. Галиакбаров, Квалификация групповых преступлений 1980 г. с. 6.

180　Ⅲ　ソビエト刑法の振幅

タン，カザフスタン，ロストフおよびその他の地方で検討された刑事事件が示していることを公式に認めなければならない。この点で，新しい立法のなかに共犯制度の公式を規定する際に，組織的，職業的性格をもつ犯罪に対する刑罰の引締めに関する扱いを明確にしなければならない[1]。

またソ連邦共産党中央委員会も，1988 年 4 月 2 日付の決定「国内における犯罪との闘争状況と法違反の防止に関する追加措置について」のなかで，「（現在）党と社会を悩ますことがなくはないような否定的な傾向」という表現によって，新たな犯罪現象の存在を認めた[2]。

その後，こうした職業的組織犯罪については，新聞や雑誌その他の刊行物のなかで，度々指摘されている。以下に，こうした現象について若干の紹介を試み，その問題状況の一端を明らかにしたい。

ニコラエフは，『社会主義的合法性』誌の編集長に宛てた手紙のなかで，組織犯罪の現状と問題を指摘している。まず，この問題の解明のための「ファンファーレ」（ニコラエフ）が鳴らされた時期について，次のように述べている。「この問題（組織犯罪との闘争）に関する主要な分岐点は，1985 年 4 月に開催されたソ連邦共産党中央委員会総会および 86 年の第 27 回党大会ののちに生じた。その時，贈賄，収賄，不法領得，縁故主義およびその他の職権濫用に陥った公務員の責任を問うことの可能性に関する禁止が徹底的に撤回された。法保護機関，まず検察庁は，有力者の側からの抵抗や妨害にもかかわらず，組織犯罪の発生源に最初の強力な一撃を加え，党，ソビエト機関，各省，官庁のなかの高い地位にある者を含む，非常に多くの道徳的に腐敗した官吏の刑事責任を解明し，暴露した。浸食した『悪性の腫瘍』は，地方全体（クラスノダルスキー地方，ロストウ州，モスクワ，ウズベキスタン，モルダビアなど），商業，生活サービス部門に拡がっていた。これについての情報は公開され，裁判の過程が刊行物，ラジオ，テレビにより報道された。人々は，組織犯罪の根絶についての決定的な措置を熱烈に歓迎した[3]。」

しかし，ニコラエフによれば，これはまだ最初の一撃であって，「何人かの

---

1)　〈Социалистическая законность〉1987 г. No. 6, c. 17.
2)　例えば，〈Советы народных депутатов〉1988 г. No. 5, c. 38.
3)　〈Социалистическая законность〉1988 г. No. 6, c. 45.

犯罪構成員をショック状態のなかに置いた」けれども,「まだ遠い根源まで達してはいないし,最初の編隊をおしつぶしただけである。」加えて,犯罪組織は,「正気づき,建て直され(犯罪環境のなかで,自らの『ペレストロイカ』にある)」,戦法を変えて,逆襲に転じ,「古く,経験された方法,すなわち強請,恐喝,買収,殺人(例えば,トゥルクメン)のような極端な方法が利用されている[4]。」実際に,職務—経済犯罪の領域において犯罪組織が存在し,これらが殺人,強盗,掠奪などと密接に関連していることによって,「これは,本質において,現代のマフィアそのものである[5]」と述べられている。

　こうした状況は,かなり深刻である。そのことは,ペレストロイカ政策以降,数多くの新聞,雑誌などの刊行物においてその実態が明らかにされていることからもうかがうことができる。ニコラエフが性急に問題の重大さと国家や社会にとっての危険性を訴え,「急を要する手術が必要である」とのべているにもかかわらず,検察官,裁判官,そして内務省の役人の動きは鈍く,また彼らのなかにはこの問題に対して冷淡や自信のなさが見られること,さらには住民にもこうした否定的現象に対する無力感が漂っていることも指摘されている[6]。

　ところで,組織犯罪とはどのようなものであろうか。組織犯罪との闘争のためには,この犯罪についての明確な定義がおこなわれなければならない。ダルガーバによれば,組織犯罪とは,犯罪の特殊な種類であって,経済—営利的な犯罪,また職業的な犯罪をも含む,全刑法犯罪,並びに集団犯罪とが交差した,複合的な性格をもった犯罪形態と指摘されている[7]。こうした組織犯罪は,通常の集団犯罪に比べて次のような特徴をもっているといわれる。すなわち,犯罪を成功裡に導くばかりでなく,新人を誘い込み,侵害の客体

---

4)　Там же.
5)　Там же., с. 47. なお,ニコラエフは,「マフィア」性を示す事例として,アシハバットの犯罪世界の首領の1人の葬儀において,その他の犯罪集団から代表者400人が集まったことを指摘している。

　　マフィアについては,その他新聞などのなかでも,度々指摘されている。例えば,グローフ(民警中佐,法学博士)による「マフィアの取り締まりの下で」(〈Известия〉1989, 7, 19)などがある。なお,最近の状況として,上田寛「『マフィア』—最近のソビエト犯罪事情」ソビエト研究6号80頁以下参照。

6)　Там же., с. 45-46.
7)　См. 〈Социалистическая законность〉1988 г. No. 9, с. 25.

182 Ⅲ ソビエト刑法の振幅

を明確にさせ，責任ある者の摘発を妨害し，刑に服している者の援助を与え
ることを可能とする相対的に強固な犯罪的関連をもっていること，異なった
犯罪集団構成員間に「協力」関係をもっていること，組織内に特別の行動規
則や規範，一定のイデオロギーがあることである[8]。換言すれば，組織犯罪
を特徴づけているのは，系統的で，強固な，計画された犯罪活動がなされ，
自らの行為の「プログラム」が参加者によって作り上げられていることであ
り，その行動様式には，脅迫，恐喝その他の挑発によった社会的コントロー
ルの種々の手段が利用されている，ともいえる[9]。

　組織犯罪問題の根深さと拡がりに対して，どのような措置が講ぜられるの
であろうか。今，この問題のための多くの提案が示されている。まず，前記
のニコラエフは，「すべての国家，行政機関，マス・メディア，公共団体によ
る合同の努力」を訴えながら，「刑法学では，共犯全体，その形式と種類の諸
問題が充分に深く研究されている。特に犯罪集団や犯罪組織の概念やメルク
マールが定義されている。しかし，これらの問題の犯罪学的側面は，ほとん
ど研究されていない」とし，「刑法理論における犯罪組織とは，通常，反ソビ
エト組織とされていた[10]」ことに反省を求め，組織犯罪の特徴づけや個々の
種類を解明することを刑法学や犯罪学に委ねている。

　また，上記のニコラエフの手紙に応じた，カブリアキンは，組織犯罪の増
加傾向について，「これがわが社会にも生じたことは，重く認識される」とし
たうえで，「賄賂，組織犯罪，マフィア，売春」などの言葉は遠く資本主義社
会にのみ存在するものと思っていたと動揺を示している。そして，このよう
な組織犯罪との闘争の問題に対応するためには，全連邦レベルの学者・実務
者会議の必要性を訴えている[11]。

　さらに，ガロブツォフは，組織犯罪の課題を研究するために，組織犯罪の
研究は学者の力だけで解決すべきではないこと，実務に携わっている者（ま
ず検察機関）は豊富な実務資料を学術会議に提出し，これを分析するために
一般化しなければならないこと，そのような組織化を破壊することやこれを

---

8) См. 〈Социалистическая законность〉 1988 г. No. 9, с. 25-26.
9) См. 〈Социалистическая законность〉 1988 г. No. 9, с. 25.
10) См. 〈Социалистическая законность〉 1988 г. No. 6, с. 47.
11) См. 〈Социалистическая законность〉 1988 г. No. 11, с. 25-26.

第 8 章　ソビエトにおける集団犯罪　　*183*

作ることを妨害することに向けられた多くの法的措置を採択することなどを
提案している[12]。

　さらに，1988 年 12 月に公表された「ソ連および連邦構成共和国刑事立法
の基礎（草案）」についての全人民的討議のなかでも，このような組織犯罪に
関する深刻さに懸念が表明され，積極的な立法的提案も出されている。ガイ
ダノフ（ウズベキスタン共和国検察庁次長）とディドレンコ（ウズベキスタン共
和国内務省第一次官）の連名による立法的提案は，次の通りである。「基礎の
なかに，刑事訴訟の審理と裁判を妨害した公務員の刑事および実質的責任が
規定されなければならない。また犯罪組織または集団の参加者であるが，そ
の行為の結果，本質的損害または重大な結果が引き起こされなかったならば，
このことについて自由意思で表明する者の刑事責任の免除を規定しなければ
ならない。例えば，賄賂を収受した者が，これについて自由意思で表明した
場合，刑事責任が免除されるという規定である[13]。」

　このようにして，組織犯罪に関する論議が展開されるなかにあって，従来
の集団犯罪概念，とりわけ「集団性（グループ）概念の大幅なみ直しの必要も
生まれてきている。従来より，犯罪組織（組織的集団）については，上記した
ように 1947 年のウカースによって，反革命犯罪などの国家犯罪や国家・公共
および市民の財産に対する犯罪に認められていた。しかし，この場合の「組
織的集団（グループ）」とは，強固なグループでは全くなく，1 個の犯罪に対し
てでも，あらかじめグループが結成されていれば十分と理解されていた[14]。
この意味で，今日の組織犯罪に関する実態とその論議は，その性質および規

---

12)　См.〈Социалистическая законность〉1988 г. No. 11, с. 26. ガロブツォフは，そのような法的
　　措置の例として，チェコスロバキア刑法典が犯罪行為をおこなうため，ならびに行刑機関に集団
　　的に反抗することまたは行刑規則に従わないためにある者と団結することに対する責任を規定
　　していることを指摘している。

13)　〈Известия〉1989, 3, 1. また，前紀のニコラエフも，立法の改善についての提案として，「汚
　　職，縁故主義に対する責任についての新しい規範を導入し，投機，個人企業についての規範を改
　　善すること」（〈Социалистическая законность〉1988 г. No. 6, с. 47）を述べている。

14)　もっとも，この「組織的グループ」についての理解には，「新しい形態の共犯」と捉え，相互
　　の連絡が強い存在とする異論もあることが指摘されている（宮崎昇・ソビエト刑法講座〔1960 年〕
　　192-193 頁）。なお，このような組織犯罪（「組織的グループ」）の実例については，〈В. И. Пинчук,
　　Шайка вид преступиой оргаииизации, Правоведение, 1959 г. No. 4, с. 106-15.〉に挙げられている
　　（宮崎・前掲書 204-7 頁参照）。

模において，はるかに従来の範囲を超えたものである[15]。ところで，タカチェフとミネノクによれば，近年の旧ソ連国内での集団犯罪の増加は利得犯罪のなかに広がっており，とりわけ個人財産の50％，公然奪取の52から59％，強盗の70から85％までが集団でおこなわれていること，こうした状況は職業犯罪者の活動が秘密にされ，摘発することが困難であるとの結果によることが指摘されている[16]。

4　おわりに

　従来の刑法理論のなかで解明されてきた共犯形式や集団犯罪類型とは別に，新たな社会的犯罪現象（特別な社会的・違法なカテゴリー）としての組織犯

---

15)　1991年7月2日にソ連邦最高会議で採択された連邦刑法（「ソ連および共和国の刑事立法の基礎」）のなかで，組織犯罪に関する規定が，初めて以下のように規定された。
　　「組織集団によっておこなわれた行為が，結束した集団のなかで目的を事前に統合された2人以上の者によっておこなわれたとき，これは犯罪である。
　　組織集団による犯罪の実行に対する責任は，刑法に規定された場合にのみ発生する。
　　集団を組織し，またはこれを指導した者が，故意にかかわったとき，集団でおこなわれたすべての犯罪に対して責任を発生する。
　　組織集団のその他の関与者は，関与した予備行為または実行行為についての犯罪に対して責任を負う。」
　　このような組織集団犯罪を立法化することについては，「法律のなかに組織集団のメルクマールを定着することによって，単純共犯から組織構成による犯罪の実現を定めることを可能にしている」と評価されている（X. Шейнин, "Приняты основы уголовного законодательства"〈Вестник верх, сссp〉1991 г. No. 12, c. 19）。
　　しかし，この連邦刑法は，1992年7月1日から施行されるはずであったが，周知のように1991年12月にソ連が消滅したことによって幻の連邦刑法となっな。今後この組織犯罪規定を含む「ソ連および共和国の刑事立法の基礎」の原理や制度のいかなる部分が新しい体制に受け継がれて行くかが関心のあるところである。
16)　См. Н. Ткачев и М. Миненок, "Объединения преступников"〈Социалистическая законность〉1991 г. No. 2, c. 10.
　　なお，このタカチェフとミネノク論文では，組織集団と犯罪組織について次のような定義をおこなっている。「組織集団とは，同一または同様な犯罪の系統的な実現のために組織され，特殊な犯罪的技能，関係，経験をもった者の強固な，団結した集まりということができる。」（Там же., c. 12.)「犯罪組織とは，犯罪的構成（集団）の機能的役割によって相対的に自治的で，区分的なものを含んでいる枝分かれ的なヒエラルキー構成をもった犯罪者の恒久的に活動している，強固な集まりである。その活勤は，一つの官吏機関（単独か，または集合的か）によって調整され，まとめられている。」（Там же., c. 13.) そして「組織集団と犯罪組織が結合することによって，組織的犯罪が構成される。組織集団と犯罪組織は，行政，統制―監察，法保護機関との汚職（またはそれなくしても）によって，種々の傾向――般刑事的，経済―利得的，麻薬による犯罪傾向を可能としている。」（Там же.)

罪概念が登場した。ソ連邦最高会議は，1989年8月4日付決定「犯罪との闘争の断固たる強化について」のなかで，組織犯罪の問題についての指摘もおこなっている。しかし，旧ソ連・ロシア社会において，その研究は，未だ実態解明が始まったばかりであり，その刑法上，犯罪学上の詳細な分析は，今後の課題となる。新しい国家が編纂する刑事立法のなかで，この犯罪に対してどのように対処するか関心がもたれるところである。

第9章 「刑法典理論モデル」(総則)について*
──ソビエト刑法改正に関連して──

1 はじめに──「モデル」作成経過に関連して──

　現行の刑事立法である 1958 年の「ソ連および連邦構成共和国の刑事立法
の基礎」および 1960 年の「ロシア共和国刑法典」を初めとする各連邦構成共
和国刑法典は，現在までに，種々の多様な部分改正がなされている。なかで
も 81 年から 82 年にかけての「基礎」および「ロシア共和国刑法典」の大幅
な改正は，従来の刑法制度のみ直しをも含む重要な内容をもっている。改正
は，総則部分において，犯罪規定（軽微な違法行為の非刑罰化に伴った犯罪概念
の修正等），刑罰体系の再検討（自由剝奪を伴わない矯正労働の重視傾向，罰金刑
や執行猶予のみ直し等多岐にわたる）といった本質部分に及んでいる。各則部
分においても，「ロシア共和国刑法典」の場合，この時期の改正と補足は，130
以上もの条文についてなされている[1]。犯罪類型としては，「社会主義的所有
に対する犯罪」「市民の個人的所有に対する犯罪」「経済犯罪」等に及んでい
るが，法典としての整合性にもかなり無理が生じている。

　こうした一連の部分改正を整理・統合し，現代のソ連邦に妥当する刑法典
の完成が望まれてきた。また法律文献のなかでは，立法機関に向けての要請
が度々なされてきた。このようななかで，87 年 1 月のソ連共産党中央委員会
総会において，ゴルバチョフ書記長は，新刑法典の作成を示唆した。おそら
く遠くない将来に新刑法典が完成されるものと思われる。また，最近におい

＊ 「刑法典理論モデル」とは，ソ連時代の 1985 年にソ連邦科学アカデミー付属「国家と法研究所」
　の刑法スタッフを中心としたモスクワ在住の刑法学者によって作成された，いわゆる学者草案で
　ある。モデルには，総論のみの抽象論が多く規定されているが，興味深い規定もあり，われわれ
　が参考すべき刑法理念を示唆される文献である（上野）。

＊ Теоретическая модель уголовного кодекса общая часть м. 1985 г.

1) См. Изменения в уголовном законе. 1984 г. М. стр. 35.

188　Ⅲ　ソビエト刑法の振幅

て，新刑法典の完成を推進させるべく有力な刑法学者の論文も現れるに至っ
ている[2]。

　本稿の対象とされる「刑法典理論モデル」（以下「モデル」と略）は，1985 年
にソ連邦科学アカデミー付属「国家と法研究所」の刑法スタッフを中心とし

---

2)　例 え ば，Келина С. Г. Некоторые направления совершенствования уголовного
законодательства. "Сов. Г. и Право" 1987 г. No 5. стр. 64-71.

　ケリーナ博士は，この「モデル」の作成にあたって指導的役割を演じたソ連邦科学アカデミー
付属「国家と法研究所」の上級（主任）研究員である（彼女の紹介については，拙稿「国家と法
研究所の刑法学者たち」『法律のひろば』第 40 巻 1 号を参照）。

　ケリーナ博士は，この論文のなかで，まず次のように述べている。

　現在，現行刑法の公布から 30 年を経た。この間に，新憲法の公布，ソ連邦共産党綱領と規約の
全面的改正，科学技術の進歩に伴う社会の変化が見られる。刑法学においても，犯罪学，社会学，
比較法学研究の発展に基礎づけられた成果の蓄積が見られる。

　現行刑法の採択にあたっては，社会主義的合法性の強化を唱えたソ連邦共産党第 20 回大会と
21 回大会の決定に基づいた多くの重要な改革（例えば，刑事答責性の基礎の公式化，類推制度の
削除など）がなされた。しかし，この改革は，非常に速いものであったために，のちに数多くの
修正や補足だらけになった。このことは，全体において，立法として否定的に映った。われわれ
の見解では，その最も本質的な欠点は，軽微な行為の特別の犯罪化であるといえる（一般的な規
範と並んで，個々の場合を刑法に定めている結果としての複製，制裁規範の不一致，立法様式の
系統性の侵害）。

　これらの欠点の原因を解明し，将来の立法に生かさねばならない。この点で，少なくとも，二
つの点を挙げなければならない。第一に，新刑法の採択プロセスは，正確な刑事政策の徹底した
実現であり，第二に，理論と実践との緊密な関係の維持である。これらの点に関しては，現在ま
でに，否定的な側面が存在している。

　次いで，ケリーナ博士は，「ソビエト刑法の原理について」，「行為の犯罪化と非犯罪化の科学的
基礎について」，「刑事答責性のより以上の分化」のなかで，新刑法編纂に望むべきことが述べら
れており，最後に「新しい刑法の作成プロセスにおいて，学者と実務家の広汎な参加が望まれる」
ことを指摘している。

　ケリーナ博士には，他に，ソビエトとイギリスの法律家のシンポジュウムの成果である，W.E.
Butler；Justice and Comparative Law, 1987. のなかで，S.G. KELINA；Problems of codifying
soviet criminal legislation. がある。

　ところで，1987 年 3 月にモスクワにおいて，犯罪の原因研究および予防措置検討の全ソ連邦研
究所と刑法の課題に関する調整ビューローとの合同会議が開催された。この会議では，ソ連およ
び各連邦構成共和国の刑事立法の新基礎とロシア共和国新刑法典の準備の問題が審議された。

　会議には，著名な刑法学者以外に，ソ連共産党中央委員会，ソ連邦およびロシア共和国の最高ソ
ビエト幹部会，ソ連邦大臣会議，ソ連邦検察庁およびソ連邦内務省の責任ある立場の者，地方都
市からの多数の代表者が参加した。

　会議は，犯罪の原因研究および予防措置検討の全ソ連邦研究所所長のカルペーツの報告によっ
て始められた。

　この報告には，現在の刑法典の抱える様々な諸課題，例えば国際的性格の犯罪，組織犯罪，合
法性の強化と関連した構成要件の明確化，過失犯罪，何らかの現象の社会的結果のいくつかの新
しい見地——男色犯罪，同性愛関係によるエイズ問題など，さらに非犯罪化と人道主義などが含
まれている。

たモスクワ在住の刑法学者によって作成されたものである。この「モデル」の作成プロセスは必ずしも明確ではないが，84年には，すでに「モデル」の解説書ともいうべき『刑罰法規の改善の諸問題』（以下『解説書』と略[3]）が刊行されており，この「モデル」の作成には数年の期間が費やされたものと思われる[4]。

2　刑法の原理

「モデル」は，まず，現行刑法と同様に，第1編第1章「刑法の任務」を定めている。ここに，その任務は，「ソ連邦の社会体制，その政治および経済体制，社会主義的所有，市民の人格，その権利および自由，ならびにすべての社会主義的法秩序を犯罪から保護すること」と「法律の正確な執行と社会主義的共同規則に対する尊敬に基づいた，犯罪防止と市民の教育」（第1条1項）とされている（傍線は筆者）。この「刑法の任務」は，現行刑法と比べて拡げ

　　また，将来の刑法の特徴として，社会の発展のダイナミズムの反映，法律の社会的条件性と将来の発展の傾向の予測に基礎づけられた安定さ，人道主義，犯罪性，社会生活における否定的現象としてのその位置，犯罪との闘争の形式と方法の科学的理解の支柱などが挙げられている。

　　カルペーツ報告の基本立場は，新しい刑事立法の作成に関する労働集団の構成には，この作業が広汎なグラースノスチ（公開性）の条件と民主主義的な審議により承認されるために，刑法および隣接分野の幅広い学者を含めることが必要と認められること，ロシア共和国刑法の提示された草案の基本構成を承認されること，会議で出された意見や提案を考慮して，これを完成させる作業を合目的に進めること，である（チェルカソフ「刑事立法の改革の諸問題が審議される」『ソビエト国家と法』1987年8号131—135頁 черкасов Л. Обсуждаются вопросы реформы уголовного законодательства. "Сов. Ги Право" 1987 г. No 8. Стр. 131-135.）。

　　なお，上記のカルペーツ報告については，以下のカルペーツ論文を参照。

　　Карпец И. Каким быть уголовному законолательству? "Соц. Законность" 1987 г. No 6. стр. 16-19.

3)　Проблемы совершенствования уголовного закона. 1984 г. М.

　　この『解説書』の紹介は，中山，上田，上野により，『警察研究』第57巻12号から第58巻6号までにおいてなされている。

4)　「モデル」作成スタッフは，16名のいずれも著名な刑法学者からなる。ただ，これらの刑法学者は，前記「国家と法」研究所を中心としたモスクワ在住者にかぎられている。このため，その他の地方の刑法学者が「モデル」にどのような反応を示すか興味あるところであるが，現在まで未見である。

　　本稿に紹介する「モデル」は総則部分であり，各則部分については明らかではなかったが，最近の法律雑誌（『社会主義的合法性』誌1987年6号のカルペーツ論文）上にその存在が示された。その紹介・検討は，今後の課題である。

190 Ⅲ　ソビエト刑法の振幅

られている[1]。

　ところで，「モデル」は，第2章「刑法の原理」を規定している。ここには，
8つの原理が含まれている（第2条から第9条まで）。これらの原理の宣言規
定は，現行の刑法典にはなく，全く新しいものである[2]。以下にこれらの条
文を掲げ，若干のコメントを付しておこう。

「**第2条　合法性の原理**
(1)　行為およびその実行によるその他の刑法的結果の犯罪性，処罰性は，刑法によっ
　　　てのみ定められる。
(2)　何人も，犯罪の実行において有責とみなされ，また裁判所の判決や法律によら
　　　なければ，刑罰を科せられない。
(3)　犯罪の実行において有責とされた者は，法律に定められた義務を負い，権利を
　　　実現する。
(4)　刑法の内容は，その条文に正確に応じて理解せねばならない。」

---

1)　現行ロシア共和国刑法典には，「刑法典の任務」（第1条）に関する規定につづいて，「ロシア
　　共和国刑法典と全ソ連邦の刑事立法」（第2条）が置かれている。周知のように，ソビエトの刑事
　　立法史においては，ソ連邦の形成以来，刑法の総則に関する一般的，共通規定としての連邦法と，
　　この連邦法に基礎づけられながらも，具体的犯罪類型において各連邦構成共和国の特殊性をも加
　　味された各連邦構成共和国刑法典との二元的立法制を採用してきた。将来の刑法典が，この体制
　　を維持するかどうかについて，「モデル」は明らかにしていない。
2)　ケリーナは，前記論文のなかで，将来の刑法典の内容について，刑法の原則を立法のなかに公
　　式化することが望ましいと述べ，またこのことが，将来の刑法典の基礎ばかりでなく，法適用機
　　関の活動にも有益な影響を与えることになることを指摘している。さらに，法律のなかに原則を
　　公式化することは，市民が国家によって実施される刑事政策の意味と基本的方向を正しく理解
　　し，刑法の真の実現のためにも，また法規範の自発的採択に基本的である社会的に積極的な行為
　　を公式にするためにも重要である，と述べた。こうして，ケリーナは，将来の刑法典に確保され
　　るべき原理として，合法性，法の下の市民の平等，個人的答責性と責任主義，答責性の不可避性，
　　答責性の公平さ，そして民主主義の原理を挙げている。
　　　Келина С.Г. Некоторые направления совершенствования уголовного законодательства.
　　"Сов. Г и Право" 1987 г. No 5. стр. 65-66.
　　　また『解説書』におけるケリーナ論文「刑法典の理論モデルの基礎にあるいくつかの原則的観
　　念」のなかでも，同旨のことが述べられている（『警察研究』第57巻12号を参照）。
　　　かつてザゴロドニコフは，その教科書のなかで，ソビエト刑法の一般的原理として，社会主義
　　的民主主義，社会主義的合法性，社会主義的人道主義，社会主義的国際主義を，そして特殊原理
　　として，犯罪の予防，行為の否定的な道義的，刑法的評価の結合，答責性の個別化を挙げていた
　　（Загородников Н.И. Советское уголовное право. 1975 г. стр. 6-9.)
　　　また比較社会主義刑事立法の立場から，1例を挙げれば，1979年キューバ刑法典には，社会主
　　義的合法性，社会主義的民主主義，社会主義的国際主義，社会主義的人道主義と公平の原理が示
　　めされている（拙稿「キューバの刑法」『法経論集』第114号，1987年を参照）。

第9章 「刑法典理論モデル」(総則)について　*191*

　この原理は，上記の規定から明らかであるように，いわゆる罪刑法主義の原則を示したものといえる。『解説書』によれば，この原理には，以下のような思想が含まれているとされている。「刑法の唯一つの源が法律であること」，「犯罪の実行の法的結果は刑罰だけでなく，別の強制処分もありうるということ」，「犯罪の実行のあらゆる法的な結果の惹起を基礎づけるものは，刑法のなかに固められねばならないということ[3]」。

　　　「第3条　法の下における市民の平等の原則
　　　犯罪をおこなった者は，法の下に平等であり，その素姓，社会的，職務上および財産的地位，人種および民族的属性，性，教育，言語，宗教に対する態度，出生および職業の性格，居住地およびその他の事情にかかわらず責任を負う。」
　　　「第4条　個人的答責性の原則
　　　犯罪をおこなった者は，この者が個人的におこなった行為に対してのみ責任を負う。」
　　　「第5条　責任主義の原則
　　⑴　人は，その責任，すなわち故意または過失にもとづいた作為（不作為）およびそのために生じた社会的に危険な結果に対してのみ刑事的答責性を負う。
　　⑵　過失によりなされた作為（不作為），ならびに過失による社会的に危険な結果の惹起に対する刑事的答責性は，法律に直接定められた場合にのみ問われる。」

　この「責任主義の原則」規定に類似するのは，現行ロシア共和国刑法典第3条「刑事的答責性の基礎」である。現行ロシア共和国刑法典第3条は，ソビエト刑法史上初めて「罪刑法定主義」を明確にしたものとして位置づけられている。「モデル」では，第2条と並び，この方向をさらに確認したものである。

　　　「第6条　答責性の不可避原則
　　⑴　自らの作為または不作為に犯罪構成要件を含んでいるすべての者は，刑法に規定された刑罰またはその他の強制処分を適用される。
　　⑵　何人も，同一の犯罪に対して刑事的答責性を重ねて問われることはない。」

　ここに「犯罪構成要件」の語が使用され，犯罪構成要件に該当する行為が

---

3)　Келина С.Г. Некоторы принципиальные идеи, лежащие в основе теоретической модели уголовного кодекса.—Сб. Проблемы совершенствования уголовного закона. 1984 г. стр. 12.

192 Ⅲ　ソビエト刑法の振幅

処罰されるとするソビエト犯罪論の基本的立場が明示された。また第2項は，いわゆる一事不再理の規定である。

「**第7条　人道主義の原則**
⑴　犯罪をおこなった者には，その矯正と新しい犯罪を予防するために必要で，かつ十分な最小限度の刑罰またはその他の刑法的な強制処分が量定されねばならない。
⑵　刑罰およびその他の刑法的な強制処分は，身体的苦痛を伴うことまたは人間的価値の低下を目的としない。」

有罪を宣告された者に対して刑罰を科す場合に，この者の矯正と新しい犯罪の予防のため，必要で十分な刑罰の量定が規定されたが，この規定の意味は，クドリァフツェフの指摘にもあるように[4]，裁判実務の安易な厳罰主義に対する警告でもある。

「**第8条　答責性の公平原則**
⑴　犯罪をおこなった者に対して適用される刑罰またはその他の刑法的な強制処分は，公平，すなわち犯罪の重大性，その責任の程度およびその人格の社会的危険性の程度に応じたものでなければならない。
⑵　厳格な刑罰処分は，重大な，特に重大な犯罪を行った者，ならびに再犯者に適用される。危険の少ない犯罪を再度おこなった者には，通常，法律の規定する，自由剝奪またはその他の刑法的な強制処分と関連しない刑罰処分が適用される。」
「**第9条　民主主義の原則**
法律に定める場合に，犯罪をおこなった者の矯正について，労働コレクチーフおよび社会団体は，この者の請願またはこれらの団体の承諾により，この者を受け入れる。」

これは，いわゆる社会内処遇に関する規定である。82年の改正でも，この方向への傾斜が窺われる。「モデル」の理念は，これをさらに進めるものであろう。

---

4)　クドリァフツェフ（ソ連邦科学アカデミー会員・国家と法研究所長）とのインタビュー記事——『イズベスチア』1987年8月27日参照

3　犯罪規定

「第3編　刑事答責性の基礎」には,「第5章　刑事答責性の一般的基礎」
「第6章　犯罪の概念と犯罪のカテゴリー」「第7章　刑事答責性を負う者」
「第8章　責任」「第9章　未完成犯罪」「第10章　共犯」の5章が置かれ,
犯罪について規定されている。

> 「**第16条　刑事答責性の一般的基礎**
>
> 　刑事答責性の基礎は,犯罪構成要件,すなわち刑法に規定された犯罪の全ての徴表
> が人の作為(不作為)に存在することである。」

　犯罪の概念は,現行のロシア共和国刑法典第7条に規定された定義を踏襲
しながらも,社会的に危険な行為についての定義も規定された。現行の第7
条2項にある「行為の軽微性」に関する規定は,「第4編　行為の犯罪性を阻
却する事由」のなかに移された[1]。

> 「**第17条　犯罪の概念**
>
> (1)　犯罪は,ソ連邦の社会機構,その政治,経済体制,社会主義的所有,市民の人
> 　　格,権利および自由,その他の社会主義的社会関係に侵害を加え,刑罰の威嚇の
> 　　もとに刑法によって禁止された社会的に危険な,有責な作為または不作為である。
>
> (2)　社会的に危険な行為とは,ソ連邦の社会機構,その政治,経済体制,社会主義
> 　　的所有,市民の人格,権利および自由,社会主義的法秩序に損害を加え,または
> 　　その惹起の可能性を作るような作為または不作為である。」

　「モデル」の犯罪規定において特徴的なのは,犯罪の分類に関する規定であ
る。犯罪について,以下の4分類が規定されている[2]。

---

1)　犯罪の実質的定義に関連して,行為の軽微概念の立法への導入概史については,上記『解説
　書』のクズネツォーバ論文を参照。
　　См. Кузнецова Н. Ф. Совершенствование норм о преступлении—Сб. Проблемы
　совершенствования уголовного закона. уголовпого закона.
　　なお,クズネツォーバ論文の要旨は,『警察研究』第58巻1号75頁以下参照。
2)　上記のクズネツォーバ論文を参照。
　　См. Кузнецова Н.Ф. Там же.

194 Ⅲ ソビエト刑法の振幅

「**第18条　犯罪のカテゴリー**

⑴　本法典により，犯罪は，特に重大な，重大な，重大でない，もしくは大きな社会的危険性を伴わない犯罪とされる。

⑵　裁判所は，おこなった犯罪につき，事件の特別な事情を考慮して，本法典第79条にもとづいて，法律に規定されたよりも，下位のカテゴリーに置くことができる。」

「**第19条　特に重大な犯罪**

特に重大な犯罪とは，ソ連邦の社会機構，その政治および経済体制の基礎，国の主権および防衛または人命に侵害を与えた，故意による作為または不作為である。これらに対しては，法律により，死刑が規定される。」

「**第20条　重大な犯罪**

重大な犯罪とは，大規模な損害を引き起こし，もしくは低級な動機から，再度，危険な手段によりなされた故意による作為または不作為である。これらに対しては，法律により，5年以上の自由剥奪が規定される。」

「**第21条　重大でない犯罪**

⑴　重大でない犯罪とは，著しい損害を引き起こし，もしくは大規模なまたは著しい損害の惹起の脅威をつくりだした，故意による作為または不作為である。これらに対しては，法律により，2年以上5年以下の自由剥奪，居住地コロニーへの移送，労働に対する受刑者の強制的関与を伴う自由の制限の刑が規定される。

⑵　重大でない犯罪とは，大規模な損害を引き起こした過失による作為または不作為である。これらに対しては，法律により，5年<u>以上</u>（？―著者）の自由剥奪が規定される。」

「**第22条　大きな社会的危険性を伴わない犯罪（刑事的軽罪）**

⑴　刑事的軽罪とは，大きな社会的危険性を伴わない故意による犯罪である。これらに対しては，法律により，2年以内の自由剥奪，居住地コロニーへの移送，労働に対する受刑者の強制的関与を伴う自由の制限の刑またはその他のより軽い刑が規定される。

⑵　刑事的軽罪とは，著しい損害を引き起こした過失による作為または不作為である。これらに対しては，法律により，5年以内の自由剥奪刑もしくはその他のより軽い刑が規定される。」

　こうした犯罪の重大さの程度による分類に関する提案は，すでに『解説書』のなかで，ザゴルドニコフによりなされている[3]。

　次に，責任能力に関する規定[4]のなかで特徴的なのは，限定責任能力規定の新設である[5]。以下同様に責任能力に関する規定を挙げておこう。

第9章 「刑法典理論モデル」(総則)について　*195*

「第23条　刑事答責性を負う者

刑事答責性は，犯罪の実行時に，法律に定められた年齢に達し，責任能力ある者，すなわち自己の心理状態により，自己の作為（不作為）の実際上の性格と社会的危険性を特に意識していた者がこれを負う。」

「第24条　刑事答責性を負う年齢

(1)　刑事責任は，犯罪の実行時に16歳に達した者に課せられる。

(2)　法律に定めた年齢に達したが，心理的な未成熟（バリアント……精神生理学的発達における遅滞）のため，自己の作為（不作為）の実際上の性格や社会的危険性を認識できず，自己の作為（不作為）を制御できない者は，刑事責任を課せられない。

(3)　本条2項に規定された者が，自己の作為（不作為）の実際上の性格や社会的危険性を部分的にしか認識することができず，またはこれらを部分的にしか制御することができないときには，刑事責任を課する。但し，裁判所は，刑の量定にあたり，本法典第9編の規定による。」

「第25条　責任無能力

(1)　責任無能力者とは，社会的な危険行為の実行時に，その心理状態により，慢性的な精神病，心理活動の一時的不良，精神薄弱またはその他の病状のため，自己の作為（不作為）の実際上の性格や社会的危険性を認識することができず，または制御することができない者である。

(2)　裁判所は，責任無能力者とみなされる者について，本法典第8編に規定する医療的性格の強制処分を適用することができる。」

この規定は，ほぼ現行の規定に同じである。

「第26条　限定責任能力

犯罪の実行時に，責任能力を阻却しない精神的異常のため，自己の作為（不作為）

---

3)　ザゴロドニコフも，『解説書』のなかで，犯罪の種類をその重大さにより列挙すべきことを述べている。

　　См. Загородников Н. И. Проблевы классификаций преступлений в свете дальнейшего совершенствования советского уголовного права.—Сб. Проблемы совершенствования уголовного закона.

4)　『解説書』のなかでは，以下のミヘーエフ論文がこの分野について述べている。

　　См. Михеев Р. И. Проблема вменяемости и невменяемости в науке уголовного права и ее правовое регулирование в уголовном законодательстве.—Сб. Проблемы совершенствования угловного закна.

　　なお，ミヘーエフ論文の要旨は，『警察研究』第58巻3号を参照。

5)　См. Михеев Р. И. Там же. стр. 69-71.

　　また，『警察研究』第58巻3号80—81頁参照。

の実際上の性格や社会的危険性を認識することができず，または制御することができないときは，刑事責任を負う。但し，裁判所は，刑の量定にあたり，本法典第8編の規定による。」

「モデル」の責任規定は，現行刑法に比して，詳細ではあるが，「故意」「過失」の規定内容についてはおおむね変わるところはない。ただ，不可抗力による責任阻却の場合（第30条）と結果的加重規定（第31条）が独立に規定されている。

「**第27条　責任の概念**
(1)　責任とは，刑法により保護された社会主義的社会関係に侵害を加える者が行った社会的危険行為に対する故意または過失の形式によるこの者の心理的関係である。
(2)　社会的に危険な作為（不作為）またはその結果の実現のあらゆる実際的事情は，この者に帰せられ，故意または過失による場合にのみこの者の責任に影響する。
(3)　人の責任の程度，すなわち行われた社会的危険行為に対するこの者の心理的関係の強度は，責任形式，ならびに動機，目的および情緒的感覚により現れ，犯罪の重大さを定めること，刑罰またはその他の刑法的強制処分の量定にあたり考慮に入れられる。」
「**第28条　故意**
(1)　犯罪は，直接または間接的故意により実現されうる。
(2)　犯罪は，実行者が自己の作為（不作為）の社会的危険な性格を認識し，その社会的危険な結果を予見し，その惹起を希望したとき，直接的故意により実行したとみなされる。
(3)　犯罪は，実行者が自己の作為（不作為）の社会的危険な性格を認識し，その社会的危険な結果を予見したが，その惹起を希望せずに，これを意識的に許容したとき，間接的故意により実行したとみなされる。」
「**第29条　過失**
(1)　犯罪は，犯罪的軽率または不注意を伴った過失により実現される。
(2)　犯罪は，実行者が自己の作為（不作為）の社会的に危険な結果の惹起可能性を予見しているが，軽率に，すなわち十分な根拠なしにこの予防を期待したとき，犯罪的な軽率により行われたものとみなされる。
(3)　犯罪は，実行者が必要な注意および予告により，予見および予防すべきであり，またはこれをしえたたにもかかわらず，自己の作為（不作為）の社会的に危険な結果を予見しなかったときに，犯罪的不注意により行われたとみなされる。」

第9章 「刑法典理論モデル」(総則)について　*197*

「**第30条　責任の不存在（偶然）**

(1)　実行者が自己の作為（不作為）の社会的危険な性格を認識しておらず，または自己の作為（不作為）の社会的危険な結果も予見しておらず，また事件の事情によりこれらを予見し，予防することができないときに，行為は責任なしに行われたものとみなされる。

(2)　実行者が自己の作為（不作為）の社会的危険な性格を認識しておらず，または自己の作為（不作為）の社会的危険な結果の惹起も予見しておらず，もしくはこれらの惹起の可能性を予見したが，それは極くまれな条件の下にであり，または精神的心理的負担によるもので，これがために，この者の精神生理学的特質が一致しなかったためこれらを予防できなかった場合，責任なしに行われたとみなされる。」

「**第31条　複雑な責任**

犯罪を故意により実現した結果，過失により別の社会的危険な結果を引き起こし，これに対し法律が高度の刑事責任を課しているとき，この犯罪は，全体として故意により行われたとみなされる。」

「**第9章　未完成犯罪**」には，予備，未遂，中止犯がそれぞれ独立して規定されている。予備と未遂の規定は，原則的に現行刑法とかわらない。ただ，上記の犯罪の分類に応じて，「特に重大な，重大なおよび重大でない犯罪に対する予備は，犯罪とみなされる。」（第32条2項）が導入される。中止犯は，以下のように規定される。

「**第34条　中止犯**

(1)　中止犯とは，以下の通りである。

　(a)　行為者が犯罪を完了する可能性を認識していた場合に，予備行為を中止することもしくは犯罪実行を中止すること。

　(b)　行為者が損害惹起の可能性を認識していた場合に，これを回避すること。

(2)　任意的中止は，実行された犯罪に対する刑事責任を阻却する。

(3)　犯罪を故意に中止した者は，実際に実行された行為が別の犯罪の微表を含んでいる場合にのみ，刑事責任を負う。」

「共犯」についての規定には，現行刑法と異なる部分を含んでいる。例えば，「実行者」（第36条）は，直接的な実行者と間接的実行者（いわゆる間接正犯）に分けて規定された。また「実行者の超過行為」（第38条）「共犯者の任意的中止」（第39条）が新たに規定された[6]。

198 Ⅲ ソビエト刑法の振幅

「**第35条 共犯**

⑴ 共犯とは，2人以上の者が同一の故意犯罪の実行に共同で関与することである。

⑵ 共犯者とは，犯罪の実行者のほか，組織者，教唆者および幇助者をいう。」

「**第36条 犯罪の実行者**

⑴ 実行者とは，刑法により規定された行為の全部またはその一部を行った者をいう。

⑵ 実行者とは，年齢，責任無能力のために刑事責任を課せられないか，または過失もしくは責任のない他人を利用することにおいて，刑法により規定された行為の全部またはその一部を行った者をいう。」

「**第37条 その他の共犯者**

⑴ 組織者とは，犯罪の準備またはその実現を指導する者をいう。

⑵ 教唆者とは，他人を犯罪の実行にそそのかした者をいう。

⑶ 幇助者とは，助言，指示，手段の提供または障害を排除することによって，犯罪の実行を援助した者，ならびに犯罪者，犯罪実行の用具および手段，犯跡および犯罪によって得た物の隠匿をあらかじめ約束していた者をいう。」

「**第38条 実行者の超過行為**

実行者の超過行為，すなわち実行者が共犯者の故意に含まれていない行為を実行したとき，個々の共犯者は，これに対し責任を負わない。」

「**第39条 共犯者の任意的中止**

⑴ 実行者の任意的中止は，本法典第34条に規定された条件の存在において，その刑事責任を阻却する。

⑵ 組織者，教唆者，幇助者の任意的中止は，これらの者が実行者による犯罪の実現を回避するか，または準備された犯罪について権力機関に適時に伝達したとき，その刑事責任を阻却する。

⑶ 実行者の犯罪の実現を回避しようとした，組織者，教唆者，幇助者の行為が，その回避に成功しなかったとき，裁判所は，これらの行為を刑罰を軽減する事情として判断する。」

第11章は，「隠匿」「犯罪の不申告」「犯罪の黙過」が規定されている。このうち現行刑法に比して，「犯罪の黙過」が新設である。これは，重大な犯罪や特に重大な犯罪の場合を防止することの怠慢について規定している。1919年の「刑法の指導原理」は，犯罪の不申告，犯罪の黙過を従犯規定に含めて

---

6)『解説書』の以下のノスコーワ論文参照。

　 См. Носкова Н.А.О совершенствовании законодательного регламентирования института прикосновенности. Сб.—Проблемы совершенствования угдовного закона.

　 なお，ノスコーワ論文の要旨は，『警察研究』第58巻4号96-98頁参照。

いたが，共犯概念の拡大につながるとの理由により，22年「ロシア刑法典」は，これらを削除した。ただ，26年「ロシア刑法典」では，犯罪の不申告を共犯規定とは別に独立させた（第18条2項）。

第12章は，「犯罪の多様性」について，「連続犯」「犯罪の競合」，さらに再犯を3種にわけ，「再犯」「危険な再犯」「特に危険な再犯」に区分している。

次に，いわゆる犯罪の阻却事由は，以上のような「刑事答責性の基礎」にかんする規定とは別に，第4編「行為の犯罪性を阻却する事由」として規定されている。ここには，まず，

「第48条　行為の犯罪性を阻却する事由
(1)　犯罪性を阻却するのは，社会主義的社会関係に侵害を加えた行為が社会的危険性，違法性または責任の不存在により犯罪ではない事由である。
(2)　犯罪性を阻却する事由とは，以下のものである。行為の軽微性，正当防衛，犯罪者の逮捕，緊急避難状態，物質的または心理的強制，合法的な業務上の危険，義務的な命令の履行，被害者の同意，自己の権利の実現，職業的な機能と義務の履行。」

上記に規定された犯罪性を阻却する事由のうち，「行為の軽微性」と「被害者の同意，自己の権利の実現，職業的な機能と業務の履行」については，以下のように規定される。

「第49条　行為の軽微性
法律に犯罪として規定された，行為の微表をもっているが，軽微なため犯罪に固有の社会的危険性をしめさない作為または不作為は犯罪ではない。」
「第56条　被害者の同意，自己の権利の実現，職業的な機能と義務の履行
被害者の同意，自己の権利の実現，職業的な機能または義務の履行は，これらによってなされる作為（不作為）が社会的に危険であり，刑法で禁止されているとき，犯罪性を阻却しない。」

4　刑罰体系

「モデル」は，第5編に「刑罰」，第6編に「刑事答責性と刑の免除」，第7編に「前科」，第8編に「医療的性格の強制処分」，そして第9編に「未成年

200 Ⅲ　ソビエト刑法の振幅

者の刑事答責性の特性」を定めている。以下これらの特徴について，条文の抜粋を掲げ，若干のコメントをしてみよう。

　まず，刑罰の目的と種類は以下の通りである[1]。

「**第57条　刑罰の目的**
⑴　刑罰は，判決により，また法律により，犯罪の実行に有責とみなされる者に対し，国家の名のもとに適用され，その犯罪行動の否定的評価をしめす強制処分である。
⑵　刑罰は，有罪の言い渡しを受けた者に対し犯罪行動を続けることを止めさせるため，ならびに有罪の言い渡しを受けた者やその他の者が新たな犯罪を行うことを予防するために適用される。
⑶　刑罰の目的は，有罪の言い渡しを受けた者の矯正，ならびに労働に対する誠実な態度，法律の正確な執行，社会主義的共同生活規則への尊重の精神において有罪の言い渡しを受けた者やその他の者に教育的作用を施すことにより，達せられる。」

「**第58条　刑罰の種類**
裁判所が犯罪の実行に責任あるとみなす者に対し，以下の刑罰を適用することができる。
①　罰金
②　一定の職務に就く権利または一定の行動をなす権利の剥奪
③　軍事的または特別な称号の剥奪
④　労働の場における自由剥奪を伴わない矯正労働
⑤　労働の場以外における自由剥奪を伴わない矯正労働
⑥　財産の没収
⑦　追放
⑧　拘留
⑨　有罪の言い渡しを受けた者に対する労働への義務的参加を伴った自由の制限
⑩　移住地コロニーへの送致
⑪　自由剥奪
⑫　死刑
定期勤務の軍勤務者に対しては，懲戒大隊への送致による刑も適用することができる。」

---

1)　『解説書』のなかでは，以下のボルビンスカヤ論文がこの分野について述べている。
　　См. Полубинская С.В.К вопросу о целях наказания.—Сб. Проблемы совершенствования уголовного закона.
　　また，ボルビンスカヤ論文の要旨は，『警察研究』第58巻6号参照。

第9章 「刑法典理論モデル」(総則)について　　*201*

　こうした刑種のなかで，特徴的なのは，自由の制限刑，すなわち「有罪の
言い渡しを受けた者に対する労働への義務的参加を伴った自由の制限」の新
設である[2]。またこれら刑種において，主刑とされるのは，労働の場におけ
る自由剥奪を伴わない矯正労働，労働の場以外における自由剥奪を伴わない
矯正労働，拘留，有罪の言い渡しを受けた者に対する労働への義務的参加を
伴った自由の制限，移住地コロニーへの送致，自由剥奪，定期勤務の軍勤務
者に対する懲戒大隊への送致，そして死刑である。

　附加刑とされるのは，軍事的または特別な称号の剥奪，財産の没収である。

　また主刑と附加刑のいずれともされるのは，罰金，一定の職務に就く権利
または一定の行動をなす権利の剥奪，そして追放である（第59条）。

　これらの刑種のうち，「罰金」「労働の場における自由剥奪を伴わない矯正

---

　2)　「自由の制限」刑は，社会主義刑法では，79年キューバ刑法第32・33条にその例がみられる
　　（拙稿「キューバの刑法」『法経論集』第114号参照）。以下にその条文を挙げておこう。
　「第3款　自由の制限
　第32条
　(1)　自由の制限刑は，自由剥奪刑の補足的処分であり，3年を超えて量定することはできず，ま
　　た犯罪の性格，事件の事情およびこの者の人格により，刑罰の目的が自由剥奪施設に移送する
　　ことなく達成されることができると判断される合理的な根拠を与える場合に適用される。
　(2)　自由の制限期間は，自由剥奪期間と同様に，裁判所があらかじめこれを定める。
　(3)　自由の制限を宣告された者は，この刑の執行中に，
　　　(a)　裁判所の許可なしに，居住場所を変更することはできない。
　　　(b)　職務上の昇任および賃金の引き上げの権利をもたない。
　　　(c)　社会または大衆組織における指導的役割を果たすことはできない。
　　　(d)　裁判所が自由の制限を宣告された者に対し，刑の執行中の行状について指示をあたえた
　　　　ときには，必ず裁判所に出頭しなければならない。
　　　(e)　労働に対する尊敬的態度を示し，法律を厳格に遵守し，社会主義的共同生活規範を尊重
　　　　しなければならない。
　(4)　自由の制限刑は，過去5年以内に9ヶ月以上の自由剥奪または270金額単位（クオータス-
　　cuotas）以上の罰金を宣告された者には，適用されない。但し裁判所が特別の事情により，こ
　　の適用を可能とみなす場合を除く。
　(5)　自由の制限刑は，有罪を宣告された者を執行すべき犯罪予防機関の監視下またはその指示に
　　より執行される。
　(6)　逮捕または拘禁期間は，自由の制限刑の執行期間内に全て算入される。
　(7)　有罪を宣告された者が自由の制限刑の執行と関連した義務の遂行を拒否するか，もしくは刑
　　の執行中に執行しないか，その遂行を妨げるときに，裁判所は新たに定める刑のいかなる部分
　　が自由の制限の未執行期間に算入すべきかを定めなければならない。
　第33条　自由の制限を宣告された者が自らに課せられた義務を遂行するときに，裁判所は，こ
　　の者の刑期が満了したのち，犯罪予防機関からの報告を事前に受けることにより，刑が
　　終了したことを通告する。」

労働」「労働の場以外における自由剥奪を伴わない矯正労働」「拘留」「有罪の言い渡しを受けた者に対する労働への義務的参加を伴った自由の制限」「移住地コロニーへの送致」「自由剥奪」および「死刑」について，以下に条文を掲げておこう。

「**第60条 罰金**
(1) 罰金は，一定の金額，もしくは賃金または有罪の言い渡しを受けた者のその他の収入の一部に相当する金額により定められる金銭の徴収である。
(2) 罰金は，50ルーブリから300ルーブリまでの範囲により定められ，また利得犯罪に対しては1,000ルーブリまで，もしくは2週間から3ヶ月までの範囲内で有罪の言い渡しを受けた者の賃金またはその他の収入の一部に相当する金額において定められる。裁判所は，行った犯罪の重大さにより，また有罪の言い渡しを受けた者の財産状態を考慮して，罰金額を定める。
(3) 裁判所は，この処分が本法典各則の条文に規定されていないときにも，罰金を附加刑として定めることができる。
(4) 裁判所は，有罪を言い渡された者が罰金の支払いを忌避した場合，50ルーブリの罰金に対し1ヶ月の矯正労働の換算により，1年を超えない期間において，罰金を労働の場以外における自由剥奪を伴わない矯正労働に代える。」
「**第63条 労働の場における自由剥奪を伴わない矯正労働**
(1) 労働の場における自由剥奪を伴わない矯正労働は，賃金の5から20パーセントの枠内により，国の収入として労働の場における有罪を言い渡された者の賃金から控除される。有罪を言い渡された者は，その労働の場における労働コレクチーフの同意により，教育的労働を行う義務を負う。
(2) 労働の場における自由剥奪を伴わない矯正労働は，2ヶ月から1年までの期間により量定される。
(3) 有罪を言い渡された者が判決を宣告された時に，一時的な労働無能力またはその他の相当な理由により，社会的に有益な労働に従事していなかった場合，裁判所は，2ヶ月までの労働に就く義務をこの者に課する権利をもつ。
(4) 健康状態または年齢により労働無能力と認められた者，ならびに18歳までに犯罪を行った者，妊婦および8歳までの子供をもっている婦人には，自由剥奪を伴わない矯正労働を罰金に代えることができる。
(5) 有罪を言い渡された者が労働の場における自由剥奪を伴わない矯正労働の執行を忌避した場合に，裁判所は，内務機関の提案，もしくは公共団体または労働コレクチーフの請願により，この刑の未終了期間を同一期間の労働の場以外の自由剥奪を伴わない矯正労働に代える。」

第9章 「刑法典理論モデル」(総則)について　*203*

「**第64条　労働の場以外の自由剥奪を伴わない矯正労働**

⑴　労働の場以外の自由剥奪を伴わない矯正労働は，賃金の5から20パーセントの枠内により，国の収入として有罪を言い渡された者の賃金から控除することを伴い，有罪を言い渡された者の居住地内であるが，矯正労働を適用する機関の定める場所にこの者を移送することである。

⑵　労働の場以外の自由剥奪を伴わない矯正労働は，二ヶ月から2年までに量定される。

⑶　健康状態または年齢により労働無能力と認められた者，ならびに18歳までに犯罪を行った者，妊婦および8歳までの子供をもっている婦人には，自由剥奪を伴わない矯正労働は量定されず，罰金に代えることができる。

⑷　有罪を言い渡された者が労働の場以外における自由剥奪を伴わない矯正労働の執行を忌避した場合に，裁判所は，内務機関の提案により，この刑の未終了期間を同一期間の労働の場以外の自由剥奪を伴わない矯正労働に代える。」

「**第67条　拘留**

⑴　拘留は，量定した刑の全期間もしくは労働外時間，休日および祭日に有罪を言い渡された者を特別な施設に収容することにより，この者を社会から隔離することである。

⑵　拘留は，1ヶ月から6ヶ月までの範囲により，裁判所がこれを定める。

⑶　労働外時間，休日および祭日における拘留を忌避する場合に，裁判所は，拘留を同一期間の自由剥奪に代える。この場合，拘留の執行の忌避の時間は，算入されない。」

「**第68条　有罪を言い渡された者に対する労働への義務的な参加を伴う自由の制限**

⑴　有罪を言い渡された者に対する労働への義務的な参加を伴う自由の制限は，自由剥奪を伴わないが，この刑を執行する機関がこの者を監督するという条件において，労働への義務的な参加のため，成年の労働能力ある者を特別の場に移送することである。

⑵　有罪を言い渡された者に対する労働への義務的な参加を伴う自由の制限は，裁判所が6ヶ月から3年の範囲によりこれを量定する。

⑶　裁判所は，有罪を言い渡された者が労働への義務的な参加を伴う自由の制限刑の執行を忌避した場合に，この刑の未執行期間を同一の期間の自由剥奪に代える。この場合，量定された刑の執行を忌避した時間は算入されない。」

「**第69条　移住地コロニーへの移送**

⑴　移住地コロニーへの移送は，厳格な隔離を除く条件において，労働への義務的な参加を伴う特別の施設に有罪を言い渡された者を収容することである。

⑵　移住地コロニーへの移送は，裁判所が1年から5年までの範囲によりこれを量定する。

⑶ 裁判所は，有罪を言い渡された者が移住地コロニーへの移送の執行を忌避した
場合に，この刑の未執行期間を同一の期間の自由剥奪に代える。この場合，量定
された刑の執行を忌避した時間は算入されない。」

「**第 70 条 自由剥奪**
⑴ 自由剥奪は，有罪を言い渡された者を一般，強化，厳格，特別レジームの矯正
労働コロニーまたは監獄に収容することにより，この者を社会から隔離すること
である。
⑵ 18 歳までにおこなった犯罪に対して自由剥奪を言い渡された者は，未成年者の
ための教育労働コロニーに収容される。
⑶ 自由剥奪は，1 年から 10 年までの範囲により裁判所がこれを量定する。
⑷ 18 歳までに犯罪をおこなった者に対し，自由剥奪を量定する場合に，刑期は，
7 年を超えることはできない。
⑸ 裁判所は，死刑が自由剥奪に代えられる者に対し，15 年までの自由剥奪を量定
することができる。」

「**第 71 条 死刑**
⑴ 死刑は，おこなった犯罪と有責者の人格の社会的危険性の高い程度を証明する
事実のもとにおこなわれた，特に危険な国家犯罪，特に加重された事情のもとで
の故意殺人に対して適用される例外的な刑罰処分である。
⑵ 死刑は，18 歳までに犯罪をおこなった者，犯罪の実行時に 60 歳に達した女子，
ならびに男子に適用することはできない。
⑶ 死刑は，特赦の手続きにおいて，15 年までの自由剥奪に代えることができる。
<u>バリアント</u>……死刑は，廃止する[3]。(傍線は筆者)」

　ところで，「モデル」の刑罰規定の理念には，「非刑罰化」の課題がある。
「第 6 編　刑事答責性と刑の免除」は，この課題に答える部分を含んでいる。
とりわけ社会的危険性の大きくない犯罪に対する刑法的処分の漸次的削減を
進める方向にある。以下この点の「モデル」の条文を挙げてみよう。まず，
「刑事答責性に代える処分」である。

「**第 83 条　刑事答責性に代える処分**
⑴ 刑事答責性に代える処分は，本法典第 57 条に規定する刑罰の目的が，本法典第

---

3)　「死刑」に関する規定は，「モデル」の条文のバリアントの存在からも明らかなように，作成集
団のなかにも議論のあることが窺える。
　また，断片的に伝えられる新聞などの記事からもその議論を知ることができる。例えば，87 年
5 月 23 日，87 年 8 月 17 日の朝日新聞の記事および 87 年 4 月 24 日の共同通信「マヤーク通信」
などを参照。

84，85，109 条に規定する理由と手続きにおいて実現される教育的作用により達成することができる場合に，大きな社会的危険性を伴わない犯罪（刑事的軽罪）をおこなった者に対して適用される。

(2)　刑事答責性に代える処分とは，以下の通りである。

(a)　未成年者事件に関する未成年者委員会に適用される，教育的性格の強制処分（第 109 条）

(b)　同志裁判所が適用する社会的作用の強制処分（第 84 条）

(c)　判決の言い渡しの延期と関連した保証委託にこの者を送致すること（第 85 条）。」

「**第 84 条　事件を同志裁判所の審理に移すこと**

(1)　大きな社会危険性を伴わない犯罪（刑事的軽犯罪）を初めておこなった者は，おこなった行為の性格と人格により，この者が刑罰の適用を伴わずに矯正されうる場合に，刑事答責性を免除し，この事件は社会的強制処分の適用の問題を決めるため，同志裁判所に送致されることができる。

(2)　社会的強制処分の目録とその適用手続きは，同志裁判所規則に定める。」

「**第 85 条　判決の言い渡しの延期と関連した保証委託に犯罪をおこなった者を送致すること。**

(1)　裁判所は，大きな社会的危険性をともなわない犯罪（刑事的軽罪）をおこなった者に対し，行為の性格と人格により，この者が刑罰の適用を伴わずに強制されうる場合に，事件を審理したのち，本質において，労働コレクチーフまたは社会団体の請願により，この者を保証委託するため，請願をおこなった労働コレクチーフまたは社会団体に送致することをもって，1 年以内の範囲で判決の言い渡しをすることができる。

(2)　保証委託された者は，自己の矯正を，労働についての尊敬的態度と社会秩序を遵守することによって示さなければならない。

(3)　保証委託された者が，1 年間の矯正期間内に，

(a)　自己の矯正を，労働についての尊敬的態度と社会的秩序の遵守により示した場合，裁判所は，この者の刑事的答責性を完全に免除する。

(b)　労働または学習に対して不誠実であり，教育的影響を免れる目的で労働コレクチーフにとどまり，もしくは社会的秩序の違反を許容し，このことに関連して，この者にたいし，行政処分または社会的強制が適用された場合，裁判所は，有罪の判決をおこない，この者が保証委託された犯罪に対する刑罰処分を量定する。

(c)　新しい犯罪をおこなった場合，裁判所は，本法典第 75 条に定めた犯罪の競合による刑の量定規則に基づいて，二つの犯罪に対する刑罰を量定する。」

206　Ⅲ　ソビエト刑法の振幅

次に,「刑罰に代える処分」については,以下の通りである。

「**第86条　刑罰に代える処分**
⑴　刑罰に代える処分は,本法典第57条に規定された刑罰の目的が,本法典第87,
　　88,110条の手続きにおいて適用される強制処分によって,刑罰の現実の執行な
　　しに達成されうる場合に,犯罪の実行に対し有罪とされる者に適用される。
⑵　刑罰に代える処分とは,以下の通りである。
　⒜　裁判所が未成年者を特別の学習・教育または治療・教育施設に収容すること
　　　(第110条)。
　⒝　裁判所が譴責または警告を行うこと (第87条)。
　⒞　執行猶予 (第88条)。」
「**第87条　裁判所が譴責または警告を行うこと**
⑴　犯罪を初めておこなった者は,犯罪の実行ののちの時期にあらわした模範的な
　　行状および労働についての誠実な態度により,この者が裁判所で事件を審理され
　　た時より社会的に危険でない場合,判決により刑を免除することができる。裁判
　　所は,この者の刑を免除することにより,おこなった犯罪に関してこの者に公的
　　な譴責と警告をおこなう。
⑵　本条1項に規定された理由による刑の免除は,特に重大な犯罪をおこなった者,
　　ならびに再犯,危険な再犯または特に危険な再犯により有罪を言い渡された者に
　　は適用されない (本法典第45・47条)。」

　執行猶予については,82年12月の刑法改正において,執行猶予期間の行
状とこれに対する監督の権限明示を含む重要な改正がなされている。「モデ
ル」は,この理念を受け継ぎ,発展させて,以下のように規定する[4]。

「**第88条　執行猶予**
⑴　裁判所は,犯罪を初めておこなった者に対し,おこなった行為の性格と有責者
　　の人格により,本法典第57条に規定された刑罰の目的がその現実の執行なくし
　　て達成されうる場合,自由剥奪,自由の制限または自由剥奪を伴わない矯正労働
　　(本法典第63,64,66—70条)と関連した刑罰処分をこの犯罪に量定し,2年から
　　5年までの試験期間内においてその猶予を定めることができる。
　　　執行猶予は,重大な,および特に重大な犯罪に対し有罪を言い渡された者に適
　　用されない。
⑵　執行猶予の場合,罰金または一定の職務に就く権利または一定の行動をなす権
　　利の剥奪による附加刑が定められうる。

───────────
4)　82年12月の刑法改正については,上田寛著『ソビエト犯罪学史研究』233頁以下参照。

第9章 「刑法典理論モデル」(総則)について　*207*

⑶　有罪を言い渡された者は，試験期間内に，自らの矯正を労働と学習についての
誠実な態度，社会秩序の遵守によりしめさなければならない。執行猶予において
は，特別な義務，すなわち引き起こした損害を補償し，労働に就き，または学習
をおこない，アルコール飲料の乱用についての医療的治療の教程をおこなうこと
が義務づけられうる。裁判所は，また，有罪を言い渡された者に対し，居住地に
おける内務機関に登録のために定期的に出頭する義務を負わすことができる。

⑷　裁判所は，労働コレクチーフまたは公共団体に対し，これらの請願もしくは同
意により，再教育のために執行猶予者を移すことができる。裁判所は，試験期間
内における執行猶予者の行状により，本条1項に定めた範囲内で，この期間を最
小限度まで短縮したり，または最大限度まで拡大することができる。

⑸　執行猶予者が試験期間内に，

　⒜　労働と学習についての誠実な態度，社会秩序の遵守により，自らの矯正を示
した場合，裁判所は，この期間内に，完全にこの者の刑罰を免除し，裁判に付
されないものとされる。

　⒝　社会秩序違反をおこない，この者に対し行政的懲戒処分または社会的強制処
分が適用された場合，労働規律に違反し，この者に対し懲戒的性格の処分が適
用された場合，裁判所がこの者に負わせた特別の義務を履行しなかった場合，
裁判所は，執行猶予の取り消しおよびこの者に対し初めに量定された刑罰を執
行する。

　⒞　過失犯罪をおこなった場合，裁判所は，おこなった犯罪の性格，有責者の人
格および事件の事情から出発し，執行猶予の維持またはその取り消しについて
決定することができる。裁判所が執行猶予を取り消すことを必要とみなす場合
に，刑罰は，本法典第76条に定める数種の判決による刑の量定規則により量定
される。

　⒟　故意犯罪をおこなった場合，裁判所は，執行猶予を取り消し，本法典第76条
に定める数種の判決による刑の量定規則により二つの犯罪に対する刑を量定す
る。」

　「仮釈放」に関連する規定として，第17章「刑の執行免除。刑の未執行部
分をより軽い刑への変更」が定められている。この部分は，82年12月の刑
法改正の対象にもなった。以下に「モデル」の条文を示しておこう。

「第89条　刑の未執行部分を変更する処分

⑴　自由剥奪，移住地コロニーへの送致，受刑者の労働への義務的従事を伴う自由
の制限，拘留，追放または自由剥奪を伴わない矯正労働の刑に服している者につ
いて，本法典第57条に規定された刑罰の目的が刑の完全な執行までに，またはよ

り軽い刑によって達成されうる場合，刑の執行の条件付期限前免除または刑の未
執行部分をより軽い刑に変更することが適用される。

(2) 受刑者の刑の執行の条件付期限前免除または刑をより軽い刑に変更することの
場合に，時効，前科および刑のその他の法的結果の期間は，受刑者が実際に服役
している刑の種類と程度により定められる。」

「**第90条 刑の執行の条件付期限前免除**

(1) 自由剥奪，移住地コロニーへの送致，受刑者の労働への義務的従事を伴う自由
の制限，拘留，追放または自由剥奪を伴わない矯正労働の刑に服している者が，
模範的行状および労働への誠実な態度により自らの矯正を示し，本条3項に定め
られた刑の一部を執行した場合，裁判所は，量定した刑の執行を条件付期限前に
免除することができる。実際に執行した刑が，6ヶ月未満であってはならない。

(2) 受刑者は，本条1項に定めた理由が存在することにより，主刑の執行ののち，
附加刑の執行を条件付期限前に免除することができる。

(3) 刑の執行の条件付期限前免除は，以下の場合に適用されうる。

―受刑者が，大きな社会的危険性を伴わない犯罪（刑事的軽罪）をおこなったこと
に対して裁判所が量定した刑期の半分以上を実際に服役している場合，

―受刑者が，重大さの少ない犯罪の実行に対して裁判所が量定した刑期の3分の2
以上を実際に服役している場合，

―受刑者が，重大な犯罪の実行に対して裁判所が量定した刑期の4分の3以上を実
際に服役している場合，

(4) 裁判所は，刑の執行の条件付期限前免除を適用するにあたり，一定の労働コレ
クチーフに対し，その請願とその同意により，条件付期限前免除についての監督
と刑の未執行部分の期間内での教育的な労働をあらわすことの義務を与えること
ができる。

(5)条件付期限前免除は，以下の者には適用されない。

(a) 特に重大な犯罪に対し，死刑を言い渡され，特赦により自由剥奪に代えられ
た者

(b) 特に危険な再犯に対し有罪を言い渡された者

(c) 過去に刑の執行を条件付期限前に免除され，刑の未執行期間内に故意の重大
さの少ない，重大なまたは特に重大な犯罪をおこなった者

(6) 残った刑の未執行の期間内に，

(a) 有罪を言い渡された者が，社会秩序と労働規律を遵守した場合，刑期の終了
により，この者は完全に刑を免除されたとみなされる。

(b) 有罪を言い渡された者が，社会秩序に違反し，これによりこの者に対し，行
政的懲戒処分または社会的強制処分が適用された場合，社会的に有用な労働を
忌避し，労働規律に違反し，これによりこの者に対し，懲戒的性格の処分が適

用された場合，裁判所は，条件付期限前免除と残余刑期の終了の取り消しの決定をおこなう。

(c) 大きな社会的危険性を伴い，過失犯罪または故意犯罪（刑事的軽罪）をおこなった場合，裁判所は，おこなった犯罪の性格，有罪を言い渡された者の性格および事件の事情を基礎にして，条件付期限前免除の維持または取り消しの問題を決定することができる。裁判所が条件付期限前免除の取り消しを必要とみなす場合，刑は，本法典第76条に定めた数種の判決による刑の量定規則により量定される。

(d) 重大さの少ない，重大なまたは特に重大な故意犯罪をおこなった場合，裁判所は，条件付期限前免除を取り消し，本法典第76条に定めた数種の判決による刑の量定規則により刑を量定する。」

「**第91条　刑の未執行部分をより軽い刑への変更**

(1) 裁判所は，自由剥奪，移住地コロニーへの送致，有罪を言い渡された者に対する労働への義務的な参加を伴う自由の制限の刑に服している者に対し，この者が矯正の途に確実に取りかかり，本法典第90条3項に定めた刑の一部を終えた場合，未執行の刑をより軽い刑に代えることができる。この場合，本法典78条の定める手続きにより，残余の未執行の刑が，自由剥奪のときは，これを移住地コロニーへの送致に，移住地コロニーへの送致の場合には，自由の制限に，有罪を言い渡された者に対する労働への義務的な参加を伴う自由の制限のときは，拘留または追放に代えられる。

(2) 刑の未執行部分をより軽い刑へ変更することは，本法典90条5項に挙げられた者に対しては適用することができない。

(3) 刑の未執行部分がより軽い刑に代えられた者が，信頼にあたいせず，より軽い刑を執行するために定めた内部秩序のレジームまたは規則に違反し，社会的に有益な労働を忌避した場合，裁判所は，刑の未執行部分をより軽い刑に代えることの決定を取り消し，有罪を言い渡された者に対し，前に量定された刑を執行する。」

5　おわりに

以上みたように，「モデル」の特徴をできるだけ条文を示すことによって紹介した。このような理念が，実際の刑法典にどのようにとりいれられるかは，現時点では不明である。しかし，近時の度々の刑法部分改正での理念を生かし，これをさらに発展させるために，現行の制度よりも，「モデル」の規定は細かく整理され，しかも詳細になっている。さらに言えば，例えば，「モデル」

に示された，社会主義刑法原理は将来のソビエト刑法の方向性を示す妥当な方法論として位置づけられるであろう。また，犯罪概念についての新しい提案の試みや刑事答責性と刑罰の免除および代替措置に関する多くの規定などは，いわゆる社会的危険性の大きくない犯罪に対する刑法的処分を漸次的に軽減していく方向であり，近年のソビエト刑法学における「非犯罪化」と「非刑罰化」の論議とも対応するであろう。

　ともあれ，ソビエト刑法典の全面改正は，前に見た状況からして，そのための作業がすでに動きはじめており，早晩，正式の「刑法草案」の公表をも含む手順が示されるであろう。その時，有力なソビエト刑法学者の手になるこの「モデル」との関連が，興味あるところである。

　　追記：新しいロシア連邦刑法典は，1996年5月24日に国家会議で採択された．その後，連邦会議で1996年6月5日に承認された。

Ⅳ 非ソビエト化への模索 あるいは伝統への回帰

第10章　ロシア刑法における犯罪体系について*

1　はじめに

　ある国の支配的な刑法理論において，その犯罪論がどのように体系構成されているかは，単に理論においてのみならず，刑事司法の実務を通じて，その法的安定性と基本的人権の在り様に大きく影響する。その意味において，松宮孝明の問題意識と課題設定には重要な意義が認められる。そして，今日のわが国における犯罪体系論の妥協的な水準が，結局は刑事司法の現状に大きく影を落としているとの認識には，筆者としても強く共感する[1]。

　だが，問題を近年の中国における「刑法体系論争」との関連において捉えることには，注意が必要であると思われる。すでに松宮自身が指摘しているとおり，中国におけるロシア＝ソビエト型の犯罪体系論からの脱却が「社会主義計画経済」からの脱却になぞらえて主張されることの，主張者たちの心情はどうであれ，理論上の根拠は明らかにされていない。今日世界に存在する犯罪体系論は，コモン・ロー型のそれであれドイツを中心とする三段階型あるいはロシア＝ソビエト型の4要素論であれ，それぞれの歴史背景の下に採用され，それぞれの刑事法実務を支えているものである以上，議論の出発点も内容も，それら相互間の優劣にではなく，それぞれの特質の理解にこそ置かれなくてはならない。

　それらの点を確認した上で，以下にロシア刑法における犯罪体系を取り上

---

*　本章で扱われるのは，ロシア・ソビエト刑法に特徴的な4要素型の構成要件論を柱とする犯罪体系論の理論的な位置づけである。原題は「ロシア刑法における犯罪体系について」（特集　刑法学における「犯罪体系論」の意義）法律時報84巻1号（通巻1042号）38-43頁。（上田）

1)　犯罪体系論に関わる松宮孝明教授の問題意識については，本章の元となった論文も含まれる『法律時報』の特集の企画を説明した，松宮「犯罪体系を論じる現代的意義」法律時報84巻1号（通巻1042号）4-8頁によく示されている。

214 Ⅳ 非ソビエト化への模索あるいは伝統への回帰

げ検討することとしたい[2]。

2 ロシア刑法における犯罪体系

(1) 概 略

すでに帝政時代から，ソビエト時代を経て今日に至るまで，ロシア刑法は大陸法系の刑法制度とそれに対応する刑法理論の系譜に属しつつも，いくつかの特徴を持って展開されてきた。

その刑法理論，とりわけ犯罪体系論においてとくに注目されるのは，そこにおける犯罪構成要件の位置づけである。ロシア刑法学においては，通常，犯罪構成要件とは，犯罪を犯罪ではない行為から，またある犯罪行為を別の犯罪行為から，区別する諸徴表の総体であると定義される。それはわが国において一般的な，違法性および有責性と並ぶ犯罪成立の一要件ではなく，犯罪の成立に関わる積極的な全要素を包摂したものと考えられている。

法律上も，現行ロシア連邦刑法典はその第8条において，「刑事責任の基礎は，本法典に規定された犯罪構成要件の全ての徴表を含む行為の実行である」，と明確に規定している。

このような，犯罪構成要件の充足（その諸徴表の存在）が刑事責任の基礎であるという見解がロシアの刑法学において圧倒的な通説であるが，この体系では，刑法総論上の重要な論点の大部分が構成要件論において検討されることとなる。

(2) 構成要件論の内容

今日の一般的な教科書における犯罪構成要件の説明では，犯罪構成要件そ

---

2) 近年はロシアの刑法学でも他国の犯罪体系論についての関心を示す研究がいくつか公表されている。たとえば，Козочкин И.Д., Основания ответственности в современном уголовном праве, «Государство и право», 2010, No. 10 では，刑事責任の基礎付けに3つの類型が存在するとして，英米法系の2要素類型，大陸法系の3要素類型，そしてロシアおよび旧ソ連邦を構成した一連の諸国に支配的な4要素類型が対比されているが，それらの平板な紹介に終始しており，たとえばロシア型の犯罪体系の限界性も優位性も主張していない（例外的に，G. Fletcher の，4要素類型は「ポスト・コミュニズム時代の法律学」においては維持されえないのではないかとの予測について，いったい何の根拠があっての指摘か，と反駁しているが）。

れ自体は刑罰法規により定められた徴表(признак)の総体として説明される。そして，この「徴表」は，犯罪の客体，犯罪の客観的側面，犯罪の主体，そして犯罪の主観的側面という4種に区分される。

まず犯罪の客体として論じられるのは，刑法的法益論である。一般的には社会関係が法益，すなわち犯罪の客体であるとされるが，具体的には，「人および市民の権利と自由，財産，社会秩序および社会の安全，ロシア連邦の憲法体制」，ならびに「人類の平和と安全」(2条1項) として類型化された刑法典各則の諸規定により示される諸客体である。

一方，犯罪の客観的側面に含められるのは社会的に危険な行為，社会的に危険な結果，それら行為と結果との因果関係，犯罪実行の手段，用具，方法，場所，時間および環境である。

ここにおいて「社会的に危険な」とは，具体的に刑法によって保護された客体に損害を及ぼすもしくは及ぼしうるという意味であり，行為がそのような性格を欠くときには，犯罪構成要件に該当せず，刑事責任を負わない。さらに，刑法典に「規定されたいずれかの行為（作為ならびに不作為）の徴表を形式的には含んでいるが，軽微な社会的危険性しか持たない行為は，犯罪ではない」(14条2項) とされている。

因果関係に関しては，無限に拡大する条件関係の中から刑法的に意味のある因果関係を抽出する理論として，すでにソビエト時代から，ピオントコフスキーの提唱した必然的惹起説が通説となっている。この立場では，まずある者の行為が犯罪的結果の発生の必要条件であったか否かが問われ（条件説と同じ），それが肯定された場合，その結果は必然的に生じたのか偶然によるものかが判断される。「必然的な結果は当該現象の合法則的な発展の表われであり，内的に固有のものである。偶然的な結果は，その現象と因果的な条件関係はあったとしても，それから合法則的に生じることはない[3]。」のである。しかし，そのような基準によって具体的な事例に一貫した解決が可能であるか否かは，被害者に隠れた病気などがあった類型でも，行為後に第三者の介入があったような類型についても，なお多くの論者によって争われてい

---

3) Пионтковский А.А., Учение о преступлении по советскому уголовному праву, М. 1961, стр. 213.

216　Ⅳ　非ソビエト化への模索あるいは伝統への回帰

る[4]。

　犯罪の主体となりうるのは刑事責任年齢に達した責任能力のある自然人だけである（19条）。法人が犯罪主体から除外されることについては現行刑法典の諸規定（第11〜13条）からも明らかであるが，学界には異論が残っている。なお，刑事責任年齢は，一般的には16歳だが，殺人，軽微なものを除く傷害，強盗，強姦，窃盗など多数の犯罪については14歳とされている。

　責任無能力者については刑法典において定義がなされている。すなわち，社会的に危険な行為の実行時に，「慢性的な精神障害，一時的な精神障害，精神薄弱もしくはその他の病的な精神状態のために，自己の行為（不行為）の実際の性格および社会的危険性を認識しえず，またはそれを統禦しえなかった者」である（21条1項）。それらの者が刑事責任を負わないのに対して，「犯罪の実行の時に精神障害のために自己の行為（不行為）の実際の性格および社会的危険性を完全には認識しえず，またはそれを完全には統禦しえなかった」責任能力者は刑事責任を負い，ただその精神障害が「刑罰の言渡しに際して裁判所により考慮され，医療的性格の強制処分の言渡しの理由となりうる」のみである（同2項）。なお，「酩酊状態で犯罪を実行した者は刑事責任を負う」ことも規定されている（23条）。

　国家反逆罪（275条）におけるロシア連邦市民，強姦罪（131条）の正犯についての男性，一連の公務員犯罪についての公務員など，「身分」もまた当然に犯罪構成要件として扱われる。

　犯罪の主観的側面とは，犯罪者と彼の行為との内的な関係であり，責任，犯罪の動機および目的，犯行時の心情といった，行為者の心理過程を特徴付ける諸徴表を内容とする。

　4）　たとえば，ナウーモフの教科書で取り上げられている事例：下宿させていた大学生がたびたび夜遅くに帰宅し，その度にドアを開けてやらねばならず不眠症になっていた老婆が，ある夜，またしても遅くに帰ってきた大学生に訓戒を垂れようと，くるみ割りなどに使っていた木槌で軽く額を打ったところ，当人はその場に倒れ，死んでしまったが，遺体の医学的な鑑定の結果，被害者には頭蓋骨の不発達と結合異常という非常に珍しい奇形があり，額部分に硬貨大の空隙があったが，当人もその両親すらもそのような事実について認識していなかった。このような状況の下で，老婆の行為に被害者の死との因果関係を認めることができるかについて，ピオントコフスキーは因果関係ありと言い，同じ理論的立場に立つはずのドゥールマノフは否定する。また，裁判実務の上でも，動揺が見られる。

第 10 章 ロシア刑法における犯罪体系について　*217*

　ロシア刑法における責任論は，よく知られているように，その心理主義的
な理解が支配的であり，ソビエト時代のウチェフスキーを急先鋒とする規範
主義的な理解との間の厳しい論争を経た理論状況は今日も基本的に変わって
いない。故意は直接故意と間接故意（未必の故意）とに，過失は認識ある過失
（「軽率さ」）と認識なき過失（「不注意」）とにそれぞれ区分され，要件が法律上
明確にされている（25・26 条）。そして，刑法理論上，故意のみでなく過失も，
行為者の彼が実行した行為の侵害的結果に対する一定の心理的な関係である
と説明される。つまり，自己の行為の社会的に危険な結果発生の可能性の予
見という認識的要素に加えて，結果の意欲，認容，不阻止，あるいは結果発
生の可能性の不予見という，各心理的構造に応じた責任形式がここで予定さ
れているのである。

　もちろん問題は，とりわけ過失犯における規範的要素の処理である。「そ
の結果を予見すべきであり，また予見できたにもかかわらず」予見しなかっ
たことが問題である限り，過失を単純に心理的事実に還元することは不可能
なはずである。この点については，しかし，ほとんど触れられず，たとえば
最近のナウーモフの教科書でも，「平均的な人」を基準として行為者の客観的
予見義務を説明し，さらに主観的には，彼の地位，経歴，教育その他特に有
する事情から判断される具体的な予見義務を基準として判断すると説明され
ているのみである[5]。

　また現行刑法典は，過失犯が処罰されるのは，各則の条項にとくに規定さ
れた場合のみであると明示する（24 条 2 項）ほか，結果的加重犯に関する規
定（27 条）や結果の予見が不可能であった場合の責任の不存在（28 条）などに
ついても規定している。

　さらに，錯誤についても，刑法理論上，犯罪構成要件の主観的側面の一部
として扱われ，わが国などと同様に法律の錯誤と事実の錯誤とが区別され，
ほぼ同様の解決が導かれている。

5）　Наумов А.В., Российское уголовное право, т. 1, М. 2011, стр. 405.

(3) 犯罪の成立を阻却する事由

本来，刑事責任の基礎は刑法典に規定された犯罪構成要件の全ての徴表を含む行為の実行であるとするロシアの刑法理論のあり方からすれば，前項における構成要件の4つの「徴表」をもって検討は原則的に完結するはずである。だが実際には，刑法教科書などでは犯罪構成要件の各徴表についての検討の後に，「行為の社会的危険性を阻却する諸事由」に1章が割かれることが多い。そこで論じられるのは，通例，客観的側面として論じられたことの消極的な方向からの再確認であり，主観的側面についての「阻却事由」については触れられることがない。

1960年刑法典において予定されていた阻却事由は，正当防衛と緊急避難だけであったのに対して，現行刑法典はそれら以外に，犯罪を実行した者の逮捕に際しての害悪の惹起（38条），肉体的もしくは精神的な強制（40条），理由のある危険（41条），命令もしくは指示の遂行（42条）を規定している。それら以外の（超法規的）阻却事由がありうるかについて，例えばピオントコフスキーやナウーモフなどは「被害者の同意」がそれにあたるとするが，多数説はこれを否定している。各則規定に明示されている場合を除いては[6]，結局，行為と結果との社会的危険性の実質的な判断により解決されるということとなろう。

3　ロシア刑法における犯罪体系論の系譜

以上に見た通り，ロシア刑法学における犯罪体系論はたとえばわが国のそれと多くの共通点を持ちながらも，とりわけその構成要件論において大きく異なっている。このような特質はどのような経緯を経て成立したのであろうか。

構成要件の概念がロシア刑法学に持ち込まれたのは19世紀の半ばのこととされるが，その際にドイツ語のTatbestandに当たる語としてcostab

---

6)　注目されるのは，現行刑法典122条「エイズの伝染」に2003年の一部改正により，被害者が行為者から予めそのエイズ罹患について教えられており，そのことを理解して性行為に及んだ場合に，行為者の刑事責任を認めない旨の注記が加えられたことである（前条「性病の伝染」にはそのような注記はない）。

преступления（犯罪の構成要素）が用いられ，ある犯罪に必要な，増やすこと も減らすこともできない一定数の客観的および主観的な徴表という広い意味 で用いられていた。

　だが，ロシア刑法学におけるこの概念への対応は，当初，その完全な否定 （他の学問領域で用いられていないし，刑法もそれなしにやっていくことは可能だ） から，この概念に重要な役割を認めるものまで，きわめて多様であった。よ り正確には，犯罪構成要件への革命前ロシア刑法学の関心は低かった，とさ れる。トライニンの述べるところでは，「ロシアの革命前の刑法文献では，犯 罪構成要件に関するモノグラフィーも個別研究もなかった。セルギエフス キー（Сергеевский Н.Д.）教授の教科書もタガンツェフ（Таганцев Н.С.）教授 の教程も，犯罪論に多くの関心が寄せられながらも，犯罪構成要件の一般理 論については検討がなされていない。パズヌイシェフ（Познышев С.В.）教授 やプストロースレフ（Пусторослев П.П.）教授の教科書はこの問題に僅か1 ページを割いただけであり，1918年に出たネミロフスキー（Немировский Э. Я.）教授の刑法教科書では犯罪構成要件の一般理論はまったく扱われていな かった」，という状況であった[7]。

　革命直後の断絶を経て，ソビエト国家における刑事責任の基礎づけについ て本格的な展開が見られるのは1920年代の半ば以降である。一定範囲での 市場経済の復活を許容する新経済政策の下で，国民経済の復興が確認され， 社会の諸領域で法律や法制度の復活・蓄積と法学の発展が確実なものとなっ ていく中で，刑法領域では当然のことながら一種の規範主義的な主張が登場 する。刑法規範の予め示した行為，すなわち「犯罪構成要件」に該当する行 為が可罰的なのである，とトライニンは1925年に書いた。「刑法的に見て可 罰的なのは各則規定に記述された犯罪構成要件のいずれかに適合する行為の みである，という基本原理は揺るぎないものとして残っている[8]」と。同様 にピオントコフスキーは，1924年に初版が出た刑法教科書の中で，刑事責任 をある者の行為の中に何らかの犯罪の構成要件の徴表が存在することと結び

---

7)　Трайнин А.Н., Общее учение о составе преступления, М. 1957, стр. 8.

8)　Трайнин А.Н., Уголовное право РСФСР. Особенная часть, стр. 9.（цит. по：Уголовное право. История юридической науки／отв. Ред. В.Н. Кудрявцев., М., 1978, стр. 46.）

220 IV 非ソビエト化への模索あるいは伝統への回帰

つけて説明した。「一般的な犯罪構成要件は，それぞれの犯罪の中に存在し，そのどれかが欠落すれば犯罪構成要件の不存在がもたらされるような，犯罪の基本的な要素（элемент）である。そのような犯罪の基本的な要素は，次のようなものである：1）一定の犯罪主体，2）一定の犯罪客体，3）犯罪主体の行動の主観的側面の一定の特質，4）その行動の客観的側面の一定の特質[9]」。

このような主張は，当時の刑法理論の全体状況からすればかなり思い切ったものであり，社会学派に近い諸論者からの激しい批判にさらされた。批判的な立場の代表的な存在が，当時のもっとも有力な法理論家パシュカーニスであり，また当時の司法人民委員（大臣）クルイレンコであった。「各則なき刑法典」と呼ばれ世界的に注目された「クルイレンコ草案」の編纂を一つのピークとする彼らの活動，厳格な構成要件の問題を軸に社会主義社会における刑法のあり方をめぐるヴィノクーロフとの論争，そして1931年段階でのクルイレンコたちの全面的な勝利にもかかわらず，激しく変化する政治状況を背景に，ヴィシンスキーとの論争をも織り込みながら，結局は37年のパシュカーニス，クルイレンコ，エストリン等の粛正へと至るプロセスについては，かつて検討したことがあるので，ここでは繰り返さない[10]。

ロシアにおけるこの時期が，ドイツにおけるベーリングの「指導形象としての構成要件」論の確立，M.E. マイヤーの「文化規範論」の提唱，フランクによる「規範的責任論」の展開，メッガーなどによる「違法構成要件論」など，まさに今日につながる現代的な犯罪体系論形成の時期と重なることを思わざるをえない。だがロシアでは，革命前のドイツ刑法学との緊密な関係はすでに忘れ去られ，刑法学者たちは直面する厳しい環境の下で自身の体系論を模索せざるを得なかったことが確認できるのである。

その中で有力化し，一般化していったのは，先に挙げた，20年代半ばにト

---

9) Пионтковский А.А., Советское уголовное право, т. 1. (цит. по：Уголовное право. История юридической науки, стр. 46.)

10) 上田「社会主義刑法学の原則をめぐって——クルイレンコ＝ヴィノクーロフ論争——」社会主義法研究年報 No. 2『革命と法』（1974年）；同（中山教授と共同）「クルイレンコ草案——いわゆる『各則なき刑法典』草案」法律時報 1974年 6 月号；同「クルイレンコ＝ヴィシンスキー論争」法学論叢 98 巻 4 号（1976年）

第10章　ロシア刑法における犯罪体系について　*221*

ライニンやピオントコフスキーによって提示された犯罪体系論であった。その一応の確立を告げ，公認することとなった全連邦法律学研究所の1938年の刑法総論教科書は，その400頁余りの約半分が刑法史の叙述に充てられており，同研究所における「模索」作業，基礎的な研究の積み重ねをうかがわせるものとなっていた[11]。その内容において特徴的であったのは，結局はファシズムへの接近を見せつつある西欧の新派刑法学への警戒と古典学派の規範主義と形式民主主義への不信であり，また見落とすことができないのは，伝統的なロシア刑法学の成果の詳細な検討である。随所に，ロシアにおける社会主義経済，社会主義文化の建設・創造と同様に，依拠すべき鋳型は存在せず，自らの手で新たな刑法理論を創り出さねばならないのだという意識が，そこには張りつめている。

　ロシア＝ソビエト型犯罪体系論はこのようにして成立し，今日につながるのである。

4　ロシア刑法における犯罪体系論をどう評価するか

　刑事責任の基礎としてその充足が求められる犯罪構成要件の内容が，客体，客観的側面，主体，主観的側面の4領域に及ぶとするとき，そのそれぞれに具体的に何を盛り込むかについては，当初は相当のばらつきが存在した。たとえば，構成要件論についての基礎的な研究にささげられたトライニンの『犯罪構成要件に関する学説』は1946年以来3版を重ねたが，その第1版では，社会的危険性，責任，因果関係といった基本的な徴表を犯罪構成要件の外に出し，独立した刑事責任の基礎とする体系論を提示していた。さらに51年の第2版では，とくに責任について，それは一面において構成要件の要素であるが，同時にまた行為者の犯罪的結果との心理的関係を道義的・政治的に否定的に評価するものとして，刑事責任の基礎となる，と説明した[12]。

　このようなトライニンの説明は，同時期に登場したウチェフスキーの，刑

---

11)　研究所員としてこの教科書の執筆に加わったのは，トライニンとピオントコフスキー以外に，ゲルツェンゾン，ドゥールマノフ，マニコフスキー，ミニコフスキー，オシェロヴィチおよびウチェフスキーという，錚々たる顔ぶれであった。

12)　Трайнин А.Н., Состав преступления по советскому уголовному праву, М., 1951, стр. 67.

222　Ⅳ　非ソビエト化への模索あるいは伝統への回帰

事責任の一般的な基礎は犯罪構成要件ではなく広義に解された責任（вина）である，とする考え方と共通するものであるが，学界からの猛烈な批判を浴びることとなった。このウチェフスキーの提起した論点は，明らかに，心理主義的な責任概念から規範主義的なそれへの転換の可能性を示唆するものであったといえよう。だが，当時『ソビエト国家と法』誌を中心に広範に繰り広げられた論争[13]には，予め越えることを許されぬ限界が設定されていたことも明白である[14]。論争の過程を経て正当性が確認されたのは，「市民を刑事責任に問う唯一の基礎は彼の行為に犯罪構成要件が存在することであり，その犯罪構成要件とは，刑罰法規により定められた，社会的に危険な行為を犯罪とする諸徴表の総体である」，との理解である。1952 年の刑法教科書第 5 版のこの部分の執筆者はピオントコフスキーであった。トライニンも，結局，その犯罪構成要件論の第 3 版で自身の考え方を変え，教科書の立場に合流した[15]。

　ソビエト時代の犯罪体系論にとっては，この段階での理論統制が決定的であり，それが圧倒的なピオントコフスキーの権威の下に，20 世紀末の体制転換を経ながらも，ロシアにおいて今日も維持されているように思われる。

　現段階でこの体系をどのように評価すべきかは，困難な問題である。かつて井上祐司はソビエト型構成要件理論について，「その根本の系譜から云えば，近代刑法学以前の古い構成要件論に連なりながら，近代刑法学のたどった実質的理論を犯罪の成否から量刑の問題に移して，そこに限定する理論として積極的にその成果を取り入れて生まれた，その意味で充分に近代性をもった理論として位置づけうる」[16]と述べたし，最近でも，犯罪構成要件が刑事責任の唯一の基礎であるとするロシア刑法学の考え方は，裁判官の裁量の

13）　この論争の内容については，ほぼそれに並行する形で，わが国でも井上祐司，中山研一らによる丁寧な紹介と批判的な検討が行なわれているが，とくに，井上祐司「社会主義刑法における構成要件の概念と近代刑法学との比較」季刊法律学 27 号 53 頁以下を参照。

14）　そのことは，多くの示唆に富んだ論文によって 3 年にわたり続けられた論争が，1955 年初めの『コムニスト』（ソ連邦共産党機関誌）が掲げた論文「ソビエト刑法学の状況と課題について」によって総括され，打ち切られたことに象徴される。

15）　См. Трайнин А.Н., Общее учение о составе преступления, М., 1957, стр. 4.

16）　井上祐司「社会主義刑法における構成要件の概念と近代刑法学との比較」季刊法律学 27 (1959) 100 頁。

余地を小さくし，制定法による強い拘束力を認める点に意義がある，とする論者もある[17]。それらの評価については，理論史的な検討を踏まえてのいくつかの留保を付した上で，筆者としても原則的に同意したい。問題は，とりわけ裁判実務を通して，それがいかほどに刑事司法の実務に定着し，生かされているかであろう。

　その検討については他日を期さねばならない。

---

17)　刑法理論研究会『現代刑法学原論〔総論〕改訂版』（三省堂・1987 年）342 頁，同『現代刑法学原論〔総論〕第 3 版』（三省堂・1996 年）307 頁を参照。

第11章　ロシアにおける法人の刑事責任*

1　はじめに

　周知のように，法人が犯罪能力を有し，これに刑事責任を問うこと，すなわち法人を自然人と並び，犯罪の主体とするのが英米法系の立場であった。これに対して，大陸法系の立場は，従来より法人の犯罪能力を認めず，その刑事責任を否定していた。しかし，近年採択されたフランス刑法典に「法人の刑事責任」（第121—1条）が規定されたことを象徴として，大陸法系の刑法典のなかに同種の規定が広がる傾向にある[1]。

　こうしたなかで，体制転換を遂げたロシアや経済改革の進む中国といった（旧）社会主義国においても，法人の刑事責任について議論が出始めている[2]。

---

*　「法人の刑事責任」は，1996年の新刑法典編纂の過程で議論が出始めた。ロシアにとって新しい課題である。議論の中心には，ロシア連邦科学アカデミー付属国家と法研究所のケリーナ博士がいた。本章は夏目文雄先生古稀記念論文集『刑事法学の新展開』（2003年）に収録された論文である。（上野）

1)　フランス刑法典の近年の改正についての翻訳として，法務大臣官房司法制度調査部編「フランス新刑法典」（平成7年・法曹会）がある。

2)　かつて中国刑法は，「法人は如何なる場合にも刑事責任を負担する犯罪の主体となることはできない。法人とは，国家の認可を経た一種の団体組織であり，社会的需要にそのような複雑化に対しては，符合する一種の組織である。それ自体は犯罪活動を遂行する組織ではありえない」との立場において法人の刑事責任を否定していた（夏目文雄「中国刑法における犯罪の主体論」『愛知大学国際問題研究所紀要第93号』（1993年）59頁以下）。

　このような立場に対し，近年，法人を「人格化した社会システム」としてとらえ，その刑事責任を問うという見解などが主張されている（鈴木敬夫訳「中国・韓国における刑事責任論（1）」『札幌学院法学』第15巻2号（1999年）161頁以下を参照）。その他の日本語論文として，申虎根（翻訳：劉波）「中国刑法における法人犯罪の理論的研究及び法人の刑事責任の立法問題について」（大阪経済法科大学『法学研究所紀要』第22号（1996年）121頁以下，張文「中国の法人犯罪について」『新潟大学法政理論』第28巻3号（1996年）94頁以下などを参照。

　なお，中国では，1997年に制定された新刑法典に次のような規定が新設された。「第30条会社，企業，事業単位，機関，団体が行った社会に危害を与える行為で，法律が単位犯罪として規定するものは，刑事責任を負わなければならない」（小口彦太「中華人民共和国新・旧刑法対照一覧（1）」『早稲田法学』73巻1号（1997年）180頁）。

226 Ⅳ　非ソビエト化への模索あるいは伝統への回帰

これらの諸国では，かつての計画経済・国有企業体制からの転換によって市場経済化が進み，私企業の急速な膨張がみられるなかで，企業に対する様々な法的責任が求められている。法人の刑事責任も，このような状況のなかで議論されている。

　本稿では，法人の刑事責任について，ソビエト時代のロシアの立場と近年のロシアで展開されている見解を紹介し，若干の検討を行う。

2　ソビエト時代のロシアにおける法人の刑事責任

　ソビエト時代における法人の刑事責任については，その全体を通してこれを否定する立場で統一されていた。例えば，官制教科書の代表であった，全連邦法律学研究所とソ連司法省共同編集『刑法総論〔第4版〕』(1948年) によれば，「法人は，犯罪の主体たりえない。何らかの犯罪が，法人の名で行われた場合に，行われた犯罪の主体はない。法人が行われた犯罪に対する刑事責任を負うことはできない」(執筆者―イサエフ) とされていた[1]。また比較的近年においても，例えば，モスクワ大学版『ソビエト刑法総論』(1974年) は，「法人である企業，機関，コルホーズ，ソフホーズ，教育機関およびその他の団体または組織は，人を侮辱したり，物を盗んだり，無頼行為を行ったり，または人を殺すなどはできないし，故意または過失によって行為を行うこともできない。これらは，いかなる事情の下においても，犯罪の主体と見なされない」(執筆者―オルロフ) と書いていた[2]。

　ところで，こうしたソビエト時代の法人の刑事責任について否定的立場を理由づける論拠とされたのは，次の3つ理由に対するアンチ・テーゼからであった。まず第一に，「法人の刑事責任は，封建刑法に周知のものである」という理由である。上記の『刑法総論〔第4版〕』は，フランスの1670年の勅令に規定されていた団体や共同体による犯罪の処罰を例として，「法人の刑事責任は，フランスの封建刑法に広く知られていた」と書いていた[3]。

---

1)　"Уголовное право общая часть" (1948 г.) стр. 314.
2)　"Советское уголовное право общая часть" (1974 г.) стр. 108.
3)　"Уголовное право общая часть" (1948 г.) стр. 315.

第二に,「革命前ロシアの刑事立法が,部分的に法人の刑事責任を認めていた」という理由である。この点について,ピオントコフスキーは,『ソビエト刑法講座』(第Ⅱ巻)のなかで,次のように述べていた。「革命前ロシアの刑事立法は,法人の刑事責任を当然のものと見なしていた。1885年の刑罰法典は,第530条のなかで脱走軍人—ユダヤ人の隠匿に対するユダヤ共同体の刑事責任を定めていた。この条文の存在は,ツアー専制が行ったユダヤ住民に対する民族抑圧政策によって説明されている[4]」。なお,「これらの場合に,法人には罰金が適用された[5]」。

第三に,「法人の刑事責任は,英米刑法に周知のものである」という理由である。従来より,英米法系の性格から法人の犯罪能力が肯定されているので,この理由は自明のこととされている。しかし,ソビエト時代において,この理由が述べられる場合には,特別の意味をもっていた。例えば,上記のピオントコフスキーは,そのイデオロギー的な意味を強調していた。すなわち,法人の刑事責任についての規範が,かつては主としてアングロ—アメリカ系刑法に含まれていたが,第2次世界大戦後,それらは資本主義ブルジョア諸国の立法のなかに現れた。このことは,一面から,金融関連立法違反に対して法人の刑事責任を定めることと,他面から,敵との協力に対するいくつかの背信的な団体の責任と関連していた,と[6]。

以上のような論拠の背景に置かれていた価値は,すべてソビエト時代に否定されたものであった。すなわち「封建社会」や「革命前ロシア社会」は,歴史的に,そして「ブルジョア社会」は,現存している敵対勢力として政治的に否定的評価が与えられた。こうした評価が,法人の刑事責任に対する上記のような立場の形成に影響を与えていたといっても過言ではないと思われる。その意味でこの立場は,たぶんに政策的であったし,ソビエト刑法の階級刑法としての性格を鮮明にしていたともいえよう。

---

4) А.А. Пионтковский, "Курс советского уголовного права" том. Ⅱ. стр. 215.
5) В.С. Орлов, "Субъект преступления по советскому уголовному праву" (1958 г.) стр. 213.
6) А.А. Пионтковский, там же, стр. 216.
　これについては,中国においても,同様な議論が展開されている。夏目・前掲論文・61—62頁参照。

3 現代のロシアにおける法人の刑事責任

　ロシアでは，ソビエト連邦からロシア連邦に体制転換がなされ，法の整備が進められるなかで，刑法典の編纂事業も精力的に行われてきた[1]。この刑法典編纂過程のなかで，法人の刑事責任の議論が活発に行われるようになった。以下に，(1) 否定説，(2) 肯定説，(3) ロシア連邦刑法典草案に現れた法人の刑事責任規定を紹介する。

(1) 否定説

　否定説は，ロシア連邦に体制が転換された時期に出版された各種の刑法教科書のなかにいくつかの特徴を見ることができる。まず，法人の刑事責任という課題が，依然としてソビエト時代からのブルジョア社会との対立軸のなかで議論されていることがあげられる。例えば，「法人の刑事責任は，封建刑法に周知のものであり，部分的にそれは帝政ロシアにおいて実現されていた[2]」という見解，「法人に刑事責任を問う可能性をもった法規範…は，外国では，進歩的な団体（労働組合，平和団体など），並びに民族解放や社会的進歩のために勤労者の闘いを指導している進歩的活動家との闘争のために裁判で幅広く利用されていた[3]」という見解がこれである。また，法人に刑事責任を問うことは，刑法の責任原則（現行ロシア連邦刑法典第5条）に違反するとの主張[4]や「行われた社会的に危険な行為に対する各人の個別的，個人責任原則に」抵触するとの主張[5]がある。さらに刑罰の目的，すなわち受刑者の更正や再犯の防止という観点から，刑罰は人間のみを感化するのであり，法人に刑事責任を問う場合に，刑罰の目的を達成することは不可能であるとの主張[6]がある。

---

1)　刑法典の編纂事業のなかで公表された草案については，さしあたり上野「体制転換期の新刑法典：ロシア」『比較法研究』第60号（1998年)，171-172頁を参照。

2)　"Уголовное право общая часть" (1994 г.) стр. 98.

3)　"Уголовное право общая часть" (1994 г.) Каз. нского университет. стр. 178.

4)　См. "Уголовное право общая часть Р.Ф." (1996 г.) стр. 204.

5)　См. "Уголовное право общая часть" (1993 г.) стр. 138.

6)　注 (4) に同じ。

(2) 肯定説

ロシア連邦刑法典の編纂過程のなかで各種の草案が登場したが，そのなかに法人の刑事責任についての規定を含んだものがあった。こうした草案の動向と連動した形で，法人の刑事責任を肯定する見解が現れた。その代表的なものとして，ケリーナ「ロシア連邦の新しい刑法典における法人の責任[7]」をあげることができる。以下は，その一部分の要約である。

法人の刑事責任を導入する諸外国の傾向は，何によって生まれるのであろうか？　いくつかの要因を取り出すことができる。まず，法人の犯罪的活動によって引き起こされた損害の程度に注意を向けなければならない。その損害は，個々の自然人によって引き起こされうる害と比較もできない大規模なものである。法人の刑事責任の思想が，環境の保護に関する法的処分を検討することと関連して生じたことやまさにこの点について国際団体の勧告があったことは偶然ではない。

環境犯罪ばかりでなく，その他の犯罪行為，たとえば脱税，質の悪い商品の販売，銀行による詐欺によって法人が引き起こした損害の程度は，現行の刑事立法が規定している制裁に適していない。ロシア共和国刑法典第223条1項は，貯水池や大気の汚染に対して1年までの矯正労働または300ルーブルまでの罰金（1992年の改正により，最低月額労賃の3倍の罰金—上野）を規定している。さらに「人の健康」（1人の者ではなく，多くの人々に）に損害を与えた場合には，刑罰は5年までの自由剥奪になる。

この課題を解決するにあたって考えなければならない理由は，当該の法人を代表する指導者またはその他の自然人の刑事責任を問うことが，通常，本質的に客観的帰責と結びついているということにある。というのは，そのような者は，例えば汚染された水を排出するというような不法な企業活動を認識していたにもかかわらず，自ら何ら努力することがなかったからである。多くの場合，水の汚染や大気の汚染について，具体的に責任ある者を定めることは一般に困難である。こうした事情は，環境犯罪についての裁判実務の性格の特徴となっている。環境の主な損害は，貯水池や大気の汚染（223条），

---

7)　С. Г. Келина Ответственность юридических лиц в проекте нового УК Российской Федерации. "Уголовное право новые идеи." （1994 г.） стр. 50-60.

230 Ⅳ 非ソビエト化への模索あるいは伝統への回帰

海の汚染（223条の1），規則違反を伴った筏流しまたは爆破作業（165条）のような犯罪によって引き起こされることが良く知られている。しかし，これらの条文に関する実務は，実際にない。なぜか。答えは，表面的である。具体的に責任ある者を見つけることは困難であり，このため惨事を引き起こした者が「責任ある者」として責任を問われる。実際に以下のようなことがあった。「K は，セメント工場の主任技師として働いていたが，多くの現行規則に違反し，著しい負担過剰によって下水道設備の開発を許可し，浄化設備のモデルチェンジを行わず，主要なエネルギー生産の任務を果たさず，石油製品の高い濃度をもった排水を手で流すことを許可した」。このような K に対して，客観的な帰責としての刑事責任は問えないのではなかろうか。K は，有害な結果を予見したが，それを回避することができたであろうか。

　法人の刑事責任を問う問題を解決するにあたって考慮しなければならないもう一つの理由もあげておかなければならない。法人の行政責任が，1991 年12 月 19 日のロシア連邦法「自然環境保護」法に規定されている。その第 81条は，次のように規定している。「企業，機関，団体は，環境侵害に対し，行政および民事責任を負う」。とくに，環境汚染のような侵害，生活廃物，放射性物質の処理，利用または埋蔵，自然物の損壊または毀損などの規則違反に対しては，企業または機関に 50 から 50 万ルーブルまでの罰金を課している。また，新しいロシア連邦関税法典（1993 年 6 月 18 日採択）第 231 条にも，次のように規定されている。「企業，機関，団体は，関税規則違反に対して責任を負う」。企業，機関，団体がおこなった違反や犯罪に対し具体的な自然人も責任を免れない。

　ここに行政法違反と刑事犯罪との境界はかなり微妙であることは良く知られている。行政法および刑法の近接さは，行政法が法人の責任を問うた場合に，刑法におけるこの主体の責任の問題の肯定的な解決も，法体系の見地から論理的なことであったことを証明している。

　法人の刑事責任を導入することに対し，多くの論者が賛成の発言をしている。新しいロシア連邦刑法典の準備を行う作成者集団は，この立場に立った。というのは，この新しい制度の導入が責任の公平原則に合致し，個々の種類の危険な犯罪との闘争の効果を高めることを助けるであろうと考えたからで

ある。

新しい刑法制度の導入は，ロシア刑法のなかに別の刑事責任の主体を出現させることを意味する。もちろん，それには，主体—自然人（責任能力と相当した年齢）の刑事責任にとって必要であるメルクマールは適用されない。法人にとっては，刑事責任の基礎を別に公式化しなければならず，自然人にとってよりも別の刑罰処分が予定される。この主体については，別の問題，例えば刑事責任や刑罰からの解放または累犯に対する責任の問題も別に解決しなければならない。

犯罪の主体としての法人のメルクマールを定めるにあたって，民法のなかで作り上げられた概念が基礎とならなければならない。民事立法の基礎によれば，商業および非商業団体，経営団体および組合，生産および消費協同組合，賃貸借および共営企業のほかに，社会団体や宗教団体，慈善およびその他のファンドもまた法人に含められている（11条2項）。これについて，政治的，職業的，青少年，文化—民族的，宗教的およびその他の社会団体もまた，法人の権利を与えられていることを付け加えなければならない。

そのような範囲の主体は，これらに刑事処分を適用することによって法人の犯罪活動から最も重大な社会的価値を刑法的に保護することを十分に保証すると思われる。

法人—刑事責任の主体について，次のような公式を提案することができる。

> 「民事法に規定された法人のメルクマールを持っている企業，生産的および消費的協同組合並びにその他の経営団体や組織，ならびに法人の権利を持つ政党，職業および創作者団体，任意団体およびその他の社会団体が，刑事責任に相当する法人と認められる」。

現在の規範は，自然人の刑事責任の基礎を公式化することにあった。法人の刑事責任は，ある種の特殊性をもっている。それは，以下のような行為に対してのみ生じうる。a　刑法で規定している行為，b　有責に行われた行為，c　法人のために行われた行為である。このために新しい刑法にとって，次のような条文のテキストが提案されうる。「刑事責任の基礎となるのは，有責におこなわれ，法人のために，刑法に規定された害を引き起こしたか，

232 Ⅳ 非ソビエト化への模索あるいは伝統への回帰

これを引き起こすおそれをもたらしたような行為である」。

　責任の存在は，あらゆる法違反に対する答責性の必要条件である。このことは，わが国の刑法にとって無条件のものであり，決して異論のないものである。法人による刑法違反の場合に，刑事責任の基礎のこの客観的な要素の本質は変化するのであろうか。第一の見解として，責任を人の違法行為に対する心理関係と理解すれば，法人に適用されないと思われる。これに関連して，責任を現すということを刑事責任の基礎の公式に，例えば「刑法に規定された行為を法人が意図的に行うこと」という表現に代える見解がある。しかし，そのような結論は，おそらく，拒否されるであろう。第一に，「意図的に行うこと」といった用語そのものは，刑法ばかりでなく，他の法分野や一般的法理論においても未知のものである。第二に，その適用は，過失によって引き起こされた害に対する法人の責任を排除するであろう。それは，例えば，安全技術違反と関連した多くの犯罪に誤って適用されることになるであろう。そして最後に，法人が犯罪を行うにあたって，具体的な自然人が実際に行為を行うことが認められるであろう。「法人の意思は，自然人によって作り出され，現れる。あらゆる法人の責任は，法違反を行うにあたって，人間（これらの組織の構成員，その代表者，公務員など）の責任である。その人間は，この組織の前にある課題の実現を委任されており，不法な行為，法違反を行うのである」（『マルクス―レーニン主義国家と法の一般理論：社会主義法』，1973年，561頁）。

　思うに，法人にとっても，何らかの犯罪を実行するにあたって，故意または過失の存在を定めなければならないし，これらの不存在は，例えば，被害者の不法な行動の結果，死を引き起こしたことに対し，刑事責任を阻却しなければならない。

　法人の刑事責任を基礎づけるという公式は，法人の何らかの関係者が自己の利益または失策，不注意の結果，犯罪行為を行う場合に，これに対して法人全体が報いを受けることはない。提案した公式のなかのそのようなメルクマールは，「法人のために」犯罪を行ったという指示である。まさにこのメルクマールは，刑事責任が相当な自然人にだけ負わされなければならない場合から法人の刑事責任の範囲を定めることを求めている。

第11章　ロシアにおける法人の刑事責任　　*233*

　また，法人の刑事責任は，具体的実行者またはこれらの行為の関与者である自然人の刑事責任を排除しない。法人に適用されるあらゆる刑罰（罰金，解散など）は，例えば，腐敗した魚の缶詰を販売することを指示し，その結果，多くの消費者に中毒死をもたらした商社のトップの処罰を排除することはない。このため，新しい刑法典には，以下のような性格をもった補足説明がなされなければならない。「法律に規定されている場合に，法人は自然人とともに刑事責任の主体である」。

　法人に適用される刑事処分は，自然人に適用される処分のように，様々にあるわけではない。それにもかかわらず，裁判所には，行われた犯罪の危険性の程度と法人が犯した責任の程度を区分して評価するという選択が与えられなければならない。

　刑法に違反した法人には，一面から，個人，社会または国家に引き起こした損害に対する懲罰，他面から，新しい犯罪の予防となるような刑事処分が量定されなければならない。

　以下のような刑種が導入されると思われる。主刑として，罰金，一定の活動を禁止することや法人の解散，付加刑として，一定の活動を禁止することや財産の没収である。

　これらの刑種を執行する手続きは，刑事執行法典のなかに定められているが，その量定の一般原則や執行免除の場合における法的結果は，刑法のなかに定められねばならない。

　刑法に事前に刑罰の最大部分を定め，法人の具体的刑事処分を定めることを裁判所の判断に移すという方法がある。例えば，罰金については，その最大額が法人の年間収入もしくは最低労賃率の5000倍を超えてはならないということが刑法総則のなかに定められ得る。罰金を支払うことを忌避した場合には，財産を没収することによってこれに替える。

　一定の活動を禁止することとは，何らかの期間内での法人資格もしくは無期限に一定種の取引を行う権利，株券やその他の有価証券を発行する権利，国家から補助金，徳恵を受け取る権利または何らかの種類の業務活動を行う権利を剥奪することとしなければならない。

　財産を国家所有に強制による無償収用としての没収は，非常に重大な刑罰

である。この刑罰は，法人を清算するにあったっての付加刑としてのみ許されると思われる。

　刑事裁判手続きで罰せられる法人は，再び犯罪をおこしうる。そのような場合には，法人はより厳しく罰せられなければならない。すなわち法人のために累犯概念が導入されなければならない。累犯とは，刑罰執行（一定の活動に就くことを禁止することにあったって）期間内にもしくは過去に行った故意犯罪に対して刑に服して5年以内に新しい故意犯罪を行うことである。過失犯罪は，自然人の累犯についてと同様に，構成しない。

　新しい刑法典の編纂にあたっては，刑法的保護の効果を高めるためにいかなる場合に法人の刑事責任を導くことが合目的かを熟考しなければならない。そのような責任は，新しい刑法典各則の4つの章のなかに規定されなければならない。それは，経済分野のいくつかの犯罪，環境犯罪，公共の安全に対する犯罪および平和と人類の安全に対する犯罪についてである。

　そのような指示は，各則の相当する章の末尾に，例えば「本章の第…条文に規定された犯罪については，法人に刑事責任を問うことができる」というような案文を持った特別の条文のなかに規定されることができる。

　最後に，新しい刑法典の章「法人の刑事責任」の予想されるテキストを提案しよう。

第○条　一般規定

(1)　刑法に規定されている場合に，刑事責任の主体となるのは，自然人とともに法人である。

(2)　刑事責任を問われる法人となるのは，企業，民事立法に規定された法人のメルクマールに合致した，産業および消費者共同組合ならびにその他の経済団体や連合体，ならびに政党，職業および芸術家連盟，法人格をもった任意団体およびその他の社会団体である。

第○条　刑事責任の根拠

刑事責任の根拠となるのは，有責に，法人のために，刑法に規定された害をもたらしたか，または害を引き起こす脅威を作るような行為である。

第○条　刑種

(1)　主刑として，罰金，特定の活動に従事することの禁止，法人の解散が適用されうる。

(2) 付加刑として，特定の活動に従事することの禁止，財産の没収が適用されうる。

(3) 刑の執行手続きは，刑事執行法に定められる。

第○条　罰金

(1) 罰金額は，行った犯罪の重大さ，引き起こした害の性格と程度，ならびに法人の財産的立場を考慮に入れて裁判所がこれを定める。

(2) 法人の年間収益の一部または全部に相当する額，もしくは労賃の最小額の5千倍を超えない額で定められる。

(3) 罰金の支払いを悪意をもって忌避した場合には，財産の没収をもってこれに替える。

第○条　法人の解散

(1) 解散とは，民事立法に規定された効果と並んで，法人の活動を強制的に停止することである。

(2) 解散は，裁判所が，行った犯罪の重大さが当該の法人を維持することやその活動を継続することを不可能にすることと見なした場合に量定される。

第○条　特定の活動に従事することの禁止

(1) 特定の活動に従事することの禁止とは，特定の種類の取引を行うこと，株券またはその他の有価証券を発行すること，国家から国家助成金，特典および特権を得ることもしくはその他の種類の活動に従事することを禁止することである。

(2) 特定の活動に従事することの禁止は，特定の区域または1年間という時間に制限されるか，または無期限にもしくは5年までという時間で定められる。

第○条　財産の没収

(1) 財産の没収とは，法人の財産の全部または一部を国家の所有に強制的に無償で収用することである。

(2) 財産の没収は，法人の解散のみの付加刑として適用される。

第○条　刑事責任および刑罰からの解放

法人は，本法典…条に規定された条件がある場合に，時効期間の経過と関連してのみ，刑事責任および刑罰から解放される。

第○条　刑罰の法的効果

法人が刑の執行期間内または過去に行った故意犯罪に対して刑に服してのち5年以内に新たな故意犯罪を行った場合に，法人は累犯に対して本法典で規定されている規則によって，より厳しい刑罰に処せられる。

　以上が，ケリーナ「ロシア連邦刑法典草案における法人の責任」からの要約である。ここでは，いくつかの法人の刑事責任を肯定するにあたっての斬新な提案が試みられている。ケリーナの提案は，この課題についてのフラン

236 Ⅳ 非ソビエト化への模索あるいは伝統への回帰

ス, オランダ, ノルウェー, フィンランド, そしてアメリカなどの比較刑法的経験を十分に考慮したものである。なお, 同書のなかには, このケリーナ論文を補強するものとして, 英米法における法人の刑事責任を紹介したニキホロフ論文「法人の刑事責任について[8]」がある。

ところで, 法人の刑事責任についての肯定説は, 近年, ロシアの刑法理論のなかで次第に支持を広げている。例えば, ナウーモフは,『ロシア刑法・総論』のなかで,「刑法理論のなかで, 法人を犯罪の主体を見なすことを可能とする説は, 1991 年から真剣に論議されてきた」と述べている[9]。その背景には, ロシア連邦刑法典の編纂事業との関わりがあった。一つは, 1992 年 10 月 19 日に公表された刑法典草案に対して学者集団がコメントした文献のなかに, 法人の刑事責任を規定する旨の提案が示されていた[10]。いま一つは, 1994 年に公表された「ロシア連邦刑法典 (総則)」(草案) のなかに初めて法人の刑事責任が規定された[11]。次にこの草案のなかでの「法人の刑事責任」について見てみよう。

---

8) A.C. Никифоров, Об уголовной ответственности юридических лиц. "Уголовное право новые идеи." стр. 43-49.

　ニキホロフは, この論文のなかで, 法人の刑事責任の課題を過去の復活ととらえている。「1917 年までのロシア刑法 (理論, 立法, 実務) のなかにも, ネップ期のソビエト刑法のなかにも, そこここの外国にも, 法人の刑事責任の制度は, 支持者を見いだし, 標準的に定着していた。ロシアでも, この課題についての関心の明確な復興がいま認められる」(A.C. Никифоров, Там же. стр. 44.)。なお, この論文のなかで指摘されている最近のこの課題についての文献は, 次の通りである。ナウーモフ「市場経済移行期の刑法」ソビエト家と法 1991 年 2 号, 35 頁, 同「被告席における企業」ソビエト司法 1992 年 17・18 号, 3 頁, ガリペーリン・ケリーナ「連邦構成および共和国刑事立法の相関関係について」ソビエト国家と法 1991 年 9 号, 87 頁, クズネツォーバ「刑法典改革の目的とメカニズム」国家と法 1992 年 6 号, 82 頁, ウスチノフ, 同誌 89-90 頁,「ロシア運邦刑事立法構想」同誌 8 号, 44 頁。

9) A.B. Наумов, "Российское уголовное право. общая часть" (1997) стр. 183.

10) "Преступление и наказание." (1993), стр. 297-300. この草案コンメンタールでは, 法人に対する刑罰としては, 罰金, 法人の活動の停止, 引き起こした損害を賠償する義務を課すことが主刑とされている。「法人についての刑法上の罰金は, 行政法違反に対するそれよりも, より厳格なものでなければならない。環境犯罪に対する刑事罰は, 企業活動の阻止でもあり, またいくつかの場合にはその完全な閉鎖である」(297 頁)。

　日本における議論のなかでも,「法人の刑事責任」を容認する立場から,「法人に対する刑罰として解散・資格停止・活動 (業務) 停止などを立法によって整備することが, 法人の犯罪能力の法律効果の問題として検討されるべきなのである」との提案が行われている (川端博『刑法総論 25 講』(1990 年・青林書院) 8 頁)。

11) この草案は,「ロシア連邦刑法典 (総則)」として司法省と大統領府国家―法局によって立案され, 1994 年 5 月に「法律通報」誌上に公表された。

(3) ロシア連邦刑法典草案に現れた法人の刑事責任規定

この草案は，刑事責任を問われる者について，「第21条　刑事責任の一般条件」第2項のなかで，自然人と並んで法人を次のように規定した。「法人は，本法典第106条に規定された条件がある場合に刑事責任を負う」。このような立場を受けて，「法人の刑事責任」規定が，「第16章　法人の刑事責任」に置かれている。その内容は，上述したケリーナ提案に極めて類似したものである。すなわちこの草案における「法人の刑事責任」規定は，ケリーナ提案と比較すれば，次のように「刑事責任の基礎」条項がやや詳細に規定されているものの，その他はほぼ同様な規定となっている。

> **「第106条　刑事責任の基礎**
> ⑴　法人は，次の場合に，刑法で規定された行為に対し刑事責任を負う。
> 　　a　法人が，特定の活動を行うことの義務もしくは禁止を定めた法律の直接の規定を執行しないか，または不適当な執行に責任ある場合，
> 　　b　法人が，その設立文書または公示目的と一致しない活動を行ったことに責任ある場合，
> 　　c　個人，社会または国家に損害を引き起こしたか，もしくは損害を引き起こす脅威を作り出した行為が当該の法人のために行われたか，もしくは法人の管轄機能を実現する機関または人がこの行為を許可し，承認し，確認し，実施した場合，
> ⑵　法人の刑事責任は，自然人が行った犯罪に対しこの者の責任を阻却しない。」

草案は，以下，「第107条　刑種」，「第108条　罰金」，「第109条　特定の活動に従事することの禁止」，「第110条　法人の解散」，「第111条　財産の没収」，「第112条　刑事責任または刑罰からの解放」，「第113条　刑罰の法的効果」となっている。

こうしたことから，この草案を作成するにあたって刑法学者ケリーナの何らかの関与があったと思われる[12]。しかし，この草案は，議会（下院）の承認を得ることはなかった[13]。その後，なお数種の刑法典草案が作成されているが，「法人の刑事責任」規定されていない。このような刑法典草案作成過程の

---

12)　公表された1994年刑法典草案の作成グループのなかに，ケリーナの存在を確認することができる。この点についての詳細は，上野「刑事立法改革の動向と犯罪の状況」『ロシア連邦の立法動向』（外務省欧亜局ロシア課・平成7年・42―46頁）参照。

なかで、「法人の刑事責任」規定は、一つの試みにとどまり、1996年に制定されたロシア連邦刑法典においても見送られた[14]。

4　おわりに

　本章では、体制転換期にあるロシアにおいて、新しいロシア連邦刑法典の編纂過程のなかで登場した「法人の刑事責任」についての課題を紹介した。その論議は、いまだ緒についたばかりであり、極めて原初的なものである。しかし、ソビエト時代には、およそこの課題について議論すらされてこなかったことからすれば、その意味は大きい。ただこのような論議が表面的で、感覚的なものにとどまることなく、刑法原理との関わりのなかで行われることを期待したい。

---

13)　この間に事情については、わずかにナウーモフが、『ロシア刑法総論』のなかで、「この提案（1994年刑法典草案における「法人の刑事責任」規定—上野）は、国家会議（下院—同）における第一読会での草案の審議と投票において採択されなかった」と述べているにとどまっている（А.В. Наумов, Тамже.）。

14)　前記のケリーナは、ロシア連邦刑法典のなかに「法人の刑事責任」規定が導入されなかったことについて、この課題が学問的に検討不足であることを認めている。「新しい刑法典が、環境、経済およびいくつかのその他の犯罪に対し法人の刑事責任規定（ヨーロッパ大陸の多くの国やアメリカ合衆国で有効に適用されている制度）を導入しなかったという事実は、ただ学問的に検討不足であったと説明することができる」（"Уголовный кодекс Российской Федерации." Вступительная статья-С.Г. Келина, 1996 г. стр. 45-46.）。

第12章　ロシアにおける環境犯罪*
――序論的試み――

1　はじめに

　近年の急進的な科学技術革新は，自然環境との緊張状態を必然的に作り出し，その結果として数々の環境に対する問題をもたらしている。「それは，天然資源のたくわえを枯渇させ，環境を汚染し，人々の身体的，精神的健康を害し，美的価値を損ない，人間と自然とのあたりまえの関係を失わせ，すべての生き物の存在の生物学的基礎を壊してしまう[1]」。さらに現代においては，社会の急激な市場主義化への傾斜，戦争やテロなどの破壊行為が自然環境の破壊を一層増幅させている。それゆえ環境問題は，現代社会の最も緊急な課題の一つである。

　このために，近年，わが国でも，環境刑法・環境犯罪学の分野が注目されるようになった[2]。それは，住民に対して快適な自然環境の保全およびエコロジー的安全，並びに天然資源の合理的な利用を保障することに刑法的性格の手段が用いられることを意味している。

　このことは，ロシアや旧ソ連邦構成諸国においても例外ではない。旧ソ連邦では，かつての冷戦時代に重工業を中心とした科学技術革新が進められるなかで，大気，海洋，河川，森林の領域で自然環境の汚染が深刻化してきた[3]。

---

*　環境犯罪（エコロジー犯罪）は，とらえにくい類型の用語である。この用語に対し，違法行為を指摘し，責任を問うことも，刑法の厳格さを思えば，多くの困難を伴う。立法者は，その編纂過程においてその困難に直面することになる。われわれは，この多様な環境（エコロジー）犯罪を整理することから始めなければならない。本章は，小田中聡樹先生古稀記念論文集『民主主義法学・刑事法学』（2005年）からの転載である。

1)　Э.Н. Жевлаков, Экологичские преступления и экологическая преступленость. 1996 г. с. 3.（ジェブラコフ『エコロジー犯罪とエコロジー犯罪現象』（1996年）3頁。）

2)　例えば，中山・神山・斉藤・浅田編著『環境刑法概説』（成文堂，2003年），町野朔編『環境刑法の総合的研究』（信山社，2003年）。

こうしたなかで，旧ソ連邦でも，環境保護政策が立案され，その刑法的保護を含む立法化が進められてきた。しかし，それらは十分なものではなかった。ロシア連邦では，その反省と点検のもとに，1996年ロシア連邦刑法典のなかに，新たに「エコロジー犯罪」概念を創設し，環境犯罪全体の体系化をはかっている[4,5]。

　本稿の課題は次の二つである。それは，まず旧ソ連邦およびロシア連邦における環境保護についての刑事立法史を概説し，次いで現代ロシアにおける環境についての犯罪概念とそれらの類型を整理し，若干の検討を行うことにある。

2　旧ソ連邦およびロシア連邦における環境保護についての刑事立法史

　ジェプラコフは，『エコロジー犯罪とエコロジー犯罪現象』（1996年）のな

---

3)　旧ソ連邦時代における環境汚染は，1970年代前後から深刻な様相を呈していた。このことについて「計画経済は，生産力をノルマとして構成されており，環境対策が無視されたからである」（社団法人国際経済労働研究所報告書「ロシアの環境汚染の状況に関する調査研究」（1998年）2頁）との指摘もある。こうした状況を打開するために，ソ連邦崩壊後「ロシアでは，エコロジー犯罪に対する法的責任のメカニズムの形成が続いている」（社団法人国際経済労働研究所報告書「ロシアにおける環境対策のあり方に関する調査研究」（1999年）9頁）。

　　近年の旧ソ連邦諸国の環境問題について，ユーラシア研究所編『ユーラシア研究』23号（2000年）が，「原発・核・環境問題」を特集している。このなかに，都留信也「タジキスタンにおける自然・環境の諸側面」（39-45頁）がある。

4)　ロシア連邦刑法典の翻訳は，上田・上野共訳『ロシア連邦刑法典』（日本国際問題研究所）がある。

5)　拙稿「環境法と環境犯罪」『エリツイン体制下におけるロシアの立法動向』（日本国際問題研究所刊，2000年）68-81頁参照。関連して，伊藤知義「環境権」平成9-11年度科学研究費研究成果報告『体制転換期ロシアにおける人権の理論的・実証的研究』（2001年）168-177頁参照。

　　ジェプラコフは，刑法による環境保護の必要と限界について次のように述べている。「自然保護の問題に刑法の意味を過大視してはならない。刑法は，補助的役割を演じるのであって，その方法の特性（懲罰―教育）それ自体にこの法分野の可能性を制限することになる。それとともに，現代的条件のなかでエコロジー犯罪の社会的危険性の増加を考慮しないわけにはいかない。これらには，自然の富を使い果たす行為にではなく，地球上のすべての生き物の健康と生活機能を存在させ，確保させる生物的基礎を損う犯罪に目を向ける時期が来た。

　　そのような態度は，これらの犯罪の社会的危険性についての理解を原則的に変え，経済的，経営的領域から生物種としての人間の生き残りを確保することの範囲に『移行する』ことになる。これも，刑法的自然保護規範の適用と発展の必要を条件としている」（注（1）に同じ）。

かで,「ソビエトおよびポストソビエトロシアにおける環境保護についての刑事立法発展史」(第1章) を書いた[6]。その記述は,およそ70年にわたるソビエト時代の環境刑事立法史の簡明な批判的総括である。以下はその要約であり,若干の注釈を付する。

自然環境の刑法的保護の諸課題を解決するためには,まず刑事立法の発展の分析,その形成条件,傾向と展望を必要とする。歴史分析の方法を適用することは,刑事立法のより以上の完成の途をより効果的に予測することを助成することになる。

自然保護についてのソビエト刑事立法の編纂過程は,ソビエト第2回大会で採択された布告「土地について」に始まる。その布告は,この国における自然利用の基礎を築いたものである。この布告によって,天然資源,すなわち森林や動物界がはじめて刑法的保護の範囲とされた。天然資源は,内戦や荒廃の条件のなかで,最も集中的な略奪の客体となった。

全国家レベルの森林を保護するために,1917年にしかるべき許可なくしての森林不法伐採を犯罪とした布告が採択された。1918年には,木材買い付け業違反に対する規則が公布された。

労働防衛会議は,1920年に「森林火災との闘争について」決定を採択した。これは,故意または過失によって森林火災を引き起こした者に対し軍事法廷裁判所が規定されていた。

---

6)　本書は,ロシアで「エコロジー犯罪」について,体系的に書かれた数少ない書物である。章別の構成は,第1章「ソビエトおよびポストソビエトロシアにおける環境保護についての刑事立法発展史」,第2章「エコロジー犯罪の概念と種類」,第3章「一般的性格のエコロジー犯罪の確定」,第4章「保護の分野における犯罪の確定と地下資源の適正な利用」,第5章「保護の分野における犯罪の確定と動物界 (動物群) の適正な利用」,第6章「保護の分野における犯罪の確定と植物界の適正な利用」,第7章「エコロジー犯罪と法違反の犯罪学的特質」である。このなかでも,「エコロジー犯罪と法違反の犯罪学的特質」(第7章) は,エコロジー犯罪のレベルや動態の特徴,エコロジー犯罪を犯し有罪を言い渡された者の犯罪学的特質,実務レベルの低い効果の原因,エコロジー犯罪や法違反の原因という興味ある課題を扱っている。なお,本書は,現行ロシア連邦刑法典の制定 (1996年) 以前に書かれたものであり,この法典における評価は含まれていない。

ソビエト時代において,環境 (エコロジー) 犯罪を課題とした研究書はさらに少ない。筆者が知りうる書物としては,パベリツナ『ソ連邦における自然環境の刑法的保護』(1981年) (П.Ф. Повелицына, Уголовно-правовая охрана природы в cccp. 1981. 86 стр.) である。このなかには,土地,地下資源,大陸棚,水,森林,動植物界,大気などの自然環境を刑法がどのように保護するかの視点で,当時の現状が述べられているだけであり,エコロジーという用語は見られていない。

242　Ⅳ　非ソビエト化への模索あるいは伝統への回帰

　動物界への侵害に対する刑事責任は，人民委員会議布告「狩猟期間と猟銃権について」と布告「狩猟について」に基づいていた。

　北極地方の天然資源を利用するなかで国家の利益を保護するために，人民委員会議布告「北氷洋や白海における漁場や海獣生息地の保護について」は，布告第1条に定められた領域内の地域の漁場や海獣生息地の利用についてのロシア共和国の優先権を侵害することに対する刑事訴追の可能性を規定していた。

　この時期のソビエト立法の編纂過程における多くの矛盾，すなわち立法技術の稚拙さは，自然保護についての刑事立法のなかにもあった。

　刑法規範は，天然資源の利用を組織する行政法的性格の法令，例えば，南極大陸地帯の天然資源の保護についての人民委員会布告のなかにも含まれていた。

　これらの天然資源を利用することについての国家の権限を侵害することが，行為の犯罪化の基準として現れた。これによって行為の社会的危険性が定められた。その性格や程度は，通常，自然に引き起こされた損害の大きさや自然環境の要素の特質に依存してはいなかった。

　経済的要求の下での人間の価値（生命，健康，エコロジー的安全の保障，健康なレクレーションの条件）の優先についての観念も，国家の刑事政策のなかには反映されなかった。エコロジーと経済的利益との間の矛盾を解決する試みは，1991年ロシア共和国法律「自然環境の保護について」であった。その第85条はこの法律に含まれている命題の犯罪的違反に対して刑事立法を適用する可能性を確実なものとしている。

　ポスト10月革命の刑事的自然保護立法の発展は，刑法編纂と関連している。多くの非常措置の廃止とネップの導入，社会的過程での特別な行政的管理措置からいくつかの経済的方法の適用への移行がかなり重要な役割を演じていた。報告書のひとつ「ロシア共和国における自然保護の窮乏について」のなかで，全ロシア中央執行委員会に付属した自然の記念物保護についての国家委員会は，「ロシア共和国における自然保護の問題は，批判的な命題そのものにある」ことを強調した。その諸原因は，経済の一般的危機状態，食料品やその他の第1次生産物の不足，住民の低いエコロジー意識であった。

1922 年刑法典の当初条文には，自然保護について一つだけ条文があり，以下のような犯罪侵害の三つの種類が規定されていた。

森林の保護のために定められた相当の法律や決定に違反すること

禁止された場所，禁止された時期，禁止された用具，手段および方法による狩猟

定められた規則に違反しての地下埋蔵物の採取（第 99 条）

ソビエト時代においては，刑法的自然保護規範の体系化の問題は発生しなかった。そのために現在の時点まで 1922 年刑法典の特徴が保持され，自然保護についてのいくつかの規範が全体としてその他の社会的価値の保護に委ねられた条文のなかに混ぜられていた。例えば，国家独占地帯における無許可の漁猟が，国家独占違反の一つとして検討され，その責任は刑法第 136 条が規定していた。また森林火災を生じさせた行為が放火によって財産を故意に破壊または毀損すること（第 197 条）として規定されていた。

1926 年刑法典の当初条文には，以下のような犯罪構成要件が規定された。第 85 条—森林保護，第 86 条—海，河川，湖沼の漁獣類の保護，第 87 条—地下資源の保護がそれであった。これらの条文は，その後再三改正されていた。

30 年代までは，犯罪性と処罰性を定めた一般的命題の緩和によって基本的に人道主義の傾向が支配的であった。30 年代以降，総則にも，各則にも，犯罪の範囲の拡大や責任の強化の傾向が明確に現れることになった。刑事政策のそのような傾向は，社会主義の発展の程度による階級闘争の先鋭化や抑圧の強化の必要性についての誤った観念に基づいていた。

基本的な改正のなかに，森林侵害に対する責任がかかわっていた。しかも，責任の強化は，第 85 条の改正よりむしろ，放火，森林の盗伐による森林や植林の故意による破壊または毀損のような森林侵害を確定することと関連していた。そのような行為は，1932 年 8 月 7 日付法律「国家企業，コルホーズや協同組合の財産保護と社会的所有の強化について」による「組織的手続のなかで」または「共同的な社会主義的所有の破壊のための反革命的企てまたは階級敵対的要素をともなって」行われた。

1934 年 11 月 20 日付「農業および森林害虫の繁殖や拡大からソ連邦の領土を保護することについて」ソ連邦人民委員会議決定によって，ソ連邦人民委

244　Ⅳ　非ソビエト化への模索あるいは伝統への回帰

員会が公布した植物の内外検疫規則の悪意による違反に対する刑事責任がはじめて定められた。

　しかしこの当時に効力を有していた刑法典は，これらの違反に対する責任についての特別の条文を補充していなかった。1934 年 12 月 28 日付ソ連邦最高裁判所総会決議によって，以下のことが説明された。すなわち公務員による上記規則の悪意による違反は，公務犯罪の条文によって処罰され，私人によるそれは，国家や社会財産の故意による破壊や毀損についての条文に関する類推によって処罰される，と。

　公務犯罪の条文により，水や大気の清廉さを維持することとの命令に違反した公務員の行為が処罰されることは規定されていた。この行為に対する私人の責任は，規定されていない。

　自然保護についての刑事立法のその後の発展は，ソ連邦の各共和国の新しい刑法典の採択と関連している。

　1960 年ロシア共和国刑法典は，当初環境保護の諸関係に触れうる侵害に対する責任について 12 の規定を含んでいた。

　これらは，以下のものである。獣医規定違反（第 160 条），植物の病気および害虫，害鳥獣との闘争規定違反（第 161 条），不法な漁獲その他の水中採取業に従事すること（第 163 条），おっとせいおよびラッコの不法捕獲（第 164 条），漁業資源保護規定違反を伴う木材浮送および爆破作業（第 165 条），不法な狩猟（166 条），地下資源の不法な採掘（第 167 条），森林の不法な伐採（第 169 条），国家によって保護された天然記念物の損害を故意に引き起こすこと（第 230 条），放火によって森林地帯を故意に破壊することまたは本質的な毀損（第 98 条 2 項），火または高い危険性をもった手段によって，不注意な態度の結果，森林地帯を破壊し，毀損する行為（第 99 条），水および大気の汚染（第 223 条）。

　1960 年刑法典は，1926 年刑法典と比較すれば，水および大気の汚染，漁業資源保護規定違反を伴う木材浮送および爆破作業，国家によって保護された天然記念物の損害を故意に引き起こすこと，および地下資源の不法な採掘という 4 つの規定が追加された。

　自然保護規定の範囲が拡大したことは，経済活動の拡大や人間抑圧の強化

第12章　ロシアにおける環境犯罪　　*245*

の過程のなかで立法者が環境に対する非統制の危険性を自覚し始めたことと関連させることができる。1960年に「ロシア共和国自然保護について」法が採択された。これは，自然利用の範囲において国家政策の基本的傾向を定めたものである。しかしそれは，エコロジー的課題と自然についての理解が十分なものではなかった。エコロジー侵害の危険性は，まず第一に，経済的ロスの見地から，非合理的な自然利用として検討されていた。法律の前文には，「ソビエト国家における自然，その資源は，国民経済の発展の自然基礎を構成し，物質的，文化的価値の断続しない増加の源であり，住民の労働や休息の最も良い条件を保障する」と規定されていた。言い換えれば，自然は，まず第一に，天然資源の独特な「物置」として見られていた。それは，人間の生命，健康および地球上のすべての生き物の生物学的基礎であるということに，アクセントは置かれていない。

　法律には，そのなかに置かれている命題を実現するメカニズムはなかった。「冷戦」の影響，世界共同体からみたソ連邦の国家レジームの閉鎖性も問われている。自然保護における社会的な動きは，西欧と異なり，のろのろと崩されてバラバラであったし，世論の声は弱々しいものであった。

　60年ロシア共和国刑法典のなかでは，多くのエコロジー犯罪が「経済犯罪」の章のなかに入れられていたことも偶然ではない。現在に至るまで刑法のなかにその概念や科学的に根拠づけられた体系は，立法的に定められていなかった。

　この時期における非常に多くの企業は浄水施設を装備していなかったのであるから，生産計画を実現させるという利益があきらかに自然保護の利益に優先されていた。ロシア共和国刑法典第223条（水および大気の汚染）は実務的にはわずかしか適用されなかった。例えば，1963年にこの規定によって5人が有罪とされ，1965年には5人，1966年には10人，1967年には12人がそれぞれ有罪とされた。

　この時期において，犯罪領域の拡大と並んで，強制領域の縮小，その形式の緩和，教育活動の強化や世論の力のより幅広い利用への一般的傾向が新たに指摘されている。

　刑事抑圧の領域を制限する最も顕著な傾向は，森林侵害との闘争の領域に

現れた。1926 年刑法典第 85 条によって処罰された，多くの森林侵害のうち，1960 年刑法典では，森林盗伐のみを刑事処罰することに残し，それ以外を行政または社会的懲戒処分の適用に移行させた。

しかし，こののち森林侵害が，大量に発生した。いくつかの地域において，この侵害についての事件は，全民事事件の 25％になった。このため，1962 年に，立法者は刑法第 169 条（森林の不法な伐採）の適用範囲を 2 倍に拡大した。

犯罪化の範囲はロシア共和国刑法第 163 条（これは全国家的意味をもった貯水池だけでなく，あらゆる川，湖などの水棲動物の不法な捕獲に対する責任を規定していた）についても拡大された。1926 年刑法第 86 条―1 から区別され，再度（行政処分を科したのち）侵害に対する責任が定められた刑法第 166 条（不法な狩猟）では縮小された。第 166 条 2 項では，引き起こされた損害の性格（大規模損害）と動物の特別な性質（特別に保護された）について規定された。1972 年には，責任を加重するメルクマールの範囲は，場所（禁猟区）と猟の手段（自動小銃を用いて）の指示に拡大された。

環境の保護―これは，世界の大部分の国の利益が合致する領域である。国境警備隊や国境は環境保護には無力である。この分野における国家の相互関係や相互依存は，より明瞭となっている。1958 年のジュネーブ会議にソ連邦が参加したこととソ連邦最高会議幹部会決定「ソ連邦大陸棚についてのソ連邦最高会議幹部会令の適用について」は，1974 年にロシア共和国刑法典やその他の連邦構成共和国刑法典に第 167 条の 1（ソ連邦の大陸棚に関する立法の違反）を導入させた。

1954 年に，ソ連邦は，海水の汚染の防止についての国際条約に署名し（1962/63 年修正），1973 年に船舶，プラットホームおよびその他の海に建設された構造物による海水の汚染防止に関する条約に署名した。これと関連して，ロシア共和国刑法典および海に出口のある共和国の刑法典を補足することによって（ロシア共和国第 223 条など），海水汚染と関連した社会的に危険な行為が犯罪化された。1980 年には，これらの条文に関連して新しい条文（第 223 条の 1）が採択された。そこでは，環境のレクレーション的特質についての規定が現れた（休息場所と人間の力と健康の回復に役立つ）。

かくて，1960―70 年に生まれた自然保護刑事立法は，様々な，時には矛盾

した社会過程の影響を味わった。それは，この時期の犯罪化の基準の特質にも，立法化の発展の道にも適っていた。

1980年から1991年にかけての時期には，ロシア共和国刑法典と連邦構成共和国刑法典における上記の規定の内容の本質的な修正は生じなかった。一つの条文(ロシア共和国第169条—森林の不法な伐採)だけが内容を修正された。以前の条文では，潅木の伐採を行った者に対する責任を問われることはなかった。これは立法における明白な欠陥であった。なぜなら潅木の伐採は樹木の伐採よりも，少なくない損害を引き起こしうるからである。

最初のグループの森林のより正確な定義が刑法第169条第1項に与えられた。条文の第2項は，命令規範も，制裁も修正された。命令規範から業種としての不法な伐採が削除されたが，系統的という概念が導入された。

刑法第230条（国家によって保護された天然記念物の損害を故意に引き起こすこと）は，その表題「文化記念物の故意による破壊，毀滅または汚損」が修正された。「記念物」という言葉のあとに，「歴史」という言葉が補足された。

刑法第167条の1（ソ連邦の大陸棚に関する立法の違反）は，用語修正が行われた。そこでは，「外国人」という言葉に代わって，そのなかに「外国市民」という言葉が用いられた。

1988年にロシア共和国刑法典において，一つの新しい条文が採用された。その内容は，何らかの程度において自然保護と関連されるものである。これは，第230条の1であり，動物に対する残虐な扱いに対する責任が定められた。以前に類似の条文がソ連邦の6つの共和国刑法典に採用されていた。この時期に，エコロジー犯罪についての条文の60.6％の制裁が改正された（1982—83年に60％，1985年に0.6％）。その改正の主要な点は，刑事立法総則規範のなかで，矯正労働期間の拡大（1年から2年まで）と罰金を50ルーブルから300ルーブルまで（利得犯罪に対しては1000ルーブルまで）に拡大したことである。比較のために，1991年9月現在のロシア共和国刑法典各則のなかにある266の条文のうち，60％（159の条文）が改正され，新しく12％（32の条文）が導入された。

刑法的な自然保護の分野における平穏な立法活動は，次のように説明される。それは，1980年は全体主義と閉鎖性からの段階的な解放，全体として，

248 Ⅳ　非ソビエト化への模索あるいは伝統への回帰

とくに自然利用における社会の管理の命令的・行政的方法からの後退，国際協力の分野における自然保護についての幅広い展望を開いたこと，外国で「緑の」エコロジー運動の強烈な波が激化したこと，それからこの国では，自然保護の課題に法学者たちの関心が高まったことである。さらにソ連邦の崩壊と関連し，独立国家共同体の枠内で国家間関係の新しい基礎をうち立てる必要性が生じた過程もある。もちろん，これらの過程を理解するために，まず新しい国家機構を固める法的保証の課題，市場関係，新しい国家および経済構造への移行の課題を解決することが必要となる。

　1992 年に刑種として罰金を含む条文の制裁が改正された。罰金の程度は，政府によって定められた労働の最低賃金によって定められた。

　同年には，琥珀の無許可採取に対する責任を定めた第 167 条の 2 が刑法に導入された。

　1993 年には，微生物またはその他の生物要因や毒素を取り扱うにあたっての安全規則違反に対する責任についての刑法第 222 条の 1 が採択された。1994 年には，刑法第 149 条に森林汚染に対する責任が規定された。現在，ロシア連邦の新しい刑法典を編纂する試みがおこなわれている[7]。それは，近年の社会の社会―経済的生活の変化を反映したものとなっている。そのなかには，エコロジー犯罪に対する責任の章を作ることが提案されている[8]。

　総じて，刑事立法の発展の基本的な段階についての分析は，ソビエトおよびポストソビエト期のロシアにおける自然保護について多くの結論を与えることができる。

　まず全体として，刑法的性格をもった個々の立法から生じる過程は，社会―政治的性格の最も本質的な傾向と過程を明確に反映している，特性によって特徴づけられている。ここでは支配イデオロギー，国家政策，社会的法意識の状態は，自然保護についての刑法的立法の意味と内容を直接決定づけている。

　その後，刑事立法の発展において，保護を受ける自然客体の範囲を拡大す

---

　7)　前述したように，1996 年にロシア連邦刑法典が採択されている。注（4）を参照。
　8)　後述するように，1996 年ロシア連邦刑法典は，第 9 部「社会の安全および社会の秩序に対する犯罪」のなかに「第 26 章　エコロジー犯罪」（第 246 条-262 条）を設けている。

ること，責任と刑罰の分化の傾向が認められる。しかし，上記にみた規範の発展の拡散的な途はほぼ終えた。何となれば，重要な自然要素（土地，空気，水，地下資源，動物相，植物相）は，何らかの程度において，刑法によって保護されているからである。

　同時に，現行立法は，エコロジー犯罪の性格の以下のような質的変化を考慮していないことも明らかである。その社会的危険性の高まり，組織的集団犯罪の拡大，高額利得犯罪の集団の出現，科学と技術の最も新しい成果のより幅広い利用（ガス，化学物質，自動車，ヘリコプター，光学機器などの技術手段）。

　エコロジー犯罪を規定した規範は正確でなく，欠陥があり，繰り返しであり，無駄な言葉，明確でない意味の表現が使われ，犯罪と非行のメルクマールを一つにしている。それらは，今日高い危険性と人間の生活，健康および発展の生物的基礎そのものに脅威をもたらしている多くの行為が反映されていない。例えば，自然環境を放射能，化学，バクテリア物質で汚染することおよび害すること，エコロジー的に危険な客体を無頓着に建築すること，生活のなかにエコロジー的に無頓着な「生涯設計」を具体化することなどである。

　30—40年間，本質的な改正を受けなかったいくつかの規範がある（例えば，ロシア共和国刑法典第163，164条）。しかも，そのような安定性は，それらが自然保護立法違反との刑事法的闘争の試みの需要を満たすことと関連されないものとなっていた。

　自然保護についての刑事立法発展史のなかで，自然保護について，国際法規範を反映することの必要性が指摘されはじめた。ここでは著しい欠陥のあるということが研究で示されている。動植物界の遺伝子給源の保全と関連したいくつかの侵害に対する責任についての規範がないことである。同様に動物の輸出や販売に対する責任などの規範もない。国際的性格の多くのエコロジー犯罪を行ったことに対しても特に責任の問題は示されていない（エコロジーテロ，エコサイド，特に危険な物質の越境運搬，放射能による隣接国家領土の汚染など）。

　環境の特質を優先的価値として立法のなかで確立させる傾向が見られはじ

250 Ⅳ 非ソビエト化への模索あるいは伝統への回帰

めた。その特質は，人間の生命，健康の保証，レクレーションや文化的需要
を充たすことに関連している（ロシア共和国第223条，223条の1，230条）。し
かし，全体として，自然保護についての刑法規範は，エコロジー的価値より
も経済的利益を優先させるというどうしようもなく廃れた思想を反映してい
る。それは，ソビエト国家の形成の初期やその次の国家の社会・経済発展の
国家プランのなかにあった。しかしこれらの規範は，経済的，学術的，軍事
的その他の諸問題を検討し，これらを解決するにあたって，人間の健康保護
や住民のエコロジー的幸福を優先することからでた思想に十分に適うもので
なければならない。

3　環境（エコロジー）犯罪概念とその類型

　ロシア連邦刑法典（1996年公布，1997年施行）における環境犯罪について紹
介しよう。ロシア連邦刑法典は，その編纂過程で西欧型刑法典の成果を取り
入れた最新の法典とされている[9]。ロシア連邦刑法典では，エコロジー犯罪
という名称を使用して環境に関わる犯罪を刑法典のなかにまとめて規定して
いる。それらは，どのように概念づけられ，類型化されているだろうか。こ
れについて，最近刊行された刑法教科書『ロシア刑法各論』（2001年）のなか
から見てみよう[10]。

　まず，エコロジー犯罪の対象とその定義について次のように述べている。
その対象について，「広義において，自然環境全体である」し，「狭義におい
て，天然資源，すなわち土地，その地下資源，大気，内水および外海の水，
動植物である[11]」とされている。

　またエコロジー犯罪の定義について，「エコロジー犯罪とは，刑法に規定さ
れ，質的に快適な自然環境を保護し，その資源を合理的に利用し，住民のエ

---

9)　この法典の編纂過程などについては，上野達彦著『ロシアの社会病理』（敬文堂，2000年）を
参照

10)　"Российское уголовное право. Особенная часть"（2001 г.）本書の「第12章　エコロジー犯
罪」を担当した執筆者は，前出の Экологические преступления и экологическая преступленость.
1996 г.（『エコロジー犯罪とエコロジー犯罪現象』（1996年））の著者，ジェブラコフ（Э.Н.
Жевлаков）である。

第12章　ロシアにおける環境犯罪　　*251*

コロジー的安全を保証している社会関係を侵害する，社会的に危険な，有責
な，処罰に値するような行為である[12)]」とされている。

　次に，ロシア連邦刑法典第9部「社会の安全および社会の秩序に対する犯
罪」のなかに規定された「第26章エコロジー犯罪」（第246条—262条）を見
てみよう。このようなエコロジー犯罪は，まず二つ，すなわち一般的性格の
エコロジー犯罪と特別な性格のエコロジー犯罪に大別される。前者には，労
働生産環境保護規則違反（第246条），危険物質や廃材取扱規則違反（第247
条），微生物などの薬剤や毒物取扱安全規則違反（第248条），ロシア連邦大陸
棚や経済特区法違反（第253条），自然保護特区への違反行為（第262条）が規
定されている。後者は，さらに4つに区分されている。

　第一に，土地や地下資源の保護に違反する行為である。

　土地の損壊（第254条），地下資源の保護やその利用規則違反（第255条）が
これである。第二に，動物界の保護とその合理的利用に違反する行為である。
水棲動物の不法な捕獲（第256条），漁業資源保護規則違反（第257条），不法
な狩猟（第258条），獣医学規則違反（第249条1項），生物の危機的な生息地
破壊行為（第259条）がこれである。第三に，植物界の保護とその合理的利用
に違反する行為である。植物の病気や害虫対策規則違反（第249条2項），樹

---

11)　Там же. с. 508.
　　このようなロシア連邦刑法典における「エコロジー犯罪」の対象について，「環境犯罪」という
　名称の対象とどのように区別されるのであろうか。旧ソ連邦構成諸国における近年の新刑法典
　のなかでの環境（エコロジー）犯罪についての規定は，以下に見るように共通する面と特別な面
　が存在している。とりわけその名称において，二つに分かれる。ロシア語で экологические
　преступления（エコロジー犯罪）という用語を用いている諸国は，ロシア連邦，ウズベキスタン
　共和国，カザフスタン共和国，タジキスタン共和国，アゼルバイジャン共和国である。一方，
　преступления против（охраны）окружающеи среды（環境（保護）に対する犯罪）という用語
　を用いる諸国はウクライナとグルジアである。なお，ラトビア共和国は，преступные деяния
　против природнои среды（自然環境に対する犯罪行為）という用語を用いている。本来，このよ
　うな用語は，厳密には区別されるものであり，不明瞭さが残る。
　　ところで，かつて憲法学者・影山日出弥は，エコロジー概念を「生態学的危機」の問題ととら
　え，「諸科学は，人間と自然との，社会と自然との諸関係を対象化し，ことに社会諸科学は自然と
　いう現象をも対象の範囲にそれぞれの仕方でとりこまなければならない。どのような仕方でと
　りこむかは，当該科学に即して具体的に試みられるべき問題に属している」と述べた。さらに「生
　態学的危機のうちでも，公害現象はもっとも普遍性をもつ典型的現象であって，法学が生態学的
　危機に対決するとすれば，この典型的現象へ対決する作業を回避することはできない」と書いた
　（影山日出弥「エコロジーと憲法学」『社会主義国における自然保護と資源利用』（1975年）91頁）。
12)　Там же. с. 510-511.

木や潅木の不法な伐採（第260条），森林破壊や損壊（第261条）がこれである。第四に，水や大気の保護とその合理的利用に違反する行為である。水の汚染（第250条），大気汚染（第251条），海洋汚染（第252条）がこれである。このような違反行為に対する刑罰は，罰金や一定の職または一定の活動に従事する権利の剥奪，拘留，矯正労働，さらに8年までの範囲内で自由剥奪が規定されている（513—514頁）。

なお，近年のロシア連邦では，このようなエコロジー犯罪は全体として多発傾向（2000年は1万3333件，2001年は1万7129件であった）にある[13]。

また，大量の環境破壊犯罪として，ロシア連邦刑法典は，エコサイド（第358条）という犯罪規定を設けている。この規定によると，動植物界の大量滅失，大気や水資源の汚染などの行為が，12年から20年までの自由剥奪によって処罰されるとされている。

このように多種多様な環境（エコロジー）に対する犯罪を刑法典のなかに一元化して対応するような立法政策も，簡明さにおいて考慮に値すると思われる。

4　おわりに

本稿では，ソビエト連邦時代とポストソビエト期における環境（エコロジー）犯罪が立法的にどのように変遷したかを概観し，現行のロシア連邦刑法典におけるエコロジー犯罪類型の分類のみを紹介した。

前出のジェブラコフによれば，「エコロジー法違反に対する法的反応のその他の方策がしかるべき効果をしばしばもたらさなかったことも考慮しなければならない。これについては，とくに，ロシアの領土の15％が危機的，悲惨な状況の分布圏を占め，住民の85％が大気汚染の高いレベルの領土に住んでいる。すべての病的状態にある者の95％が上部呼吸器にあり，すべての病者の20から30％までを専門家は直接または間接に大気汚染の悪化と関連づけている。国内の平均的継続生命は8—10年であり，44の資本主義国家より

---

13)　拙稿「旧ソ連邦諸国の新刑法典における環境犯罪」法経論叢（三重大学）21巻2号（2004年）275頁参照。

も少ない。毎年 10 人の子供が遺伝学的に障害をもって生まれている[14]」。このようなロシアにおける環境の深刻な現状を十分に掌握するなかで，エコロジー犯罪についての課題を発展的に検証していかなければならない。

　もう一度，ジェブラコフに戻ろう。「エコロジー犯罪の一連の理論的課題のより以上の検討が求められる。法律の適用の誤りは，行ったことの誤った法律評価，自然の保護立法の不知，法の適用者によるエコロジー犯罪の本質，その分類，類似の犯罪や非行との区分についての明確な理解の欠如としばしば関連する（例えば，自然保護立法の学問レベルの社会学研究は，エコロジー的性格の規範行為の認識が低いレベルにあることを示している）。予審判事（取調官）の 53—55％は，引用している規範行為の法律約効力を一度もチェックしていない（クラブチェンコ『環境の法的保護の社会—心理学的見地』（1988 年）109 頁[15]）」。ロシアにおけるエコロジー犯罪のもつ深刻な状況に課題の大きさを今後に残している。

---

14)　注（1）に同じ。
15)　注（1）6 頁。

第13章 「死刑モラトリアム」のゆくえ*
——ロシアにおける死刑制度をめぐる論議の動向——

1 死刑問題についての現状

　アムネスティ・インターナショナルの最近の報告では，国連加盟国 193ヶ国のうち，2012 年中には 174ヶ国で死刑執行がなく，G8 諸国で死刑を執行したのは日本と米国のみ，ヨーロッパではベラルーシが唯一の死刑執行国とされている。ロシアにおける執行はなかった。

　アムネスティの分類では，ロシアは「10 年以上死刑の執行がない事実上の廃止国」であるとされている[1]。たしかに，確定した判決に従って最後に死刑が執行されたのは，1996 年 8 月 2 日，未成年者 11 人を殺したセルゲイ・ゴロフキン（執行時 36 歳）であるとされ，それ以降，ロシアでは死刑の執行がない状態が続いているが，しかし，現行ロシア連邦憲法に基づき刑法典も，未だ死刑制度を保持したままである。このような法規定と現実との乖離状況は，20 世紀末から続くロシアの複雑な政治過程，とりわけ西ヨーロッパ諸国との関係から，もたらされたものである。

　1996 年 2 月 28 日，ロシアはヨーロッパ評議会に加盟した。1991 年のソ連邦の解体以降，市場経済への移行と西ヨーロッパへの接近に形振り構わず突き進んできたロシアにとっては，大きな結節点となる出来事であったが，それは同時に，西欧に伝統的な人権概念の受容とそれに合わせての制度変更を

---

*　本章の内容は，「『死刑モラトリアム』のゆくえ」との表題で『自由と安全の刑事法学：生田勝義先生古稀祝賀論文集』（法律文化社 2014 年刊）に収められた論文である。ロシアにおける死刑制度は，現在なお，本章において述べた通りの，死刑制度を認める刑事立法の下でその宣告も執行もなされない，モラトリアム状態が続いている。（上田）

1)　http://www.amnesty.org/en/death-penalty/abolitionist-and-retentionist-countries （2013.9.1 確認）アムネスティの区分では，死刑の完全な廃止国 97 以外に，戦時の犯罪などを除き通常犯罪について廃止している国は 8，過去 10 年以刑を執行していない事実上の廃止国は 35 あり，合計 140ヶ国が法律上または事実上，死刑を廃止しているということになる。

256　Ⅳ　非ソビエト化への模索あるいは伝統への回帰

も伴うものであった。1949 年 5 月にベルギー，デンマーク，フランス，アイルランド，イタリア，ルクセンブルク，オランダ，ノルウェー，スウェーデン，イギリスの 10 ヶ国によって創設されたヨーロッパ評議会は，その後大きく発展し，1990 年代にかつての東欧社会主義諸国をその構成主体に加えることによって，今日ではベラルーシ，カザフスタン，コソボ，バチカンを除くすべてのヨーロッパ諸国が加わっている。ヨーロッパ評議会規程の第 1 条 (a) には，「欧州評議会の目標は，共通の財産であり，かつ経済的，社会的進歩をもたらす理念と原則を守り実現する目的のために，加盟国間でのより強固な統合を達成することである」，とうたわれているが，この共通の財産である「理念と原則」の中に，基本的人権，自由，法の支配などといった一般的な原則ばかりか，具体的な死刑制度の廃止もまた含められているのである。

　ヨーロッパ評議会はロシアの加盟を認めるための条件として死刑制度の放棄を求めたが，これに対応して当時のエリツィン大統領は，1996 年 5 月 16 日，「ロシアのヨーロッパ評議会加盟との関わりでの死刑の適用の段階的な縮小について」の大統領令を発した。そのように環境を整えた上で，ロシアは平時における死刑の適用を禁じた「ヨーロッパ人権条約」の第 6 議定書[2] に署名したのであるが（1997 年 4 月 16 日），議会は今日に至るまでその批准を拒み続けている。

　ところで，現行ロシア連邦憲法（1993 年）はその 20 条 2 項において，「死刑は，それが廃止されるまで，生命に対するとくに重大な犯罪に対する例外的な刑罰手段として，被告人に陪審員が参加する裁判においてその事件が審理される権利を与えた上で，連邦法により定めることができる」，と規定している。その適用対象を生命に対するとくに重大な犯罪に限定し，また陪審制裁判による事件の審理という条件を付した上で，例外的な刑罰手段としてこれを残し，その廃止を将来の判断に委ねたのである。

　他方，現行ロシア連邦刑法典（1996 年）の死刑に関する諸規定は，93 年に成立した憲法の定めるところに従い，さらにこれを発展させたものと捉えら

---

2)　ヨーロッパ人権条約（人権および基本的自由の保護のための条約）を基礎として，加盟国における死刑廃止に向けた動きを促進する目的で 1983 年 4 月 28 日に公表され，1985 年 3 月 1 日に発効した。議定書は，「国は戦時または差し迫った戦争の脅威がある時の行為について法律で死刑の規定を設けることができる。」（第 2 条）としつつ，平時における死刑の廃止を定めている。

れている。

第59条　死刑

1．例外的な刑罰手段である死刑は，生命を侵害するとくに重大な犯罪に対してのみ適用されうる。

2．死刑は，女性ならびに犯行時に18歳に達していなかった者，そして裁判所による判決言い渡し時に65歳に達している男性に対しても，適用されない。

2-1．ロシア連邦の国際条約もしくは相互主義の原則に従って外国国家により刑事訴追のためにロシア連邦に引き渡された者に対しては，これを引き渡した外国国家の法律によればその者が実行した犯罪に対しては死刑が定められていないか，死刑を適用しないことが引渡しの条件であったか，もしくはその他の理由で彼に死刑を適用しえない場合には，死刑は適用されない。［本項は2009年に追加］

3．死刑は減刑されるときは終身自由剥奪もしくは25年の自由剥奪に代えられうる。

このように総則で規定した上で，各則では死刑を，加重的な事由のある殺人（105条2項），国家的もしくは社会的な働き手の生命の侵害（277条），裁判もしくは捜査を実行する者の生命の侵害（295条），法擁護機関の職員の生命に対する侵害（317条），そしてジェノサイド（357条）に対する選択的な刑罰としてのみ規定している。

かくして，例外的なそれとしてではあれ，死刑という刑罰制度を許容する憲法と刑法典の対応はきわめて明確である。

だが，それにもかかわらず，その段階的な縮小と廃止を目指すエリツィン大統領らの動きもまた一貫したものであり，上記の大統領令に続いて，1998年1月には刑事執行法典（УИК РФ）184条・185条の改正を実現させ，死刑判決の執行の条件として，受刑者からの恩赦の請願についてのロシア連邦大統領による却下もしくは不受理の決定を加えた。その上で，エリツィン大統領は大統領としての恩赦請求の審査という手続きを放棄する旨宣言したのである[3]。

このような，大統領の個別的な対応という，法律によらない迂回的な手法による死刑制度の不適用という不安定な状態について，その具体的な問題解

---

3)　Смертная казнь в России：законодательные тонкости，«Аргументы и Факты» 2013.02.11.

258 Ⅳ 非ソビエト化への模索あるいは伝統への回帰

決に乗り出し，ロシアにおける死刑制度の運用停止を定着させたのはロシア
連邦憲法裁判所であった。

1999 年 2 月 2 日，連邦憲法裁判所は，ロシア連邦憲法 20 条 2 項および刑
事訴訟法典 420 条・421 条の規定により死刑判決は陪審裁判所によってしか
出しえないことになっていることを確認し，ロシア連邦の全域において陪審
制の採用が完了していない状況の下では，特定の裁判所における死刑の言渡
しは法の下の平等原則に反することから憲法 19 条違反となるとして，ロシ
ア連邦の裁判所は死刑の言渡しができない，とした[4]。

これをうけて，1999 年 6 月 3 日の大統領令 698 号によって，当時の全死刑
囚 703 名に対し特赦が申し渡され，その大部分が終身刑へと減刑された[5]。

この時点では，憲法裁判所の決定はロシア連邦の全域に陪審裁判所が開設
されていないという形式的な根拠に寄りかかったものであったが，連邦を構
成する諸共和国のうち最後のチェチェン共和国においても，2010 年 1 月 1 日
より陪審裁判所が活動し始めることとなったことから，この日以降は死刑の
適用が復活することも可能となり，この時期ロシアでは，死刑をめぐる社会
的な関心も再び高まった。一方では，死刑の執行停止はあくまでも条件的な
ものであることが強調され，その条件が解除されるならば法律に従いその適
用は再開されるべきだと主張されたが，他方では，第 6 議定書への署名は大
統領によってなされたのであり，たとえその批准が遅れていても，ロシアは
その内容に拘束されると主張された。が，おそらく最も影響力のあったのは，
連邦人権問題全権（オンブズマン）であるルーキンの，実質的に見て死刑は法
的にもすでに廃止されたのであり，これを 2010 年 1 月 1 日から復活させる
ことなど論外である，「どのようなものであれ死刑適用は我われがヨーロッ

---

4) Постановление Конституционного Суда Российской Федерации от 2 февраля 1999 г. N 3-
П "По делу о проверке конституционности положений статьи 41 и части третьей статьи 42
УПК РСФСР, пунктов 1 и 2 Постановления Верховного Совета Российской Федерации от 16
июля 1993 года" О порядке введения в действие Закона Российской Федерации «О внесении
изменений и дополнений в Закон РСФСР "О судоустройстве РСФСР", Уголовно-
процессуальный кодекс РСФСР, Уголовный кодекс РСФСР и Кодекс РСФСР об
административных правонарушениях» в связи с запросом Московского городского суда и
жалобами ряда граждан"//Российская газета. 1999. 10 февраля.

5) Указ Президента Российской Федерации от 3 июня 1999 года No. 698 «О помиловании».

パ人権条約から，さらにはヨーロッパ評議会から，脱退することを意味するのであり，結局，我われに残されているのは死刑の完全な廃止しかないのだ[6]」という主張であろう。

2009年11月，最高裁判所からの疑義申立てを受けて，憲法裁判所は死刑執行の停止措置が当初の期限を過ぎる翌年以降も，継続して適用されるとの判断を下した[7]。その理由として憲法裁判所は，死刑の適用停止をもたらした1999年の憲法裁判所の決定がその後の10年間でロシアの法制度として定着しており，憲法体制の一部として機能していることを挙げ，国際的な動向とロシア連邦が自らに課した責務を考慮するならば，それ自体「その廃止までの間」と時限的な性格が明らかにされている例外的な刑罰手段である死刑については，その廃止に向けての不可逆的なプロセスにあることを確認した。憲法はその廃止という目的の実現の条件をロシア連邦全領域への陪審制裁判の実現に見ていたのであり，それを逆に，死刑適用の再開の条件とすることは許されない，としたのである[8]。

この決定に引き続いて，2010年1月15日，ロシアの議会は長年にわたりその批准を拒否してきたヨーロッパ人権条約の第14議定書を賛成多数で批准した。それ自体はヨーロッパ人権裁判所での決定採択の手続きを簡素化することについてのものであるが，簡素化によって被告となった国を除く国々の3人の裁判官が判決を出すことが出来るようになり，たとえばロシアにおいて死刑判決を受けた者が人権裁判所に提訴すれば必ず死刑の適用を違法とする判決が出されるものと予想され，ここに実質上ロシアにおける死刑の適用の可能性はなくなったという評価が可能である。

---

6) http://www.newsru.com/russia/29oct2009/kazn.html（2013.08.24.確認）

7) Определение No. 1344-О-Р Конституционного Суда Российской Федерации «О разъяснении пункта 5 резолютивной части Постановления Конституционного Суда Российской Федерации от 2 февраля 1999 года No. 3-П» от 19.11.09 г.//Российская газета. 2009. 27 ноября.

8) Определение No. 1344-О-Р Конституционного Суда Российской Федерации «О разъяснении пункта 5 резолютивной части Постановления Конституционного Суда Российской Федерации от 2 февраля 1999 года No. 3-П» от 19.11.09 г. この決定については，憲法裁判所判事のうち3名の反対があり，その一人であるルートキン判事は記者会見などで，死刑の適用停止を延長すべきではないとの持論を説明した。Судья КС Юрий Рудкин огласил свое особое мнение, см. Газета "Коммерсантъ", No. 219, 24.11.2009

260 Ⅳ 非ソビエト化への模索あるいは伝統への回帰

しかし実際には，それ以来数年を経た現時点でも，ロシアにおける死刑制度に関わる問題は決着を見たというには程遠い状況にある。政府部内でも，学界でも，一般世論においても，死刑制度の運用再開を求める声は絶えず，また逆に法改正によって死刑を一掃するべきだとの意見も表明され続けている。その際，多くの議論が依拠しているのは歴史と現状におけるロシアの特殊性である——死刑は時に政治的背景から濫用され，また逆に寛容さと人道主義の誇示のために廃止を宣言されたが，多くの場合に同時に犯罪状況の深刻さ，とりわけ西ヨーロッパ諸国の数倍に上る殺人の件数が，その刑罰手段としての妥当性を人々に納得させてきたのである。

2　ロシアにおける死刑制度——歴史的素描——

ロシア刑法史において最初に刑罰制度としての死刑が登場するのは，1398年の「ドヴィンの勅令」（Двинская уставная грамота）において3回目の窃盗に対する刑罰としてであるが，死刑の適用される犯罪行為は，「プスコフ裁判令」（Псковская Судная грамота 1467）では教会での窃盗，公金横領，国家反逆，放火，市中での3回目の窃盗へと拡大され，その後も1497年と1550年の「裁判令」（Судебник）を経て死刑の適用範囲の拡大は続き，1649年の「法令集」（Соборное уложéние）では63種の犯罪に死刑の適用が可能とされていた。またその方法も，首切り，絞首，溺殺，火あぶり，肩まで土に埋めること，串刺しなどといった残虐なものが用いられていた[9]。

だがそれに続いたピョートル大帝（在位：1682〜1725年）の苛酷な時代を経た後には，ロシアの死刑制度はまったく違った方向へと進んだ。最初に死刑の廃止を行ったのはピョートル大帝の娘であるエリザヴェータ女帝で，1743年と翌年の法律により死刑判決は執行せず，女帝の審査のため元老院へ送るべきことを定め，1753年および1754年の布告で，死刑判決の不執行を確定した[10]。さらに，女帝エカテリーナ2世（在位：1762〜1796年）は，その治世

---

9)　Наумов А.В., Российское уголовное право, т. 1, М. 2011, стр. 579.
10)　その際，布告では，死刑による「自然の」死を政治的な死へと変え，受刑者の鼻を削ぎ，烙印を押し，終身徒刑を科すべきものとしていた。

25 年を記念する宣言において，すべての死刑囚を徒刑へと減刑することを明記した。これら時代には，しかし，実際には死刑判決は従来通りに出され，その執行もなされている。とくにプガチョフの乱（1773〜75 年）の指導者や参加者に対する処刑数は 2 万名以上に及んだことが知られている。またニコライ 1 世（在位：1825〜1855 年）も，1649 年の法令集とピョートル大帝の軍人例規に基づいてデカブリスト 5 名を処刑している（1826 年）。

　帝政ロシアの最終的な法令集となった「ロシア帝国法律集成」（1835 年施行）では，死刑は 3 種のカテゴリーの犯罪に対してのみ適用されていた。<1> 政治犯罪，<2> 検疫規則の重大な侵犯，そして <3> 軍事犯罪に対してであり，一般的な殺人や強盗などはその対象外とされていた。

　この法制のもとに 20 世紀を迎えるのであるが，帝政末期のロシアは社会不安と革命運動の激化に翻弄され，とりわけ 1905 年の第一次ロシア革命以降は死刑の適用数も相当数にのぼる。さらに問題は，この時期の死刑が野戦法廷，県知事や最高司令官の決定などによって，つまりは正規の裁判手続きによらずに言い渡され，また，必ずしも革命派のテロ活動に対してのみ適用されたわけではないことである[11]。

　1917 年 2 月の革命後に臨時政府が死刑を廃止したのは，上記のような事態に照らせば当然の対応であったと言えよう。ところが，3 月 12 日の決定で死刑を廃止した臨時政府は，4 ヶ月後の 7 月 12 日には前線での殺人，強盗，反逆その他の軍事犯罪に対する死刑を復活させてしまう。このことが，すでに始まっていた対ドイツ戦線での軍の崩壊に拍車をかけ，結局は臨時政府の滅亡・10 月革命によるソビエト政権の樹立へと至ったのである。

　ソビエト時代，死刑は法的には 3 回廃止が宣言され，その都度復活している。

　まず，国家権力の掌握を宣言した第 2 回全ロシアソビエト大会は 1917 年10 月 26 日，熱狂のうちに「死刑の廃止について」の布告[12]を採択した。だ

---

11)　Наумов А.В., Там же, стр. 580-581. 当時政府の内務大臣を務め，1906 年からは首相となったストルイピンによる乱暴な法運用と死刑の濫用については，かのヴィッテの回想録や作家トルストイの公開書簡「沈黙することはできない」によって，厳しく批判されている。

12)　«Декрет об отмене смертной казни», СУ РСФСР, 1917, No. 1, ст. 10. http://www.zaki.ru/pages.php?id=2126（2013.09.11 確認）

262　Ⅳ　非ソビエト化への模索あるいは伝統への回帰

が，当時の緊迫した政治状況の下でこの布告の実効性はかなり疑わしく，とくに 18 年 10 月に発せられた「赤色テロルに関する」人民委員会議［閣僚会議に相当する］決定以降，事実上の内戦状態下に，革命法廷の決定によって，またそれすらも経ることなく，死刑は適用された。次いで，一時的に国内戦の戦況が好転した 1920 年 1 月 17 日に発せられた「最高刑罰手段（銃殺）の適用廃止について」の政府決定[13]も，通常事件についての死刑適用を停止することを述べるのみで，革命法廷による反革命犯罪についての死刑適用は容認したものであった。

　これらの措置が，革命直後の流動的な事態の中で採られた，多分に宣言的な性格のそれであったのに対して，第二次世界大戦（「大祖国戦争」）終結後の 1947 年 5 月 26 日付けソ連邦最高会議幹部会令によって宣言された「死刑の廃止」は本格的なものであり，平時においてとの条件付きではあるが，連邦におけるすべての死刑の適用される犯罪について，その最高刑を 25 年の矯正労働収容所への拘禁に変えるべきことを定めていた[14]。しかし，たとえばロシア共和国では，当時の刑法典（1926 年刑法典）が反革命行為などの国家犯罪を中心に約 50 の条項において死刑を選択的な法定刑としていたが，それらを一挙に廃止することは容易ではなかった。何よりも，世界の冷戦構造の確定の下での東西対立，アメリカを中心とする国々での「赤狩り」への狂奔，などといった国際情勢がそれをナイーヴな絵空事としてしまった。ソ連のスパイとしてローゼンバーグ夫妻の死刑が 1953 年にニューヨークで執行されたことは象徴的である。ソ連邦最高会議は 1950 年と 54 年の幹部会令によって「祖国への反逆」，「スパイ行為」，「破壊妨害活動」および「故意の殺人」に対し，1947 年の幹部会令の"例外"として，死刑の適用を容認するに至る。

　1958 年の連邦の「刑事立法の基礎」に基づき制定された 1960 年のロシア共和国刑法典は，それ以前の二つの刑法典と同様に，死刑を例外的な刑罰としつつ，6 種の犯罪（祖国への反逆，スパイ行為，破壊行為，テロ行為，匪賊行為

13）　СУ РСФСР, 1920, No. 4-5, ст. 22.

14）　«Ведомости Верховного Совета СССР», 1947, No. 17. この布告の施行をうけて，ソ連邦政府は 1949 年の国連総会において世界的な死刑の廃止を提案したが，当時の複雑な国際情勢の下で主要な国々の合意を得ることは難しく，結局採択には至らなかった，という事実が指摘されることも多い。

および加重的な殺人）に対してその適用を許容していた。ところが，その直後からむしろ死刑の適用範囲は拡大され，61年には「とくに危険な犯罪」として，とくに巨額に上る国有財産の窃取，通貨の偽造，業としての貴金属ないし有価証券の投機，矯正労働施設の活動の阻害が，そして翌62年には民警隊員（警察官）およびその補助員の生命への危害，加重的な事由のある強姦および賄賂行為が，それぞれ最高会議幹部会令により刑法典に加えられた[15]。

　以上のようなソビエト・ロシアの刑事立法の対応を踏まえると，1991年の体制転換を経て登場したロシア連邦刑法典（1996年）の死刑についての取り扱いは画期的なものであった。

　先に挙げたとおり，この96年刑法典は死刑を「例外的な刑罰手段」としつつ，それが「生命を侵害するとくに重大な犯罪に対してのみ適用されうる」としたのであるが，そのような対応の根底にあるのは，ロシア連邦憲法2条が定めているとおり，ロシアの社会における価値の序列において最高のものが人間，その権利と自由であり，生まれながらに各人の有する権利と自由を奪うことは許されず，それを承認し，尊重し護ることが国家の義務である，とする理解である。そして，人の持つ基本的諸権利の中で，生命権はとくに重要であり——それを侵害するときにはその回復が不可能なのである——，人の生命を奪う可能性にかかわる諸問題の検討にあたっては最大限の厳密さが要請されるべきだと強調される。その結果，ロシアの刑法典は死刑という刑罰の言渡しを可能とするような条件を狭く設定し，まず，死刑を適用できる犯罪の種類を

　　　　加重事由のある殺人（105条2項），
　　　　国家的または社会的な活動家の生命の侵害（277条），
　　　　裁判または予審を行う者の生命の侵害（295条），
　　　　警察職員の生命に対する侵害（317条），そして
　　　　ジェノサイド（357条），

の5つに削減した。見られるとおり，死刑の適用対象から経済犯罪や職務犯罪（とくに巨額に上る不法領得，外貨取引に関する規則の違反，賄賂などの罪）を

---

15)　Курс Советского уголовного права, т. 3, М., 1970, стр. 117.

264 Ⅳ 非ソビエト化への模索あるいは伝統への回帰

死刑判決・執行数[16]

	ロシア			ソ連邦		
年次	判決数	減刑	執行数	執行数	減刑数	判決数
1985	790	28	654	770	20	
1986				526	41	
1987				344	47	
1988				271	72	
1989	284	23	186	276	23	263
1990	223			195	29	447
1991	147	37	59			
1992	159	54	18			
1993	157	123	10			
1994	160	151	10			
1995	141	6	40			
1996*	153	0				
1997	106	—	—			
1998	116	—	—			
1999*	19	—	—			
2000	—		—			

*⁾1996 年 8 月，執行停止に関する大統領令
*⁾1999 年 2 月 2 日，憲法裁判所決定

除外し，人の生命を侵害する犯罪についてのみに限定している。

また死刑を適用されない人の範囲を，1960 年刑法典の，犯罪実行時 18 歳未満の未成年者および犯行時，判決言渡しもしくはその執行時に妊娠している女性から広げ，1996 年刑法典では，すべての女性，犯行時 18 歳未満の未成年者あるいは判決言渡し時 65 歳以上の男性に対する死刑の適用を禁じている。これらはヒューマニズムの原理に基づくものと説明されるが，とくに女性一般を除外するのは，実務が示しているとおり，女性が刑法に死刑が定められている犯罪を犯すことはまれであり，実際に裁判所が女性に対して死刑

16) Лунеев В.В., Преступность ХХ века. Мировые, региональные и российские тенденции, М., 2005. などによる。しかし，本書においてルネーエフ自身が指摘する通り，これらの統計はきわめて不正確であり，また不十分なものである。表において空白の欄は 0 件ということでなく，単に情報がないことを示しているにすぎない。

の言渡しをしたことがほとんどない事実も加えて，指摘されている。

　だが，1996 年刑法典のこれら死刑に関連する諸規定は，事実上，適用されることなく終わっている。——刑法典の編纂・制定の過程と並行して，1996 年 2 月 28 日，ロシアはヨーロッパ評議会に加盟したが，それとの関係で，死刑の執行の停止ないし事実上の廃止という事態が生じているためであるが，その経過については先に説明したとおりである。

　なお，ソビエト体制の崩壊へと至った「ペレストロイカ」期以降の，ソ連邦とロシアにおける死刑の適用状況は前頁のようなものであった。

3　廃止論と存置論，市民の法意識

　当然ながら，ロシアでも死刑制度についての廃止論と存置論とが存在し，その間の論争は多岐にわたり，収束の展望も見えないままに続いている[17,18]。

　その間にあって，世論は一貫して死刑存置論が圧倒的に優勢な状態にある。

　全ロシア社会意識調査センター（*ВЦИОМ*）によれば，2001 年 7 月の速報値で，特に重大な人身犯罪に対する死刑の支持者は 72％，反対は 9％であった。2004 年の調査ではロシア人の 84％までが，テロ行為との闘争の問題について死刑をともなう峻厳な立法に賛成していた。2005 年の同じく *ВЦИОМ* のアンケートに答えた者のうち 96％がテロリストに対する死刑を支持しており，反対は 3％にすぎなかった（96％の内訳は，完全に支持が 78％，どちらかといえば支持が 18％）。その際，被質問者ロシア人の 84％は死刑のモラトリアムの廃止に賛成であると表明した。

　2005 年 6 月に類似のセンター（*Левада-Центр*）の行なった調査では死刑賛成者は 65％で反対は 25％であった。またモスクワ大学社会学部の 2002 年 5 月のデータでは，裁判官の間の死刑支持者は 89％に達していた[19]。

---

17)　Смертная казнь. За и против., под ред. Келиной С.Г., М., 2013 г. が，Шишов О.Ф. によるロシア史における死刑制度についての詳細な解説論文とともに，帝政時代からの著名な刑法学者・哲学者などの死刑に関する文章を収めており，便利である。

18)　ソビエト時代末の「ペレストロイカ」期から 1996 年（現行）刑法典編纂期における死刑制度をめぐる論争を詳しく紹介するのは，上野達彦・ペレストロイカと死刑論争（1993 年・三一書房）である。

19)　Смертная казнь в России, из «Википедия» Русская версия.

266　Ⅳ　非ソビエト化への模索あるいは伝統への回帰

　比較的最近の 2012 年春の調査では，ロシア市民の 62% が死刑の執行を望んでいるとされる。相変わらず高い水準の数字であるが，この間の犯罪現象の鎮静化を反映したものか，この数年間で一定の低下が見られることも事実である[20]。

　しかし，このまま直線的に死刑復活論が減少し，やがては世論の少数派になっていくとは考えられない。公的な場でも，たとえば，幼児の権利のためのロシア連邦オンブズマンであるパーヴェル・アスターホフが残虐な児童殺害犯人に死刑を科すことを求めて話題になり（2012 年 3 月）[21]，連邦議会の国防委員会副議長であるクリンツェヴィチ（統一ロシア党所属）が軍事犯罪，小児性愛者の犯罪および巨額のコラプション事犯に対する死刑適用の復活を主張し（2012 年 8 月）[22]，内務大臣コロコリツェフはテレビ番組で，個人的には死刑は「非難されるべきだとは思わない」と口を滑らせた（2013 年 2 月）[23]などの事態が続いているが，いずれの場合も世論はむしろ好意的にこれを受け止めている。

　2011 年 12 月の選挙によりロシア国家院（下院）の構成は，与党である「統一ロシア」が 238 議席，ロシア連邦共産党 92 議席，「公正ロシア」64 議席，ロシア自由民主党 56 議席となっているが，すでに政治問題化している死刑制度について，各党の対応も割れている。

　それら政党のうちロシア連邦共産党は，明確に，死刑の廃止はロシアの利益と安全に反すると批判している[24]。既に 90 年代からとくに巨額に上るコラプションや国有財産の不法領得に対しても死刑を適用すべきと主張していたこの党は，最近ではモスクワの地下鉄テロ事件（2010 年）の際に党首ジュガーノフが具体的に，とくに重大な犯罪に対する死刑の復活を提唱した[25]。

---

20)　Отношение к смертной казни. Мораторий на смертную казнь：общественная позиция, http://fom.ru/obshchestvo/10378（2013.09.20 確認）

21)　Астахов предложил вернуть смертную казнь для детоубийц, http://newsland.com/news/detail/id/926880/（2013.09.20 確認）

22)　Депутаты хотят вернуть смертную казнь, «Известия», 13.8.2012.

23)　Почти две трети россиян выступают против моратория насмертную казнь, «Российская газета», 11.2.2013.

24)　Мельников：Окончательная отмена смертной казни противоречит интересам России, http://www.rosbalt.ru/main/2009/11/19/690202.html（2013.11.25 確認）

25)　Побочный эффект, http://lenta.ru/articles/2010/03/30/rureaction/（2013.11.25 確認）

またロシア自由民主党は，その綱領においてテロ行為ならびにそれに利益を
与えるコラプション行為に対する死刑を要求しており，党首ジリノフスキー
は死刑の適用を拡大することで犯罪を減らすことができると主張してい
る[26]。この2党とは異なり「公正ロシア」は死刑制度に反対の立場を明らか
にしている。党首レビチェフは，2009年の憲法裁判所の決定に関連して次の
ように述べている。「私の考えでは，ここでの問題はロシアが既に引き受け
た国際的な責務を果たさなくてはならないというようなことではない。ロシ
アはこの聞きわめて困難な経路をたどって法治国家を実現してきたが，そこ
では各市民の生命こそが最高の価値であると考える。それこそはかつての時
代には十分でなかったものだ。死刑は民主主義と人道主義の原則を尊重する
現代国家にとっては受け入れることができない[27]」。ところが，事態を複雑に
しているのは，与党であり最大の勢力を占める「統一ロシア」のこの問題に
ついての対応が定まらないことである。ペドフィリアに対する刑罰として死
刑は必要であり，その復活を神に祈ると公言していた前国家院副議長スリー
スカ[28]や連邦院議員で党の中央調整協議会メンバーであるチェカーリン，国
家院の安全およびコラプション取締り委員会議長で党の幹部会メンバーであ
るヤロヴァヤなどが死刑制度の復活に賛成して発言しているのに対して，党
の総評議会幹部会副議長であるイサーエフは，「死刑がいかなる程度におい
ても犯罪の防止手段とはならないことは証明済みであり，また実行される犯
罪を無くすこともできない。証明されているのは，死刑の存在それ自体が，
誤判の悲劇の可能性を伴っているということだ。」と述べ，平時における死刑
に反対する立場を明らかにしている[29]。だが，この党の指導者であり国家院
議長であるグルイズロフは，憲法裁判所の死刑廃止の決定（2009年）の後に，

---

26) Жириновский предлагает ввести смертную казнь после «Булгарии», «Росбалт» 19/07/
2011, http://www.rosbalt.ru/main/2011/07/19/870791.html（2013.11.25 確認）ジリノフスキー
はその際，国際的な制裁も恐れない，「ヨーロッパ評議会から排除されるかもしれないが，我われ
にとってはわが市民の安全の方が大切である」，と言い切っている。

27) Николай Левичев прокомментировал решение Конституционного суда о запрете
применения смертной казни, http://www.spravedlivie.ru/i_nikolaj_levichev_prokommentirov
al_reshenie_konstitucionnogo_suda_o_zaprete_primenenija_smertnoj_kazni.htm（2014.1.15 確
認）

28) Слиска помолится Богу за восстановление смертной казни, «Росбалт» 30/10/2009, http://
www.rosbalt.ru/main/2009/10/30/684910.html（2014.1.15 確認）

268 Ⅳ　非ソビエト化への模索あるいは伝統への回帰

テロリズムの脅威を理由として，ロシアは死刑廃止に関する第6議定書を批准するつもりはないと断言した[30]。

このような議会内の意見の分散に加えて，プーチン大統領とメドヴェージェフ首相のいずれもがロシアにおける死刑モラトリアムの廃止に対して消極的であること（後述）をも考慮する時，まさに問題の政治的な決着はなお先のことであると予想される。

ソビエト体制の崩壊後のロシアにおいて市民の精神生活において大きな比重を占めているロシア正教会も，死刑については一定の考え方を示している。

正教会は死刑についての原則的な考え方を次のように説明している。「特別な刑罰である死刑は旧約聖書にも記されている。それを廃止することが必要だとの記述は，新約聖書にも，聖伝その他の正教会の歴史的遺産の中にも存在しない。が，それと同時に，教会はしばしば，死刑を宣告された者らへの慈悲と情状酌量を求め，世俗の権力に対して彼らをとりなすことを自らに義務付けてきた。また，キリスト教の道徳的な影響が人々の意識の中において死刑についての否定的な態度を育成した。例えば，ロシアでは18世紀半ば以来1905年の革命までの間，死刑はきわめて稀にしか使用されていない。」そして，「今日，多くの国が法律で死刑を廃止したり，それを実施していない。罪を犯した者への慈悲はいつであれ復讐に優るとの考えから，教会は国家当局によるこの前進を歓迎する。と同時に，教会は，死刑の廃止あるいは不適用の問題は社会によって，犯罪状況，法執行機関や司法システムの状態，そして何よりも社会の善良な成員の生命を保護する必要を考慮して，自由に決定されるべきであると認めている[31]。」とするのである。より端的には，ロシア正教会キリル総主教の次のような説明がある。「我われに対して，教会の死刑に対する原則的な態度はどうなのかと問われるなら，教会の聖伝には死

---

29)　Смертная казнь-показатель бессилия государства, http://newsland.com/news/detail/id/432221/（2014.1.15 確認）

30)　Россия не отменяет смертную казнь из-за террористических угроз, заявил Грызлов. NEWSru 24 марта 2010, http://www.newsru.com/russia/24mar2010/kazn.html（2014.1.15 確認）

31)　Смертная казнь：между ограничением зла и милосердием, "Православие и мир", 11 фев., 2013. http://www. pravmir. ru/smetnaya-kazn-mezhdu-ogranicheniem-zla-i-miloserdiem/（2013.09.11 確認）

刑についての非難も，死刑制度の拒絶も無いと答える。主イエス・キリスト
ご自身が十字架にかけられ，死刑を経験している。しかし，彼は犯罪者を処
刑するなと言ったことは無いし，聖父たちについてもそれを見つけることは
できない。したがって，死刑の拒絶はキリスト教の伝統の結果ではなく，西
ヨーロッパの空間に出現した新しいリベラルな哲学的理念の結果なのであ
る。しかし，教会は死刑に反対したことがないとはいえ，死刑の適用には反
対してきた[32]。」

　ここに明確に示されているとおり，正教会は死刑という刑罰の存在に対し
ては，その社会における犯罪の状況，とりわけ市民の生命の保護の必要を考
慮しての，世俗の判断に委ねつつ，慈悲は復習に優るとの立場から，死刑の
具体的な執行に対しては反対するという立場を採るのである。

4　重大な犯罪：殺人の動向

　ロシアの世論が死刑のモラトリアム状態を解除して死刑の再開を要求する
背景には，この国の犯罪現象の動向，とりわけ異常に高い率での殺人事件の
発生がある。

　1991 年 12 月のソ連邦の解体と独立国家共同体の成立，それに伴う新しい
ロシア連邦の発足以降，体制転換に伴う急激な政治改革と並行して，市場経
済への移行をめざす強行的な経済改革が進行するとともに，あたかも当然の
付随現象であるかのように，各種犯罪の噴出が見られた。この時期の，経済
構造の再資本主義化とロシア市場の西側への統合をめざしての，なりふり構
わぬエリツィン政権の諸施策の下で確実に進行したのは土地・家屋の私有化，
国営企業の私営化，経済の各分野への競争原理の導入といった，脱社会主義
の路線であり，それに逸速く乗じた大小の実業家の登場と圧倒的多数の市民
の茫然自失・困窮であった。旧来の価値の序列が崩壊した後，それに代わる

---

32)　Там же. その際キリル大主教は，自分自身は現代のロシアで死刑の適用を復活することには
　反対だと表明している。現在の裁判システムが能力も威信も低い状態にあることを理由に，今死
　刑制度を復活させることは法律によって人々を殺すという，恐ろしいことになると述べている。
　刑法における死刑の存在は，買収されない，権威のある裁判所，公正な捜査機関の活動といった
　ものの確立を前提とする，と。

270　Ⅳ　非ソビエト化への模索あるいは伝統への回帰

精神的支柱は見出されず，利潤万能の粗野な市場経済が新旧の犯罪集団を呼び寄せ，法体系は混乱をきわめ，規制に当たるべき行政当局は自身の金儲けに忙しく，警察力は限りなく弱まっているとしたら，さらにまた，かつて公的セクターに属した財産がきちんとした管理なしに随所に放置されており，金も志気も不足気味の軍隊と手のつけようのない民族問題を抱え込んでしまったとしたら，そして最後に，大統領を含め国家と社会の強力な指導者が全く見当たらないとしたら，一体何が犯罪の増大をくいとめると期待できたであろうか。

　この時期，犯罪対策として何の施策も取られなかったわけではない。憲法（1993 年 12 月）以下多数の法律が新たに制定され，刑事司法制度も警察・検察制度も変わり，市民による武器所持の規制が緩和されるなどの変化が推し進められた。刑事基本法である 1960 年の刑法典には多数の――そして時に場当たり的な――修正が加えられ，とりわけ各則において，社会主義計画経済を保護することに向けられた諸規定が削除され，逆に窃盗，恐喝，詐欺その他の財産犯罪が重罪のカテゴリーに編入され，多数の経済犯罪に関する条項が追加された。さらに，激増する犯罪に対応しようと，刑法典の正当防衛の範囲を拡大する改正がなされ，とくに 94 年には激増する組織犯罪への対応として警察機関の大幅な権限拡大を含む「匪賊行為その他の形態の組織犯罪から住民を護るための緊急措置について」の大統領令[33]まで発せられ，これらに対応する刑事訴訟法の改正も行われた。次いで，90 年代初めからの抜本的な刑法改正作業は，1996 年 5 月のロシア連邦新刑法典の採択，翌 97 年 1 月からの施行に結実した[34]。新刑法典の登場は，その編纂時期を通じての社会的・政治的な混乱を反映して，多くの中途半端さと妥協とを含むとはいえ，とりわけ各則において，個人的法益に対する罪の重視を明らかにし，社会主義経済に関連する罪を中心に 60 ヶ条ほどを廃止するなどの措置を取っている。それらの点こそまさに，ロシアにおけるソビエト時代の終了を確認し，刑法における基本原理の不可逆的な転換を示すものであった。

33)　Указ Президента РФ от 14 июня 1994 г. N 1226 "О неотложных мерах по защите населения от бандитизма и иных проявлений организованной преступности"
34)　ロシア連邦における新刑法典の成立過程とその内容については，参照，上田「犯罪と新刑法典の制定」（藤田・杉浦編『体制転換期ロシアの法改革』（1998 年）所収）。

第13章 「死刑モラトリアム」のゆくえ　*271*

　80 年代半ばに顕在化した社会主義体制の動揺から，91 年末のソビエト連邦の解体を経て，今日に至るまでのロシアにおける犯罪現象を，内務省および国家統計局の資料によりいくつかの指標で見ると，後掲の別表のとおりである[35]。

　この表において印象的な，1989 年以降の劇的な犯罪増加の背景となったのは，言うまでもなくこの時期のロシア社会の不安定な政治・経済状況である。不安定な政治状況と民族紛争を抱えた中央アジアやカフカースの旧ソ連邦地域から，さらにはロシア離れの著しいバルト諸国から，ロシアへの無秩序な人口流入はこの時期全体を通じて続き，その大多数が都市部で新たに形成されたスラム街に住み，半ばは浮浪者となっている。かつて刑法典にあった浮浪罪は 90 年代初めに廃止されたが，乞食や浮浪者は逆に激増した。さらに，アルコール中毒者や麻薬中毒者を収容していた治療・労働施設が 94 年に廃止され，約 11,000 人が何の保障もなく街頭に放り出されたことも，これに拍車をかけた。

　この時期の犯罪現象には，失業問題の深刻化が影を落としている。生産性の低い国営企業の多くが合理化，民営化され，あるいは閉鎖されたことによって，多数の労働者が職を失い，生産活動全般の停滞に伴い新規の就職も難しくなっている。犯罪によって検挙された者のかなりが失業者であり，地域によっては犯罪者の半数が無職者で占められるまでになっている。このことは，より深刻な程度に，犯罪者の再社会化と安定した生活の回復を困難にし，結局，彼らを累犯者化することとなる。検挙人員の中に累犯者の占める割合も確実に増加している。

　また，とりわけ危惧されるのは，少年層の犯罪化である。今や犯罪のかなりの部分が未成年者の関係するものであり，地域差をともないつつ，それは一般の犯罪にもまして増加し続けている。

　このような陰気な情報のリストを前に，政権の側でも手を打たなかった訳ではない。ペレストロイカ末期のさまざまな努力はおくとしても，91 年以

---

35)　Российский статистический ежегодник. 2012 г. Федеральная служба государственной статистики. http://www.gks.ru/bgd/regl/b12_13/IssWWW.exe/Stg/d2/10-01.htm（2013.08.25 確認）

後，エリツィン大統領は膨大な数の大統領令を発し，経済活動に関連する犯罪の摘発を厳命し，民警隊員を大幅に増員し，市民に自己防衛のための銃器所持を認め，刑事手続きの迅速化を要求し，組織犯罪取り締まり強化のため捜査機関の権限を拡大した。2000年に始まるプーチン時代にも，治安機構の整備・強化が進められた。

だが，後の表が示す通り，当初それらの措置は期待された効果を発揮せず，犯罪全体も凶悪な人身犯罪もその沈静化が明らかになるのはプーチン大統領の最初の任期が終わる 2008 年に近づく時期になってのことであった。記録された犯罪の全体では 2006 年の 385 万 5 千件，人口 10 万人あたり 2,692.3 がピークであり，殺人が 10 万人あたり 20 件を超える高原状態も 2005 年まで続いた。そして，犯罪全体については 2008 年頃，殺人についてはその前年頃を転換点として，事態は徐々に沈静化に向かっているかに思われる[36]。

しかし，統計的な事実が市民の安全感ないし安心とも，刑事政策的諸施策の展開とも，直接に連結しないことは，近年の日本において前後最低水準の犯罪現象にもかかわらず市民の犯罪不安はむしろ拡大し，裁判においても立法活動においても重罰化の動きが止まらないという例からも容易に想定できることである。

5　問題の展望

プーチン大統領は就任の直後に，世論の動向には反して，死刑制度に反対する立場を明らかにした[37]。さらに同大統領は，国内外のロシア専門家を集めた『バルダイ国際会議』で，「数千年にわたる人類の歴史と現代の文化によって死刑という『無意味な』処刑は犯罪の抑止力にならないことが証明された」，と述べた。「犯罪増加を食い止める最も有効な手段は，刑罰の『必然性・確実

36）　しかし，2011 年で人口 10 万人あたり 10.0，最多の 2001 年には 22.9 という発生率は尋常な数字ではない。試みに，最近の諸国の数字を見てみると，アメリカ—4.8，イギリス—2.1，ドイツ—2.7，フランス—2.8，そして日本—0.9 といった水準であり，これはまさに桁違いの数字である。

37）　Владимир Путин-против смертной казни. Общественное мнение-за, «Правда» 11.07.2001, http://www.pravda.ru/politics/11-07-2001/836109-0/（2013.08.25 確認）

国家統計局および内務省による犯罪現象 （1997 年まで）

下の表における犯罪数は 1000 件単位で表示されている。ただし、テロ行為のみ絶対数。

年次	1985	1986	1987	1988	1989	1990	1991	1992	1993	1994	1995	1996	1997
人口 （100 万人）	142.5	143.8	145.3	146.5	147.0	147.7	148.3	148.5	148.6	148.4	148.4	148.3	148.0
記録された犯罪（1000件）	1416.9	1338.4	1185.9	1220.4	1619.2	1839.5	2168.0	2760.7	2799.6	2632.7	2755.7	2625.1	2397.3
内訳													
殺人・同未遂	12.2	9.4	9.2	10.6	13.5	15.6	16.1	23.0	29.2	32.3	31.7	29.4	29.3
故意の重傷害	28.4	21.2	20.1	26.6	36.9	41.0	41.2	53.9	66.9	67.7	61.7	53.4	46.1
強姦・同未遂	12.9	12.2	10.9	11.6	14.6	15.0	14.1	13.7	14.4	14.0	12.5	10.9	9.3
公然奪取	42.8	31.4	30.4	43.8	75.2	83.3	102.0	164.9	184.4	148.5	140.6	121.4	112.1
強盗	8.3	6.0	5.7	8.1	14.6	16.5	18.3	30.4	40.2	37.9	37.7	34.6	34.3
窃盗	464.1	380.6	364.5	478.9	754.8	913.1	1240.6	1650.9	1579.6	1314.8	1367.9	1207.5	1054.0
テロ行為 （件）*	—	—	—	—	—	—	—	—	—	—	—	—	32
麻薬取引関係犯罪	15.8	21.6	18.5	12.6	13.4	16.3	19.3	29.8	53.2	74.8	79.9	96.8	184.8
無頼行為	143.1	123.2	96.5	81.7	99.9	107.4	106.6	120.9	158.4	190.6	191.0	181.3	129.5
道路交通および自動車運転規則違反	74.1	74.1	70.9	80.1	93.8	96.3	95.6	90.1	51.7	51.2	50.0	47.7	48.0
その内、二人以上の人の死亡をもたらしたもの	11.9	10.3	9.2	11.4	14.8	15.9	17.1	17.5	17.0	15.8	14.4	13.1	13.2
賄賂行為	5.9	6.6	4.2	2.5	2.2	2.7	2.5	3.3	4.5	4.9	4.9	5.5	不明

*＝ロシア連邦刑法典（1997年1月1日施行）第205条に該当する行為であり、したがって1997年以降の数値のみ記録されている。

274　IV　非ソビエト化への模索あるいは伝統への回帰

国家統計局および内務省による犯罪現象（1998〜2011年）

下の表における犯罪数は1000件単位で表示されている。ただし、テロ行為のみ絶対数。

年次	1998	1999	2000	2001	2002	2003	2004	2005	2006	2007	2008	2009	2010	2011
人口（100万人）	147.8	147.5	146.9	146.3	145.2	145.0	144.3	143.8	143.2	142.8	142.8	142.7	142.9	142.9
記録された犯罪（1000件）	2581.9	3001.7	2952.4	2968.3	2526.3	2756.4	2893.8	3554.7	3855.4	3582.5	3209.9	2994.8	2628.8	2404.8
内訳														
殺人・同未遂	29.6	31.1	31.8	33.6	32.3	31.6	31.6	30.8	27.5	22.2	20.1	17.7	15.6	14.3
故意の重傷害	45.2	47.7	49.8	55.7	58.5	57.1	57.4	57.9	51.4	47.3	45.4	43.1	39.7	38.5
強姦・同未遂	9.0	8.3	7.9	8.2	8.1	8.1	8.8	9.2	8.9	7.0	6.2	5.4	4.9	4.8
公然奪取	122.4	139.0	132.4	148.8	167.3	198.0	251.4	344.4	357.3	295.1	244.0	205.4	164.5	127.8
強盗	38.5	41.1	39.4	44.8	47.1	48.7	55.4	63.7	59.8	45.3	35.4	30.1	24.5	20.1
窃盗	1143.4	1413.8	1310.1	1273.2	926.8	1150.8	1276.9	1573.0	1677.0	1567.0	1326.3	1188.6	1108.4	1038.6
テロ行為（件）*	21	20	135	327	360	561	265	203	112	48	10	15	31	29
麻薬取引関係犯罪	190.1	216.4	243.6	241.6	189.6	181.7	150.1	175.2	212.0	231.2	232.6	238.5	222.6	215.2
無頼行為	131.1	128.7	125.1	135.2	133.2	114.1	24.8	30.0	28.6	20.4	13.6	9.5	7.2	5.6
道路交通および自動車運転規則違反	52.4	53.7	52.7	54.5	56.8	53.6	26.5	26.6	26.3	25.6	24.3	27.5	26.3	27.3
その内、二人以上の人の死亡をもたらしたもの	14.4	15.1	15.4	15.5	16.1	17.6	16.0	15.7	15.8	15.5	13.6	10.6	10.3	10.9
賄賂行為	不明	不明	7.0	不明	不明	不明	不明	9.8	11.1	11.6	12.5	13.1	12.0	11.0

*）ロシア連邦刑法典（1997年1月1日施行）第205条に該当する行為であり、したがって1997年以降の数値が記録されている。

性』であって刑罰の『残虐性』ではない。市民や犯罪者に対して死刑を執行することで，国家は市民に残酷さを教え込み，他方で市民は仲間同士あるいは国家に対して新たな残虐行為を働くようになるだろう。従って死刑制度は有効な手段ではなく，全くの逆効果をもたらすのだ」，としたのである[38]。2004年9月の，犠牲者386人を出したベスラン学校占拠事件の犯人であるチェチェン人テロリストも，その刑罰は終身刑にとどまった[39]。

　プーチン大統領の後継となったメドベージェフ大統領も，36人の犠牲者を出したモスクワの地下鉄爆破事件（2010年3月）の直後に，テロリストには死刑を適用すべきだというジュガーノフの提案に反対する立場を明らかにしている[40]。

　このように大統領たちは死刑廃止を主張し続けているが，国家院の議員の多くはその背後の選挙民の意向を顧慮してか死刑全廃を支持する立場を明確にしてはいない。

　しかし，この間の政治過程の現実を直視するなら，今後短期日のうちにロシアが死刑のモラトリアムの廃止に至る可能性は少ないと言わなくてはならない。大統領の意向だけでなく，憲法裁判所の判断も明確であり，すでにヨーロッパ人権条約の第14議定書を批准したからには，今やロシアにおける死刑執行は国際機構的に不可能なのである（既述）。このような状況を確認すれば，いまや第6議定書の批准を拒み続けることには象徴的な意味合いしか残っていない。

　だが，ここに懸っているものは相当に大きいということも事実である。歴

---

38)　Президент России：Встречи с представителями различных сообществ, http://archive.kremlin.ru/appears/2007/09/14/2105_type 63376type 63381type 82634_144011.shtml（2013.08.25 確認）

39)　ただし，米国ボストンでのテロ事件（2013年4月）の直後に市民との直接対話のテレビ番組でプーチン大統領は，「ボストンで起きた事件は，ロシアのテロ対策が正しかったことを証明した」とした上で，残虐なテロリストに対する刑罰として「死刑の復活を考えることがある」と漏らした。Путин задумался о возвращении смертной казни, http://rbcdaily. ru/politics/562949986773433（2013.08.25 確認）

40)　Медведев：смертную казнь вернуть невозможно, «Вести. Ру» 02.04.2010, http://www.vesti.ru/doc.html?id=350887（2013.08.25 確認）　しかし彼は一般的に刑事罰の「人道化」を主張するものではない。この発言の際にも，テロリストを援助する者の刑罰を引き上げることを要求しており，翌年にはコラプションに対する自由刑刑期の延長を（他の国なら死刑だと言いながら）提案してもいた。

史経過と犯罪現象の現状に対する顧慮を欠いた形式的な死刑制度の廃止の要求への違和感は当然であり，また，西ヨーロッパ的な人権概念を前面に押し立ててのロシアに対する死刑制度の放棄の要求が，90年代以降の社会主義と連邦の崩壊・解体に伴う混乱のさなかにあったロシアの市民に対して，あたかも屈服を再確認させようとする試みであるかに受け取られたことも想像に難くない。

　そして現実のロシアは，率直に言って，未だに凶暴な犯罪現象との格闘のさ中にあることを無視すべきではない。刑事立法の改正・整備，廉潔で効率的な警察機構の実現，「人民参審員」制からの移行を果たした陪審制裁判所の定着，刑罰とくに自由刑の執行方法の改善など[41]，山積する具体的な諸課題の着実な解決こそが，抽象的な死刑制度論議に優先する課題であることは明らかである。

　さらに困難な問題は宗教的・民族的な対立を背景としたテロである。ロシアは南部のチェチェン共和国はじめ連邦の随所でテロ攻撃との対峙を強いられている。テロとの対応は多くの熾烈な局面を伴っており，テロリストに対しては法的な論理よりは軍事的な攻撃が前面に出てくることとなる。その結果，たとえば北カフカースでは数千人が取調べも裁判も無しに，「テロリストを撃滅した」との説明だけで，事実上処刑されているとの指摘もある[42]。これもまた，抽象的な死刑制度論議を凌駕する現実である。

　ロシアにおける死刑モラトリアムの行方は，したがって，ロシアにおけるテロ問題の解決にも依存しているのである。

41）　副検事総長ザバルチュークは『ロシア新聞』のインタビューに答えて，2009年にロシアの刑務所では4,150人が死亡し，拘置所では521人が死亡したと述べた。いずれも，基本的な死因はさまざまな病気であり，これら矯正施設の劣悪な収容条件を物語るものである。Замгенпрокурора：в тюрьмах России не соблюдаются права заключенных. *В 2009 году не дожили до своего освобождения более 4 тыс. человек*, http://www.nr2.ru/society/277842.html（2014.01.25確認）

42）　Радио ЭХО Москвы：Осторожно, история：90-е лихие или время надежд：не поспешила ли россия отказаться от смертной казни? http://www.echo.msk.ru/programs/att-history2/776539-echo/（2014.01.25確認）

第14章 ロシアの司法改革と検事監督制度の動揺
——公判前手続における検察官の役割を契機として——*

1 はじめに

本年（2001年）10月は，かの8月の政治的熱狂の冷めやらぬ中で，ロシア共和国最高会議が「ロシア共和国における司法改革の構想」を承認し，「民主的法治国家としてロシア共和国が機能する上での必要条件」である司法改革に向けた一連の具体的な施策を打ち出した日の10周年にあたる。それを記念する多くの記事や論文が公表されたが，一様に指摘されるのは，斬新な司法改革に向けた構想を具体化する施策が多くの点で足踏みを続けている事実である。象徴的なのは検事監督制度をめぐる動きである。

旧社会主義体制の下での検事は，いわゆる「ソビエト型検察官」として，捜査・取調べにあたる諸機関の活動の法律適合性について直接の監督権限を持ち，起訴状の確認という手続きによってそれを最終的に承認し，また裁判の過程を通じて法律の解釈適用に誤りがないことを監督する立場にあった[1]。捜査・取調べ諸機関の活動について欧米の多くの国々では，形態の多様性を含みつつも，基本的には令状主義という形で裁判所によるコントロールが予定されているのに対して，ソビエト型の公判前手続において捜査・取調べ機関の活動を監督するのは明確に検事であった。制度上，そこでの検事は単なる一方の当事者ではなかったのである。その機能は，ある意味においては，裁判官以上に司法官的であるとさえ言えるものであった。のみならず，検事による合法性の監督は裁判所の活動にとどまらず，一般的に国家機関や公務員，社会団体，市民の行為の合法性に対しても及ぶとされ，検事は「合

---

* 本章の内容は，当初大阪大学大学院国際公共政策研究科の紀要『国際公共政策研究』（6巻2号，2002年：森本益之教授退官記念号）に掲載されたものである。（上田）
1) 検事監督制度の特徴については，さしあたり，前著『未完の刑法』167頁以下を参照のこと。

278 Ⅳ 非ソビエト化への模索あるいは伝統への回帰

法性の守護者」, 最高の監督者という地位を与えられ, それに対応したきわめて強力な権限を有していた。そして, ソビエト国家における「社会主義的合法性」が同時に国家統治の原理であったことから, 検察制度は常に国家と党に忠実な精鋭によって構成され, 格段の権威を我が物としていたのである。

ゴルバチョフの指導下に推進されたペレストロイカの過程で, このような検事のありようは批判の対象とされ始めていたが, 91 年以降は, 権威主義的な社会主義体制の象徴として強く批判され, 各領域で進められる脱社会主義・非ソビエ化の中で「検事監督」制度もまた見直しを迫られた。すでに 93 年のロシア連邦憲法は検察制度について 1 ヶ条を, しかも裁判所に関する章の中に置いたのみであり,「法治国」たる新生ロシアにおける法, 自由と権利の保障者の地位に立つのは裁判所であることを宣言している。

同時にロシアの刑事手続全体も, ソビエト型刑事手続を特徴付けてきた職権的・後見人的なあり方を放棄し, 本来の意味での当事者主義的な構造の正当性と必要性を承認し, その方向へ移行しようとしている。そこでの検事の権能は刑事手続における一方当事者として, 捜査の遂行, 公訴提起, 公判維持などを中心とするものへと縮減されようとしており, いまや検事監督制度からの離脱は確定的なものとなったかに思われた。

だが, 刑事手続法の領域での変化は緩慢である。検事の強力な監督権限を定める 1961 年の刑事訴訟法典はなお現行法であり, 他分野でのこの間のめまぐるしい立法作業の展開にもかかわらず, その改正は遅れている。しかし, 刑事手続の在り様は市民の自由と権利に直結する性格のものであり, とりわけ, 密行されることの多い公判前の諸手続は人身の自由に深くかかわる以上, その改革には広範な関心が寄せられずにはおかない。

われわれは先に公判前手続における検事監督制度の変化を検討し, それが急速な衰滅の過程にあることを述べた (上田「検事監督制度からの離脱——ロシア連邦における公判前手続の改革——」立命館法学 271/272 号・上巻)。しかし, 最近の状況, とりわけプーチン大統領の登場後のロシアの政治・社会状況の変化は, この問題にも顕著な変化をもたらしている。また新しい刑事訴訟法典がついに成立に向け動き出したとの情報もある。そのような変化をうけて, 問題の経過をなぞるとともにその意味を再検討し, 新たな考察を進める

ことが，本稿の課題である。

2　問題の性格

　今日における刑事司法の改革の動きの起点となったのが，1991年10月の
「司法改革の構想」であることは広く承認されている。ゾロトゥーヒン議員
の指導の下に作られた専門家グループ（ヴィツイン，ラリン，ミハイロフスカ
ヤ，マルシャコーヴァ，ナザロフ，パーシン，ペトルーヒン，ステツォフスキー）
によって作成され，ロシア共和国最高会議により議決されたこの文書は，新
生ロシアの直面する司法改革の諸課題のうち中心的なものは，司法機関を立
法機関や行政権力から独立した権威ある国家機関として確立することにある
としていた。同時にそこでは「司法改革の重要な方向」として一連の具体的
課題が提起されており，その一つとして「身柄の保全その他の訴訟法上の強
制処分の合法性についての裁判所による監督を確立すること」が明記されて
いた。伝統的に検事監督の対象とされてきた領域に裁判所によるコントロー
ルを導入することによって，より有効な公判前段階での被疑者・被告人の自
由と権利の保障を図るとともに，はっきりと検事監督制度への消極的な評価
を突きつけたのである。

　エリツィン時代を通じて，「構想」に沿って多くの立法作業が急速に進めら
れ，「法治国」ロシアの基盤が着実に整備された[2]。司法の顔としての裁判所
についても，陪審制の拡大は進まなかったものの，仲裁裁判所や治安判事制
の導入，裁判官の独立を強化した「裁判官の地位に関する法律」の施行など
にともなって裁判所の権威の上昇が見られた[3]。そのように司法領域での改

　2）　この間の司法制度にかかわる主要な立法として以下のものがある。検察庁法（92年1月），仲
　裁手続法典（92年3月），裁判官の地位に関する法律（92年6月），国家保安機関に関する法律
　（92年7月），公証人役場法（93年2月），憲法裁判所法（94年7月），裁判官ならびに法秩序維持
　機関および監督機関の公務員の国家的保護に関する法律（95年4月），仲裁裁判所法（95年4月），
　仲裁手続法典（95年5月），裁判官の地位に関する法律改正法（95年6月），被疑者・被告人の拘
　禁に関する法律（95年7月），捜査活動に関する法律（95年7月），刑法典（96年6月），ロシア
　連邦の裁判制度に関する憲法的法律（96年12月），刑事執行法典（97年1月），執達吏に関する
　法律（97年7月），執行手続に関する法律（97年7月），ロシア連邦における治安判事に関する法
　律（98年12月），検察庁法改正法（99年2月），ロシア連邦の軍事裁判所に関する憲法的法律（99
　年6月）。

280 Ⅳ 非ソビエト化への模索あるいは伝統への回帰

革と正常化が曲がりなりにも進む中にあって，ロシア共和国刑訴法典（УПК РСФСР）の改正問題はなお膠着したままであり，実体法と比較しても刑事手続法の領域での遅れが目立つこととなっている。

刑事訴訟法典の改正草案は，司法省と大統領府のそれぞれに作られた起草委員会が並行して進め，1997 年春に下院の立法および司法改革委員会が第一読会に提案したのは前者の手になる草案であった[4]。この草案は，その理由書によれば，訴追側と弁護側という両当事者の概念を新たに刑事訴訟に導入し，また訴訟参加者の権利を拡大した。とりわけ，被害者の権利を尊重し，捜査機関による事件の不開始・不起訴，訴追側による事件の取下げなどに被害者が異議を申し立てるときには，一定の条件の下に私人による訴追と公判維持を認めている。被疑者・被告人の身柄保全など強制処分の種類や執行手続については，現行法との大きな差異はなかった。刑事裁判所の構成として，新たに単独の職業裁判官による裁判を認めた（5 年以下の自由剥奪刑を上限とする比較的軽微な犯罪について）[5]。

この草案は，しかし，批判されるところによれば，糾問主義的な手続構造を色濃く残し，憲法の規定する当事者主義と両当事者の平等の原則を十分に実現していなかった。公判前の身柄拘束の期間がきわめて長く，捜査・予審活動に対する裁判所の監督も不十分で，無罪の証明責任は事実上被告人に課せられていた。また陪審裁判の対象となる事件種類は大きく制限され，とりわけ賄賂や職権濫用といった公務員の犯罪がそこから除外されていた。当然にこれらの点は民主的諸潮流の批判するところとなった[6]。97 年 7 月，草案を審議した下院本会議では，草案のいくつかの規定をめぐって議論があった後，大統領代理コテンコフより草案の抱える「政治的」な問題点が強く指摘された。それは，すでに前年の 2 月に開催された独立国家共同体（CIS）の議

---

3) この法律は 95 年 6 月に修正され，裁判官の選挙制から任命制へと大きく変化したが，地区（市）人民裁判所裁判官は最初に任命される時のみ 3 年の任期がつけられ，再任後には終身制とされた。また苦しい財政事情の中でも，昨年からは裁判官と裁判所職員に遅れることなく賃金が支払われるようになった。«Российская юстиция», 2000, No. 3, стр. 2.

4) 司法省において草案作成に参加したのは，司法省の С.В. Ромазин を責任者として，学者としては В.П. Кашепов，П.А. Лупинская，ВюМюСавицкий などであり，検察庁，内務省などのメンバーも加わったとされる。

5) «Российская юстиция», 1997, No. 8, стр. 16.

会間協議会総会において，エリツィン大統領のイニシアティヴの下に「モデル刑事訴訟法典」が採択されており，それは大統領府に設けられた起草委員会の手になる刑事訴訟法典草案に基づくものであったことである。このままでは，独立国家共同体の諸国にモデル法典を提示しながら，提唱者のロシアが別の草案に基づく刑事訴訟法典を持つことになってしまいかねない。そこから，コテンコフは両草案の妥協・調整の作業を要請し，これを受けて下院は，第2読会までに草案をなお検討し，「モデル刑事訴訟法典」に近づける方向での作業を行うことを決定した[7]。

この経過に見られるように，刑事訴訟法典の改正問題は大統領と議会との，また後者内部での各派の政治的思惑の入り乱れる政治的対立抗争の具となり，今もその帰趨を見定めることができない状態にある。2年間に及ぶ「妥協・調整作業」を経て99年7月にロシア下院の第2読会に提出された草案の審議は進んでいない。この背景にあるのは，もちろん直接にはプーチン大統領の登場前後の政治的な状況の慌しさであろうが，間接的には，なお深刻な状態の続く犯罪情勢を背景として，刑事手続の領域での大幅な「民主化と人道化」へのためらいが多くの市民に根深く，それを反映して立法機関もまた立法化に向けた手順をきわめて緩慢に進めているということに他ならない[8]。

今ひとつの改革抑制要因は，刑事手続にも大きく関係する検事監督制度の改革をめぐる状況であるが，それについては項を改めて検討したい。

---

6) 司法省草案についての批判は，たとえば，см. http://www.fiper.ru/spr/chapter-2-6.html （2001.11.7確認），«Российская юстиция», 1997, No. 8, стр. 16. 草案については1998年4月のロシア連邦裁判官協議会総会でも審議され，全体として否定的な評価を受けた。総会はまた，軽微事件や重大でない事件についての簡略手続きを導入すること，有罪答弁と司法取引の制度を採用すること，陪審裁判の活動領域の拡大などの具体的な提案を決議したと報じられている。См. «Российская юстиция», 1998, No. 6, стр. 4.

7) «Российская юстиция», 1997, No. 8, стр. 17.

8) いまひとつの理由は，刑法典などの場合とは異なり，刑事訴訟法典の改正問題は複雑で，単に公開制と民主化・人道化の原則を唱えるだけでは何事も解決しないという事情そのものにあるようである。議員諸氏は自らの手に余る仕事に戻らない方が得策と心得ているのだ，と皮肉られている。См. «Юридический вестник», 2000, No. 9, стр. 5.

3　ソビエト時代の公判前手続

　刑事手続の分野においてとりわけ深刻な状況にあるのは，公判前手続の改革にかかわる問題である。

　1991 年のソ連邦崩壊まで，したがってロシアのソビエト時代の刑事手続を規制していた基本法は，1960 年施行のロシア共和国刑事訴訟法典であった。前述のとおり，この法典がなおロシア連邦の現行法であるが，91 年末以降の多くの修正を経て，またそれを補足する一連の法令の登場によって，すでに実質的には刑事手続の非ソビエト化は相当に進んでいる。

　ここでは，以下での問題の検討に先立って，まず，ソビエト時代の公判前手続がどのような構造をとっていたかを簡単に見ておくこととする[9]。

(1) 公判前手続

　ソビエト時代も今日もロシアの公判前手続は，狭義の捜査と予審を併せ含むものであるが，将来の公判手続を予定して，被疑者の犯罪活動を阻止し，すべての意味ある証拠を収集し，被疑者の身柄を保全するといった，捜査・予審機関の目的志向的な活動がその内容をなしている。

　法が捜査機関として予定しているのは，民警（警察），かつての国家保安委員会（КГБ）・今日の連邦保安局，税務機関などであるが，これらは犯罪を予防・摘発し，それを実行した者を追及し，証拠を集め，検証を行い，必要な結果発生防止の措置をとる。一定の要件が備わっている場合には犯罪の容疑ある者を逮捕することができ，必要に応じてその者の身柄保全の処分を講じることができる。捜査機関は緊急に必要とされる捜査活動を行い，「手続開始の決定」より 10 昼夜以内に事件を予審官に送致しなければならない。ただし，法律に定められた種類の軽微な事件については予審は必要でなく，起訴前の全手続を捜査機関が行う。刑事事件全体の 20％弱を占めるとされるこのような場合，捜査は手続開始の決定より 1 ヶ月（検事の承認あればさらに

---

9)　ソ連邦をはじめとする社会主義諸国の公判前手続きについては，参照，上田「社会主義諸国における被疑者取調べ」（『総合研究　被疑者取調べ』（日本評論社・1991 年）所収）。

1ヶ月）以内に，起訴状の作成をも含め終了せねばならないとされていた。

　以上のように，ソビエト＝ロシア法における捜査とは，手続開始決定にはじまり起訴状の作成に終わる手続段階である。ここで特徴的な「手続開始決定」とは，市民・社会団体からの届出，犯罪者の自首，自らの活動による発見などに基づいて，犯罪を徴表する十分な資料が存在すると考える場合に捜査機関，予審官，検事または裁判官が行う決定であり，刑事手続の起点とされている。これを独立の手続段階として構成し，その決定の時をいくつかの期間（例えば予審の期間）の起算点とすることは，捜査に責任を持つ機関を明確にし，そこにおける合法性の確保に役立つであろうと考えられる。

　一方，ソビエト時代に完成した刑事訴訟法上の予審制度は，いわゆる「改革された刑事訴訟法」以来の，大陸法系に伝統的な予審制度とは異なり，むしろ取調べ制度の一種と理解されよう。歴史的には，帝政時代，1864年の司法改革により導入されたものであるが，当初は，比較的重大な刑事事件につき検事の監督下に予審判事によって予審が行われるとされたものである。が，ロシア革命後の1922年に復活した検察制度の下で，予審官は検察庁に属することとされ，その後30年代に入って，捜査のみで予審を行わない事件の範囲が拡大されるとともに，内務機関に予審官を置く制度が導入された。1960年公布の現行刑事訴訟法典は，逆に予審に付される事件の範囲を拡大した上で，内務機関等にも予審官を置く制度を継承した。その結果，予審機関は，検事局，内務機関および国家保安機関のそれぞれ予審官となり，各自の事件管轄に従い，最も危険な諸犯罪（殺人，強姦，公務員犯罪など）は検事局の予審官，国家犯罪については国家保安機関の予審官，その他の一般犯罪（窃盗，傷害，麻薬犯罪など）については内務機関（主要には民警機関）の予審官が担当することとされたのである。

　予審官は刑訴法典の規定に従って，証拠資料の押収，捜索，被害者・証人の尋問，容疑者の身柄保全処分など，犯罪の解明に必要なすべてのことを行なう。この過程において相当の理由が存在すると判断されれば，予審官は被疑者を被告人とすることの決定（告発提起の決定）を行い，被疑者に通告する。その際に，併せて被告人としての諸権利をも告知しなければならない。予審官は必要に応じて被告人に対する取調べを継続し，予審が十分になされたと

判断されれば，手続を終結する。終結の形態には，起訴状の作成，事件の廃止，強制治療処分の適用のための裁判所送致，の3種がありうる。作成された起訴状は検事に送致されるが，この段階までの手続は刑事手続開始決定の時から原則として2ヶ月以内に終了せねばならない，とされている。

捜査・予審機関が行う具体的な捜査活動の中心をなすのは，物的証拠資料の収集および保全とともに，被疑者・被告人の身柄の保全とその取調べである。後者には「不移動の誓約」(刑訴法典93条)，「私的な身元引受」(同94条)，「社会団体による身元引受」(同95条)，「保釈金」(同99条) などもあるが，とりわけ逮捕や勾留といった，直接的に行動の自由を制約する処分が最も厳しい保全処分とされている。

(2) 逮捕 (刑訴法典 122 条)

ソビエト＝ロシアの刑事手続において被疑者を逮捕するための要件は，被疑者が刑法典において自由剥奪以上の刑罰が規定されている犯罪を実行したと疑うに足る資料が存在すること以外に，(1) その者が犯罪の実行の際またはその直後に拘束されたこと，(2) 被害者を含め目撃者が彼を犯人であると指摘すること，(3) 彼の身体，衣服，住居または周辺に明らかな犯罪の痕跡がみとめられること，のうちいずれか一つが存在することである。それら以外の，被疑者が犯罪を実行したと疑われるに十分な証拠がある場合には，彼が逃走を企てた時，定まった居所を持たない時もしくはその身元が明らかでない時にかぎって，逮捕されうる。

ところで，ソビエト刑訴法上，逮捕の決定は捜査・予審機関自らが行なうこととされてきた。被疑者を逮捕した場合，捜査機関は逮捕の理由と根拠を示した報告書を作成し，24時間以内にその事案を検事に報告しなければならず，この報告を受けた時から48時間以内に，検事は，被疑者の拘禁に承認を与えるか彼を釈放するかをしなくてはならない。この判断に際して検事は，捜査機関の報告書を検討し，必要な場合には被疑者を直接に尋問するよう求められていた。また，逮捕された者は，逮捕の時から72時間以内に勾留手続がとられない場合には，釈放される。勾留される場合にも，被疑者の身柄保全はソビエト刑訴法上例外的な処分とされていたため，逮捕されてからの拘

禁は10日を超えて継続することはできず，この期間内に被告人とすることの決定がなされなくてはならなかった。さもなくば，被疑者の勾留は消滅するのである。

以上のようにソビエト法は逮捕手続に令状主義を採らず，この手続への裁判所の関与を求めてはいなかった。この点はかつての社会主義国すべてに共通であった。

(3) 身柄保全処分としての勾留（刑訴法典96条）

逮捕の場合とは異なり，被疑者（被告人）を勾留する手続には，あらかじめ検事の許可または決定が存在することが必要である。ソビエト各共和国の刑訴法規によれば，捜査機関および予審官の勾留決定はあらかじめ検事の承認を得ることが必要であり，この承認を与えるに際して検事は，勾留の必要性を裏付ける資料を検討し，必要な場合には直接に被疑者（被告人）を尋問しなければならない，とされていた。

捜査・予審にともなう勾留は2ヶ月を超えないのが原則であった。この期間は勾留決定の写しが被疑者（被告人）に交付された時から起算されるが，勾留に先立って逮捕されていた時には，現実に身体の拘束が開始した時点から算定される。この期間は，事件が複雑でそれが必要な場合，自治共和国検事，州検事，地方，自治州および民族管区検事により3ヶ月まで，共和国検事により6ヶ月まで延長されることが可能であり，例外的な場合にはソ連邦検事総長によりさらに3ヶ月以内の延長がありうる——したがって，勾留期間として認められるのは最大限9ヶ月とされていたのである。

(4) 取調べと被疑者・被告人の防禦権

逮捕または勾留された被疑者は，ロシア共和国刑訴法典によれば，24時間以内に取調べを受けると定められているが，それに先立って彼は，自分がいかなる犯罪の嫌疑を受けているのかを説明される権利を持っている。また，彼は供述を行うことの拒絶もしくは回避や虚偽の供述について，刑事責任を追及されないとされていた。供述は義務ではなく，権利である。また被疑者は請願を行なう権利，捜査員や予審官の処分に対し不服を申し立て，あるい

は彼らを忌避する権利を有していた。

　取調べを含む捜査の期間中に弁護人を持つ権利の構成については，未成年者および身体的・精神的障害のために自ら弁護権を行使できぬ者の事件あるいは検事が特に承認する場合に，弁護人が告発提起（被告人とすることの通告）の時点から刑事手続に参加することができることを例外として，原則的には，弁護人の手続参加は被告人に対して予審の終結が伝えられ，事件の全資料が開示された時点から認められていた。法はこれを具体的に，予審終結時に予審官のとるべき手続として，被告人が弁護人を持つことを欲するか否かを明らかにし，その現実の参加を保障しなくてはならない，と規定していた。しかし，狭義の捜査に弁護人が参加することは全く予定されていなかったため，予審が行なわれない事件については，弁護人の事件参加は裁判所への事件送致の段階からとなる。弁護人の参加の時期がこのように定められていたのは，予審手続の迅速・完全な実施という要請と被告人の利益保護との妥協点としてに他ならない。

　最後に，被疑者・被告人の防禦活動が実効的なものとして行なわれうるか否かをはかる一つのメルクマールとして，刑訴法典における「無罪の推定」原則の取扱いがあるが，ソビエト各共和国の刑訴法典は長らくそれにつき規定していなかった。1978年のソ連邦最高裁判所決定がこの原則を承認した後，やっと89年に至ってソ連邦裁判所構成立法の基礎に「無罪の推定」という語は明記されたのである。

4　検事監督制度

　法規上，被疑者・被告人にいかに防禦権が与えられていようとも，非公開下に行なわれる取調べにおいて彼らの諸権利が護られ，厳格に法規定を遵守しての取調べが行なわれることはなお困難である。ここから，取調べにあたる捜査・予審機関の活動を何らかの形でコントロールすることが，さまざまに目指されることとなる。

　ソ連邦において捜査・予審機関の活動を監督する地位にあったのは，誰よりも検事である。法律によれば検事は，捜査・予審機関の法律遵守一般を監

督することとともに，次のことを義務づけられていた。犯罪のすべてを摘発し，一人の犯罪者も刑事責任をまぬがれることなく，また逆に一人の市民も不法にもしくは根拠なく刑事責任その他の責任に問われることのないように，注視すること。そして，誰であれ，裁判所の決定もしくは検事の承認なしには拘禁されることことのないように監督すること（ソ連邦検察庁法 28 条）。

　そして，この義務を果たすための検事の活動が，事件開始，逮捕，勾留，被疑者・被告人の取調べ，公訴提起決定，起訴状の点検，といった各段階について予定されていた。捜査・予審機関に対する検事の指示は，これら機関を拘束する。さらに，捜査・予審手続に対する検事の最終的な監督は，起訴状の検討によって確保される。すなわち，捜査機関もしくは予審官により作成された起訴状を添えて送致された事件について，検事は 5 日以内に裁判所送致またはその他の処置を決定しなくてはならないが，その際に検事には捜査・予審の適正さについての全面的な審査が要求されており，ある場合には事件を廃止することも，捜査・予審を別の担当者により再度行わせることも，できたのである。

　以上のことに加えて，ソビエト時代以来，検察官はより一般的な「社会主義的合法性」の守護者たる地位を与えられていた。明確に，1977 年のソ連邦憲法によって検察庁は法律の正確，かつ統一的な執行に対する「最高監督」を行う機関とされていた。そこでは検事は，法廷において訴追官の役割を演じるばかりでなく，地方の権力機関（共産等を除き），その職員，団体，企業の活動に対する監督の権限を付与されていた。「一般監督」と呼ばれるこれこそ，ソビエト型検察官を特異なものとしていた制度である。検察官は閣僚会議はじめすべての行政機関，公務員，社会団体および個人の活動を点検・検査し，法違反を発見した場合には，これに対して異議申し立て（プロテスト）を行い，法違反を是正・除去させるものとされていた。検察官のこの一般監督の権限は，当然に，裁判所にも及ぶとされていたのである。

　このような制度の歴史的な淵源は，ピョートル 1 世がスエーデンやプロイセンの制度をモデルに 1711 年に導入した秘密調査官たる"フィスカル"制度を見直し，1722 年に検察庁を設けた時点に遡ることができる。当初，検察官

288　Ⅳ　非ソビエト化への模索あるいは伝統への回帰

は,「ツアーリの眼」として地方機関や中央の行政機関を監督する機関であっ
たが,1802 年以降は司法大臣が検事総長を兼ねることとなり,西欧諸国を強
く意識した 1864 年の司法改革によって検察官は純然たる訴追機関に改組さ
れた。その後,検察制度は,1917 年の革命において帝政ロシアの司法制度全
体とともに廃止され,5 年後に復活するという経過をたどった。その際に重
要なことは,復活した制度が,1864 年の改革以降の制度ではなく,ピョート
ル 1 世の下での絶対主義時代の制度であったことである。1922 年当時,ソビ
エト政権は地方権力による中央の指示からの逸脱に悩まされており,検事監
督制度を復活させたのも,こうした地方権力の統制の手段としてかつての検
察制度が評価されたからに他ならない。22 年の検事監督規程によれば,検察
機構は司法大臣である共和国検事を頂として中央集権的に組織され,その任
務は,<1> 国家機関,社会団体,個人の活動の合法性を国家の名において監
督すること,<2> 捜査・予審機関および国家政治警察の活動を直接に監督す
ること,<3> 裁判所において訴追を行うこと,および <4> 被拘禁者の収容の
適正さを監督することとされ,すでにこの段階でソビエト型検察官システム
の原型が定式化されていた。

　法律に違反する行為に対する検察官の異議申し立ては,それ自体相手方の
機関や団体を拘束するものではなかったが,一定期間内にその採否を検討し
て回答することが義務付けられており,それが拒否されても,検察官はさら
に当該国家機関や社会団体の上級機関に異議申し立てを行い,また法違反に
ついての刑事責任・行政責任を追及して訴追できたので,この検察官の異議
申し立ての効果は絶大であった。このような制度は行政訴訟に代わる迅速な
救済手段として機能しうるものであり,現にソビエト時代も今日も,違法な
行政行為によって権利を侵害された市民の訴願は主として検察官に向けら
れ,それに基づく検察官の異議申し立てが相当の実効性を発揮していると報
告されている[10]。

---

　10)　たとえば 2000 年には,自己の権利の保護を求めて 100 万人以上のロシア市民が検察官に訴願
　をおこない,その 77% が解決したとされる。Cм. Ефремова/Андрианов, Российское
　общество：Мнение о прокуратуре и законности, «Законность», 2001, No. 9, стр. 4.

5　司法改革と検事監督制度の動揺

　91年末のソ連邦の崩壊とともに急激な非ソビエト化の諸施策が推進される中にあって，司法制度にかかわっても多くの立法作業が進められた[11]。たしかに，それらの多くは既にゴルバチョフ政権下において議論が開始され，88年6—7月の第19回ソ連邦共産党全連邦協議会の決議「法改革について」に基づき一部は既に具体化に着手されていたものである（たとえば陪審制の導入[12]，裁判官の地位の引き上げと独立性の強化，憲法裁判所の創設など）。しかし同時に，それらが具体化されるには政治的諸条件が整っていなかったことも明らかである。

　上記の第19回協議会以降に始まった，憲法裁判所の創設に関する議論は，90年12月のロシア共和国憲法の一部改正によってその設置が実現することとなり，91年10月に第5回人民代議員大会で裁判官が選出されて活動を開始した[13]。これは権力の統合を組織原理とするソビエト国家にとって，まさに根底的な変化であり，その終焉を象徴する事件であった。と同時に，憲法裁判所の誕生はそれに引き続く「司法改革」の実施の経路を照らし，その成功を保証するものとなった。そしてそのことは，検事監督制度の将来に関わる重要な問題を提起するものであった。──今や憲法裁判所以下の裁判所システムが法治国家の実現の担い手とされるのであれば，これまで合法性の守

---

11)　1991年以降のロシアの非ソビエト化の過程における各領域での法改革については，参照，藤田・杉浦編・体制転換期ロシアの法改革（法律文化社・1998年）。
12)　当時，「法治国家」をめざす上で伝統的な参審制に陪審制の要素を加味することが必要だとする意見はまず新聞紙上に見られたが（たとえば弁護士A・モーヴェの発言（『プラウダ』88年3月14日）や科学アカデミー国家と法研究所のA・ヤーコヴレフの発言（『文学新聞』（88年6月8日）など），次いで公式的には，88年7月のソ連邦共産党第19回全連邦協議会の「司法改革に関する」決議で，複雑な犯罪事件については人民参審員の数を増やすことが妥当であるとされた。その際，そのような改革の必要性については，現状の人民参審員が積極的な役割を果たしきれず，法廷の飾り物になっていること，当事者主義のいっそうの推進が必要であること，それによって裁判所の独立性と権威とを高め，真の「法治国家」を実現すること，に求められていた。これを受けて，1989年11月に全面改正された裁判所構成法の基礎では，すでに，陪審制（「拡大参審員会」）実施の可能性が承認されていた。参照，上田「ロシアにおける陪審裁判の復活」庭山英雄先生古稀祝賀記念論文集（現代人文社1999年）所収。
13)　参照，杉浦一孝「ロシア連邦における司法改革と『司法権の独立』概念の承認」名大法政論集149号445頁以下。

290　Ⅳ　非ソビエト化への模索あるいは伝統への回帰

護者をもって任じてきた検察システムはどうなるのか。これまで，犯罪の捜査，公訴の維持，合法性の監督といった広範な機能を併せ持ってきた検察庁をどのような方向へ改組すべきなのか。

　この時期，ソ連邦の解体によって検察組織はかつてない混乱を経験した。ソビエト時代の検察組織はソ連邦検事総長を頂とする連邦を通じて単一の機構を持っていたため，連邦の解体はその法的な基礎ならびに物的な基礎を失わせることとなった。当初，かつての連邦構成共和国の一部によって独立国家共同体が形成されるとともに，一方ではそれを構成する各国に検察機構が組織され，また他方で独立国家共同体の検事総長が置かれるという事態も生じたが，これは長続きしなかった。結局，91 年 11 月にはロシア共和国最高会議が「ロシア共和国の統一的検察組織の形成について」の決定を行い，ロシア共和国内にあるソ連邦検察庁の機構を基礎に，ロシア共和国検察庁を組織し，すでに同年 2 月に人民代議員大会によって検事総長に任じられていた 39 歳のステパンコフを引き続きその長として承認した[14]。

　91 年 10 月 21 日の日付けを持つ「ロシア共和国の司法改革の構想」は 25,000 語に及ぶ長大な文書であるが，冒頭で，「わが祖国が文明世界の胸に再び抱かれる以上は，政治的ないし経済的な再編とならんで，法的な改革プロセスを推し進めることもまた要求される」と述べ，ロシアを「全体主義的体制の手中にある強制の用具」である国家から「法治国家」へと転化させることが焦眉の課題であるとしていた[15]。

　この文書はその後の司法改革の動きに大きな影響を与え，それだけに保守的な論者からは厳しい非難が浴びせられてきたものである。それは 91 年の激動期に少人数のグループによって秘密裡に作られ，事実上討論抜きでロシア共和国最高会議により採択されたものに他ならない，と非難される。しかし，たとえば検事監督制度をめぐっては，すでにペレストロイカ期に，一般監督廃止論は検察内部でも有力化しており，90 年末に人民代議員大会で演説したソ連邦検事総長は，検察官をその多くの「非本来的な活動」から解放す

14）　この経過につき，cf. http://tema.ntv.ru/spravka/12jan2001/117.html（2001.12.01 確認）。
15）　《КОНЦЕПЦИЯ СУДЕБНОЙ РЕФОРМЫ В РСФСР. Концепция Верховный Совет РСФСР-21.10.91》

る必要性を指摘し，一般監督の範囲の縮小を示唆していた[16]。すなわち，検察官の基本的な任務を，国家の名において公訴権を行使することであるとし，検察官を一般監督等を行う機関から刑事手続を中心とする機関に転換させるべきだとしていたのである。このような主張は相当に広範に広がっていた[17]。

　「構想」は検事の一般監督について具体的に，行政機関や社会団体，企業等の調査あるいはそれらの活動への介入が，明白な法違反の徴表や保護すべき社会的利益の存在する時に限られるべきであり，また検事の異議申し立ての差し止め効は廃止し，市民・公務員を調査のため召喚する権限を大きく縮小するべきである，などと述べていた。

　翌1992年に制定された「ロシア連邦検察庁法」は検事監督の対象と限界を定めていたが，そこには，ロシア連邦における法律の履行に対する監督が含められ，検事は法律違反を除去するための措置をとることが認められ，そして同時に，犯罪を実行した者に対する訴追の任にあたるものとされていた。彼には，行政機関，社会団体，企業，公務員による法律の履行とそれらの行為の合法性に対する監督の権限が認められたわけであり，つまりは一般監督制度は維持されたのである。もっとも，従来の一般監督には一定の制約が課され，検事は職権にもとづいて各機関等を査察し，法律の履行を監督するのではなく，市民の告発をまって行動するものとされたが，しかし，監督の対象については限定はみられなかった。

　このような新検察庁法の妥協的な対応とは対蹠的に，翌1993年に制定されたロシア連邦憲法は，検事監督に対する明らかに否定的な立場から出発した。新憲法は，検察制度に関してはただ1ヶ条だけの規定を，しかも裁判所

---

16)　См. «Соц. Законность», 1991, No. 2, стр. 4.

17)　影響力ある学者として一般監督制度を根本的に批判したのは，サヴィツキーであった。検事監督の理論の第一人者として彼は，1991年段階で，ソ連邦の検察制度がいまや国家行政の領域においても，犯罪との闘争の領域においても，どのような積極的な役割も果たしていないと指摘した。ソビエト検事監督制度が作られた1922年とは決定的に状況が変化した今日の段階においては，そのような超越的な権力を有する機関の監督制度はもはや必要がない。刑事手続における検事の役割は存続しなければならないであろうが，一般監督の分野は，根本的な変革が必要である。一般的には，それには存在の理由がない。もし一般監督を存続する必要があるとすれば，それは市民の権利と利益を保護する分野でのみである。Савицкий В.М., Кризис прокурорского надзора, «Соц. Законность», 1991, No. 1, стр. 31-32.

に関する章の中に置いたのである。

いうまでもなく，検察庁を国家システムの中でどこに位置づけるかは，検察官の役割をどのように定めるかに密接に関連する。検事の機能を主に刑事手続に見いだす場合には，これを端的に司法機関の一部とし，組織的には裁判所ないしは司法省に属せしめることとなろう。それに対して，検察機構を，国家権力の最高機関の名において法律の履行を監督すること，およびその組織が厳格に中央集権化されていることの二点において，特別の国家機関であるとする立場もありうる。これは検察官を合法性の守護者と位置づけ，立法，行政，司法と並ぶ第4権とするソビエト時代以来の伝統的な見解である。この問題について93年憲法は，検事監督を裁判権に含めたのであるが，組織的にはその独立性と中央集権制を認めていた（129条参照）。すなわち，憲法は検察庁の具体的な機能については解決を法律に委ね，組織形態については，従来のとおり独立の機関としたのである。その意味において，解決はなお中途半端なものであり，問題は先送りされたのである。そして当時の政治的な舞台においては，対立する大統領と議会の間で，検事総長は概して議会の側に立ち，大統領の超法規的な行動と政治的圧力に抵抗する姿勢を維持したが，その結果としてこの時期の検事総長は短期間で交代を余儀なくされている[18]。

新憲法の制定を契機として，また上記のような政治過程を背景として，旧憲法下で制定された92年検察庁法の改正が日程に上り，検事監督をめぐる議論が再開された。しかし，その方向はむしろ憲法の対応とは逆に，一般監督制度の維持・擁護という性格が色濃いものであった。

ここには社会主義体制崩壊後の法秩序の解体状況に直面しての危機感が反映していると見るべきであろう。記録された犯罪件数は1990年から1995年の間に（警察力の低下による認知・検挙件数の減少にもかかわらず）50%増加したが，こうした社会主義体制崩壊後の法秩序の解体が一般監督制度維持の強力な論拠となったことは否定できない。このことを明確に述べているのは，ある検事の，「われわれが強力な検事を支持する論拠は，現在の合法性の危機

---

18) 参照，森下敏男・現代ロシア憲法体制の展開（信山社2001年）228頁以下。

第14章　ロシアの司法改革と検事監督制度の動揺　*293*

的状況と社会の危険な犯罪化の条件のもとで，その監督機能を縮小すること
が危険であるだけではなく，有害であるということにある」，との言葉であ
る[19]。94年1月に持たれたラウンドテーブル・ディスカッション「法治国の
形成と検察官の機能」でも，多くの論者が検察機構の弱体化と一般監督制度
の廃止を，少なくとも，時期尚早であるとしていた[20]。

　その成立の経過の詳細は省くが，1995年の改正検察庁法では，結局，一般
監督制度は維持された。法律第1条では，検察庁は「ロシア連邦全域におい
て施行されている法律の執行に対しロシア連邦の名において監督を行う機関
の，単一の，連邦全体で中央集権化された組織」であり，また「連邦の法律
により定められたその他の機能も遂行する」，とされたのである。さらに，
1995年法は具体的に，連邦の構成主体の省庁から，地方行政機関，公務員に
至るまでの法律の執行に対する監督の他，連邦の省庁以下「営利組織，非営
利組織の管理機関や指導部」に至るまでによる市民の権利と自由の尊重に対
する監督などを検察庁の任務として数え上げている。憲法の対応にもかかわ
らず，今や一般監督は完全に復権を遂げたかのようである。97年と99年の
二次にわたる重要な改正を経て，この傾向はますます強まった。

　しかし，このような検事監督制度のありように対しては，国内のみならず
国外からもいくつかの批判が存在することが指摘されなくてはならない。問
題は，たとえば，ロシアがヨーロッパ審議会に加入するにあたって，1996年
1月その議員総会がロシアに対し，「ヨーロッパ審議会の基準に適合する新た
な，検察制度の役割，活動および組織に関する法律が制定することが期待さ
れる」旨の決議をおこなったことに端的に示されている。加入後の義務履行
状況について調査した審議会の委員会報告（98年6月）では，きわめて具体
的に，約束された検察制度の改革が全く進んでいないことを指摘し，批判し
ている。だがそれと同時に，重要なのは，報告もまた，「ロシア連邦ではさま

---

19)　«Госуд. и право», 1994, No. 5, стр. 27.

20)　Становление правового государства в Российской Федераций и функции прокуратуры,
«Госуд. и право», 1994, No. 5, стр. 3-34. しかし，このラウンドテーブル・ディスカッション自体,
ロシア科学アカデミー国家と法研究所の『国家と法』誌編集部が検察庁の研究所および『合法性』
誌と共同で開催したものであるところから，その論調が検事監督制度の拡大強化となることは当
然に予想されたところである。

ざまな制度の創設の過程がなお継続しているという事情を考慮すれば，検察庁から行政機関に対する監督の機能を奪うことは，いまだ時期尚早であるやも知れない」，と認めたことである[21]。

後に述べるプーチン大統領の姿勢もあって，もはや検事監督制度の改革はない，との観測が強まっている。99 年改正後の検察庁法第 1 条が検事の一般監督権限を明記し，むしろ憲法的監督にまで引き上げたことから，憲法改正を要求する声さえ上げられているのである[22]。

6 公判前手続における改革

新生ロシアはエリツィン政権の下で旺盛な立法活動を続けてきたが，刑事手続にかかわる主要な点は以下のとおりである。

まず，92 年 6 月に「ロシア連邦における裁判官の地位について」の法律が公布されたが，この法律によりロシア史上初めて，「司法権は独立であり，立法権および行政権からは独立して作用する」ことが宣言された。この点は翌 1993 年のロシア連邦憲法 10 条および 11 条において確認されたことである。この法律はまた裁判官の任期制を廃止し，原則として終身制とすることによって，裁判官の地位を格段に引き上げた（既述）。

次いで 93 年 7 月 16 日，ロシア連邦最高会議は，陪審裁判を可能にする裁判所構成法の改正と陪審制による刑事手続に関する第 10 編を追加するなどの刑事訴訟法典の改正を決定した。ただし，同法の施行に関する最高会議決定によれば，刑事訴訟法典の改正部分の施行は連邦の一部地域に限定して認められている。つまり，陪審裁判は 93 年 11 月 1 日からサラトフ州，リャザン州，モスクワ州，イワノフ州，スタヴロポーリ地方で，そして翌 94 年 1 月 1 日からは，ウリヤノフ州，ロストフ州，アルタイ地方，クラスノダル地方，合計 9 地域で先行的に実施されることとされ，残余の 80 地域についての陪審制導入の予定については決定は何も述べていなかった。時間的にはそれに

---

21)　ヨーロッパ審議会加盟国の義務遵守に関する委員会の報告第 8127 号（98 年 6 月 2 日）第 30
項。Cf. http://www.hrights.ru/hrights/text/b10/Chapter1.htm（2001.11.01 確認）.

22)　Рохлин/Стуканов, Прокурорский надзор в Российской Федерации：проблемы и
перспективы, «Правоведение», 2000, No. 5, стр. 158.

第14章 ロシアの司法改革と検事監督制度の動揺　*295*

後れたが，93年12月にはロシア連邦憲法が成立し，その32条5項が「ロシア連邦の市民は司法作用に参加する権利を有する」と規定するとともに，123条第4項が「連邦の法律により規定された場合には，裁判手続は陪審員の参加を得て実施される」と，明確に陪審制の採用を確認したのであるが，先のような地域限定とこの規定との整合性は明らかでない。

　96年の「裁判システムに関する」法律はさらに，司法権の内容と国家権力のシステムにおけるその位置について定式化している[23]。同法第1条は司法権の担い手を，裁判官および，法律に定められた手続により裁判に参加する，陪審員，人民参審員および仲裁委員により構成される裁判所だけに限定し，それ以外のいかなる機関も人も司法権を行使することはできないと宣言した。司法権が独立であることの再確認であるが，かつてのソビエト時代における行政機関の裁判への介入の事例や国家権力の分立を拒否するソビエト制の下での裁判所の位置を想起するとき，その重要な意義については多言を要しないであろう。

　そして，エリツィン政権が志向した「法治国ロシア」において市民の権利と自由の保障者として予定されたのは，ソビエト時代における検察システムに代わって，このように強化された司法権であった。「各人にはその権利と自由の裁判による保護が保障される」（憲法46条第1項）。そして，「国家権力機関，地方自治機関，社会団体および公務員の決定ならびに行為（もしくは不行為）に対しては裁判所に不服申し立てができる」（同第2項）とされたのである。

　憲法規定に対応して1993年に「市民の権利と自由を侵害する行為および決定に対する裁判所への不服申し立てに関する」法律[24]が制定され，国家機関や公務員のあらゆる行為および決定に対し裁判所に不服申し立てを行い，それによって権利と自由を護ることが可能とされた。市民は身柄の拘束から税額の変更に至るまでの行為に対する不服申し立てを裁判所に行い，訴えられた機関と個人は文書によって自己の行為（不行為）の法律適合性を証明す

23）　СЗ РФ, 1997, No. 1, ст. 1.
24）　«Ведомости Съезда народных депутатов РФ и Верховного Совета РФ», 1993, No. 19, ст. 685.

べき訴訟上の義務を負うものとされた。逆に市民は，不当な行為のあった事実を論証するだけでよく，その行為等が法に反するものであることは証明の必要がないのである。

同様に，95年7月に公布された「捜査活動に関する」法律[25]も捜査段階における裁判所の関与を格段に拡大していた。

ところで，刑事手続の改革の基本方向が当事者主義の確立ということであれば，本来，予審制度そのものの廃止が課題となるはずである。が，この間の刑事訴訟法典の改正の動きの中で，そのことは提起されていない。問題となっているのはその改革だけである。このことは，改めて，ソビエト型の予審制度が大陸型職権主義の手続構造における予審制度とは異なり，強化された捜査の一形態であったことを示しているであろう。未だ審議が継続している刑事訴訟法典草案ではこの点につき現行制度の維持が予定されており，「司法改革の構想」が打ち出した，独立した予審委員会の設置という方向も採用されていない。

そして，市民の人身の自由に大きくかかわるのが，公判前手続における防禦権の保障である。憲法49条は明確に，「犯罪の実行につき訴追されている者は，連邦の法律に規定された手続に従ってその有罪が証明され，裁判所の判決の法的効力が確定されるまでは，無罪とみなされる。」と，無罪の推定原則を宣言したが，そこからは，検察側と対等な立場での弁護側の防禦権行使の重要性が導かれる。しかし，捜査・予審手続は本質的に密行して進められることが多く，また警察機構に支えられた捜査官や予審官に対抗して弁護側が十分な公判準備の活動を進めることも容易ではない。

次項において，この領域にもたらされためぼしい変化，原則の変更を見ておくこととしよう。

先に見たとおり，ソビエト刑事訴訟法上の公判前手続は，西側諸国のそれと類似する制度を含みつつも，固有の特徴を持つ構造のそれであった。何よりも，身柄保全をはじめとする強制処分のサンクションを与え，それらの合法性を保障する機関として，裁判所ではなく検察庁をあてるという対応が問

---

25) СЗ РФ, 1995, No. 33, ст. 3349.

題の焦点となろう。

この問題について，1993年のロシア連邦憲法は180度の転換を行い，捜査・予審段階での裁判所のコントロールを基本的なものとした。その端的な表れが，逮捕・勾留を裁判所の決定にもとづいてのみなされると定めた憲法22条第2項である。「勾留，拘禁および収容は，裁判所の決定によってのみ許容される。逮捕は裁判所の決定以前に48時間を超えてはならない。」と明確に規定する。このような憲法の態度は，国際人権規約9条第3項の規定「刑事上の罪に問われて逮捕され又は抑留された者は，裁判官又は司法権を行使することが法律によって認められている他の官憲の面前に速やかに連れて行かれるものとし，妥当な期間内に裁判を受ける権利又は釈放される権利を有する。」を強く意識したものであると説明されるが，従来の手続が形式上この規定に反していたわけではない（ソビエト＝ロシアの検事は司法官ではないとして，これに反対する見解もあるが）。より独立性・中立性が大きいとみなされている裁判所に手続を移し，期間も24時間短縮したということである。

ところが，ロシア連邦憲法の第2編・付則および経過規定には，次のように述べられている。「ロシア連邦の刑事訴訟立法がこの憲法の規定に従い改定されるまでは，犯罪の実行が疑われる者の勾留，拘禁および逮捕に関する従前の手続が維持される」。つまり，何時ともはっきりしない将来のその時まで，憲法22条第2項は単なる空文句にとどまるということに他ならない[26]。

しかし，勾留の決定およびその期間延長の決定に関してのみは，妥協的に，92年5月23日の一部改正により補充された刑訴法典220条の1で，裁判所への不服申し立てを新たに認めたのである。

同条第1項は，「捜査機関，予審官，検事による身柄保全処分としての拘禁の適用ならびに拘禁期間の延長についての不服申し立ては，拘禁されている者，その弁護人もしくは法定代理人により，直接または捜査担当者，予審官もしくは検事を通じて，裁判所に対しなされる」と規定している。

---

26) この点について，単に89条の規定から裁判所以外の諸機関を削除するという簡潔な一部修正法で十分であり，必ずしも新しい刑訴法典の制定を待つ必要はないという意見もある。Дмитиев Ю. А., Защита конституцтонных прав граждан в уголовной и конституционной юстиции, «Госуд. и право», 1999, No. 6, стр. 40.

298　Ⅳ　非ソビエト化への模索あるいは伝統への回帰

　また第2項以下によれば，勾留施設管理者は裁判所に宛てた被拘禁者の不服申し立てを受け取ったときには，検事にそのことを通知するとともに，可能な限り早く，おそくとも24時間以内にそれを裁判所に送付しなくてはならず，捜査担当者，予審官もしくは検事が被拘禁者の不服申し立てを受領したときも24時間以内に，勾留の適法性を裏付ける資料を添えて，これを裁判所に送らねばならないとされている[27]。

　次いで220条の2によれば，裁判所は上の不服申し立てを受け取った日から3昼夜以内に，勾留の適法性と必要性について非公開の法廷において審理を行うこととされている審理には検事，もし弁護人が付されていれば弁護人，被勾留者の法定代理人が参加し，被勾留者も出廷する。審理の結果裁判官は，申し立てを認め勾留を取り消すとともに申立て人を釈放するか，申し立てを却下するかの決定を，理由を付して行うのである[28]。

　以上にように，勾留の決定および期間の延長の承認を誰が与えるかという決定的な問題について，憲法の規定に反する状態が続いているのであるが，その他方において，未決拘禁の具体的な内容については1995年7月に「被疑者・被告人の勾留に関する」法律が制定されている。この法律はソビエト時代の旧法21に比べ被疑者・被告人の権利保護にむけ大きく前進したとされ，それに対応して刑事訴訟法典の関連する条項に一連の修正・補充がなされた[29]。

　まず，従来は未決拘禁中の者の権利侵害を防止する責任を負っていたのは裁判所と検事のみであったのに対して，未決拘禁施設の長が加えられた。刑事訴訟法典11条に補充された第3項によれば，未決拘禁施設の長は被疑者・被告人の拘禁期間の終了する24時間前までに事件を担当する公務員または管轄する機関ならびに検事にその事実を通知する義務があり，さらに第4項では，勾留期間の延長あるいは釈放などについてのしかるべき決定が通知さ

---

27)　しかしこれらの条項に関しては，それが不服申し立ての権利を持つ者を制限している点において憲法46条，19条，21条，22条に反していると，ロシア連邦憲法裁判所が95年5月3日の決定で判断している。

28)　司法統計の速報値によれば，99年には約8万5千件の不服申し立てが裁判所にあり，その約40%が釈放されている。«Российская юстиция», 2000, No. 3, стр. 3.

29)　Федеральный закон от 15 июня 1996 года, N 73-ФЗ.

第14章　ロシアの司法改革と検事監督制度の動揺　*299*

れない場合に，未決拘禁施設の長が自らの決定により被疑者・被告人を釈放
するものとした。

　また重要なのは被疑者・被告人の面会権の拡大である。この点について，
かつて刑事訴訟法典には弁護人が被告人と制限なく面会することを許容する
規定がなく，旧51条には一般的に弁護人の被告人との面会（単数）の権利が
述べられ，202条では捜査の終結にともない資料が開示される時に被告人と
2人だけで面会（単数）することが認められていたに過ぎなかった。この点に
ついては92年5月の段階で刑事訴訟法典の一部修正がなされ，弁護人の権
利として制限が外され，そしてやっと96年の6月になって，被疑者と被告人
の権利として，弁護人と回数および時間の制限なく面会することが認められ
たのである。同時に，彼らが肉親その他の者と面会する権利を持つことも明
確にされた（46条第4項，52条第3項）。

　さらに，法典96条に第6項が補充され，刑事事件を担当する公務員もしく
は機関は速やかに被疑者もしくは被告人の所在場所あるいはその移動先につ
いて彼の肉親の一人に通知しなくてはならないとされた。このような規定の
持つ重要な意味については，あらためて述べる必要もないであろう。

　これらと比べ複雑な経過をたどったのは勾留期間の問題である。

　先に述べたとおり，現行刑事訴訟法典は当初，勾留期間を原則2ヶ月とす
るとともに，その延長を各級の検事の権限にかからしめ，最も長い場合には
ソ連邦検事総長の承認により9ヶ月まで延長できるとしていた。しかし実際
には法規定にもかかわらず，当時の最高権力機関であるソ連邦最高会議幹部
会の個別決定により，勾留期間は無期限に延長されていた[30]。やっとペレス
トロイカ期の1989年になってこのような事態に終止符が打たれるとともに，
刑訴法典97条2項が改正され，ソ連邦検事総長の決定があれば勾留期間の
上限は18ヶ月まで延長することができるとされたのである。このときには
さらに同条に第5項が加えられ，被告人とその弁護人とが開示された事件資
料を検討する時間はこの勾留期間に算入されないことが明らかにされてもい
た。——結局，実務と妥協する方向での法規定の整備が行われたのである。

---

30)　Савицкий В.М., Последние новеллы УПК : порядок и сроки содержания под стражей,
《Российская юстиция》, 1997, No. 5, стр. 17.

300　Ⅳ　非ソビエト化への模索あるいは伝統への回帰

　96年6月13日，憲法裁判所は第5項との関係で刑訴法典97条を憲法規定に反するものとし，6ヶ月後の12月13日までに必要な法改正措置をとることを命じた。この期限には僅かに遅れたが，年末12月31日に大統領の署名を得た刑事訴訟法典の修正・補充法は，連邦の消滅にともない改組された検察機構に合わせて勾留期間の延長に承認を与える検事の名称を改めた上で（ロシア連邦検事総長の許可あれば最高18ヶ月まで），さらに，勾留期限内に被告人とその弁護人とが開示された事件資料を検討することができない場合，または彼らが予審の補充を要求する場合には，裁判所の決定で勾留期間をさらに6ヶ月延長できる旨定めたのである（97条第5項・第6項）。法律により許される勾留期間の最長期は，今や，2年となった。

　重要な変化がもたらされたのは，また，被疑者・被告人の防禦権の保障の中核をなす，事件への弁護人の参加時期についてである。92年5月23日の刑事訴訟法典一部改正法によりその47条は全面的に改正され，従来の「捜査・予審の終了時」を原則とする態度から大きく変更され，告発の提起に先だって被疑者が逮捕もしくは勾留された場合には，彼に逮捕状もしくは勾留決定が提示された時から弁護人の参加を認めることとされた。捜査弁護の承認に踏み切ったのである。この点は翌年の憲法においても確認されている[31]。「逮捕された者，勾留された者，犯罪の実行につき訴追されている者は，その逮捕，勾留もしくは告発提起の時から，弁護士（弁護人）の援助を受ける権利を有する。」（憲法48条第2項）。

　これに対応して，弁護人の権利も拡大された。弁護人は被疑者・被告人に有利な事情を明らかにするために法律上許されたあらゆる手段を用いて活動することを義務付けられているが，修正された法典51条ではきわめて具体的に，弁護人が被疑者・被告人と回数と時間の制約なく面会し（既述），その取調べに同席し，逮捕状もしくは勾留決定を確認し，捜査員もしくは予審官に質問し，捜査・予審の記録を検討し，証言や資料を検討するなどの権利を持つことが確認されている。

---

31)　ロシア連邦憲法裁判所は最近，刑事訴訟法典47条第1項が事件への弁護士（弁護人）の参加を逮捕状ないし勾留決定の提示後としていることを憲法48条等に反するものとし，しかるべき法律改正がなされるまでは，憲法48条第2項が直接に適用される旨決定した。Постановление Конституционного Суда Российской Федераций от 27 июня 2000 года N 11-П.

第14章 ロシアの司法改革と検事監督制度の動揺 *301*

たしかに新しい刑事訴訟法典はいまだ登場していないのであるが，以上に見てきたような公判前手続の変化の中に，すでにその本質的な特徴が示されていると言えよう。それは，合法性の担い手としての検事の全能に期待した後見者的な刑事手続きからの離脱であり，当事者主義と令状主義を核心とする新たなそれへの移行である。

7　検事監督制度の将来——おわりに——

法治国ロシアの確立のかぎを握るのは検事監督制度の帰趨であり，したがってそれを巡る厳しい論議が長引くことは当然である[32]。

ソ連邦の崩壊とロシア連邦の発足という事態の推移にともない，1979年のソ連邦検察庁法を基礎に，しかし新規の法律として「ロシア連邦検察庁法」が制定され（1992年），95年，97年，99年には大掛かりな改正をほどこされた。いずれの法律でも，それまでの批判の論議にもかかわらず，またこの間に成立したロシア連邦憲法（93年）が検察機構に関しわずかに1ヶ条だけを裁判所に関する章の中に置き，その権限や機能については全て法律に委ねて，明らかに検察制度を縮小する方向を明確にしていたにもかかわらず，新しくなるほど検察機構は強化され，一般監督制度も維持された。「連邦の省および官庁，連邦を構成する各主体の代表（立法）機関および執行機関，地方自治機関，軍事行政機関，監督機関，それらの公務員による法律の執行，ならびにそれらにより発せられる法的文書の法律適合性」を対象として，検事は監督権限を持ち，必要な場合に異議申し立て（プロテスト）を行い，意見を述べ，公務員の法違反に対し刑事事件もしくは行政処分手続を提起することができるのである（ロシア連邦検察庁法21—25条）。しかし，このような法規定の残存にもかかわらず，ロシアの検察制度が新たな条件の下でも「合法性の守護者」としての地位を保持しうるかという問いへの回答は，長期的に見たときには明らかに消極的なものとならざるをえない。

しかし，短期的には，このような検事監督制度はなお維持され，むしろ部

32）　基本的な問題状況を示すものとして，さしあたり，参照，小田博「『法治国』ロシアにおける検察制度」（松尾浩也先生古稀祝賀論文集 下巻［有斐閣・1998年］所収）が参考となる。

302　Ⅳ　非ソビエト化への模索あるいは伝統への回帰

分的には強化されていくであろう，と考える。その理由ないし背景としては，プーチン大統領の誕生（2000 年 4 月）以降この国で顕著となっている大ロシア主義的な動き，それと結びついた中央集権的な法治国家の樹立と統治能力の回復への動きが重視されなくてはならない。その心理をよく示しているのはプーチン大統領が就任前に明らかにした「ミレニアム論文」（99 年 12 月 31 日）に開陳されているロシア観である[33]。この論文の中でプーチン大統領は，ロシアの伝統的価値としての「愛国心」，「大国としての地位」，「国家の強権 [Государственничество]」（国家こそが秩序の源泉，保証人であり，またあらゆる変革の創始者にして主たる動力である），「社会的連帯」（個人主義の否定）を強調し，ロシアが西欧諸国とは異なった道を進むことを宣言した。この基本的立場に，さらに，ロシア連邦が分散化の危機に瀕しているという認識が加わるとき，1922 年のレーニンの対応と同様，検事監督制度の強化こそが最適の選択肢として立ちあらわれることは必然である。

　2001 年 1 月，クレムリン大会宮殿で開催された全ロシア検察活動家大会の席上，プーチン大統領は検察機構の活動を賞賛し，「広範な機能と強力な監督権限が検察庁をして，国内における弱体な合法性と法秩序の遵守機関を埋め合わせるものとしている」のだと述べ，検察機構への信頼と依存の姿勢を露わにした。さらに検察官の増員についてまで述べた大統領の発言によって，大会宮殿はあたかも祝賀興行の様相を呈し，ウスチノフ検事総長は高らかに，もはや検察機構の改革はおわったと宣言したのである[34]。同年 5 月に人権団体《ヘルシンキ・グループ》が大統領宛てに「検察幹部の入れ替えなしには司法改革もない」と呼びかけたし[35]，同様の論調の記事もマスメディアに登場するが，もはや影響力は大きくない。流れは決したのである。そして，概して言えば，検事監督の問題への社会的な関心は近時薄れつつある。

　この次に検事監督制度が論議の対象となるのは，おそらく，最近にロシア議会の下院を通過したと伝えられる新しい刑事訴訟法典の登場の後であろ

---

33)　Владимир Путин：Россия на рубеже тысячелетия, Российская Газета, 31 дек. 1999 г.

34)　См.《Политика и общество》, No. 3, 12 января 2001 г.（http://www.vremya.ru/2001/3/2/6411.html-2001.10.14 確認）

35)　Судебной реформы не будет без смены руководства Генеральной прокуратуры.（http://www.hro.org/editions/chronic/n77/7713.html-2001.9.21 確認）

う。われわれもまた，その具体的な検討が可能となる機会を待つこととしよう。

第15章　ロシア刑事訴訟法における
「当事者主義」原則*

1　はじめに

　2002年7月1日の新ロシア連邦刑事訴訟法典の施行から5年が経過しようとしている。この法典は，旧ロシア共和国刑事訴訟法典が施行されていた時期とはまったく異なる社会状況の下に登場した。1991年夏の「国家非常事態委員会」のクーデターの試みが3日間で潰えた後に，首都での短時間の騒乱の結果としてソ連邦共産党中央委員会の解散があり，一挙に社会主義国家体制の弛緩から連邦制の崩壊と市場経済制度への移行へと，われわれの目前で音を立てるかに「体制の転換」が進んだ，その結果として生じた一種のカオスが徐々に収まったかに思われた後に立ち現れたのが，今日のロシア連邦である[1]。このロシアは，かつてのソビエト時代の統制と権威主義への反発を隠さず，かつての「西側」の自由主義経済と民主制への自己の統合を目指しつつ，しかし，自身の伝統的な文化や民族の矜持にも強いこだわりを見せている。「先進国首脳会議」やEUの一員として迎えられることを期待しつつ，しかし国内法の整備と民主主義の成熟の遅れを指摘され続けることに反発をも見せ始めている——このロシアにおいて，市民の自由と安全を保障すべき法制度の要として，新刑事訴訟法典は登場したのである。

　ソビエト時代の刑事手続は，1958年の「ソ連邦および連邦構成共和国の刑事裁判手続の基礎」および1960年前後に各連邦構成共和国で制定された刑

---

*　本章の内容は，当初，『鈴木茂嗣先生古稀祝賀論文集（下巻）』（成文堂2007年刊）に収められたものである。（上田）

1)　かつてのソビエト連邦（正式には「ソビエト社会主義共和国同盟」）の一員であったロシアは，同連邦の解体に伴い1991年12月25日に独立し，自身が「ロシア連邦」となった。ロシア連邦は，2017年1月現在，22の「共和国」，1の「自治州」，46の「州」，4の「自治管区」，9の「地方」，3の「連邦市」により構成されている。

306　Ⅳ　非ソビエト化への模索あるいは伝統への回帰

事訴訟法典（ロシア共和国の場合，1960年10月制定）により規定されたもので
あった。その特徴は，予審制度を持つ糾問主義的な基本構造と被告人をも含
めた「訴訟参加者」の平等を強調する公判段階の当事者主義的要素との独特
の結合である。刑事事件は，その捜査に当たった機関から予審機関に送られ
ることを基本とし，ただ軽微な事件のみ，予審を経ることなく捜査機関が起
訴状作成までの全手続を遂行した。法律上予審機関とされていたのは，検事
局，内務機関および国家保安機関のそれぞれ予審官で，それぞれ事件管轄が
定められていた（たとえば，殺人，強姦，公務員犯罪など最も危険な諸犯罪は検事
局の予審官，窃盗，傷害などの一般犯罪については内務機関の予審官，など）。予
審官は証拠資料の押収，捜索，被害者・証人の尋問，容疑者の身柄保全処分
など，犯罪の解明に必要なすべてのことを行ない，予審が十分になされたと
判断されれば，起訴状の作成，事件の廃止などの形で手続を終結し，作成さ
れた起訴状は検事に送致される。この段階での捜査・予審機関の活動，とり
わけ被疑者・被告人[2]の身柄の拘束についての許可とその適正さの監督は，
挙げて検事に委ねられていた。

　公判手続については，公開主義，口頭主義，直接主義などの原則がうたわ
れると同時に，手続の全体を特徴付ける原理として「当事者主義」を採用し
ているとする説明が多く見られた。その根拠とされたのは，訴追官と被告
人・弁護人の両当事者（さらには被害者等も）の平等が宣言されていたこと（ロ
シア共和国刑事訴訟法典245条）であり，結局，両当事者の攻撃と防御を通じ
て刑事訴訟が実現されるという基本構造が存在すると主張されたのである。
ただし，公判手続において裁判所は単なる審判者の地位にとどまることは許
されず，自ら積極的に証拠の収集と真実の発見に努めることを要求されてい
た（同70条）し，何よりも，検察官は訴訟当事者である以前に，「合法性の監
督者」として，裁判の全過程にわたって関係者の行為の法律適合性を監督す
る立場にあった。

　このような「ソビエト型」刑事訴訟制度については，以前より，さまざま

---

2)　予審の実施過程において，嫌疑につきそれを裏付ける相当の理由が存在すると判断されれば，
　予審官は被疑者を被告人とすることの決定（告発提起の決定）を行い，被疑者に通告し，併せて
　被告人としての諸権利をも告知することとされている。したがって，捜査・予審の段階ですでに
　「被告人」が登場するのである。

な問題点が指摘されていた。とりわけその公判前手続に関して，身柄保全の強制処分が裁判官の関与なしに行なわれ，弁護人の援助を受けることが捜査・予審手続の終了後にしか許されないこと，そして，捜査・予審を監督しそれら機関が作成した起訴状を承認した検察官がその後の公判に出席しないことも多く，その場合，起訴状は裁判官が朗読する形で公判が始まり，公訴の維持はむしろ裁判官の職務となっていること，などである。ここに生じる刑事裁判の一方的な糾問手続化，被疑者・被告人の権利の侵害，そして市民の人身の自由の危殆化については，しかし，それは杞憂であって，ソビエト法における検事監督制度についての無理解に発するものである，との反論がなされてきたことも事実である。

　このような背景の下に，ロシアにおいて新たに登場した刑事訴訟法典が「当事者主義」の原則を掲げるということは，一方において当然の経過であり，それは彼の国における自由と民主主義の定着に資するであろうとの評価が予想される。しかし，従来の検事監督制度も——多少の手直しを伴って——維持されたことをどう考えればよいのであろうか。ロシアの刑事手続が採用した「当事者主義」とはどのようなものなのであろうか。本稿の課題はこの点の検討にある。

　なお，当事者主義それ自体の理解について，わが国でも多数の見解が並存していることは承知しているが，本稿ではその内容に立ち入ることはできない。さしあたり，当事者主義とは刑事訴訟の基本構造に関する概念であって，訴訟手続において裁判所にではなく，訴追側と弁護側との両当事者に主導権を認めるものであるとの定義から出発したい。それが多くの場合に，市民の自由と民主主義という視点から，刑事手続の到達した最高の段階であると認識されていることもまた，重要な事実として踏まえておきたい。

2　ロシアにおける司法改革——新刑事訴訟法典の施行——

　ソビエト型の刑事訴訟制度からの改革の動きは，個別的にはすでにソビエト時代 1980 年代後期の「ペレストロイカ」の過程で提起されたものもあったが，1991 年夏の政変を経た 10 月に登場した「司法改革のコンセプト」を起点

308　Ⅳ　非ソビエト化への模索あるいは伝統への回帰

として，一挙に表面化し加速する。ゾロトゥーヒン議員の指導の下に作られた専門家グループによって作成され，ロシア共和国最高会議により議決されたこの長大な文書は，新生ロシアの直面する司法改革の諸課題のうち中心的なものが，司法機関を立法機関や行政権力から独立した権威ある国家機関として確立することにあるとした[3]。同時にそこでは「司法改革の重要な方向」として一連の具体的課題が提起されており，裁判所の独立原則の確認，陪審裁判制度や治安判事制の導入と並んで，刑事裁判における無罪の推定原則，被疑者・被告人の権利擁護のための弁護人選任権の保障など，「当事者主義」の拡大について述べられ，また「身柄の保全その他の訴訟法上の強制処分の合法性についての裁判所による監督を確立すること」が明記されていた。これらは，伝統的に検事監督の対象とされてきた領域に裁判所によるコントロールを導入することによって，公判前段階での被疑者・被告人の自由と権利のより有効な保障を図るとともに，はっきりと検事監督制度への消極的な評価を突きつけたのである。

　この間にあって，新しいロシアの司法制度についての見取り図を示したのは，また，1993 年のロシア連邦憲法[4]である。

　この憲法の一つの特色は，刑事裁判にかかわる規定の多さである。まず「人および市民の権利と自由」として，人身の自由を奪うことは裁判所の決定によってのみ許され，裁判所の決定以前に 48 時間を超えて身柄を拘束することを禁止した（22 条）上で，一般的な裁判を受ける権利（46 条）や法律が認めている場合に陪審裁判を受ける権利（47 条）だけでなく，弁護人依頼権（48条），無罪推定原則（49 条），一事不再理（50 条），黙秘権（51 条），被害者の権利（52 条），刑事法不遡及原則（54 条）などについて，個別に具体的な規定をおいている[5]。また「裁判権」との関わりで，事件審理の公開，欠席裁判の禁止，当事者主義および両当事者の平等といった「裁判の諸原則」（123 条）をう

---

3)　Концепция судебной реформы в Российской Федерации, М., 1992.

4)　すでにソビエト時代に提起されていた 1978 年のロシア共和国憲法の改正は，91 年の連邦制の崩壊と市場経済体制への移行，93 年のエリツィン大統領によるクーデターなどを頂点とする混乱と対立を経て，93 年 12 月に実施された国民投票によって，エリツィン大統領のイニシアティヴの下に作成された草案が採択されることで一応の決着を見た。参照：森下敏男・現代ロシア憲法体制の展開（信山社・2001 年），173-220 頁。

たい，その他方で検事監督制度については特別の規定を設けず，ただ，「検察機関」に関する1ヶ条（129条）を置いたのみであった（後述）。

これら，いわば政治的性格の文書に比べて，刑事訴訟法典の改正には長い時日を要した。

刑事訴訟法典の改正草案の編纂作業は，上記の「司法改革のコンセプト」の成立にも示唆されるとおり，91年の段階ですでに具体的な課題だったのであるが，当時の複雑な政治過程のあおりを受け，司法省と大統領府のそれぞれに作られた起草委員会が並行して進める結果となった。そして，1997年春に下院の立法および司法改革委員会が第一読会に提案したのは前者の手になる草案であったが，この草案に対しては，訴追側と弁護側という両当事者の概念を新たに刑事訴訟に導入し，また訴訟参加者の権利を拡大した反面，被疑者・被告人の身柄保全など強制処分の種類や執行手続きについては「ソビエト型」を維持しているなど，憲法の規定する当事者主義と両当事者の平等の原則を十分に実現していない，との批判が強かった。97年7月，草案を審議した下院本会議では，当然，草案のいくつかの規定をめぐって激しい議論があった後に，最終段階になって，大統領代理コテンコフより，すでに前年の2月に開催された独立国家共同体（CIS）の議会間協議会総会において，エリツィン大統領のイニシアティヴの下に「モデル刑事訴訟法典」が採択されており，それは現在議会に提出された草案とは無関係に大統領府に設けられた起草委員会の手になるものであり，このままでは，独立国家共同体の諸国にモデル法典を提示しながら，提唱者のロシアが別の草案に基づく刑事訴訟法典を持つことになってしまいかねない，という「政治的」な難点が強く指摘され，審議は停止してしまった[6]。

この喜劇的な一幕に象徴されているように，刑事訴訟法典の改正問題は大統領と議会との，また後者内部での各派のさまざまな思惑の入り乱れる政治

---

5) ただし，憲法とともに公布された経過規定によって，「この憲法の規定に従ってロシア連邦の刑事訴訟法典が導入されるまで，犯罪実行の疑いがある者の勾留，拘禁および逮捕について，旧来の手続が維持される」，とされていた。

6) これらの経過については，см. "Российская юстиция", 1997, No. 8, стр. 16-17, 1998, No. 6, стр. 4 и др. 司法省草案についての批判は，また，たとえば，см. http://www.fiper.ru/spr/chapter-2-6. html.（2006.8.17 確認）

310　Ⅳ　非ソビエト化への模索あるいは伝統への回帰

的対立抗争の具となったかの観がある。だが，その背景にあったのは，単に保守的な検事監督制度と「ソビエト型」刑事手続への拘泥だけではなく，当時の深刻な犯罪情勢を背景として，刑事手続の領域での大幅な「民主化と人道化」へのためらいが多くの市民に根深く存在し，それを反映して政府機関もまた立法化に向けた手順をきわめて緩慢に進めたということも，指摘されなくてはならない[7]。

　2年間に及ぶ「妥協・調整作業」を経て99年7月にロシア下院の第2読会に提出された草案の審議は，再び蛇行と停滞の過程を繰り返したあげく，2000年3月のプーチン大統領の登場を経た2001年12月，ついに新しいロシア連邦刑事訴訟法典が成立した。

　新しい法典は，一方において予審制度を存続させ，また被害者の広範囲での手続参加を認めている点において，「ソビエト型」刑事手続の特色を残していると同時に，それからの決定的な転換を図っている。

　新刑事訴訟法典のもたらした変化のうちでも最大のものは，93年憲法にしたがい，訴訟構造における当事者主義を明確にしたことである。法典15条はまず，「刑事裁判手続は当事者主義を基礎として遂行される」と宣言した上で，刑事事件の弁護，訴追および解明の機能は相互に区別され，同一の機関もしくは同一の公務員に負わせられることはない，さらに，裁判所は「刑事訴追の機関ではなく，訴追側にも弁護側にも立たない」とし，そして「訴追側と弁護側とは裁判所の前において平等である」と規定している。このこととの関連で注目されるのは，従来明確でなかった検察官欠席[8]の場合の公判における訴追官について，検察官の委任により捜査官あるいは予審官がその役割を果たすことが明確にされていることである（同法典5条6号）。なお，当事者の一人である被害者については，明確に「訴追側の刑事手続参加者」

---

7)　刑事訴訟法典の制定が遅れたいまひとつの理由は，刑法典などの場合とは異なり，刑事訴訟法典の改正問題は複雑で，単に公開制と民主化・人道化の原則を唱えるだけでは何事も解決しないという事情そのものにあるようである。当時，議員諸氏は自らの手に余る仕事に戻らない方が得策と心得ているのだ，と皮肉られていた。См. "Юридический вестник", 2000, No. 9, стр. 5.

8)　伝統的にロシアの検察制度において検察官と呼ばれるのは各級の検察局の長のみである。起訴状を承認して事件を裁判所に送致する際，検察官は自身が公判に出席するべきかどうかにつき意見を表明し，裁判所はこれを踏まえて検察官の公判参加について決定することとなっていた。だが実際には，検察官が公判に出席して訴追官の役割を演じるのは重大な事件に限られていた。

と規定されている（同42条）。

公判前手続については，上述のとおり予審制度を残したことから，なお「ソビエト型」の特色を多く残しているのであるが，ここでも，とくに被疑者・被告人の身柄の拘束について，検察官ではなく，裁判所の決定が基礎となることとなった。捜査機関が被疑者を逮捕した場合，48時間以内に裁判所による勾留の決定がない限り，釈放されるとされ（94条），一方勾留は，原則として2年以上の自由刑が予定されている場合についてのみ，裁判所の決定で許される。公訴の提起以前の被疑者の勾留は例外的で，その場合には勾留の限度は10昼夜までに限られている（100条）。

裁判システムの複線化はさらに進んだ。とくに第一審裁判所として治安判事が登場し，軽い傷害や名誉毀損といった事件を管轄するようになり，通常裁判所については単独裁判官と裁判官3名の合議体および被告人の請求による陪審制の3種類が存在することとなった。この陪審制の導入ともかかわって，ソビエト時代の「人民参審員」は姿を消した[9]。

3　当事者主義

当事者主義という語の含意するところについては，通常，刑事手続において弾劾主義の方式を採るだけでなく，当事者，すなわち検察官と被告人に訴訟進行の主導権を与える原則をもさすと考えられている。一般に当事者主義は，捜査段階とは機能的に分断された公判段階の手続についていわれることであるが，わが国における「捜査の構造」をめぐる論争にもうかがわれるとおり，この原則を公判前の捜査段階にも及ぼし，できるだけ広い範囲での被疑者・被告人の権利主体性＝当事者性を認めていこうとする考え方も有力である。

この当事者主義の歴史的な淵源をどこに見るか，またその概念の多様性をどこまで認めるかについては，さまざまな見解がある。であれば，かつての

---

9)　ロシアにおける陪審裁判の復活過程とその当初の実情については，参照，上田　寛「ロシアにおける陪審裁判の復活」および上野達彦「ロシアにおける陪審裁判の実情」（ともに『庭山英雄先生古稀祝賀記念論文集・民衆司法と刑事法学』（現代人文社・1999年）に，次いで前著『未完の刑法』に第10章として所収）。

312　Ⅳ　非ソビエト化への模索あるいは伝統への回帰

「ソビエト型」刑事手続も当事者主義（состязательность）の諸原則を採用していたとの主張は，あながち誤りとも言えないであろう。たとえば，かのヴィシンスキーが述べていたような「公開性と両当事者の平等，社会主義的民主主義を基礎としての，両当事者の対審制プラス裁判過程への裁判所自体の積極的な参加こそソビエト的な当事者主義原則である」というような説明は，かなり早くに不正確であるとして捨てられたが，その後多くの刑事訴訟法学者により採られてきた理解は，ソビエト刑事訴訟における当事者主義を，それをコントロールし補充する裁判所の審理への積極的な関与の下での両当事者の対抗と捉えるものであった，とされる[10]。一方，ソビエト時代最後期の代表的な論者であるサヴィツキーは（体制転換を確定した 1993 年憲法を経た後にではあるが），次のように説明していた。

　「当事者主義は司法の最も重要な原則の一つであり，その中に民主的な組織原理と，真実の発見と正義にかなった裁判所の決定のために最大限に好適な条件を作り出す，訴訟原理とを統合している。当事者主義的訴訟の推進，それを妨害する，検察官を当事者としてではなく，何よりも合法性の監督機関とする試みとの，長年にわたる闘争の後に，全種類の裁判手続（憲法裁判，民事裁判，仲裁裁判，行政裁判，刑事裁判）において，当事者主義は日常的な現実となったのである[11]。」

　これらの説明は，とりわけ「裁判所の積極的な関与」を当事者主義の要素の一つとして強調する点において妥協的であり，具体的にどの範囲をこの概念に含めようとしているかは，明確でない。

　ソビエト時代の刑事訴訟法において，当事者主義の原則は，伝統的に，1> 訴追と裁判との区別，2> 当事者との関係での裁判所の積極的で独立した地位，3> 訴追する者と訴追される者との訴訟上の当事者という地位，4> 両当事者の訴訟上の平等，といった要素によって説明されてきた[12]。この原則が，刑事訴訟手続に固有である訴追側と弁護側との対立を反映するものであり，それによって手続の推進が保障されるのだとして，そのような基本構造にお

---

10)　См. Смирнов В. П., Проблемы состязательности в науке Российского уголовно-процессуального права, «Госуд. и право», 2001, No. 8, стр. 53-54.

11)　Савицкий В.М. и Ларин А.М., Уголовный процесс. Словарь-справочник, М., 1999, стр. 163-164.

いてソビエト＝ロシアの刑事訴訟を理解しようとする立場[13]がある一方において，これに批判的な主張も存在した。後者の立場からすれば，訴追と裁判との区別，訴追側からも弁護側からも独立している裁判所の地位は，裁判官の独立と法律のみへの従属という憲法原則，そして事件の状況の全面的で完全かつ客観的な検討という原則から導かれるものである。そもそも，訴追する者と訴追される者とを「当事者」と捉えること自体，法律はこれを拒否し，たとえば1958年の連邦法である「刑事裁判手続の基礎」は「当事者」に代えて「訴訟参加者」の語を用いているではないか，としていた[14]。

　このような当事者主義的理解への否定的な対応は，先のスミルノフの評価にもかかわらず，ソビエト刑事訴訟法学にとってかなりに根深いものである。それは，一方では，裁判官を相戦う両当事者の間の受動的な仲裁者に変えてしまう「ブルジョア的当事者主義」への反発に由来するものであったであろうが，より本質的には，それが両当事者間での相互に矛盾する利益の存在を前提とすることへの批判に基づいている。つまり，ソビエト刑事手続における検察官は，「当事者」ではなく「合法性の守護者」であるとするのであり，それこそは「ソビエト型」刑事手続にとって中核的な制度である検事監督制度の位置づけに発する主張である。

　きわめて鮮明な転換は，ここでも，1991年10月の「司法改革のコンセプト」によってもたらされた。同文書に関するロシア共和国最高会議の決定[15]はその第3項において，連邦制の下での裁判所システムの創設，陪審制の導入，勾留その他の訴訟法的強制処分についての裁判所のコントロールの確立などとともに，「当事者主義，両当事者の平等，被告人の無罪の推定を原則として裁判手続を組織すること」を最も重要な司法改革の方向とみなすと宣言

---

12)　ソビエト時代の刑事訴訟法における当事者主義の理論についての代表的な研究者はストロゴヴィッチである。ここに挙げたのは彼の定義である。См. Строгович М.С., Курс советского уголовного процесса. т. 1, М., 1968, стр. 149-150. 一時期，ストロゴヴィッチは被告人への弁護権の保障と当事者主義とを同一視したようなこともあったが，後にはここに引用したような考え方に近づき，当事者主義が独立した，ソビエト刑事訴訟法にとり固有の原則であることを強調した。

13)　См. напр. Курс советского уголовного процесса. Общая часть (под ред. Бойкова и Карпеца), М., 1989, стр. 171-173.

14)　См. Советский уголовный процесс, Л., 1989, стр. 81 и сл.

15)　Постановление Верховного Совета РСФСР от 24 октября 1991 г. «О концепции судебной реформы в РСФСР».

したのである。事実，これに続いた憲法の改正でも，刑事訴訟法典の改正でも，そこには明確に「当事者主義」がうたわれることになる（既述）。

　ただし，実際には，ここで「当事者主義」は通常手続の公判段階での指導的な原則としてうたわれるに至ったということであって，公判前手続は新刑事訴訟法典においてもなお捜査的・糾問主義的構造のままであり，結局，ロシアの刑事手続は全体として，「職権主義」でも「当事者主義」でもない，「混合的」な手続構造をとっているのだ，という説明もなされており[16]，この慎重な説明がおそらくは正当であろう。とはいえ，当然のことではあるが，そのように言おうとも，この間に進行している激流のような変化が過小に見積もり直されるわけではない。

　憲法改正から新しい刑所訴訟法典の成立までの間，ロシアにおいて当事者主義の理念を強力に推進し，それに従った刑事手続の転換を図ったのは，また，新憲法に基づき 1994 年に登場した（新）憲法裁判所であった。憲法裁判所は，とくに，市民や社会団体の申し立ておよび裁判所からの質問により個々の法律規定の憲法適合性につき審査し，その結果としてそれらの違憲性が判決として公表された場合には，それら法律規定は即座に効力を失うものとされていた（憲法 125 条）ところ，この期間に旧ロシア共和国刑事訴訟法典に関して 20 を超える違憲判決を行なった。それらの中には，たとえば，予審あるいは捜査の不備が公判において補完されえないときは，「疑わしきは被告人の利益に」の原則に従い無罪判決をすべきなのに，事件を補充取調べのために検察官に送致する旨規定していた刑訴法典 232 条および 252 条等は憲法の定める当事者主義原則に反する（1999.4.20），公判の途中に裁判所が新たに被告人以外の者に対し公訴を提起し，彼に身柄保全措置をとることを定めている刑事法典 3 条およびそれに関連する一連の条項は，訴追ではなく裁判を行なう機関としての裁判所の本質に反し違憲（2000.1.14），弁護人の援助を受ける権利を，逮捕・勾留の手続が正式にとられた時あるいは告発提起の時からに限定し，公判前のあらゆる段階での弁護人の援助を受ける権利を実質的に奪っている刑訴法典 47 条 1 項は憲法 17 条等の人権条項に反する

16）　Уголовный процесс. Учебник под ред. проф. Алексеева, Из-во "Юрист" 1995. (Проект "Лучшая юридическая литература"), стр. 12 и сл.

(2000.6.27), 被害者は実質的に訴追側の「当事者」として捉えられ, したがって彼に判決公判に出席し最終弁論を行う権利を制限している刑訴法典295条は憲法の当事者主義に関する諸条項に違反する (1999.1.15), などがある[17]。それら判決は直接に当該法条の効力を奪い, その後に多くが新刑事訴訟法典に反映された。

　かくして, ロシアの刑事手続は「当事者主義」の原則を宣言するに至った。

　だが, 誰もが知るとおり, 法典において何らかの原理の採用を書き留めることは, それが法運用の実態において尊重・遵守されていることと同じではない。とりわけ, ここロシアは, ピョートル大帝以来の検事監督制度を持ち, 裁判所を含めた国家機関から社会団体や個人に至るまでの一切の法違反活動に対するコントロールをそれに委ねてきた国である。

4　検事監督制度の抵抗

　ソビエト時代のロシアにおいて, 検事監督制度の機能をよく示していたのは, 公判前手続における検事の権能と活動の実態である。

　法律によれば検事は, 捜査・予審機関の法律遵守一般を監督することとともに, 次のことを義務づけられていた。犯罪のすべてを摘発し, 一人の犯罪者も刑事責任をまぬがれることなく, また逆に一人の市民も不法にもしくは根拠なく刑事責任その他の責任に問われることのないように, 注視すること。そして, 誰であれ, 裁判所の決定もしくは検事の承認なしには拘禁されることとることのないように監督すること (ソ連邦検察庁法28条)。

　そして, この義務を果たすための検事の活動が, 事件開始, 逮捕, 勾留, 被疑者・被告人の取調べ, 公訴提起決定, 起訴状の点検, といった各段階について予定されていた。捜査・予審機関に対する検事の指示は, これら機関を拘束する。とりわけ, 被疑者・被告人の身柄の拘束につきサンクションを与えるのは検事であった。そして, 捜査・予審手続に対する検事の最終的な

---

17)　刑事訴訟法における憲法裁判所の判決の位置づけについて, см. Ковтун Н. Н., Постановления Конституционного Суда РФ по уголовно-процессуальным вопросам: проблемы законодательной техники и практического применения, «Государство и право», 2001, No. 11.

316 Ⅳ　非ソビエト化への模索あるいは伝統への回帰

監督は，起訴状の検討によって確保される。すなわち，捜査機関もしくは予
審官により作成された起訴状を添えて送致された事件について，検事は5日
以内に裁判所送致またはその他の処置を決定しなくてはならないが，その際
に検事には捜査・予審の適正さについての全面的な審査が要求されており，
ある場合には事件を廃止することも，捜査・予審を別の担当者により再度行
わせることも，できたのである[18]。

　90年代の司法改革はこのような枠組みを根底から覆した。

　ただ，刑事手続の改革の基本方向が当事者主義の確立ということであれば，
本来，予審制度そのものの廃止が課題となるはずである。が，この間の刑事
訴訟法典の改正の動きの中で，そのことは提起されていない。問題となって
いるのはその改革だけである。このことが，改めて，ソビエト型の予審制度
が大陸型職権主義の手続構造における予審制度とは異なり，強化された捜査

---

18)　それに加えて，ソビエト時代以来，検察官はより一般的な「社会主義的合法性」の守護者たる
　地位を与えられていた。明確に，1977年のソ連邦憲法によって検察庁は法律の正確かつ統一的
　な執行に対する「最高監督」を行う機関とされていた。そこでは検事は，法廷において訴追官の
　役割を演じるばかりでなく，地方の権力機関（共産等を除き），その職員，団体，企業の活動に対
　する監督の権限を付与されていた。「一般監督」と呼ばれるこれこそ，ソビエト型検察官を特異
　なものとしていた制度である。検察官は閣僚会議はじめすべての行政機関，公務員，社会団体お
　よび個人の活動を点検・検査し，法違反を発見した場合には，これに対して異議申し立て（プロ
　テスト）を行い，法違反を是正・除去させるものとされていた。検察官のこの一般監督の権限は，
　当然に，裁判所にも及ぶとされていたのである。このような制度の歴史的な淵源は，ピョートル
　1世がスエーデンやプロイセンの制度をモデルに1711年に導入した秘密調査官たる「フィスカ
　ル」の制度を改組し，1722年に検察庁を設けた時点に遡ることができる。当初，検察官は「ツアー
　リの眼」として地方機関や中央の行政機関を監督する機関であったが，1802年以降は司法大臣が
　検事総長を兼ねることとなり，西欧諸国を強く意識した1864年の司法改革によって検察官は純
　然たる訴追機関に改組された。その後，検察制度は，1917年の革命において帝政ロシアの司法制
　度全体とともに廃止され，5年後に復活するという経過をたどった。その際に重要なことは，復
　活した制度が，1864年の改革以降の制度ではなく，ピョートル1世の下での絶対主義時代の制度
　に近いものであったことである。1922年当時，ソビエト政権は地方権力による中央の指示から
　の逸脱に悩まされており，検事監督制度を復活させたのも，こうした地方権力の統制の手段とし
　てかつての検察制度が評価されたからに他ならない。22年の検事監督規程によれば，検察機構
　は司法大臣である共和国検事を頂として中央集権的に組織され，その任務は，<1> 国家機関，社
　会団体，個人の活動の合法性を国家の名において監督すること，<2> 捜査・予審機関および国家
　政治警察の活動を直接に監督すること，<3> 裁判所において訴追を行うこと，および <4> 被拘
　禁者の収容の適正さを監督することとされ，すでにこの段階でソビエト型検察官システムの原型
　が定式化されていた。その後，いくつかの変遷はあったが，ソビエト時代を通じて検事の一般監
　督という制度は残り，その絶大な権限を背景とした検察官に訴訟に代わる迅速な救済手段をとる
　ことが期待され，違法な行政行為によって権利を侵害された市民の訴願は主として検察官に向け
　られるというような実態があった。

第15章　ロシア刑事訴訟法における「当事者主義」原則　*317*

の一形態であったことを示していると捉えることもできよう。

　予審制度の改革の動きはすでにソビエト時代にもみられた。1970 年代末に，検察庁と内務機関の予審官を統合し，立法機関に従属する連邦予審委員会を設立するという提案が検討されたこともあり，また第 19 回ソ連邦共産党協議会（1988 年）の決議は，内務機関にほとんどの予審事件を集中する一方，地方の内務機関から独立した予審部門を設置するとともに，予審に対する検事の監督を強化するという立場をとっていた。それらはそれぞれ，予審官を検察庁や内務機関内での「行政的な従属関係」から解放し，予審機関を充実させその立場を強化することによって，捜査活動の客観性と中立性を担保し，取調べ水準を引き上げることを目指すものであった。これら提案は当時のさまざまな政治的事情のために実現されなかったが，91 年の「コンセプト」はあらためて独立した予審委員会の設置という方向を打ち出し，94 年に大統領府の委員会が公表した刑事訴訟法典草案もそれに従い，独立した予審委員会の設置を予定していた。

　最終的に成立した刑事訴訟法典も，予審制度の維持とその内容についてソビエト時代のそれを基本的に踏襲している。したがって，大きな枠組みは変化しなかったが，公判前手続における防禦権の保障のあり方については既に多くの変化が見られる。

　本来，憲法 49 条が明確に，「犯罪の実行につき訴追されている者は，連邦の法律に規定された手続に従ってその有罪が証明され，裁判所の判決の法的効力が確定されるまでは，無罪とみなされる」，と無罪の推定原則を宣言したことからも，検察側と対等な立場での弁護側の防禦権行使の保障が導かれるはずである。しかし，捜査・予審手続は本質的に密行して進められることが多く，また強大な捜査機関の活動に支えられた捜査官や予審官に対抗して弁護側が十分な公判準備の活動を進めることも容易ではない。ここにおいて問題は，ソビエト型の公判前手続において，身柄保全をはじめとする強制処分にサンクションを与え，それらの合法性を保障する機関として，裁判所ではなく検察庁があてられていたことである。

　この問題について，93 年のロシア連邦憲法は 180 度の転換を行い，捜査・予審段階での裁判所のコントロールを基本的なものとした。その端的な表れ

318　Ⅳ　非ソビエト化への模索あるいは伝統への回帰

が，逮捕・勾留を裁判所の決定にもとづいてのみなされると定めた憲法 22 条
第 2 項であるが，そのような対応は，国際人権規約 9 条第 3 項の規定（「刑事
上の罪に問われて逮捕され又は抑留された者は，裁判官又は司法権を行使すること
が法律によって認められている他の官憲の面前に速やかに連れて行かれるものと
し，妥当な期間内に裁判を受ける権利又は釈放される権利を有する。」）を強く意
識したものであると説明される。これをうけて，新刑事訴訟法典は，まず，
逮捕について，「捜査機関，予審官もしくは検事」が，一定の事由の存在を前
提として，犯罪被疑者を逮捕できることを規定している（91 条）。「一定の事
由」とは，その犯罪が自由剥奪以上の刑を適用されうる者であって，犯罪実
行の現場で逮捕されたなどの状況である場合（同条 1 項），またその他の犯罪
については，逃走を図り，定まった住所を持たず，あるいはその身元が明ら
かでないなどの場合（同条 2 項）である。これらの場合には，逮捕手続きにつ
いて裁判所の関与は要求されていない。しかし，逮捕の手続については，厳
格な時間的制約の下に，かなり詳細な規定が置かれている。たとえば，被逮
捕者が捜査機関に連行された時から 3 時間以内に，予審官もしくは検事に対
し，逮捕の時と場所および理由と共に，被告人にその訴訟法上の権利を告知
したことを記載した報告書が提出されねばならず（92 条 1・2 項），また捜査機
関が逮捕した場合は，逮捕後 12 時間以内に，その事実を検事に対し文書で通
知しなければならない（同条 3 項）。そして，逮捕の時点より 48 時間以内に
裁判所により勾留手続きがとられない限りは，被疑者は釈放されるのである
（94 条 2 項）[19]。

　一方，勾留の決定は明確に裁判所の権限に移された。刑事訴訟法典は被疑
者・被告人の身柄保全の処分として，不移動の誓約，保釈金，勾留など一連
のものを規定しているが，それらのうち勾留のみ，裁判所の決定によること
を必要条件としている（108 条 1 項）。勾留期間については，刑事訴訟法典は
従前どおり勾留期間の限度を原則 2 ヶ月とした上で，その期間内に予審が終
結しないときには，地区裁判所裁判官により 6 ヶ月延長できる旨規定した

---

19)　また，95 年に旧刑訴法典に導入された通知制度も維持された。刑訴法典 96 条は，捜査官，予
　審官もしくは検事が，逮捕後 12 時間以内にその事実を被疑者の肉親の一人に通知するものとし
　ている。例外的に，検事の承認を得てこれを秘密にすることも許されてはいるが（同条 4 項），こ
　のような規定の持つ重要な意味については，あらためて述べる必要もないであろう。

第15章　ロシア刑事訴訟法における「当事者主義」原則　　*319*

（109 条 1 項，2 項）[20]。

　刑事事件への弁護人の参加時期については，すでに 92 年の段階で旧刑事訴訟法典 47 条が全面的に改正され，従来の「捜査・予審の終了時」を原則とする態度から変化し，告発の提起に先だって被疑者が逮捕もしくは勾留された場合には，彼に逮捕状もしくは勾留決定が提示された時から弁護人の参加を認めることとされていた。捜査弁護の承認に踏み切ったのである。新刑事訴訟法典も当然にこの原則を採用している（49 条 3 項）。また，被疑者・被告人がその身柄を拘束されている場合にも，彼らが弁護人と回数および時間の制限なく面会することを認める規定が置かれた（47 条 4 項 9 号，12 号）。

　これに対応して，弁護人の権利も拡大された。弁護人は被疑者・被告人に有利な事情を明らかにするために法律上許されたあらゆる手段を用いて活動することを義務付けられているが，新しい刑事訴訟法典でもきわめて具体的に，弁護人が被疑者・被告人と回数と時間の制約なく面会し，その取調べに同席し，逮捕状もしくは勾留決定を確認し，捜査員もしくは予審官に質問し，捜査・予審の記録を検討し，証言や資料を検討するなどの権利を持つことが確認されている（53 条）。

　以上にその断片を見た公判前手続の改革の中に示されているものは，合法性の担い手としての検事の全能に依存した後見者的な刑事手続からの離脱の志向であり，当事者主義と令状主義を核心とする新たなそれへの移行の意思である。これを，検事監督制度はどのように受け止めたであろうか。

　ソ連邦の崩壊とロシア連邦の発足という事態の推移にともない，1979 年のソ連邦検察庁法を基礎に，しかし新規の法律として，1992 年に制定された「ロシア連邦検察庁法」は検事監督の対象と限界を定めていたが，そこには，ロシア連邦における法律の履行に対する監督が含められ，検事は法律違反を除去するための措置をとることが認められ，そして同時に，犯罪を実行した者に対する訴追の任にあたるものとされていた。彼には，行政機関，社会団体，企業，公務員による法律の履行とそれらの行為の合法性に対する監督の権限

---

20)　それ以上の延長については，重大かつ複雑な犯罪事件に関してのみ，12ヶ月まで，また例外的な場合に限って，ロシア連邦検事総長の承認にもとづく請求を受けて，連邦構成主体の裁判所の裁判官により 18ヶ月まで，延長されうるものとされた（同条 3 項）。

が認められたわけであり，つまりは一般監督制度は維持されたのである。もっとも，従来の一般監督には一定の制約が課され，検事は職権にもとづいて各機関等を査察し，法律の履行を監督するのではなく，市民の告発をまって行動するものとされたが，しかし，監督の対象については限定はみられなかった。

その後，92年の検察庁法は95年，97年，99年，02年，04年，05年と，毎年のように改正をほどこされた。いずれの改正でも，それまでの批判の論議にもかかわらず，またこの間に成立したロシア連邦憲法（93年）が検察機構に関しわずかに1ヶ条だけを裁判所に関する章の中に置き，その権限や機能については全て法律に委ねて，明らかに検察制度を縮小する方向を明確にしていたにもかかわらず，新しくなるほど検察機構は強化され，一般監督制度も維持された。「連邦の省および官庁，連邦を構成する各主体の代表（立法）機関および執行機関，地方自治機関，軍事行政機関，監督機関，それらの公務員による法律の執行，ならびにそれらにより発せられる法的文書の法律適合性」を対象として，検事は監督権限を持ち，必要な場合に異議申し立て（プロテスト）を行い，意見を述べ，公務員の法違反に対して刑事事件もしくは行政処分手続を提起することができるのである（ロシア連邦検察庁法1，21—25条）。

司法改革の基本方向に逆行するかに見えるこのような動きの背景には，社会主義体制崩壊後のロシアにおける法秩序の解体状況に直面しての危機感が存在すると見るべきであろう。犯罪の激増と違法な経済活動の横行に象徴される，法秩序の解体状況への苛立ちが一般監督制度維持の強力な論拠となったことは否定できない。このことを明確に述べているのは，ある検事の，「われわれが強力な検事を支持する論拠は，現在の合法性の危機的状況と社会の危険な犯罪化の条件のもとで，その監督機能を縮小することが危険であるだけではなく，有害であるということにある」，との言葉である[21]。

さらに，見落とすことのできないのは，プーチン大統領の誕生以降この国で顕著となっている大ロシア主義的な動き，それと結びついた中央集権的な

---

21) 《Госуд. и право», 1994, No. 5, стр. 27.

法治国家の樹立と統治能力の回復への動きがこの問題に及ぼす影響である[22]。大統領就任直後の 2001 年 1 月，クレムリン大会宮殿で開催された全ロシア検察活動家大会の席上，プーチン大統領は検察機構の活動を賞賛し，「広範な機能と強力な監督権限が検察庁をして，国内における弱体な合法性と法秩序の遵守機関を埋め合わせるものとしている」のだと述べ，検察機構への信頼と依存の姿勢を露わにした。さらに検察官の増員についてまで述べた大統領の発言によって，大会宮殿はあたかも祝賀会の様相を呈し，ウスチノフ検事総長が高らかに，もはや検察機構の改革はおわったと宣言した，というような一幕もあった[23]。99 年改正以後は，検察庁法第 1 条が検事の一般監督権限を明記し，それをむしろ憲法的監督にまで引き上げたことから，逆に，憲法改正を要求する声さえある[24]。

しかし，このような空騒ぎにもかかわらず，ロシアの検察制度が新たな条件の下でも「合法性の守護者」としての地位を保持しうるかという問いへの回答は，長期的に見たときには明らかに消極的なものとならざるをえない。当事者主義の刑事手続は監督者＝後見人を必要としないのである。

5 残された課題

「昔から知られているとおり，当事者主義は訴訟を複雑にする。被告人に訴追に対し争うことを認めず，当事者なしに手続を進めた方がはるかに簡単である。しかし，そのような訴訟には公正な裁判の十分な保障はないし，ま

---

22) その心理をよく示しているのはプーチン大統領が就任前に明らかにした「ミレニアム論文」（99 年 12 月 31 日）に開陳されているロシア観である。この論文の中でプーチン大統領は，ロシアの伝統的価値としての「愛国心」，「大国としての地位」，「国家の強権 [Государственничество]」（国家こそが秩序の源泉，保証人であり，またあらゆる変革の創始者にして主たる動力である），「社会的連帯」（個人主義の否定）を強調し，ロシアが西欧諸国とは異なった道を進むことを宣言した。この基本的立場に，さらに，ロシア連邦が分散化の危機に瀕しているという認識が加わるとき，1922 年のレーニンの対応と同様，検事監督制度の強化こそが最適の選択肢として立ちあらわれることは必然である。

23) См. «Политика и общество», No. 3, 12 января 2001 г.（http://www.vremya.ru/2001/3/2/6411.html—2001.10.14 確認)

24) Рохлин／Стуканов, Прокурорский надзор в Российской Федерации：проблемы и перспективы, «Правоведение», 2000, No. 5, стр. 158.

322　Ⅳ　非ソビエト化への模索あるいは伝統への回帰

た，ありえない。たとえ，当事者主義の発展と強化の方向への立法の改善が
訴訟をいくらか複雑にしようとも，それは公正な裁判と市民の権利の保障を
強固にするものであり，それゆえ，そのような改善は必要であり，また不可
避なのである[25]。」かつて，ソビエト権力の再生を目指したペレストロイカの
時代に，当時の弁護士界の指導的な理論家ステツォフスキーと刑事訴訟法学
者ラリンは，目ざされるべきソビエト型刑事手続きの革新方向をこのように
捉えた。彼らが必要かつ不可避とした刑事手続の当事者主義化は，おそらく
は彼らが予想したものとは違った過程をたどって，またその内容にもさまざ
まなぶれや不十分さを伴って，ロシアの刑事手続に定着しようとしている。
だが，はたしてロシアの刑事手続はこのまま「当事者主義」化の進路をたど
り続けるのであろうか。本論において指摘したとおり，その見通しは必ずし
も簡明ではない。

　あるいは，「当事者主義」は刑事手続一般に普遍的な原理ではないのかもし
れない[26]。かつて平野龍一は，「当事者主義の訴訟は，合理的な精神を前提と
する」と断言した。「当事者主義訴訟は，国家権力を悪とし，『権限を持つも
のには権威を与えてはならない，権威を持つ者には権限を与えてはならない』
とする思想を背景とする。そしてはじめから（すなわち，捜査機関の）権力の
行使を制限しようとするのである[27]。」であれば，ロシアにおける当事者主義
の命運はかなりに危ういといわねばならない。われわれの目の当たりにして
きたかの国の社会変動も，近時の報道に示されるさまざまな動向も，まさに
ロシアにおける当事者主義の「前提」ないし「背景」の脆弱性を示している。

---

25)　Стецовский Ю.И. и Ларин А.М., Конституционный принцип обеспечения обвиняемому
　　права на защиту, М., 1988, стр. 129.

26)　井戸田侃の「わたくしは，刑事訴訟の歴史は，糺問主義から『訴訟』構造へ，『訴訟』構造の
　　なかでも，職権主義から当事者主義へという過程をとっているものと考えている。」という言葉
　　にもかかわらず，である。参照・井戸田侃・刑事訴訟理論と実務との交錯（有斐閣・2004年）125
　　頁。

27)　続けて，「しかし，現在の都市化し，社会化した国家においては，国家権力をただ排斥するだ
　　けでは，すまされない。捜査機関に多かれ少なかれ，権限を与えざるをえなくなる。これを否定し
　　て当事者主義の形骸だけを維持しようとすると，権力は法外の暴力となり『保障のない糺問主義』
　　（Inquisitorial system without its guaranty）となる危険もある。そこで，むしろ権力に権限を与
　　えて，そのかわりにこれを法的にコントロールした方が得策ではないかという問題がおこる。」
　　と。平野龍一・刑事訴訟法（有斐閣・1958年）19頁。

しかも，ここには強固な検事監督制度がなお残存しているのである。

　激しい歴史的振幅を経て法的定着を見たロシアの当事者主義が，今後，どのように展開していくか——いましばらく注視を続けなくてはならない。

第16章　犯罪被害者の人権*

1　はじめに

　従来より多くの近代国家において，犯罪者の人権保障に比して，犯罪被害者の人権に対する配慮は乏しい状況にあった。その背景には，憲法上にも，刑事訴訟法上にも，次のような伝統的観念があった。すなわち犯罪に対する法的効果としての刑罰は，国家が犯罪者に対する法益（生命・自由・財産）の剥奪であるため，国家はどのような理由にもとづいて犯罪者に刑罰を科すことが許されているかという問題，言い換えれば国家による刑罰の公平な適用とこれにともなう犯罪者の人権保障をどのように担保するかという問題である。このために歴史的には，刑事訴訟の担い手としての国家と被疑者および被告人の双方による制度の整備が中心とされていた。これに対して，近年において日本や欧米のなかで，犯罪被害者の法的地位（権利保障）を憲法や刑事訴訟法のなかで明確に確保すべきとの議論が生まれてきた。こうした世界的な傾向は，ロシア連邦にも影響を与えつつある。以下に，憲法上の規定と刑事訴訟法上の規定に依拠しながら，犯罪被害者の権利保障について検討する。

2　憲法上における犯罪被害者の人権

　1993年のロシア連邦憲法は，第52条において，犯罪被害者の人権保障を次のように規定した。「犯罪や権力の濫用による被害者は，法律によってこれを保護する。国家は，被害者に対し，裁判や被害の賠償を受ける機会を保

---

*　本章に収録された論文は，平成9-11年度における科学研究の成果報告書『体制転換期ロシアにおける人権の理論的，実証的研究』（2001年）の一部からである。犯罪被害者の法的救済には，憲法上の人権，刑事訴訟法上の付帯私訴などの制度の活用がどのようであるか，その実証的研究の課題となる。

障する」。この規定は，憲法第 2 条「人と市民の権利および自由の承認，遵守および擁護は，国家の義務である」こと，また憲法第 45 条「人と市民の権利および自由の国家的保護は，ロシア連邦においてこれを保障する」こと，さらには憲法第 46 条「各人には，その権利および自由について裁判による保護を保障する」ことなどによって関連づけられている。

ところで「犯罪や権力の濫用による被害者」とは，憲法コンメンタールによれば，刑法に規定された多くの犯罪（そのなかにはロシア連邦刑法典第 285 条「公務の権限濫用」を含む）や「これと並んで，刑事だけでなく，規律または行政法違反である濫用」による人身（被害者）の権利保障とされる[1]。

こうした被害者に対して，裁判や被害の賠償を受ける機会を通して国家による救済が行われる。例えば，「犯罪によって被害を受けた者は，刑事手続において被告人または有責者の行為について実質的な責任を負う者に対し付帯私訴を提起する権利がある[2]」などである。

3　刑事訴訟法上における犯罪被害者の人権

ロシア連邦における刑事訴訟法典は，ソ連邦時代の 1960 年に制定された「ロシア共和国刑事訴訟法」が，度重なる改正を経て，現行法として存在している。新しい刑事訴訟法典の編纂作業が行われており，いくつかの草案の存在も確認されているが，未だ成立にいたっていない。従って，ここではソ連時代の社会主義法の名残を維持した「ロシア共和国刑事訴訟法」における犯罪の被害者保障制度について，若干の検討をおこなう。

まず犯罪の「被害者」の定義が，第 53 条のなかで次のように規定されている。「被害者とは，犯罪によって，道徳的，身体的または財産的損害を加えられた者をいう」。このなかで，特に「道徳的損害」は，A.C. カブリコフ他著『刑事訴訟法教科書』（1995 年）によれば，「積極的な社会生活を維持することを不可能にするような親による虐待，仕事を失ったこと，家族や医療の秘密

---

1)　ロシア連邦科学アカデミー国家と法研究所編『ロシア連邦憲法コンメンタール』露語 1997 年，343 頁，ロシア連邦政府付置立法および比較法研究所『ロシア連邦憲法コンメンタール』露語 1996 年，225 頁などを参照。

2)　ロシア連邦政府付置立法および比較法研究所『ロシア連邦憲法コンメンタール』露語 227 頁。

第16章　犯罪被害者の人権　　*327*

を暴露されたこと，市民の名誉，尊厳または仕事上の風評をけがすような事
実ではない情報を流布したこと，何らかの権利を一時的に制限されたかまた
は剥奪されたこと，身体的傷害を引き起こしたことに伴った身体的病気，そ
の他の健康を損ねたことに関連した，もしくは道徳的な苦痛の結果引き起こ
された病気，またその他何らかの権利を一時的に制限されたかまたは剥奪さ
れたことと関連した道徳的な心労のなかにある[3]とされている。こうした犯
罪の被害者に対しては，事件についての供述権，証拠の提出，忌避および不
服申立権などの権利と義務が次のように明記されている。「犯罪による被害
者と認められた市民は，事件について供述をおこなう権利をもつ。被害者お
よびその代理人は，次のような権利をもつ。証拠を提出すること，申し立て
をおこなうこと，予審が終結した時から事件の全資料を検討すること，公判
に参加すること，忌避を申し立てること，捜査官，予審官，検察官および裁
判所の行為に不服申し立てをおこなうこと，ならびに裁判所の判決または決
定および人民裁判官の命令について不服申し立てをおこなうこと」（第53条
2項）。このような犯罪被害者の権利は，被害者が死亡した場合の犯罪事件に
ついて，その近親者がこれをもつ（第53条4項）。また，「被害者の権利を本
質的に侵害することは，判決の取り消しの理由となる[4]」。こうしてソ連邦時
代から刑事訴訟法上における被害者の地位に対する配慮は，被告人の人権保
障に重心が置かれてきた欧米・日本のそれとは異なったものとなっている。
近年，これらの諸国において刑事手続きにおける被害者の法的地位に関する
論議がおこなわれているなかで，ロシア（ソ連邦）刑事訴訟法における被害者
の権利保障制度には学ぶべきものがあると思われる。

　なお，前記『刑事訴訟法教科書』は，犯罪被害者の訴訟法上の地位につい
て次のようにまとめている。「被害者の訴訟法的地位は，証言をおこなうこ
とは権利ばかりではなく，被害者の訴訟法的義務であることによって性格づ
けられる。彼は，証人尋問規則に則って尋問される。被害者が証言をおこな
うことを拒否したり，またはこれを怠った場合，ならびに故意に虚偽の証言
をおこなった場合には，刑法第181条および第182条によって刑事責任を問

---

　3)　A.C. カブリコフ他著『刑事訴訟法教科書』（露語），1995年，57頁。
　4)　同上書，58頁。

328　Ⅳ　非ソビエト化への模索あるいは伝統への回帰

われる[5]」。

　次に，刑事訴訟における民事請求権ともいうべき，付帯私訴の規定である（第29条）。この規定は，次の通りである。

第29条　刑事事件における付帯私訴

　犯罪によって被害を受けた者は，刑事手続きにあたり，被告人に対し，または被告人の行為に対する実質的責任を負っている者に対し，付帯私訴を提起することができる。付帯私訴は，刑事事件とともに裁判所によって審理される。刑事事件における付帯私訴は，国税を免除される。

　付帯私訴権は，刑事事件が着手された時から公判の開始までにこれを提起することができる。民事訴訟手続きによっておこなわれた訴えが棄却された場合，原告は刑事事件について同一の訴えを重ねて提起する権利を失う。

　検察官は，市民の国家的または社会的利益または権利の保護が求められる場合には，付帯私訴を提起し，または被害者が提起した付帯私訴を維持する。

　裁判所は，付帯私訴が提起されていない場合には，判決を作成するにあたり，職権によって，犯罪によって引き起こされた被害の賠償についての問題を解決する。

　刑事事件によって提起された付帯私訴の立証は，本法典に定められた規定によりこれをおこなう。

　刑事事件によって付帯私訴を提起しなかった者，ならびにその付帯私訴が審理されなかった者は，民事手続きによりこれを提起する権利をもつ。

　このような刑事手続きのなかに「付帯私訴」というような民事的な規定は，その他にも例えば「私訴原告」（第54条），「私訴被告」（第55条），「被害者，私訴被告および私訴被告の代理人」（第56条），「私訴原告の認定」（第137条），「判決の作成にあたっての付帯私訴の解決」（第310条），「付帯私訴の保障」（第311条）などいくつか存在している。このような私訴制度は，どのようなために導入されたのであろうか。ソ連邦時代においてこれが導入された背景には，企業や工場などで被害者に代わって企業長や工場長などの上司による提訴の存在があるとすれば，社会主義的な独自の制度と考えられる。しかしこれに対して，このような制度は，ロシア法（革命前からの）に固有の政治訴訟と民事訴訟との未分化からくる訴訟制度とすれば，それは前近代的な遺物であると言える（日本の旧刑事訴訟法には，類似の付帯私訴制度が存在していた）。

---

5)　同上。

第16章　犯罪被害者の人権　*329*

このような問題について，新しい刑事訴訟法典がどのように規定するか関心のもたれるところである（少し古いが，1990年に公表された「ソ連および連邦構成共和国刑事訴訟法の基礎（草案[6]）および1991年に公表された同名の草案[7]によれば私訴原告や私訴被告についての規定がある）。またこのような制度の起源についての課題も残る。その他の犯罪被害者に関連する刑事訴訟法上の規定としては，次のようなものがある。以下に列記する。

取調官による被害者，私訴原告や私訴被告などへの忌避権の説明（第129条3項），取調官による被害者，私訴原告や私訴被告などへの事件の資料の閲覧（第200条3項），起訴内容に関する公判参加者（被害者，私訴原告や私訴被告など）への提案権（第298条），被害者の捜査機関や裁判所への出頭，質問に答える義務（第75条），証人尋問規定による被害者の尋問（第287条）。

4　犯罪被害の実態

1990年より毎年発行されているロシア連邦内務省・ロシア連邦司法省・CIS統計委員会共同編集『犯罪と法違反』およびロシア内務省・中央情報センター共同編集『ロシアにおける犯罪の状況』によって，犯罪の件数や被害の総額などが統計的に明らかにされている。最新（1995年および1996年内）のこれらの資料から，いくつかの特徴を見てみよう（以下の統計は，『ロシアにおける犯罪の状況』1996年版と1997年版によった）。

まず，主な人身犯罪による被害者については，以下の通りである。

	1995 年	1996 年
殺人（未遂を含む）	31,703 件	29,406 件
重傷害	61,734 件	53,417 件
強姦	12,515 件	10,888 件
強盗	37,651 件	34,584 件
公然奪取	140,597 件	121,356 件

---

6)　『ソビエト国家と法』1990年2月号。国家と法研究所案
7)　「イズベスチャ」1991年6月28日最高会議作業委員会案（公式案）。

第17章　矯正労働法から刑事執行法へ*

1　はじめに

　ソビエト時代に導入された「矯正労働」思想は，その最初の法典であるロシア共和国矯正労働法典（1924年）のなかに受刑者に人道的矯正処分を適用し，また彼らに再教育手段（労働，教育，文化啓蒙など）を定めることによって法的な根拠を得た。その結果，この法典は，刑法の近代学派（新派）からその思想に親和するものとして賞賛された。例えば，この法典を詳細に紹介・検討した正木亮は『行刑上の諸問題〔増補版[1]〕』のなかで次のように述べている。「監獄改良の必要ある諸点に残りなく触れた法律が1924年のソヴィエト・ロシアの労働改善法であった」（増補版の序），「良民を作るが為の基本として人たるの価値を保障し，行刑を社会化──作業において，社会との接渉に於て──せしめたことに，此の法律の精神があることを認めねばならぬし，また推賞せねばならぬことである」（結論）。

　しかし，この法典の精神が現実にソビエトの行刑政策のなかに反映されていたかについては，論証を必要とするであろう。これについては，ソ連邦が解体されたいま，ソビエト行刑全体の総括としてのちに検討されなければならない課題である[2]。

　ところで，ソ連邦解体ののちのロシア社会の急激な社会変化のなかで，新しい刑罰執行体系への模索が新行刑法の編纂事業とともに始まった。すでに

---

　* ソ連邦の解体からまさに「矯正労働法から刑事執行法へ」の記述が示しているように，かつて刑法理論の一方の雄であった近代（実証）学派は，理論的後ろ盾を失った。行刑分野では，ソ連邦からロシア連邦へと行刑体制への転換が行われた。今後，どのような行刑が行われるか，しばらく注視しておかなければならない。本章は，藤田勇・杉浦一孝編『体制転換期ロシアの法改革』1998年）に収録されている。

　1)　正木　亮『行刑上の諸問題（増補版）』（有斐閣，初版1929年）

332 Ⅳ 非ソビエト化への模索あるいは伝統への回帰

いくつかの行刑法草案が公表されているが, まだ新法典とはなっていない
(「追記参照」)。当面は, 現行法 (1970 年ロシア共和国矯正労働法) がリフォーム
されているという過渡的な状況にある。本稿では, こうした行刑法の現状に
ついての把握と将来の行刑法についての展望を示すことにしたい。

2　行刑法の任務の変遷――矯正・再教育法から執行法へ

　現行の 1970 年矯正労働法は, その任務 (第 1 条) について「刑罰の執行の
保障」,「行った犯罪に対しての懲罰だけでなく, 労働に対する誠実な態度,
法律の正確な執行と社会主義的共同生活規則への尊敬の精神によって受刑者

---

2)　ソビエト時代の行刑実態については, わが国でも, 古くから翻訳や見聞記を通して紹介され
てきた。例えば, シルウインド『サヴェート同盟の監獄』(希望閣, 1931 年), レンガ・フォン・
ケルバア (大下晋平訳)『ソヴェト刑務所物語』(現代文化社, 1935 年) が公刊されたものとして
知られている。部内資料的なものとしては, ペ・ヤーコヴレフ『ソ連における政治犯取締政策と
強制収容所の実体』(公安調査庁・公安調査資料, 1956 年 4 月 22 日号) などがある。また見聞記
としては, 団藤重光『刑法紀行』(創文社, 1967 年) のなかで矯正施設について紹介されている。
その他に 1966 年にモスクワで出版された高等教育用の矯正労働法についての教科書の翻訳とし
て,『ソ連の行刑法』(法務資料第 409 号, 1969 年) がある。
　ところで, 従来よりソビエト行刑施設内の内容, 例えば受刑者の数や罪種, 性別や年齢その他
の特徴についての客観的な資料に基づいたデータは決して十分とはいえなかった。こうしたな
かで, 1989 年にソ連邦内務省が行った各種の矯正施設についての特別調査が公表された。現在
までに入手できたものについて以下に列挙する。
　ミフリーン『受刑者の一般的特徴』(1991 年) では,「自由剥奪に服している者の特徴 (性, 年
齢, 家族状況, 労働能力, 教育の程度, 職業の種類, 居住登録の有無, 罪種, 前科, 刑期, 服役
の場所, 受刑者の労働活動など)」,「条件付自由剥奪に服している者および労働に義務的に就く
ことを伴った自由剥奪場から条件付釈放される者の特徴 (内容は上記に同じ)」,「矯正労働に服
している者の特徴 (内容は上記に同じ)」,「一定の職に就く権利または一定の活動に参加する権
利の剥奪により刑に服している受刑者の特徴 (内容は上記に同じ)」,「条件付および判決の執行
猶予付受刑者の特徴 (内容は上記に同じ)」が報告されている。
　ロマノフ『刑務所で刑に服している受刑者の特徴』(1991 年), リシャギン『教育労働コロニー
で刑に服している受刑者の特徴』(1991 年), クジュネチェンコ『一定の職に就く, または一定の
活動をおこなう権利を剥奪された受刑者』(1991 年), パテンキナ『矯正労働に処せられた受刑者』
(1991 年), バンダレフ, カレトニコフ『医療作業施設に収容された者の特徴』(1991 年), マブ
リーン, セレーダ『財産犯罪に対する受刑者の特徴』(1991 年) も, それぞれ興味深いデータを提
供している。このような調査に基づいた資料の分析によって, ソビエト行刑の総括が可能とな
り, 新しい行刑政策への展望が生まれてくるものと思われる。
　なお, 特別調査と直接に関係はないが, 関連した行刑文献として, カマリツキー『自由剥奪を
伴わない刑罰の執行の効果』(1992 年), ボリレワ『長期の自由剥奪』(1992 年), アリエフ『矯正
労働施設における麻薬中毒受刑者への教育的感化の基礎』(1992 年), ブリアント, パテンキナ,
ルジニコフ『執行猶予と労働を義務とすることを伴った条件付釈放』(1992 年) などがある。

を矯正（исправление）」し，再教育（перевоснитание）すること」などを規定
している。これについて，例えば 1973 年に発行された『ロシア共和国矯正労
働法典コンメンタール』によれば，「受刑者の矯正と再教育の目的」として矯
正労働法が刑罰の目的を担保する，としたうえで，矯正とは，「人間の行動の
一定の修正」，「人間の意識と行動を作り直すこと」であり，また再教育とは，
「個々の見解ばかりでなく，主体の人格全体を作り直すこと[3]」と書いていた。
そしてこれら両者は，不可分の関係にあることも指摘していた。しかし，
1994 年に発行された『ロシア共和国矯正労働法典コンメンタール』によれば，
刑罰の目的としての「受刑者の矯正と再教育」は，「受刑者の社会的に有益な
活動への復帰，人間の社会生活の法則や規則に対する尊敬を植えつけること，
社会生活への適応」にあるとしつつも，「矯正と再教育」という用語を区別す
ることについては実務上再検討の要があると述べている[4]。具体的には，「再
教育」という用語を放棄することの提案である。このことは，すでに 1991 年
刑事立法の基礎第 28 条が「刑罰の目的」として受刑者の矯正のみをあげてい
ることによっても明らかである，としている。

　また，1992 年に刊行されたクレチエトニコフの小冊子『格子の向こう側の
生活』のなかでも，「ソビエト矯正体系」の根本的な改革の必要が強調されて
いる。著者は，「改革」のために 7 項目の提案を行っているが，そのなかで「再
教育」思想について次のように述べている。「わが国の懲罰実務の基礎にお
かれた成人に対する『再教育』思想は幻想であるということに同意する時で
ある。その源は，ヘンリーヤゴダを父とした『人間素材の打ち直し』論のな
かにあった」。「多くの実務家はずっと前から，何人を再教育するのではなく，
刑罰を執行することに関心をもってきた」。「新しい立法は，『矯正労働』法で
はなく，『刑事執行』法と改められるであろう[5]」。

　なお，後述する近年の行刑法草案のなかでも，このような提案が生かされ
ている。例えば，1990 年「ソ連および連邦構成共和国刑罰執行法の基礎（草
案）」は，第 1 条「任務」として「受刑者に対して矯正手段を適用すること」

---

　3)　『ロシア共和国矯正労働法典のコンメンタール』（モスクワ，1973 年露語）
　4)　『ロシア共和国矯正労働法典のコンメンタール』（モスクワ，1994 年露語）5-6 頁参照。
　5)　クレチエトニコフ『格子の向こう側の生活』（モスクワ，1992 年露語）26-27 頁。

334 Ⅳ　非ソビエト化への模索あるいは伝統への回帰

と規定している。また 1992 年に公表された「ロシア連邦刑罰執行法典（草案）」も，「受刑者の矯正」（第 1 条）をその任務としている。さらに 1995 年「ロシア連邦刑事執行法典（草案）」も，同様である。

　ソビエト時代にも，「矯正と再教育」の概念をめぐる問題についての議論はあった。この二つの概念を行刑の基礎に置くことの意味について，多くの論者は肯定的であったが，その区別についての科学的な根拠づけは明確でないとした見解も少数ながら存在していた（例えば，ノーイ[6]）。「矯正と再教育」という概念がなぜ長きにわたってソビエト行刑の目的に据えられていたかについては，改めて検討すべき課題となろう。しかし，ソ連邦からロシア連邦への体制転換のなかで，行刑の目的をめぐっての上記のような状況は，ソビエト行刑政策からの転換を示す一つの証左ともいえるのではなかろうか。

3　1970 年ロシア共和国矯正労働法典（現行法）の改正

　現行の 1970 年ロシア共和国矯正労働法典は，ソ連邦崩壊後の 1992 年 6 月 12 日，受刑者の権利を大幅に拡大するための改正が行われた（『ロシア新聞』1992 年 7 月 21 日付参照）。そのなかで，重要と思われる改正について以下にみてみたい。

　まず，「受刑者の良心の自由」（第 8 条の 1）が新設された。そこでは，受刑者の良心および宗教の自由の保障，地域内の文化施設訪問（移住地コロニー等の受刑者），聖職者を呼び，宗教的儀式の執行，宗教上の書物の利用許可（自由剥奪受刑者）などが次のように規定されている。

　「受刑者は，良心および宗教の自由を保障される。受刑者は，任意の宗教を信仰する，もしくはいかなる宗教も信仰しないことができる。

　移住地コロニーで刑に服している者および強制労働に条件付で受刑している者には，その請願により，行政地域内で文化施設に出席する許可が与えられる。

　自由剥奪刑に服している者（懲戒房，懲戒室に収容されている受刑者は除く）

---

6)　ノーイ『ソビエト刑法における刑罰理論の諸問題』（サラトフ，1962 年露語）37 頁以下参照。

には，その請願により，聖職者が呼ばれる。矯正労働施設では，受刑者は，宗教的儀式の執行，ロシア連邦の法令に定められた手続きによって礼拝物や宗教上の書物の利用が許可される。聖職者には，その請願により，また受刑者の同意によって，宗教的儀式を行うために矯正労働施設を訪問することが許可される。

宗教的儀式の執行は，内規に違反したり，刑に服しているその他の者の権利を侵害してはならない」。

同様に，「受刑者の個人的安全権」（第8条の2）も新設された。ここでは，受刑者の生命，健康に対する脅威，犯罪の危険に対しての排除請求権が認められている。

「受刑者は，生命，健康の脅威，または別の受刑者からの人身に対するその他の犯罪が行われることの脅威が現れるにあたって，何らかの公務員に対する願書によってこのような脅威を排除することの願いを行うことができる。この場合には，公務員は，受刑者を安全な場所に移送することによる速やかな措置を講じなければならない。

矯正労働施設の長または特別管理者は，この脅威を取り除く措置をとるか，または受刑者に対し今後刑に服する場所の問題を解決する」。

また，「矯正労働施設などに対する代議員および社会的コントロール」（第11条の1）の新設は，ロシア連邦人民代議員大会のなかに監視委員会（社会団体も参加した）を設置し，この監視委員会が受刑者と面会し，彼らの不服申し立てに対して何らかの関与を行うことなどを求めたものである。

さらに，「妊婦，乳児や3歳までの子供を有する女子に対して自由剥奪刑を執行するにあたっての特別措置」（第57条の1）が新設されたことによって，矯正労働コロニー内に子供の部屋を設置し，女子受刑者の3歳までの子供を収容すること，刑の服役延期が適用されない4ヶ月以上の妊婦や3歳までの子供を有する女子受刑者に対し子供部屋の設置された矯正労働施設内の管理部に移送することなどが次のように規定された。

「矯正労働コロニーにおいて，必要な場合には，子供の部屋が設けられなければならない。女子受刑者は，3歳までの自分の子を子供の部屋に入れることができる。

336 Ⅳ 非ソビエト化への模索あるいは伝統への回帰

　ロシア刑法典第46条の2に規定された手続きにより刑の服役の延期が適用されない場合に，4ヶ月以上の妊娠状態にあるか，または3歳までの自分の子供をもつ女子受刑者は，子供の部屋がある矯正労働施設内で今後刑に服すために矯正労働施設の管理機関に移される。

　女子受刑者の子供は，母親の同意によって，その血族に引き渡されるか，または母親の同意および後見や補佐機関の決定により他人に引き渡されることができ，もしくは3歳に達した場合には，相当した子供の施設に送られる。

　母親が3歳に達した子供を手元に置くことを希望し，刑の未服役期間が一年を越えず，自分の母親としての義務を誠実に履行する場合には，施設の管理機関は，その釈放まで子供の部屋にこの子供を留めることを延長することができる。収容レジームの母親が子供の部屋への滞在の延長に違反した場合には，これを取り消すことができる」。

　その他の受刑者の個人的権利として，いくつかの興味深いものは，次のような改正である。男子受刑者に対し毎日髭を剃ること，調髪，あご髭や口髭を整えることが許可されること（第22条第2項の改正），受刑者が個人用の書籍（雑誌を含む）10冊を持つことを許可されること（第25条の改正），受刑者が年4回の電話（国際電話も可能—この場合の電話料金は受刑者の個人負担）による会話をそれぞれ15分まで行う権利をもつこと（第26条の改正），などである。

　さらに，矯正労働法典のこの改正は，自由剥奪された者に対する「褒賞」（第51条），「懲罰」（第53条），「物質的，日常的保障」（第56条），「医療サービス」（第57条）など受刑者に直接かかわる部分や各種レジームの「矯正労働コロニー」（第62条—第66条），同様に「教育労働コロニー」（第75条・第76条）などの制度に関する部分といったかなり多岐にわたるものとなっている。

　さらにロシア共和国矯正労働法典の第Ⅱ部—A（「受刑者に就業義務を伴う自由剥奪の執行猶予および受刑者に就労義務を伴う自由剥奪場からの条件付釈放の執行手続きおよび条件」）が削除された（1993年2月18日の改正）。次いで刑法典からの流刑と追放刑の廃止に伴った改正に関連して，第Ⅲ部第14章（「流刑の執行手続きおよび条件」），第15章（「追放の執行手続きおよび条件」）が削除された（同日の改正）。さらに「強化レジーム矯正労働コロニー」（第63条）の

削除およびこれに関連した条文についての改正（1993年7月6日）が行われた。

　これらの改正は，受刑者の収容条件の緩和と刑法典などの関連法令の改正にともなったものである。秩序が弛緩し，犯罪の増加に社会的不安が蔓延している現在のロシア社会とこうした現行の矯正労働法典の改正の方向は，どのように理解すればよいのであろうか。受刑者の収容条件を緩和させることが，単に美辞麗句的な「受刑者の権利」に終わらないためにも，秩序の回復を急ぎ，総合的な刑事政策を視野においた思想の構築をめざすべきであろうと思われる。

4　新しい行刑法（刑事執行法）の編纂

　ロシア連邦の新行刑法典編纂を展望するにあたって，旧ソ連邦時代末期に見られた連邦法としての新しい「行刑法」編纂の動きを述べておかなければならない[7]。すなわち1990年に公表されたソ連および連邦構成共和国刑事執行法の基礎（草案）は，ソ連閣僚会議議長の命令（90年3月16日付）とソ連内務大臣の指示（90年3月19日付）により内務省，検察庁，最高会議，連邦科学アカデミー「国家と法研究所」，司法省，最高裁判所，国家保安委員会（カー・ゲー・ベー）に所属する30名の学者・実務家集団が作成し，ソ連閣僚会議に送付された（90年8月3日付）ものである[8]。草案の特徴として，良心の自由，不服申し立て権，受刑場所を通知されることなど受刑者の権利の拡大がはかられていることに加えて，矯正施設などの制度面における改善も盛り込まれていることにある。こうした試みは，人道主義，民主主義，公平の原則などに準拠したものと位置づけられた。さらに，受刑者の良心の自由，文通の権利など，一部が上記のロシア共和国矯正労働法典の改正のなかで採りいれられた。また，この草案作成に参画した学者・実務家の多くは，現在でも，なお健在であり，刑事立法分野において強い影響をもっていると思わ

　7）　この点については，ソ連邦内務省付属全連邦研究所編集による論文集『法改革の見地からの刑事執行法の諸問題』（モスクワ，1991年露語）に詳しい。
　8）　上記注（3）の論文集の93-94頁に作成メンバーが列挙され，またこの草案の作成過程が述べられている。さらに草案の全文が94-119頁に掲載されている。

338 Ⅳ 非ソビエト化への模索あるいは伝統への回帰

れる。このような意味において，この草案は，当時の行刑法についての基本的構想を知るだけではなく，移行期にあるロシアの行刑法思想の根本におかれる意義をもつものである。この草案は，12 部 86 ヶ条からなっている。そのなかでも，草案が「死刑の執行とその手続」について規定したことは，ソビエト時代を通じて初めてのことであり[9]，特に注意されるべきである。それは，次のような規定である[10]。

---

9) ミフーリン，シマロフ「現段階における新しい刑事執行法編纂の緊急性」『法改革の見地からの刑事執行法の諸課題』（モスクワ，1991 年 露語）8 頁以下参照。

10) のちにみる 92 年草案にも，95 年草案にも同種の規定が存在している。比較する意味でこれらの草案の規定をあげてみよう。

92 年草案「第 7 部 例外的刑罰—死刑の執行」

「第 23 章 例外的刑罰—死刑の執行の手続と条件

第 171 条 一般規定

死刑を言い渡された者を収容する条件として，この者に対し法律的および医療的援助を受けさせる機会を与えることと共に，独房のなかで強化された保護と隔離を保障しなければならない。

死刑を執行するための根拠としては，判決と特赦の請願の却下通知である。

第 172 条 死刑を言い渡された者の法的立場

受刑者は，判決の確定したのち，法律に定められた手続きにより特赦の請願を行う権利をもつ。

受刑者は，以下の権利をもつ。

1 法律に定められた手続きにより，必要な市民法的，婚姻家族関係を形成すること。

2 時間や量に制限なしに弁護士と接見すること。

3 制限なしに手紙を受け取ったり，発送すること。

4 近親者との毎月 1 回の短期の面会を行うこと。

5 聖職者と面会すること。

6 毎日 30 分以内の継続した散歩を行うこと。

7 厳格レジームのある刑務所に収容された受刑者に対し定められた程度において食料品や必需品を購入すること

第 173 条 死刑の執行手続

死刑判決は，特赦の請願の却下についての公式通知が受理されたのち，執行される。

死刑は，銃殺によって非公開で執行される。複数の者に対する死刑の執行は，各人別々に，他の者のいないところで行われる。

死刑を執行するにあたっては，検察官，死刑を執行する機関の長，および医師がこれに立ち会う。

受刑者の死亡は，医師がこれを確認する。判決を執行するについて，本条第 3 項に定められた者が著明する調書が作成される。

この刑種を執行する行政機関は，死刑を確定した裁判所に死刑の執行を通知し，また受刑者の近親者にもこれを通知しなければならない。死体は，埋葬のために引き渡されない。埋葬の場所については通知されない」。

95 年草案「第 7 部 死刑の執行」

第17章　矯正労働法から刑事執行法へ　　*339*

「**第11部　例外的処分——死刑の執行**

第81条　死刑を言い渡された者の法的立場

① 死刑を言い渡された者は，個別の部屋で強化された警護のもとに収容される。

② これらの者は，判決が確定するまで，未決拘禁場所に収容された者に定められた義務を負い，また権利をもつ。

③ 死刑を言い渡された者は，判決が確定したのち，以下の権利をもつ。

　　法に定められた手続きにより，ソ連邦大統領または連邦構成共和国大統領（最高会議議長）に対し特徴の請願を行うこと。

　　時間や量の制限なしに弁護士と接見すること。

　　制限なしに手紙を受け取ったり，発送すること。

　　近親者との2回以内の短期の面会を行うこと。

　　毎日30分の継続した散歩を行うこと。

　　個人口座（入金を含む）にある金銭で食品や必要品を購入すること。

　　自分の財産を処分すること。

　　結婚を登録すること。

　　死刑を言い渡された者の願いにより聖務を司どる者との面会を与えなければならないこと。

第82条　死刑執行の手続き

① 死刑は，判決を執行する行政機関が判決の執行についての裁判所の命令と，判決の執行場所に死刑を言い渡された者を到着させた時から5昼夜以内に特赦の請願を却下する旨のソ連邦大統領または連邦構成共和国大統領（最高会議議長）の相当する命令文書の写しを受け取ったのちに執行される。

② 死刑は，非公開で銃殺によって行う。複数の者に対しての死刑の執行は，各人別々に残りの者のいないところで行われる。

「**第22章　死刑の執行手続と条件**

第172条　一般規定

① （92年草案の第171条第1項に同じ）

② 受刑者が監督手続によりロシア連邦最高裁判所またはロシア連邦検事総長に不服申し立てを行った場合に，判決の執行は回答が出るまで停止される。

③ （9に草案の第171条第2項に同じ）

第173条　死刑を言い渡された者の法的立場

（92年草案の第172条に同じ）

第174条　死刑の執行手続

① 確定した死刑判決は，監督手続により提出された不服申し立ておよび特赦の請願についての公式の通知を受理したのちに行われる。

② （92年草案の第173条第2項に同じ）

③ （92年草案の第173条第3項に同じ）

④ （92年草案の第173条第4項に同じ）

⑤ （92年草案の第173条第5項に同じ）」

340 Ⅳ 非ソビエト化への模索あるいは伝統への回帰

③ 死刑を執行するにあたっては，自由剥奪および未決拘禁場でその合法性に対して監督する検察官，判決を執行する施設の長および医師がこれに立ち会う。例外として，検察官が許可した場合には，死刑を執行するにあたり，その他の者の立ち会いが認められる。

④ 受刑者の死亡は，医師がこれを確認する。判決の執行については，本条3項に規定された者が署名する文書にこれをとどめる。

⑤ 判決を言い渡した裁判所は，死刑判決の執行について近親者に通知する。死体は，埋葬のためには引き渡されない。埋葬場所は通知されない。

第83条　死刑執行の停止

① 死刑を言い渡された者について精神異常の徴候が発見された場合には，拘置所の管理機関が，3人の専門医からなる委員会による医療検査を実施する。これについての記録は保存される。

② 死刑を言い渡された者が是非弁識能力を喪失した精神病者と診断された場合には，死刑判決は執行されない。また医療検査の記録は，判決を言い渡した裁判所に送付される」。

　ロシア連邦に移行してからは，1992年にロシア連邦刑事執行法典（草案）が公表された。これは，ロシア連邦最高会議立法委員会によって設立された委員会が準備した草案である。この草案は，総則と各則からなる完成度の高いものである[11]。草案は，8部23章176条からなる。そのうち第1部第3章第31条までが総則部分である。以下にその構成をあげる。総則・第1部「刑事執行法の基本規定」，第1章「一般規定」（第1条—第8条），第2章「受刑者の法的地位」（第9条—第14条），第3章「刑罰を執行する施設および機関，その活動に対する監督」（第15条—第23条），各則・第2部「受刑者の社会からの隔離を伴わない刑罰の執行」（第24条—第65条），第3部「拘留の執行」（第66条—第70条），第4部「自由剥奪の執行」（第71条—第135条），第5部「軍人受刑者に対する服務上の制限，拘留および懲罰部門への収容の執行」（第136条—第162条），第6部「釈放—釈放された者に対する援助およびこれらの者に対する監督」（第163条—第170条），第7部「例外的刑罰—死刑の執行」（第171条—第173条），第8部「刑罰を執行する施設および機関の職員」（第174条—第176条）。

---

11) この草案の全文は，ロシア連邦内務省付属研究所が刊行した『刑事執行体系の改革とその法的保障』（モスクワ，1993年露語）に掲載されている。

第 17 章　矯正労働法から刑事執行法へ　*341*

　1995 年になって，新たなロシア連邦刑事執行法典（草案）が『法律通報』紙上で公表された[12]。この刑事執行法典草案が作成されるにあたっては，上記したような過去の草案が参考とされた。この草案は，議会で審議されていた刑法典草案と密接に関連したものであり，刑法典が採択されたいま[13]，この草案が採択に向けて現実性を帯びたものといえる。まずこの草案の構成についてみてみよう。草案は，8 部 23 章 178 条からなっている。そのうち総則部分が第 1 部第 1 章から第 3 章までであり，各則部分が第 2 部第 4 章から第 8 部第 23 章まである。構成については，92 年に公表された草案に極めて近いものといえる。その内容は，次の通りである。総則部分として，第 1 部「刑事執行法の基本規定」，第 1 章「一般規定」（第 1 条—第 8 条），第 2 章「受刑者の法的地位」（第 9 条—第 14 条），第 3 章「刑罰を執行する施設および機関，その活動に対する監督」（第 15 条—第 23 条）で構成している。次に各則部分として，第 2 部「受刑者を社会から隔離しない刑罰の執行」，第 4 章「義務労働の執行」（第 24 条—第 29 条），第 5 章「罰金の執行」（第 30 条—第 32 条），第 6 章「一定の職または一定の活動に就く権利の剥奪の執行（第 33 条—第 38 条），第 7 章「矯正労働の執行」（第 39 条—第 46 条），第 8 章「自由の制限の執行の手続および条件」（第 47 条—第 59 条），第 9 章「付加刑の執行」（第 60 条—第 67 条），第 3 部「拘留の執行」，第 10 章「拘留の執行手続および条件」（第 68 条—第 72 条），第 4 部「自由剥奪の執行」，第 11 章「自由剥奪の執行の一般規定」（第 73 条—第 81 条），第 12 章「矯正施設内レジームおよびその保障手段」（第 82 条—第 86 条），第 13 章「矯正施設内での服役の条件」（第 87 条—第 100 条），第 14 章「受刑者の労働および職業技術教育」（第 101 条—第 106 条），第 15 章「受刑者に対する教育的作用」（第 107 条—第 117 条），第 16 章「各種の矯正施設内での刑の執行の特性」（第 118 条—第 127 条），第 17 章「女子および未成年受刑者が自由剥奪に服役することの特性」（第 128 条—第 140 条），第 5 部「軍人受刑者に対する拘留および懲罰部隊への収容の執行」，第 18 章「軍人受刑者に対する拘留の執行」（第 141 条—第 145 条），第 19 章「懲罰部隊への収容の

---

12)　『法律通報』1995 年，第 3・4 合併号。

13)　新しいロシア連邦刑法典は，1996 年 5 月 24 日に国家会議で採択され，同年 6 月 5 日に連邦会議で承認された。さらに同法典は，同年 6 月 13 日にロシア連邦大統領によって公布され，1997 年 1 月 1 日から施行される。

執行の手続と条件」（第146条—第160条），第6部「釈放—釈放された者に対する援助およびこれらの者に対する監督」，第20章「釈放」（第161条—第167条），第21章「釈放された者およびこれらの者に対する監督」（第168条—第171条），第7部「死刑の執行」，第22章「死刑の執行の手続と条件」（第172条—第174条），第8部「執行猶予者に対する監督」，第23章「執行猶予を実施することに対する監督」（第175条—第178条）が章別に構成されている。

　この草案については，簡単な説明書が付けられている。この説明書によれば，刑事執行法典を編纂する意味として，現行の矯正労働法典は，①変化した政治的現実（例えば，ソ連解体）に対応していないこと，②受刑者や刑罰を執行する施設や機関の職員の権利保護保障に対する新しいアプローチにそぐわないこと，③新ロシア連邦憲法，国際条約や1994—1995年の犯罪対策強化についての連邦プログラムの諸命題を十分に反映したものではないことなどを掲げている。そのうえで，刑事執行法典の目的として，受刑者の矯正，受刑者個人に対する感化，文明的な行動習慣をうえつけることなどがあげられている。さらに説明書は，刑罰の執行の基本的思想（原則）を以下のように述べている。「合法性，人道主義，民主主義，受刑者の法の下の平等，刑罰の執行の細分化と個別化，強制手段の合理的適用と刑事執行諸関係の主体の法に忠実な行動を促進すること，刑罰と矯正作用との合一，刑罰の執行のなかに社会が関与することが含まれている。ここに著者集団は，ロシアの犯罪の増加が受刑者の扱いのなかで人道主義原則を実現することを拒否するための十分な根拠はとなりえないと考えている。まさにこのため，草案には，受刑者の物質的—生活保障の改善，彼らの健康の維持，釈放後の適応を緩和すること，矯正を促進すること（休暇を提供すること，小包や差し入れ品の量，面接の回数を増やすこと，釈放にあたっての社会的援助，年金の保証）に向けられた規範が含まれている」。ここに，説明書は，犯罪の増加と行刑施設のなかでの受刑者に対する人道主義が十分に共存しうることを強調している。しかしもしそうであったとしても，それは程度の問題であって，犯罪が多発化し，組織的犯罪が横行するという社会の現実を直視しない過度の人道主義の強調は危険であろう[14]。

5 「自由剝奪による刑罰を執行する施設および 機関について」のロシア連邦法の採択

　いわゆる行刑施設法，ロシア連邦法「自由剝奪による刑事罰を執行する施設および機関について」（法令197）が採択された（1993年7月21日公布され，即日施行）。前文によれば，この法律の目的は，自由剝奪による刑罰を執行し，統一した刑事執行体系を構成する施設と機関の活動の基礎となるものである。

　この法律が成立した経緯からみてみよう。1993年1月27日にロシア連邦最高会議決定「ロシア連邦内務省矯正労働施設および医療作業施設の事業による管理の特質について」（法令174）が採択された。この決定は，矯正労働施設および医療作業施設の事業活動について規定したものであるが，その第3項のなかに次のような規定がある。「（ロシア連邦最高会議は）合法性，法秩序および犯罪対策問題に関するロシア連邦最高会議委員会に対し，ロシア連邦内務省矯正労働施設および医療作業施設についてのロシア連邦法草案を

14）　こうした立法（草案）理念とは別に，ロシアの刑事執行体系改革についての論議も活発になされている。その一例として「ロシア内務省の刑事執行体系の再編構想（2005年まで）」（草案）『犯罪と刑罰』（1995年，第12号）がある。この「構想」によると，ロシアでは1992年から刑事執行体系の改革が実現されており，その第一はロシア連邦憲法にそくした法令の導入にある，とされている。すでにこの種の法律や大統領令，政府決定は20以上にのぼっている。これらは，刑罰の執行体系を支え，発展させるものとされる。この「構想」は，第一段階（1995-96年）と第二段階（2000年まで），そして第三段階（2000-2005年）の3段階に分け，刑罰を執行する機関や施設の整備や社会的―経済的保障，連邦法や地域別の法令の制定などを策定することを目的としている。これら「構想」の解説がカリーニン（営内服務中将）によって行われている（「刑事執行体系―発展の展望」『犯罪と刑罰』1995年，第12号，6-9頁参照）。またこの「構想」の検討が「【ロシア内シア内務省の刑事執行体系の再編構想（2005年まで）】草案の分析」として行われている（『ポストソビエト地域における犯罪，刑事政策および拘禁施設』（モスクワ，1996年））。
　この「構想」（草案）が現実のものとなるかどうかをも含め，詳細な検討は別に行わなければならないが，さしあたり以下に内容の項目のみをあげる。
　1　一般規定，2　刑事執行体系の再編の基本的傾向，3　刑事執行体系の構成員による職務の再編，その社会的保護，4　受刑者の社会的―法的保護機関，5　服役（レジーム）手続の再編，6　刑事執行体系施設内の客体，護送，捜索および治安活動の再編（段階的に実現），7　合法性，法秩序および犯罪対策の保障，8　受刑者の教育活動の再編，9　受刑者を労働に参加させる形式と方法の実現，10　未成年受刑者についての刑罰の執行の特性，11　取り調べ室や刑務所の再編，12　受刑者への医療サービス，13　立法的根拠の実現，14　科学の発展，15　財政的，物質的―技術的保障，16　構想のメカニズムと実施段階。

344   Ⅳ 非ソビエト化への模索あるいは伝統への回帰

2ヶ月以内に作成することを委託し，これをロシア連邦最高会議の審議に付することを提案する」。こうして行刑施設法の草案作成作業がはじまった。

「行刑施設法」の草案は，ロシア連邦法「刑罰システムについて」（草案）として公表された[15]（『犯罪と刑罰』1993年，第6号，56—57頁）。カリーニン（ロシア連邦内務省矯正業務管理局長）がこの草案についての簡単なコメントを行っている。その内容は，以下のとおりである。まずこのような法律がなぜ必要とされるかについて，受刑者や拘禁されている者が労働に就くための組織，これらの者の作業報酬のための資金調達などに関する刑罰執行の様々な側面や規定のなかに欠陥があること，また施設職員の社会防衛の権利や義務などについて明確な定義が未だないことがあげられる。次いでこの法律の適用される範囲については，矯正労働施設の活動組織や矯正労働システムの管理構造に限定される。さらにロシア連邦内務省では，これに割り当てられる予算措置を有効に利用するために，こうした刑罰システムを独立させることが考えられている。最後にロシア連邦最高会議幹部会は，この法案を検討し，その基本的立場を承認した。今後各種の機関での検討が行われており，より広汎な意見を求めることが期待されている[16]。

このロシア連邦法「刑罰システムについて」（草案）は，のちに成立する「行刑施設法」の土台とされたものであり，比較のためにこの草案の内容を簡単に紹介しておこう。まず草案は，その性格について「本法は，自由剥奪による刑事罰の執行と，容疑者の扱い，取調べ室における待遇の保障に関する刑罰システムの施設および管理機関の活動手続きを定める」（前文）と述べてい

---

15) 『犯罪と刑罰』1993年，第6号，56-57頁参照。

16) 同前，56頁参照。

〔追記〕　本稿の脱稿後に，ロシア連邦刑事執行法典が制定された。この法律の制定までの過程を時系列的に列挙すれば，次のとおりである。

　　　まず1996年12月18日にロシア連邦国家会議で採択された。次いで同年12月25日に同連邦会議で承認を得た。さらに1997年1月8日にロシア連邦大統領が署名し，公布された。なおこの法典の施行日は，1997年7月1日である（法令271）。

　　　新しいロシア連邦刑事執行法典の章別構成は，表のとおりである。この法典は全体として，本文に紹介した草案に類似したものであり，1997年1月1日に施行されたロシア連邦刑法典の刑罰体系に対応したものである。この意味でロシア連邦の行刑の基本的な法体系が完成されたことになる。この法典については，すでに本文で指摘した問題とともにより詳細な検討が今後の課題となる。（1997年4月記）

る。草案は，4章39条からなる。その構成は，第1章「一般規定」（第1条—第13条），第2章「受刑者と拘禁されている者の労働雇用組織」（第14条—第19条），第3章「刑罰システムの職員」（第20条—第35条），第4章「刑罰システムの活動に対する監視と監督」（第36条—第39条）である。

　こうした経緯を経て上記したロシア連邦法「自由剥奪による刑事罰を執行する施設および機関について」が成立した。この法律は，7章38条からなっている。以下に，この法律の内容を簡単に紹介する。

　第1章は「一般規定」（第1条—第4条）である。ここでは，刑事執行システムの原則，任務，その法的基礎などが規定されている。例えば刑事執行システムの任務（第2条）として次の5項目があげられている。①自由剥奪刑および刑罰の例外的処分（死刑）の執行，②自由剥奪を執行する施設内の法秩序，収容されている受刑者の安全，この施設の地域内の職員，公務員および市民の安全の確保，③受刑者を労働に就かせること，一般・職業教育や職業訓練の保障，④受刑者の健康保全の保障，⑤捜査活動を行う機関を援助すること，である。こうしてこの法律は，これらの任務を果たすための施設，機関の設立，活動の保障，勤務員の権利・義務を定めている。

　第2章は「刑事執行システムの組織とその活動の保障」（第5条—第12条）である。この章では，刑事執行システムの組織として，①刑罰を執行する施設，②刑事執行システムの地域的管理機関，③ロシア連邦内務省刑事執行システムの中央管理機関があげられ（第5条），それぞれその役割と範囲が定められている。また刑事執行システムの特典や資金提供，財産なども規定されている。

　第3章は「刑罰を執行する施設の活動組織の基礎」（第13条—第23条）である。ここでは，刑罰を執行する施設の義務と権利，受刑者の一般・職業教育や職業訓練，受刑者を労働に就かせること，その他施設の固有の事業の実施などが定められている。

　第4章は「刑事執行システムの勤務員の権利と義務」（第24条—第27条）である。刑事執行システムの勤務員とは，ロシア連邦内務省の特別の資格をもった一般および幹部職員，刑罰を執行する施設などの労働者および職員である。これらの者の労働の範囲，義務と権利，表彰などが定められている。

346 Ⅳ 非ソビエト化への模索あるいは伝統への回帰

　第5章は「物理力，特別手段および武器の使用」（第28条—第31条）である。刑事執行システムの職員が受刑者などに対して物理力，特別手段（ゴム棒，手錠など）やガス武器，火器を使用する場合とその範囲が定められている。

　最後に，第6章は「刑事執行システムの勤務員の法的および社会的保護」（第32条—第37条），第7章は「刑事執行システムの活動に対する監督」（第38条）である。

6　おわりに

　以上のような行刑法をめぐる問題状況のなかで，ソビエト時代からの「矯正労働（法）」の語に代えて，「刑事執行（法）」という用語が使用されてきた。それは，単に用語だけの取り換えなのか，ソビエト時代の行刑政策への訣別なのかは，もうすこし見極めが必要である。いずれにしても，新しい行刑思想をいったいどのように作り出していくのか，またそれに基づいた政策がどのように実施されていくのかについては，犯罪が多発化し，多様化しているというロシア社会の現実のなかで理念と実際を統合するような立法と政策が模索されなければならない。またソビエト時代のいわゆる「矯正労働思想」とこれに基づいた行刑政策の実際にどのような欠陥があったのか，についての全面的な総括と反省も必要と思われる。

第 17 章　矯正労働法から刑事執行法へ　　*347*

資料 1　ロシア連邦刑事執行法典と 1995 年同草案の章別構成対照

1997 年ロシア連邦刑事執行法典	1995 年同草案
総　則	総　則
第 1 部　ロシア連邦刑事執行法の基本規定	第 1 部　刑事執行法の基本規定
第 1 章　一般規定（第 1 条―第 9 条）	第 1 章　一般規定（第 1 条―第 8 条）
第 2 章　受刑者の地位（第 10 条―第 15 条）	第 2 章　受刑者の法的地位（第 9 条―第 14 条）
第 3 章　刑罰を執行する施設および機関，その活動に対する監督（第 16 条―第 24 条）	第 3 章　刑罰を執行する施設および機関，その活動に対する監督（第 15 条―第 23 条）
各　則	各　則
第 2 部　受刑者を社会から隔離しない刑罰の執行	第 2 部　受刑者を社会から隔離しない刑罰の執行
第 4 章　義務労働の執行（第 25 条―第 30 条）	第 4 章　義務労働の執行（第 24 条―第 29 条）
第 5 章　罰金の執行（第 31 条―第 32 条）	第 5 章　罰金の執行（第 30 条―第 32 条）
第 6 章　一定の職または一定の活動に就く権利の剥奪の執行（第 33 条―第 38 条）	第 6 章　一定の職または一定の活動に就く権利の剥奪の執行（第 33 条―第 38 条）
第 7 章　矯正労働の執行（第 39 条―第 46 条）	第 7 章　矯正労働の執行（第 39 条―第 46 条）
第 8 章　自由の制限の執行（第 47 条―第 60 条）	第 8 章　自由の制限の執行の手続および条件（第 47 条―第 59 条）
第 9 章　付加刑の執行（第 61 条―第 67 条）	第 9 章　付加刑の執行（第 60 条―第 67 条）
第 3 部　拘留の執行	第 3 部　拘留の執行
第 10 章　拘留の執行手続および条件（第 68 条―第 72 条）	第 10 章　拘留の執行手続および条件（第 68 条―第 72 条）
第 4 部　自由剥奪の執行	第 4 部　自由剥奪の執行
第 11 章　自由剥奪の執行の一般規定（第 73 条―第 81 条）	第 11 章　自由剥奪の執行の一般規定（第 73 条―第 81 条）
第 12 章　矯正施設内レジームおよびその保障手段（第 82 条―第 86 条）	第 12 章　矯正施設内レジームおよびその保障手段（第 82 条―第 86 条）
第 13 章　矯正施設内での服役の条件（第 87 条―第 102 条）	第 13 章　矯正施設内での服役の条件（第 87 条―第 100 条）
第 14 章　自由剥奪受刑者の労働，職業教育および職業訓練（第 103 条―第 108 条）	第 14 章　受刑者の労働および職業技術教育（第 101 条―第 106 条）
第 15 章　自由剥奪受刑者に対する教育的作用（第 109 条―第 119 条）	第 15 章　受刑者に対する教育的作用（第 107 条―第 117 条）
第 16 章　各種の矯正施設内での自由剥奪の執行（第 120 条―第 127 条）	第 16 章　各種の矯正施設内での刑の執行の特性（第 181 条―第 127 条）

348   Ⅳ　非ソビエト化への模索あるいは伝統への回帰

資料 1　つづき

1997 年ロシア連邦刑事執行法典	1995 年同草案
第 17 章　教育コロニー内での自由剝奪の執行の特性（第 132 条—第 142 条）	第 17 章　女子および未成年受刑者が自由剝奪に服役することの特性（第 128 条—第 140 条）
第 5 部　軍人受刑者に対する軍事服務上の制限，拘留および懲罰部隊への収容の執行	第 5 部　軍人受刑者に対する拘留および懲罰部隊への収容の執行
第 18 章　軍事服務上の制限の執行（第 143 条—第 148 条）	
第 19 章　軍人受刑者に対する拘留の執行（第 149 条—第 154 条）	第 18 章　軍人受刑者に対する拘留の執行（第 141 条—第 145 条）
第 20 章　懲罰部隊への収容の執行（第 155 条-第 171 条）	第 19 章　懲罰部隊への収容の執行手続と条件（第 146 条—第 160 条）
第 6 部　釈放。釈放された受刑者に対する援助，これらの者に対する監督	第 6 部　釈放。釈放された者に対する援助およびこれらの者に対する監督
第 21 章　釈放（第 172 条—第 179 条）	第 20 章　釈放（第 161 条—第 167 条）
第 22 章　釈放された受刑者に対する援助，これらの者に対する監督（第 180 条—第 183 条）	第 21 章　釈放された者およびこれらの者に対する監督（第 168 条—第 171 条）
第 7 部　死刑の執行	第 7 部　死刑の執行
第 23 章　死刑の執行（第 184 条—第 186 条）	第 22 章　死刑の執行の手続きと条件（第 172 条—第 174 条）
第 8 部　執行猶予者に対する監督	第 8 部　執行猶予者に対する監督
第 24 章　執行猶予者に対する監督（第 187 条—第 190 条）	第 23 章　執行猶予を実施することに対する監督（第 175 条—第 178 条）

第 17 章　矯正労働法から刑事執行法へ　　*349*

資料 2　自由剥奪施設に収容されている受刑者の特徴（1994 年 10 月 19 日現在の受刑者の調査による）

矯正施設の種類	調査した人数	総数に対する %	矯正施設別による %
自由剥奪の総数	63,812	100.0	—
矯正施設内男子			
一般レジーム	22,990	36.0	41.5
厳格レジーム	28,431	44.7	51.2
特別レジーム	4,067	6.4	7.3
総　　数	55,488	87.1	100.0
矯正施設内女子			
一般レジーム	2,230	3.4	93.3
厳格レジーム	160	0.3	6.7
総　　数	2,390	3.7	100.0
教育労働施設内受刑者			
一般レジーム	1,973	3.1	96.1
強化レジーム	81	0.1	3.9
総　　数	2,054	3.2	100.0
矯正労働施設—移住内受刑者			
故意犯罪	321	0.5	9.1
過失犯罪	452	0.7	12.8
確実に更生している者の数	2,759	4.3	78.1
総　　数	3,532	5.5	100.0
刑務所内受刑者の数	327	0.5	100.0

（「受刑者の調査結果」『犯罪と刑罰』1995 年，第 10 号参照）

あ と が き

　まず，本書の成り立ちについて少し述べておきたい。

　本書は，前書『未完の刑法』(成文堂，2008年)と同様に，2人(上田と上野)の共著である。しかし，それは，単なる分担執筆といった体裁だけのものではない。私たち2人の長年にわたる公的・私的な友情関係のなかから生まれた成果であることを強調しておきたい。上田と上野は共に1947年に生まれ，しかも同じ徳島市に生を受けたという奇遇の関係にある。当初はお互いに知ることなく，進んだ学校も指導を受けた先生も違っていたが，20代の前半に研究会を機として知り合い，同じく刑法学を専攻しソビエト刑法学に強い関心をいだく仲間，相互に信頼し合う友人として，半世紀近くを過ごしてきたものである。

　ところで日本におけるソビエト法・刑法の研究史を語るとき，いくつかの時期区分が可能である。

　戦前の思想統制の厳しい時期には本格的なソビエト法・刑法研究はなされなかった。伏せ字だらけの翻訳書がいくつか刊行されていたにすぎない。

　戦後の早い時期に，本格的なソビエト法・刑法の研究が始まった。その先陣を切ったのが，京都大学の宮内裕教授であった。その成果として『社会主義国家の刑法』(有信堂文庫，1955年)が先駆的である。その宮内が同書の「序にかえて」のなかで，ソビエト法研究における「二つの流れ」を次のように指摘している。その一つは，国策として行われ，「戦争を促進する要素あるいは戦争の手段と化した」ものであり，結局，「それ自身ぼう大な文献と共に爆撃あるいは敗戦で失われ，かつての日本帝国主義とその運命を共にしたのであった」。もう一つの流れは，「あらゆる不利な条件と，あらゆる圧迫に抗して，ソビエトの法的世界を正しく科学的にとらえようとした努力が，積み重ねられて来たのであった」。当然のことながら，戦後に息を吹き返した研究の流れは後者であり，「科学的伝統はしかし，戦後さらに飛躍的発展を遂げつつある」。「研究者は，量的増大においていちじるしく，したがって研究者は，

352　あとがき

憲法・行政法・民法などの各領域に分化し，その研究は急速に深化しつつある」。このように述べた上で宮内は，刑法分野で研究の深化を期待される人物として二人の研究者（中山研一・木田純一）を掲げていた。このお二人こそが，私たちにそれぞれ学問的な刺激を与えていただき，研究者としての自立をご指導いただいた恩師であった。お二人からいただいた学恩に，あらためて感謝しつつ，本書の刊行をご報告したい。

　結局，われわれが研究の原点とすべき人物は宮内教授ということになる。中山研一，木田純一，井上祐司が，その宮内教授に続く第二グループである。そのあとを追ってきた，第三世代としての上田寛，上野達彦の研究は，比較的に若い時代にモスクワ留学を果たし，その経験にもとづいた一応の実証性が担保された点において，新たな段階を画するものとなった。しかしそれでも，書籍はじめ研究資料の入手にはなお困難を伴い，人の往来にも制約があったことでは，過去の世代と共通した障害を経験せざるをえなかった。1991 年のソビエト崩壊後，たしかにこのような制約は減少しつつある。だがその反面，新生ロシア国家においては，ソビエト時代に誇示された，犯罪を減少させ，消滅させるという理念が後退する状況が生まれてもいる。これらのことは，ロシアにおける犯罪現象とその法的な把握，刑事法学と犯罪学に関する研究の変化にも反映されており，犯罪統計の検討や行刑施設の実態などに触れた研究などが増加する一方で，刑事法学の基本原理に関わる研究などの減少も見られるようになっている。そして，わが国をはじめとして，世界的にもロシア刑法に関する関心はむしろ低減しつつあるかに思われるのとが事実である。

　しかし，本書の「はしがき」にも書いたことであるが，「社会主義刑法」としてのソビエト刑法に注目する意義は，今日なお原理的な重要性をそなえている，と私たちは確信する。本書は，かつてロシアの地に「ソビエト」という国があったことすら知らない世代が社会の中心になりつつある今こそ書き留めておきたい，若き研究者への私たちのメッセージである。

　2017 年 8 月 1 日

上 田 　 寛
上 野 　 達 彦

著者紹介

上田　寛（うえだ　かん）
1947 年　徳島市に出生
1974 年　京都大学大学院法学研究科博士課程中退
現　在　立命館大学名誉教授,学校法人立命館専務
　　　　理事，法学博士

［著　書］
ソビエト犯罪学史研究（1985 年・成文堂）
現代日本の犯罪と犯罪学（ロシア語・1989 年・プログ
　レス［モスクワ］）
犯罪学講義（2004 年・成文堂）
国際組織犯罪の現在（編著・2007 年・日本評論社）

上野達彦（うえの　たつひこ）
1947 年　徳島市に出生
1972 年　愛知大学大学院法学研究科修了
現　在　放送大学三重学習センター所長, 三重大学
　　　　名誉教授, 愛知大学理事, 法学博士

［著　書］
犯罪構成要件と犯罪の確定―ソビエト刑法における
　（1989 年・敬文堂）
ペレストロイカと死刑論争（1993 年・三一書房）
ロシアの社会病理（2000 年・敬文堂）

白夜の刑法
　―ソビエト刑法とその周辺―

2017年 10 月 1 日　初版第 1 刷発行

著　者　　上　田　　　寛
　　　　　上　野　達　彦

発 行 者　　阿　部　成　一

〒 162-0041　東京都新宿区早稲田鶴巻町 514

発 行 所　株式会社　成　文　堂

電話 03（3203）9201（代）　FAX 03（3203）9206
http://www.seibundoh.co.jp

製版・印刷　三報社印刷　　　　　　製本　弘伸製本
☆乱丁・落丁本はおとりかえいたします☆
©2017　K. Ueda, T. Ueno　　　　Printed in Japan
ISBN978-4-7923-5219-6　C3032　検印省略

定価（本体 8000 円＋税）